U0686769

革命文献与民国时期文献
保护计划

成 果

國家圖書館出版社 編

社會部公報兩種

第五冊

國家圖書館出版社

第五冊目錄

社會部總務司 編

社會部公報

第十二期

重慶：中華民國社會部總務司，民國三十二年（1943）鉛印本

中華郵政登記認為第一類新聞紙類

中華民國三十二年十月至十二月 第十二期

社會部公報

社會部總務司編印

國父遺像

革命尚未成功

同志仍須努力

國父遺囑

余致力國民革命，凡四十年，其目的在求中國之自由平等，積四十年之經驗，深知欲達到此目的，必須喚起民衆，及聯合世界上以平等待我之民族，共同奮鬥！現在革命尚未成功，凡我同志，務須依照余所著，建國方略，建國大綱，三民主義，及第一次全國代表大會宣言，繼續努力，以求貫澈！最近主張開國民會議，及廢除不平等條約，尤須於最短期間，促其實現！是所至囑。

社會部公報第十二期目錄

法規附方案

一般行政

組織訓練

社會福利

合作事業

人力動員

命令

府令

部令

公牘

總務類

組織訓練類

合作事業類

人力動員類

附錄

一 法規

一般行政

行政院組織法

三十二年十月一日國民政府修正公布

第一條　行政院以左列各部及各委員會組織之

一　內政部
二　外交部
三　軍政部
四　財政部
五　經濟部
六　教育部
七　交通部
八　農林部
九　社會部
十　糧食部
十一　司法行政部
十二　蒙藏委員會
十三　僑務委員會

十四　振濟委員會

各部及各委員會之組織以法律定之

第二條　行政院設衛生署及地政署其組織以法律定之

第三條　行政院經行政院會議及立法院之議決得增置裁併各部各委員會及其他機關

第四條　院長綜理院務並監督所屬機關

第五條　行政院設左列各處

一　秘書處

二　政務處

第六條　秘書處置左列各職員

一　秘書長一人特任

二　秘書十人至十六人其中十人簡任餘薦任

三　科長四人至七人薦任

四　科員二十四人至三十二人委任但其中四人至七人爲薦任

五　書記官十五人至二十人委任

第七條　秘書處掌左列事項

一　關於文書收發編製分配及保管事項

二　關於典守印信事項

三　關於出納及庶務事項

四　其他不屬於政務處主管事項

第八條　政務處置左列各職員

一　政務處長一人特任

二　參事六人至十人簡任

三　科長四人至八人編審六人至十二人均薦任

四　科員二十四人至三十二人委任但其中四人至八人得爲薦任

五　書記官二十人至三十人委任

第　九條　政務處掌左列事項

一　關於本院會議事項

二　關於審核所屬各機關行政計劃及工作報告事項

三　關於調查事項

四　關於設計及編譯事項

第　十條　行政院爲審核撰擬各項文件由祕書長及政務處長呈請院長指派簡任祕書參事分組辦事每組設主任一人由院長就簡任祕書參事中指定兼任之

第十一條　行政院爲處理訴願案件得設訴願審議委員會其委員由院長指派院內簡任人員兼任之

第十二條　行政院爲審擬行政法規設法規委員會置委員五人至七人由院長指派院內高級職員兼任并置編審四人薦任

第十三條　行政院爲處理特定事務得於院內設立各種委員會

第十四條　行政院因事務上之必要得酌用雇員

第十五條　行政院設會計處置會計長一人簡任科長四人薦任科員二十人至三十人委任但其中四人至八人得爲薦任書記官十五人至二十五人委任並得酌用雇員

行政院設統計室置統計主任一人薦任科員二人或三人助理員二人至四人均委任並得酌用雇員

第十六條　行政院設人事室置主任一人薦任科員六人至九人助理員三人至六人均委任并得酌用雇員

第十七條　行政院會議規則及處務規程由行政院定之

第十八條　本法自公佈日施行

黨政各機關工作考核標準

三十二年十一月十日國防最高委員會核准
三十二年十一月二十日國民政府令頒

一　黨政各機關工作之考核應根據工作計劃（包括普通行政計劃與特種事業計劃）及其組織法賦與之責任以考核其工作之進度及其實際效果並應注意其工作與經費人事之配合

二　工作成績之考核以應用百分比法爲原則

三　每一工作項目應分別性質依其數量質量速度及效果綜合核計其成績

四　一般工作中心工作及奉令辦理工作之輕重難易於考核時應分別定其比重以統計加權法核算總成績

五　工作受客觀條件之影響時得酌量定其分數或免計成績

六　各機關應依照上列各項擬定工作百分比率

七　各機關對於其附屬機關或直屬機關得根據上項原則分別擬定各項業務之考核標準呈候其上級機關核定施行

中央黨政機關工作獎懲標準

三十二年十一月十七日國防最高委員會核准
三十二年十一月二十五日國民政府令頒

一　中央各黨政機關（以下簡稱各機關）每年度工作考核之獎懲由國防最高委員會核定後對各該機關或及其所屬層級主管單位實施之

二　各機關有左列情事之一者應予獎勵

（一）年度計劃規定之中心工作均已完成普通工作多數符合進度或平均成績在百分之八十以上者

（二）特種計劃規定之工作如限完成或有特殊成績表現者

（三）經費支出撙節人員支配適當並符合分層負責制之精神使工作亦能發揮預期之效能者

（四）特令交辦事項迅速確實著有成效者

（五）對本機關及所屬機關設計考核工作能切實依限完成者

三　各機關有左列情事之一者應予懲處

（一）年度計劃規定之中心工作多未完成普通工作多數不符進度或平均成績不及百分之六十確係執行不力者

（二）新辦某種重要事業或臨時緊急重大之行政措施貽誤期限確係執行不力者

（三）浪費公款人員任用不依法定或預算規定不實行分層負責制致工作不能發生預期效能者

（四）特令交辦事項辦理不力者

（五）對本機關及所屬機關設計考核工作多未能依限辦理者

四　對各機關或其所屬層級主管單位之獎懲以嘉獎申誡方式行之

五　各機關或所屬層級主管單位連續二年受獎或受懲而無功過互相抵銷之情事者屆時對其機關之主管長官亦應擬議獎懲

六　本工作獎懲標準自國防最高委員會核准之日施行

中央黨政軍機關學術會議實施辦法

三十二年十一月十九日國防最高委員會核准
三十二年十一月二十七日國民政府令頒

一　中央黨政軍各機關每月應舉行學術會議一次由機關內容單位主管人員暨選派有專門學識及教學經驗之職員組成之並確定

由各該機關第二級首長主持督導以專責成

學術會議得與組長會議合併舉行

學術會議因辦理事務之必要得就機關職員中指定兼任之

二　學術會議之任務為設計指導促進考核各職員關於左列各項學術研究事宜

(一)總理遺教

(二)總裁訓示

(三)重要法令　以機關本身業務有關及新頒法令為主

(四)專門學術　以機關本身業務及職員工作有關之專門學術為主並注意行政管理之智識技能

三　每次學術會議應預行規劃各職員下月份應讀書籍討論題目及有關專門學術研究之範圍與進度發交各單位小組會議切實督促研討但　總裁特令研讀書籍中央宣傳部按月頒發之法令講習大綱及上級機關另有命令規定者依其規定辦理

各小組會議學術研究應注意黨政軍機關人員小組會議與公私生活行為輔導辦法第四條四、五、六項之相互配合

參加學術會議人員得就其專長分任各學術部門或科目之指導必要時出席各單位小組會議或舉行專題講演並得按照本機關職員之程度分別舉辦各種學科補習各機關依照「公務員補習教育通則」已舉辦講習會補習班或定期延請學者專家講習者依其原辦法繼續辦理

四　各小組會議舉行學術研究之結果應翔實紀錄必要時並得指定撰擬研究報告送由學術會議審核後擇優呈送機關長官親自批閱核定成績

五　各職員學術研究之成績應於年終考績時併入「學識」項內計分

六　各機關學術會議實施情形應併入每季工作進度檢討報告表列報逐級送核

依照規定免填工作進度檢討報告表之機關應按季填送學術會議報告表(表式附)中央黨部所屬各部會處應送由中央監察委員會黨政工作考核委員會五院所屬各部會署應送由主管院審查簽註轉送國防最高委員會交黨政工作考核委員會考核

軍事委員會所屬各部會廳局學術會議報告表送軍事委員會考核處審核

（某機關）年　季（　月至　月）學術會議報告表

會議日期	會議情形	選讀書籍與研究問題	備註
簽註意見			

說明

一　「會議日期」欄填註本月份開會之日期及次數

二　「會議情形」欄填註出（缺）席人數參加學術會議人員分任各學術門部或科目指導情形及對於各小組會議學術研究之攷核情形等

三　「選讀書籍與研究問題」一欄應將會註要點如分組分科研究書籍及一般進度與研究問題研習法令之項目暨工作人員學術研究之成績等項摘要填入但不必各項皆備

四　「簽註意見」一欄由初核機關簽註（例如各部會報表由行政院簽註）

五　各機關應於每季終了後十五日內依式填報

社會部會計處組織規程 三十二年十二月二十一日國民政府核准

第一章 總則

第一條 本規程依照國民政府主計處組織法及國民政府主計處辦理各機關歲計會計統計人員規程制定之

第二條 社會部會計長辦事處所定名為社會部會計處

第三條 會計長承主計長之命並依法受社會部部長之指揮主辦社會部歲計會計事務及指揮監督處內職員暨社會部所屬機關會計人員

第四條 會計長得出席社會部部務會議

第五條 會計處依事務之需要分設三科每科設長一人由主計長荐任承長官之命分掌各科事務

第六條 會計處設科員十五人至二十二人由主計長委任承長官之命分理各科事務

第七條 會計處得呈請主計長酌聘專員二人至四人承長官之命辦理設計視察指導等事務

第八條 會計處得酌用雇員承長官之命助理各項事務

第九條 會計處遇事務特別需要時得調用社會部所屬機關會計人員幫同辦理並呈報主計處備案

第十條 會計處遇有關於會計機構之更變及會計制度章則之設計修訂應擬具方案呈由主計處依法核辦如社會部所屬各機關會計人員有建議修改之方案時由會計處核轉主計處核定

第二章 分科職掌

第十一條 第一科掌理事務如左

一 關於籌劃社會部及所屬機關概算預算所需事實之調查資料之徵集事項

二 關於社會部及所屬機關概算預算決算之審核整理及彙編事項

三 關於社會部所屬機關分配預算之審核事項

四 關於辦理社會部及所屬機關追加減預算及非常預算事項

五 關於社會部所屬各機關預算內各科目流用之核轉通知登記事項

六 關於劃撥社會部及所屬機關一切經費之審核事項

七 關於社會部及所屬機關概算預算決算規章程式之審訂解釋事項

八 關於社會部及所屬機關財務上增進效能及減少不經濟支出之建議事項

九　關於其他歲計事項

第十二條　第二科掌理事務如左

一　關於社會部及所屬機關會計制度之設計修訂及核轉事項
二　關於社會部及所屬機關會計事務之指導監督事項
三　關於社會部及所屬機關會計報告之審核彙編及統制紀錄事項
四　關於社會部經管各款類支付書單之核簽事項
五　關於社會部經管各款類記帳憑證之編製事項
六　關於社會部經管各款類會計簿籍之登記整理結轉事項
七　關於社會部經管各款類會計報告之編送事項
八　關於其他會計事項

第十三條　第三科掌理事務如左

一　關於社會部及所屬機關會計人員之任免遷調訓練及考績事項
二　關於社會部所屬機關歲計會計事務之視察事項
三　關於社會部所屬機關交代案件之審核事務
四　關於工作計劃及報告之編送核轉事項
五　關於典守印信事項
六　關於文件之收發分配繕校及保管事項
七　關於辦理各種會議事項
八　關於處內庶務及會計出納事項
九　關於不屬於其他各科事項

第三章　會議

第十四條　會計處每星期舉行處務會議一次由會計長召集之以會計長爲主席

第十五條　會計長於必要時得呈請主計長社會部部長核准召集社會部所屬機關會計人員會議以會計長爲主席

第十六條　各項會議規則另定之

第四章　附則

第十七條　會計處辦事細則另定之
第十八條　本規程自呈准之日施行

宣誓條例　三十二年十二月三十日國民政府修正公布

第一條　凡文官軍官軍佐軍屬省市參議員自治職員教育人員國營公營事業機關職員人民團體職員應於宣誓後始得任事如因特殊情形先行任事者應於二個月內補行宣誓

第二條　文官誓詞如左

余敬宣誓余恪遵國父遺囑奉行三民主義服從法令忠心及努力於本職余决不妄費一錢妄用一人并决不營私舞弊及授受賄賂如違背誓言願受最嚴厲之處罰此誓

第三條　軍官軍佐軍屬誓詞如左

余敬宣誓余恪遵國父遺囑奉行三民主義服從長官命令捍衛國家愛護人民克盡軍人天職决不營私舞弊及授受賄賂如違背誓言願受最嚴厲之處罰此誓

第四條　省市縣參議員及自治職員誓詞如左

余敬宣誓余恪遵國父遺囑奉行三民主義服從法令尊重地方人民公意忠心及努力於本職决不營私舞弊及授受賄賂如違背誓言願受最嚴厲之處罰此誓

第五條　教育人員誓詞如左

余敬宣誓余恪遵國父遺囑奉行三民主義服從法令并遵守國民政府公布之中華民國教育宗旨及其實施方針忠心及努力於本職决不營私舞弊如違背誓言願受最嚴厲之處罰此誓

第六條　國營公營事業機關職員誓詞適用文官誓詞

第七條　人民團體職員誓詞如左

余敬宣誓余恪遵

國父遺囑奉行三民主義服從法令忠心及努力於本職如違背誓言願受最嚴厲之處罰此誓

第八條　宣誓於就職地公開行之由宣誓人肅立向國旗黨旗及　國父遺像舉右手向上誓伸直手掌放開五指併攏掌心向前宣讀誓詞

第九條　舉行宣誓時應由上級機關派員或直屬長官涖場監誓

人民團體職員舉行宣誓時由當地主管官署或監督機關派員涖場監誓

監誓由監誓人侍　國父遺像之右側莊肅向外側立毋庸與宣誓人同時舉手但誓詞於必要時得由監誓人領導宣讀宣誓人循聲宣讀

第十條　誓詞應由宣誓人簽名蓋章於宣誓後呈送監督機關備案

第十一條　縣市公民宣誓之儀式適用本條例第八條及第九條第三項之規定

第十二條　本條例自公布日施行

戰時緊急處置公有物資獎懲條例施行細則

三十二年十一月二十日行政院考試院軍事委員會會令公布

第一條　本細則依戰時緊急處置公有物資獎懲條例第十一條之規定訂定之

第二條　本條例所稱公有物資包括中央地方各級政府及所屬事業機關之動產不動產

第三條　本條例所稱事變指戰時發生足使公有物資毀滅損失或資敵利用之狀態而言

第四條　本條例所稱緊急處置指搶救追查及其他一切必要之處置

第五條　凡負責管理公有物資之公務員無論已否銓敘均適用本條例第二條至第七條之獎懲但無級可晉或無級可降者適用加薪減俸之規定

第六條　獎金之給予及其數額由主管機關或物資所有機關臨時酌定依本條例第八條之程序層轉核定或備案

第七條　本條例所稱第四條大量第六條所稱重大各視其實際情形由物資所屬之主管機關核定之

第八條　本條例第二條至七條之規定適用於負責管理物資之人員第九條之工役以本機關爲限

第九條　本條例之獎懲屬於軍事機關者層轉軍事委員會核定或備案屬於行政院所轄機關者層轉行政院核定或備案

第十條　本條例第八條規定得由主管機關執行者以第二條第四款第三條第四款第九條第十條之獎懲爲限

第十一條　依本條例受獎懲之人員其本機關之年終考績仍依法行之

第十二條　本細則自公布之日施行

公務員登記規則　三十三年十月五日考試院公布

第一條　公務員之登記除法令別有規定外依本規則辦理之

第二條　公務員之登記分初次登記及動態登記

第三條　公務員初經銓敘合格或准予任用派用試用或以委任職見習者應為初次登記依其所送文表及審查結果於公務員登記冊專頁予以登記

第四條　動態登記依其事項續載於初次登記冊頁之後

第五條　公務員任用審查試署成績審查及公務員考績考成審查等經核定後依其結果予以登記

第六條　左列事項由各機關按月造具動態月報表送請登記

一　級俸變更

二　獎懲事項

三　冠姓更名

四　籍貫及任址變更

五　留職停薪復職或卸職

六　退休或死亡

七　其他動態事項

前項各款有涉及其他法令者應先依該法令辦理

第七條　前條動態事項除各省委任人員應送由主管之銓敘處或銓敘委託審查委員會轉報銓敘部查核登記每月之動態應於下月十五日以前送出

報送動態逾前規定期間三個月並無充分理由者銓敘機關得將承辦人事人員酌予懲處

第八條　各院部會之附屬機關公務員動態除經報銓敘部外並應同時分報主管機關認為原報動態有應變更時得於據收報告後一個月內報請銓敘部核辦

第九條　凡屬同一任免權機關之委任職公務員調任適用同一任用法同等資格之職務時得填動態登記表送由銓敘機關登記毋庸再送任用審查

第十條　本機關及其附屬機關之薦任職公務員調任適用同一任用法同等資格之職務者主管機關得一面呈薦一面請銓敍部辦理動態登記銓敍部查核相符時卽函國民政府文官處轉陳任命

第十一條　各銓敍處核定之銓敍案件依左列規定辦理

一　初經銓敍之公務員依本規則第三條之規定辦竣後應按月抄冊呈送銓敍部

二　考績考成案件應隨時造冊呈報銓敍部查核

三　本規則第六條規定之各項動態應按月造冊呈送銓敍部登記

第十二條　各省委任職公務員銓敍委託審查委員會銓敍案件於送經銓敍部核定後予以登記

第十三條　經核定登記之資歷如證件遺失而需要證明時得請求發給證明書

第十四條　本規則自公布日施行

公務員登記規則釋疑（四則）　三十二年十二月十一日行政院核准

一　初次及動態登記之區別：「查公務員登記規則」第二條規定之初次及動態登記係屬本部辦理登記案件之區別卽初任公務員經銓敍合格後予以登記者稱之爲初次登記初次後如有升遷轉調暨前項規則第六條所定之情形時　卽稱爲　動態予以動態登記

二　動態月報表未附訂規則以內之原因查此項規則係爲加强效力呈請　國民政府備案施行此後如有修改亦應依此項手續辦理未可任意更動至動態月報表係報送動態之程序倘有不便之處隨時可以修改非若登記規則之固定故擬訂草案時爲求保留伸縮餘地減少呈轉手續起見未予附入

三　免送任用審查之動態登記表式之規定查改任職員免送任用審查之動態一律適用動態月報表此在本部「公務員動態月報表說明」內已有解釋並已通行各機關歷來照此辦理故不再規定以增表報之繁

四　薦任人員改任職務報送動態之手續查原規則第九第十兩條雖屬性質相同而程序各異蓋薦任人員依法送　審合　格後　須經呈薦國民政府任命若非委任人員由主管長官調委後祇須報送動態可比原規則規定此項人員調動時可「一面呈薦一面請銓敍部辦理動態登記銓敍部查核相符時卽函國民政府文官處轉陳任命可不再用送任用審查主呈薦手續依原規則條文當可同時辦理因國民政府文官處之呈薦向以本部審定合格之通知爲準故主管機關之呈請不過互相印證易言之主管機關雖然呈薦國民政府文官處未得本部通知仍不卽予發表任命也」

省縣公職候選人考試法施行細則 三十二年十月一日考試院公布

第一條 本細則依省縣公職候選人考試法第十三條之規定制定之

第二條 本法第五條第二款所稱具有同等學力包括公立或立案之訓練班講習所其入學資格為高級中學畢業而修業年限明定二年以上者為限

第三條 本法第五條第四款第七條第五款所稱經自治訓練及格指在國民政府統治下之自治訓練機關及格者而言第一條第三款所稱曾受自治訓練指在國民政府統治下受地方自治訓練其期間在一個月以上者而言

第四條 本法第五條第五款第六條第四款所稱教育文化機關指左列機關

一 教育行政機關及其所屬教育事業機關

二 社會教育機關

三 學術機關

第五條 本法第五條第六款第六條第五款第七條第六款所稱辦理地方公益事務指從事有關地方文化經濟交通救濟等公共利益之事務並經主管官署許可登記者而言

第六條 本法第五條第七款第六條第六款第七條第七款所稱職業團體或其他人民團體指農會漁會工會商會工商同業公會婦女團體宗教團體公益團體自由職業團體及其他依法設立之團體

第七條 本法第七條第一款第二款所稱曾任縣參議員及鄉鎮民代表以在國民政府統治下任縣鄉鎮民意機關代表者為限

第八條 本法第七條第三款所稱委任職任用資格指公務員任用法及其他任用法規所規定之委任職任用資格

第九條 本法第七條第四款第五款所稱社會服務指曾在機關學校或團體服務之有給及無給之職員

第十條 本法第七條第八條第三款所稱自由職業指依法應領證書之專門職業人員

第十一條 證明本法第五條至第八條各款應考資格應繳驗資格證明文件如民意機關代表當選證書應考資格證明書畢業證書任命狀聘書執業證書等辦理地方自治或地方公益事務者應繳縣政府證明書

第十二條 證明任職年資應繳任職及卸職證件

第十三條 不能繳驗前二條之證件時應提出左列之一之證明文件

一 原機關學校或團體之證明書

二 上級機關或主管機關之證明書

三　公報及其他足資證明之文件

證明文件中如前後姓名不同者得分別依前項規定之證明方法或由當地縣市政府證明其確係一人

第廿四條　證件不完備時得通知應考人限期補繳逾限不補繳者即將原件退還其證件有疑義時並得向有關機關學校或團體查詢

第十五條　各種資格年資得合併計算

第十六條　試驗以筆試行之其科目如左

子　甲種公職候人試驗

一　國父遺教（建國方略建國大綱三民主義）

二　國文

三　本國歷史及地理

四　憲法（憲法未公布前考中華民國訓政時期約法）

五　地方自治

丑　乙種公職候選人試驗

一　國父遺教（三民主義建國大綱及地方自治開始實行法）

二　國文

三　本國歷史及地理

前項試驗科目必要時得由考試院增減或變更之

第十七條　試驗以各科平均滿六十分為及格但有特殊情形之地方其平均及格分數考試院得臨時以院令定之

第十八條　省縣公職候選人之檢覈由考選委員會組織檢覈委員會辦理之

第十九條　各種考試及格或銓敍合格者依左列規定認定具有省縣公職候選人考試及格之資格

一　普通考試以上考試及格並領有考試院及格證書或委任職以上公務員經銓敍合格者得認定為有甲種公職候選人考試及格之資格

二　鄉鎮保甲幹部人員考試及低於普通考試之特種考試及格者得認定為有乙種公職候選人考試及格之資格

聲請認定之及格人員由考試發給及格證書

第二十條　考試及格人員取得他省之縣公民資格時其考試及格資格仍為有效但有左列情形之一者僅於適用各該規定省區內

為有效

一　依本細則第十七條但書之規定試驗及格者

二　依考試法施行細則第二條第一項但書之規定有普通考試應考資格或依法檢定考試規則第九條但書以下之規定應甲種普通檢定考試及格經檢覈及格者

三　依邊遠省份公務員任用資格暫行條例第三條之規定經檢覈及格者

第二十一條　考試及格人員事後發現有本法第九條所列各款情事之一者由考試院調銷其及格試書

第二十二條　本細則未規定事項適用各種考試法規之規定

第二十三條　本細則自公布日施行

非常時期公務員考績條例施行細則

三十二年十一月六日考試院公布

第一條　本細則依非常時期公務員考績條例第十八條之規定制定之

第二條　各機關公務員考績表冊應依送達期間表如期送達其不能如期送達時得於期前報請銓敘機關酌予展期但至多不得逾六個月

依本條例第一條但書規定隨時補行考績之公務員應由各機關敘明理由造具名冊於送達期間表所定期限內聲請銓敘機關核准幷應於考績年度之次年底以前補行之考績表冊送達期間表及補行考績人員名冊格式依附件之規定

第三條　經審查合格之公務員在同一機關調任同官等職務未及送審者得按原職考績

第四條　公務員平時成績應由主管長官責成各級主管人員嚴密考核詳加紀錄密送人事主管人員查核如有疑義時應據實簽明或通知補正後呈核各機關長官核定前項紀錄表時得指定人員先行審核平時成績考核紀錄表式依附件之規定

第五條　依本條例第三條第二項由　國民政府或考試院明令嘉獎人員由銓敘部於考績案核竣後彙案呈請辦理

第六條　本條例第三條第五項所定平時考核成績以總分數在七十分以上者為優八十分以上者為異不滿六十分者為低不滿五十分者為劣其彙報冊式依附件之規定

第七條　工作操行學識各項評定標準除依附件平時成績考核紀錄表及公務員考績表規定外幷依左列規定行之

一　工作之考核主管人員以其工作計畫及特殊事件完成之情形非主管人員以其職務上之特殊表現為準

二　操行之考核以黨員守則及其他有關法令為準

三　學識之考核以　總理遺教　總裁關於主義政策之重要言論國民政府各種根本法令及直接與職務有關之基本

第八條　各機關公務員年終考績或平時考核因特殊情形有另定施行辦法或依職務性質對於各項分目標準或平時成績考核紀錄表有改用特殊規定之必要時得會商銓敘部定之

第九條　簡任待遇人員之進級比照簡任人員辦理

第十條　依本條例第五條第二項超過規定員額應予核減人員其總分較少者有二員以上相同時就委任荐任簡任依次平均核減同官等中總分數相同者在二員以上時就該官等考績名冊中名次較後者核減

第十一條　依本條例第五條第二項給予一次獎金人員在同官等中總分數最多或次多者有二員以上相同時就考績名冊中名次較前者核給同官等僅有一員時不給獎金

第十二條　依本條例第五條第三項酌予降處人員如認為不宜繼續任本職者并得另調其他職務

第十三條　依本條例第三條第二項第五條第三項減俸人員減月俸百分之十期間六個月其依第八條比照減俸者於晉一級時回復原俸

第十四條　考績委員會依左列規定執行初核

一　查核被考績人每月成績考核紀錄及有關工作操行學識各項紀錄

二　比較被考績人以往成績

三　比較同類同等被考績人成績

四　比較全部被考績人成績

五　其他應行考核事項

第十五條　各機關考績委員會得訂定辦事細則并報銓敘機關備查

考績委員會初核紀錄應紀載事項如左

一　考績委員人數

二　出席委員及主席姓名

三　被考績人數

四　議決事項

前項紀錄銓敘機關核定考績案認為必要時得調閱之

第十六條　各機關人事主管人員為考績委員會當然委員考績委員會委員對本身之考績應行迴避

第十七條　各機關公務員考績清冊應依官等分別編列同官等人員名次應依總分數排定先後總分數相同者由該機關主管長官核定其名次

考績清冊格式依附件之規定

第十八條　簡任人員考績在七十分以上八十分未滿而具有本條例第九條規定情形者改給獎狀

第十九條　依本條例第十條給予獎章人員由銓敘部造具表冊呈請考試院核給

獎章得終身佩帶如受宣告褫奪公權時追繳註銷

獎章式樣及證書由考試院定之

第二十條　公務員考績分數或獎懲經銓敘機關依本條例第十三條規定通知本機關於一定期限詳敍事蹟或提出確實證明逾期不復或經查核認為不實時其分數或獎懲應逕予更正

第二十一條　辦理考績機關依左列規定劃分之

(甲)由銓敘部辦理者

一　中央機關及其所屬機關簡任委任職公務員

二　各省政府及其所屬機關簡薦任職公務員暨未設銓敘處省份之省政府各廳處局及省轄市政府各處局委任職公務員

三　院轄市政府及其所屬處局簡薦委任職公務員

四　各級法院簡薦委任職公務員

五　各省縣長

六　各行政區管理公署簡薦委任職公務員

(乙)由銓敘處辦理者

一　省政府及所屬機關暨省轄市政府各處局委任職公務員

二　各行政督察專員公署及各縣政府各設治局委任職公務員

(丙)由各省委任職公務員銓敘委託審查委員會辦理者

省政府各廳處局及所屬機關委任職公務員

各行政督察專員公署及各縣政府各設治局委任職公務員

前項甲款各機關公務員其任用審核經銓敘部指定由各銓敘處或各省委任職公務員銓敘委託審查委員會審查者其考

績案亦得分別指定各該處會審查

第二十二條　依本條例第十七條考成人員除核定等敍者參照本條例第五條第一項各款規定獎懲外餘爲加薪嘉獎仍支原薪減薪免職其考核程序及分數準用本條例及本細則之規定

第二十三條　本細則自公布日施行

公務員進修及考察選送條例施行細則

三十二年十一月十日考試院公布

第一條　本細則依公務員進修及考察選送條例第十五條之規定制定之

第二條　本條例第三條第一項所稱高級委任職以委任五級以上能達委任一級之職務爲限所稱同一機關其解釋依考績法規之規定所稱繼續任職期滿五年其簡任荐任及高級委任年資得合併計算

第三條　本條例第三條第一項第四款所稱之體格健全應提出公立醫院之證明書

第四條　本條例第三條第二項所稱之高等考試指依考試法舉行之任命人員高等考試及相當於高等考試之特種考試

第五條　各機關考績員額之計算以經銓敍機關核定應予考績之員額爲準如選定所屬機關人員時其所屬機關考績員額得與選送機關考績員額合併計算

第六條　各機關合於本條例規定標準之考績人員超過定額時由該機關主管長官就各員體格年齡職務需要等情形酌定之

第七條　各機關選送進修考察人員應依照本條例第五條規定期間塡具選送表呈送銓敍部查核存記逾期者不予存記

第八條　各省市政府委任職公務員之進修考察選送事項在設有銓敍處之區域應送銓敍處初核由銓敍處將原送表件及實際考績員額報部核定。

第九條　進修考察人員之考試分筆試口試兩種應試科目由考試院按該年度所定研究科目及考察事項定之

第十條　准予存記人員進修或考察地點國別及研究科目考察事項經考試院決定後通知原送機關逕行派送

第十一條　進修或考察人員違背本條例第十二條之規定者由原選送機關追繳所領各項費用之一部或全部

第十二條　本細則自公布日施行

國內外進修及考察人員選送表式

（機關）

姓名		性別		年齡		籍貫	
現職							
担任事務							
到職年月							
年級							
最後三次考績分數	年度	總分	工作分數	操行分數	學識分數	獎勵	
通曉何國文字							
考語	工作	操行	學識				
粘貼最近二寸半身相片							

學歷	學校名稱	科系別	畢業年月		
考試	考試名稱	考試類別	考試及格證書號數		
資格					
經歷	職務	官等	任職年月	調任或卸職年月	調任或卸職原因
證明文件					
擬定進修考察事項	地點國別	研究科目	考察事項		
主管長官署名	職別	姓名	蓋章		
備註					

印信

中華民國　　年　　月　　日

說明

一　考試及格欄內考試名稱一項指高等考試或特種考試類別指普通行政人員考試建設人員考試土木工程科等

二　三次考績分數由人事管理人員填載考語及進修考察事項由主管長官分別評擬餘由被選送人員填寫

三　國內外學校名稱研究處所及國內考察處所應於地點欄內填明

四　本表應填二份並加蓋機關印信

五　本表各欄如不敷用得另紙粘附並加蓋騎縫印章

公務員進修規則

三十二年十二月二十二日考試院公布

第一條　各機關關於公務員之進修除法令別有規定外應依本規則辦理

第二條　公務員之進修採用左列方式

一　設班講習

二　自修

三　學術會議或小組討論

四　集會演講

五　其他進修方式

前項第一款之講習班由各機關單獨或聯合設置第三第四兩款之討論及講演並得聯合舉行

第三條　公務員應研究之學術如左

一　國父遺教及　總裁言論

二　中央重要宣言及決議案

三　現行法令

四　與職務有關之學術

第四條　各機關得指定職員若干人指導學術研究

第五條　各機關應佈置教育環境充實圖書設備及其他公餘進修設施

第六條　公務員學術進修之成績優良者得酌給獎品或一個月俸以內之獎金特優者並得連同論文或研究報告請銓敘部轉呈考試院酌給獎勵

第七條　公務員進修之經費按各機關經費百分二至百分五之比例在原有預算內勻支

第八條　公務員之進修實施辦法由各機關訂定報銓敍部備查

第九條　本規則自核准日施行

社會部設計考核委員會辦事細則

三十二年十月十六日部令公布

第一條　本細則依據黨政各機關設計考核委員會組織通則第八條之規定制定之

第二條　本會職員執行職務依本細則之規定

第三條　本會秘書秉承主任委員副主任委員辦理會議紀錄及不屬於各組之事項

第四條　本會設設計考核兩組各設組長副組長各一人各組視事務之繁簡置組員若干人就本部會員中調充之

第五條　本會設計組辦理之事項如左

一　關於本機關施政方針年度計劃中心工作及其他計劃之擬議審核事項

二　關於計劃與預算之配合事項

三　關於計劃方案之搜集檢討及統籌調整事項

四　關於社會行政及業務機關各項計劃之綜合的審查檢討事項

五　關於行政三聯制之籌劃推行事項

六　其他有關設計及長官交辦之事項

第六條　考核組辦理之事項如左

一　關於已定計劃實施進度之考查促進事項

二　關於人事配合及分層負責制之檢討審議事項

三　關於社會行政及業務機關政績比較及各項工作報告之綜合的審查核議事項

四　關於本機關經費及公文檢查事項

五　關於派遣考核人員之擬議事項

六　其他有關考核及長官交辦之事項

第七條　本部施政方針中心工作及計劃方案與預算配合之擬議由本會會參事廳主辦

第八條　本部各單位專案計劃由參事廳主核簽奉批示後送本會會閱登記

第九條　各社會行政及業務機關之計劃方針由主管單位主核[illegible]核簽奉批示後送本會會閱登記

第十條　本部各單位工作推進實況由各單位依照規定按月填表送會根據原定計劃考核其進度及效果

第十一條　各社會行政及附屬機關之政績比較工作進度工作報告由主管單位審核後送本會會簽呈核

第十二條　本部及社會行政業務機關之經費與工作是否配合適當經費支用與工作成效是否確切合理由本會會同有關單位審核之

第十三條　本部及附屬機關人員與工作之配合由人事室根據各項組織法令簽擬意見會本會審核之

前項有關人事考核案件以案件處理視導報告及各項人事紀錄爲根據必要時本會得簽准派員調查之

第十四條　各級人員依照分層負責制之規定對於事務及案件處理之是否稱職由各單位主管根據最後批示將原案件送會登記

第十五條　本部重要會議決議案之執行情形由本會會同秘書處審核之

第十六條　本會委員會於每月之第一星期一舉行一次必要時得召集臨時會開會時以主任委員爲主席主任委員因事缺席時以副主任委員代理

委員會開會時之程序及議案處理手續得比照本部關於會議之規定

第十七條　本會處理公文依本部處務規程之規定

第十八條　本會對外文件以本部名義行之

第十九條　本規則未經規定之事項依本部處務規程及有關法令辦理之

第二十條　本規則自公布日施行

社會部公文檢查辦法

（三十二年十月二十八日部令公佈）

一、本部收到各方公文除來文定有限期或經部長批定限期者外應依照下列限期分別處理

1 速件不得逾七日重要件不得逾十日普通件不得逾十五日

2 速件應隨到隨辦其案情繁複並須會簽會稿者主辦單位不得逾三天每一會辦單位不得逾一天

4 確有特殊情形不能按期辦結者經辦單位應於滿限前簽請緩限

二　收發室依照前條規定之限期嚴密檢查速件與重要件每三日檢查一次普通件每週檢查一次其逾期未辦結者分別開列逾期公

公文報告表隨時送交設計考核委員會辦理並將逾期公文登記簿送月登記號碼以便查考（隨時將已辦結者即照號註銷）

三　設計考核委員會收到前項逾期公文報告表後應即分別填具查詢表送由各主辦單位將辦理情形明白填報並填註延誤原因及預定趕辦完結之期限送回設計考核委員會審核加具意見彙呈　部次長核示

四　設計考核委員會呈奉　部次長批示後應即通知各主辦單位依照重定期限辦結並將文號及期限開送收發室填入登記簿到期檢查其未辦結者仍報告設計考核委員會

五　送各單位會辦之公文主辦單位負責查詢催辦之責如因會辦延誤除會辦單位承辦人員應負責任外主辦單位之承辦人員如未查催亦應負連帶責任

六　各單位承辦公文因逾限貽誤公務或未簽明理由請求延限而逾期過久或重訂限期仍不遵守者應視情節輕重分別予承辦人員以處分應受處分人員除依照本辦法各條之規定外參酌本部分層負責辦事細則條各項人員之責任案各項規定確定之

七　公文繕校印發由總務司妥訂辦法切實清查並逐日統計按週呈報

八　第六條規定之處分分警告申誡記過記大過四種由設計考核委員會擬呈　部長核定之其情節特重者專案簽請　部長核示

九　各級人員處理公文從無逾限延誤者予以嘉獎嘉獎方式為嘉勉記功記大功及給予獎金其考核給獎辦法另訂之

十　本辦法經　部長核定後施行

社會部社會工作通訊月刊編輯委員會組織規程（三十二年十二月六日部令公布）

第一條　本部為辦理「社會工作通訊月刊」（以下簡稱本刊）設編輯委員會（以下簡稱本委員會）

第二條　本委員會設委員十五人至二十一人由　部長就本部有關單位職員中指派充任並指定一人為主任委員

第三條　本委員會委員之任務如左

（1）撰寫並徵集本刊需要文稿

（2）審查本刊一切文稿

（3）搜集有關資料

（4）擔任本刊與各單位之聯繫工作

（5）其他有關本刊之編輯印行事項

第四條　本委員會每月開會一次由主任委員召集之必要時得召開臨時會議

第五條　本委員會會議應行提商事項如左

（1）每期編輯內容之決定及其目次

（2）各委員於審查稿件時不能解決之問題

（3）本刊之印行事宜

（4）其他有關本刊之重要事項

第六條　本委員會設編輯一人事務主任一人助理編輯兼總校對一人繕寫員兼收發一人

前項各職員均由主任委員就本部職員中遴請部長調充之概不另支薪貼

第七條　本委員會職員辦事細則另訂之

第八條　本規程經　部長核定後公佈施行

社會工作通訊指導辦法

三十二年十二月二十七日部令公布

一　本部爲增進所屬社會工作人員工作知能提高工作效率舉辦社工通訊指導並分期發刊社工通訊以補助公文書之不及。

二　本辦法所指之社會工作人員（包括合作人員）如左

1　各級社會行政機關工作人員

2　辦理各種社會事業人員

3　人民團體負責人員及書記

三　通訊事項以左列爲限

1　工作方法指示之請求

2　本部主管及有關法規之疑義

3　對主管或有關事項之建議

4　重要工作之專案紀述

四　凡屬通訊應於篇首註（社工通訊）四字并載明姓名職務通訊及年月日等項

五　社工通訊之指導由視導室負責以通訊方式行之其內容分別由各主管單位簽註意見送室彙呈核定

六　社工通訊之指導不視爲公文書無拘束第三者之效力

七　本部對社工通訊及其指導文件得擇要分類編發彙刊於各級社會行政及社會事業機關凡經刊登之文件得於適當時引用之

八　本辦法經部核定施行

組織訓練

工會法　三十二年十一月二十日國民政府修正公布

第一章　總則

第一條　工會以增進工人知識技能發達生產維持改善勞動條件及生活並協助政府關於國防及生產等政令之實施為宗旨

第二條　工會為法人

第三條　工會不得為營利事業

第四條　工會之職務如左

一　團體協約之締結修改或廢止但非經主管官署之認可不生效力
二　會員之職業介紹及職業介紹所之設置
三　會員儲蓄勞工保險醫院診治所及託兒所之舉辦
四　生產消費購買信用住宅等各種合作社之組織
五　職業教育及其他勞工教育之舉辦
六　圖書館及書報社之設置
七　出版物之印行
八　會員懇親會俱樂部及其他各項娛樂之設備
九　工會或會員間糾紛事件之調處
十　勞資間糾紛事件之調處
十一　關於勞動法規之規定改廢事項得陳述其意見於行政機關及立法機關並答復行政機關及立法機關之諮詢
十二　調查工人家庭生計經濟狀況及其就業失業並編製勞工統計
十三　各項有關於改良工作狀況增進會員利益之事業

十四　其他法律規定之職務

工會如尚未舉辦前項所列或其章程所訂定之互相事業而主管官署認為有舉辦之必要時得派員協助辦理之

第五條　工會之主管官署在中央為社會部在省為省政府在縣市為縣市政府但有關目的事業者應依法受該目的事業主管官署之指揮監督

第六條　從事國家行政教育事業各機關之員工及軍事工業之工人不得組織工會

第二章　設立

第七條　凡同一區域年滿二十歲同一產業之工人人數在五十人以上或同一職業之工人人數在三十人以上時應依本法組織產業工會或職業工會

產業工會職業工會之種類以命令定之

第八條　工會之區域以縣或市之行政區域為其區域但有特別情形時得由主管官署另行劃定

在同一區域內之同一產業工人職業工人祇得設立一個工會

但同一區域內之同一產業工人如有特殊情形經主管官署之核准者不在此限

第九條　發起組織工會應有第七條所規定人數之連署向主管官署申請許可經許可後其發起人應即推定籌備員組織籌備會呈報主管官署備案

工會於召開成立大會前應將籌備經過連同章程草案呈報主管官署並請派員監選

工會組織完成時應即造具會員名冊職員略歷冊連同章程各二份報主管官署立案

第十條　工會章程應載明左列事項：

一　名稱
二　宗旨
三　區域
四　會址
五　任務或事業
六　組織
七　會員入會出會及除名
八　會員之權利與義務

九 職員名額權限任期及其選任解任
十 會議
十一 經費及會計
十二 章程之修改

第十一條 工會章程之議定應經由成立大會會員三分二以上之同意

第三章 會員

第十二條 凡在工會組織區域內年滿十六歲之男女工人均應加入其所從事之同一產業或職業之工會為會員

第十三條 同一產業或同一職業之被僱員役除代表雇主行使管理權者外均有工會會員資格

第十四條 工人得選擇加入同一產業及同一職業之工會

第十五條 工會會員於離去其產業或職業一年內仍得保有其會員資格但已就他業者不在此限

第四章 職員

第十六條 工會設理事五人至九人候補理事二人至四人由會員選任之
理事處理工會一切事務對外代表工會
理事得互選常務理事一人至三人必要時並得就常務理事中選舉一人為理事長

第十七條 工會設監事一人至三人候補監事一人由會員中選任之。
監事掌理審核工會簿記帳目稽查各種事業進行狀況及監察各職員之職務
監事名額為三人時得互選常務監事一人

第十八條 工會會員年滿二十五歲以上者得被選為工會之理事監事

第十九條 工會理事監事任期二年連選得連任

第廿條 工會之理事或其代理人因執行職務所加於他人之損害工會應負連帶賠償之責但因關於勞動條件使會員為協同之行為或對於會員之行為加以限制致使雇主受雇用關係上之損害者不在此限」工會職員及會員私人之對外行為工會不負其責任

第五章 會議

第廿一條 工會每年至少應開會員大會或代表大會一次必要時得舉行臨時會議由理事會召集之並應於十五日前呈報主管官署

前項代表之選舉方法由社會部擬訂呈請行政院核定之

第二十二條　左列事項應經會員大會或代表大會之議決

一　工會章程之變更

二　經費之收支預算

三　事業報告及收支決算之承認

四　勞動條件之維持或變更

五　基金之設立管理及處分

六　會內公共事業之創辦

七　總工會或工會聯合會之組織

八　工會之合併或分立

第二十三條　工會會員大會或代表大會非有會員或代表過半數之出席不得開會非有出席會員或代表過半數之同意不得議決但前條第一款及第七款之決議應經出席會員或代表三分之二以上之同意

第六章　經費

第二十四條　工會經費以左列各款充之

一　會員入會費及經常會費

二　特別基金

三　臨時募集金

前項入會費每人不得超過其入會時一日工資之所得經常會費不得超過各該會員收入百分之二特別基金臨時募集金或股金非經主管官署核准不得徵收

第二十五條　工會為舉辦會員福利事業應由僱主依法提撥職工福利金其無一定僱主之職業工人得請求地方政府補助之

第二十六條　工會每年應將財產狀況報告會員如會員有十分一以上之連署得選派代表查核工會之財產狀況

第二十七條　工會經費支配之標準及經費支付與稽核之方法由工會自行擬定呈報主管官署備案

第七章　監督

第二十八條　工會不得拒絕法律上認為合格之人入會亦不得許法律上認為不合格之人入會

第二十九條　勞資間之爭議非經調解仲裁程序後於會員大會以無記名投票經全體會員過半數以上之同意不得宣言罷工其已

付仲裁或依法應付仲裁者仍不得宣言罷工

第三十條 工會於罷工時不得妨害公共秩序之安寧及加危害於僱主或他人之生命財產

工會不得要求超過標準工資之加薪而宣言罷工在非常時期不得以任何理由宣言罷工

工會呈准立案後應提出空白之會員名冊及會計簿各二份主管官署請求蓋印嗣後更用新冊簿亦同

前項會員名冊及會計簿記載後一存會所一繳主管官署

會員名冊應記載會員之姓名人數入會年月日就業處所及其就業失業移動死亡傷害之狀況

會計簿之收支記載應另冊編號貼附收據如主管官署認為必要時得令工會聘用會計師鑑定之

第三十一條 工會每年十二月內應將左列各項表冊賬簿呈報主管官署主管官署認為必要時得令工會隨時報告

一 職員之姓名履歷

二 會員入會退會名冊

三 會計簿

四 事業經營之狀況

五 各項糾紛事件之經過

第三十二條 工會章程或理事與其他職員有變更時應即行呈報主管官署並由主管官署於十五日內公告之在公告前不得以其變更對抗第三人

第三十三條 章程之變更非經主管官署之認可不生效力

第三十四條 工會職員或會員不得有左列各項行為

一 封鎖商店或工廠

二 擅取或毀損商店工廠之貨物器具

三 逮捕或毆擊工人與僱主

四 限制僱主僱用其介紹之工人

五 集會或遊行時攜帶武器

六 對於工人之勒索

七 命令會員怠工

八 擅行抽收佣金或捐項

第三十五條　工會之選舉或決議有違背法令或章程時主管官署得撤銷之

第三十六條　工會章程有違背法令時主管官署得令其變更之

第三十七條　工會對第三條之處分有不服時得提起訴願但訴願之提起應於處分決定之日起三十日內爲之

第三十八條　工會理事監事有違背法令或失職情事時主管官署得將其解職或予以警告

第三十九條　工會非得政府之認可不得與外國任何工會聯合之

第八章　保護

第四十條　僱主或其管理人不得因工人爲工會會員或職員而拒絕僱用或解僱及爲其他不利益之待遇

第四十一條　僱主或其代理人對於工人不得以不任工會職務爲僱用條件

第四十二條　僱主或其代理人在勞資爭議調解仲裁期間不得解僱工人

第四十三條　工會於其債務人破產時對其財產有請求優先清償之權

第四十四條　工會所有之左列各項財產不得沒收

一　會所　學校　圖書館　書報社　俱樂部　醫院　診治所　託兒所　生產消費住宅購買等合作社之動產及不動產

二　工會基金勞工保險金

第九章　解散

第四十五條　工會有左列情事之一時主管官署得解散之

一　成立之基本要件不俱備者

二　違反法令情節重大者

三　破壞安寧秩序或妨害公益者

工會對於解散處分有不服時得於處分決定之日起三十日內提起訴願

第四十六條　工會除依前條命令解散外得因左列事由之一宣告解散

一　工會之破產

二　會員人數之不足

三　工會之合併或分立

第四十七條　工會之合併或分立以產業職業之種類或組織區域之劃分有變更時爲限並應得主管官署之許可

第四十八條　合併後繼續存在或新成立之工會承繼因合併而消滅之工會之權利義務

因分立而成立之工會承繼因分立而消滅之工會或分立後繼續存在之工會之權利義務其承繼權利義務之部份應在議決立時議決之並應經主管官署之核准

第四十九條　工會於合併或分立前應公告其債權人於一個月以上之一定期內聲明異議但對於其已知之債權人應按名催告之

債權人於前項之一定期內聲明異議時工會非先行清償或供相當之担保不得合併或分立

違反前二項之規定而爲合併或分立者不得以之對抗該債權人

第五十條　工會由命令或因破產而解散者應即依法重行組織工會之解散除由命令解散外應於十五日內將解散事由及年月日呈報主管官署

第五十一條　工會之解散除合併分立或破產外其財產應速行清算前項清算依民法法人之規定

第五十二條　工會解散後除清償債務外其賸餘財產應歸屬於重行組織之工會其因人數不足而解散者歸屬於該會所加入之總工會或工會聯合會未加入總工會或工會聯合會者歸屬於工會會址所在地方自治團體

第十章　市縣總工會

第五十三條　工會爲促進當地各業聯繫提高生產效能協助政令推行得集合同市縣區域各個產業工會職業工會呈經主管官署核准組織市縣總工會

第五十四條　凡一市縣區域內之產業工會職業工會合計滿七個單位或不滿七個單位而會員總數超過五千人並經單位三分一以上之發起方得申請組織總工會

第五十五條　市縣總工會除前二條外準用本法關於工會之規定

第十一章　聯合會

第五十六條　工會爲謀增進同業工人間之知識技能發達生產辦理互助事業得聯合同一省區內同一產業或職業之工會呈經主管官署之核准組織各該業省工會聯合會

前項省工會聯合會之設立應有五個工會以上之發起

第五十七條　省會聯合會除前條外準用本法關於工會之規定

第五十八條　有左列情形之一時社會部得召集全國各省產業或職業工會聯合會會議

一　社會部或目的事業主管機關認爲必要時

二　經五省以上工會聯合會提議時

第十二章　罰則

第五十九條　工會及其職員或會員有第三十四條各款行爲之一時得處以五百元以下之罰鍰但其行爲觸犯刑法者仍依刑法處斷

第六十條　僱主或其代理人違反第四十條第四十一條之規定時得處以五百元以下之罰鍰但其行爲觸犯刑法者仍依刑法處斷

第六十一條　雇主或其代理人違反第四十二條之規定解雇工人時得按每解雇五人一名處一百元以上一千元以下罰鍰

第六十二條　工會之理事有左列情事之一時得處以三百元以下之罰鍰

一　關於第二十一條第三十二條第五十條第二項之事項不爲呈報或爲虛僞之呈報者

二　違反第三十條之規定及第三十六條之命令者

三　違反第四十九條第一項第二項之規定而合併或分立者

第十三章　附則

第六十三條　特種工會另以法律定之

第六十四條　本法施行細則由社會部擬訂呈請行政院核定之

第六十五條　本法自公布日施行

清潔衛生競賽工作通則　三十二年十月四日行政院核准

第一條　工作競賽推行委員會（以下簡稱本會）爲促進社會清潔衛生工作增進國民健康起見特訂本規則

第二條　本競賽適用於左列單位：

（一）城市——城市與城市爲互賽單位城市內以區鎭爲互賽單位

（二）鄉村——鄉與鄉爲互賽單位鄉內以保爲互賽單位

（三）工廠——工廠與工廠爲互賽單位廠內以工作部門爲互賽單位

（四）軍隊——軍與軍或師與師爲互賽單位師內以營爲互賽單位

（五）學校——按大中小學分別爲互賽單位學校內以班級爲互賽單位

（六）機關——機關與機關爲互賽單位機關內以工作部門爲互賽單位

第三條　各單位分列種類如次：

（一）城市——甲種人口在六十萬以上者

乙種人口在二十萬以上者六十萬以下者

丙種人口在二十萬以下者

(二)鄉村——以鄉為單位暫不分類

(三)工廠——甲種：職工人數在二千以上者

乙種：職工人數在五百以上二千以下者

丙種：職工人數在五百以下者

(四)軍隊——甲種：後方駐軍營房

乙種：前方駐軍營房

丙種：前方作戰部隊營房

(五)學校——甲種：大學或專科以上學校

乙種：中等學校

丙種：小學

(六)機關——甲種：職工人數在二百以上者

乙種：職工人數在一百以上二百以下者

丙種：職工人數在一百以下者

第四條　競賽項目暫定在左列五項

(一)飲水：(二)糞便：(三)污水：(四)垃圾：(五)其他：

第五條　前列競賽之細目及評判記分標準另訂之

第六條　各單位舉行本競賽時得由各該主管機關會同有關機關組織「清潔」衞生工作競賽委員會負督導檢查評判之責其組織及實施辦法由主管機關自行訂定呈報上級機關送本會備查

第七條　本競賽注重衞生及設備之裝置及經常管理之成績每一個月舉行月賽一次每六個月為一期以六次月賽成績評定一期賽成績

第八條　競賽結果成績優良者得由各上級主管機關分別予以獎勵其成績特優者並得函送本會依照工作競賽獎勵之其成績過劣者應由各主管機關分別予以懲處並通飭糾正

第九條　本通則經本會委員會議通過後函請行政院通飭施行。

社會工作人員訓練辦法　三十二年十一月一日行政院核准

第一章　總則

第一條　社會工作人員之訓練除法令另有規定外依本辦法之規定

第二條　實施訓練須遵照　總裁「訓練的目的與訓練實施綱要」之訓示及「全國各訓練機關訓練綱領」之規定

第三條　訓練方法採取啓發式與討論式注重問題之研究與業務之演習以求理論與實際一致

第二章　訓練機關

第四條　全國社會工作人員訓練最高指導機關爲社會部及中央訓練委員會

第五條　社會工作人員之訓練分爲中央與地方兩種屬於中央訓練者由社會部會商中央訓練委員會就中央訓練團設班辦理屬於地方訓練者由省社會處（未設社會處之省爲民政廳院轄市爲社會局以下倣此）會商省地方行政幹部訓練團設組或設特別班辦理其未設地方行政幹部訓練團之省得自行設班辦理

地方社會工作人員訓練必要時得由縣(市)政府呈准省社會處及省地方行政幹部訓練團籌辦縣（市）社會工作人員訓練班（如僅舉辦一種人員訓練得逕稱某縣(市)某訓練班）其已設有縣地方行政幹部訓練所者應就所內附設特班辦理但屬於社會行政人員部份仍應調由省地方行政幹部訓練團訓練

第六條　中央訓練團社會工作人員訓練班爲中央訓練之執行機關置班主任一人由社會部部長兼任副主任一人或二人其中一人由社會部政務次長兼任其組織另定之

第七條　省地方行政幹部訓練團社會組或特班及縣地方行政幹部訓練所特班或由省縣自設之訓練班爲地方訓練實施機關特班之設置須依照或比照中央訓練委員會訂頒之「省地方「省地方行政幹部訓練團附設特班辦法」之規定辦理

第八條　各省(市)舉辦社會工作人員訓練應由各主辦機關商訂訓練計劃分呈社會部及中央訓練委員會備案計劃內容包括左列各款

一　訓練機關名稱

二　負責人員姓名資歷

三　設立地點

四　訓練性質

五　訓練期間

六　教育計劃
七　經費預算及其來源
八　受訓人員名額選調標準及待遇辦法
縣(市)政府舉辦社會工作人員訓練應照前項各款擬訂訓練計劃呈報省社會處備案其由縣(市)訓練所設班者並應分呈省地方行政幹部訓練團備案

第九條　社會部及中央訓練委員會於必要時得派員協助或視導地方訓練事宜

第三章　受訓人員

第十條　各級受訓人員分別規定如左

一　由中央訓練團調訓者(已經中央訓練團黨政訓練班調訓者不再調訓)
(一)各省(市)社會處(局)秘書科長視導
(二)各縣(市)政府社會科長(未設社會科之縣爲教育科長)
(三)中央主辦之社會事業主要工作人員
(四)中央直轄人民團體之幹部
(五)其他特許或指定之人員

二　由省地方訓練機關調訓者
(一)縣(市)社會行政工作之主管人員及指導員縣(市)政府社會科長或教育科長在中央未調訓前得由各省調訓之
(二)省(市)及縣(市)主辦之社會事業主要工作人員
(三)省(市)及縣(市)所轄各級人民團體之幹部
(四)其他特許或指定之人員

三　由縣(市)地方訓練機關調訓者(已經省訓練機關調訓者不再調訓)
(一)縣(市)以下主辦之社會事業主要工作人員
(二)縣(市)以下人民團體幹部
(三)其他特許或指定之人員

前項調訓之各種人員分編爲社會行政人員組社會事業人員組人民團體幹部組分別訓練或先後分期訓練

第十一條　中央或地方訓練機關除依照前條規定調訓各項現職人員外得因事實需要以考試方法招收非現職人員訓練之地方訓練機關所訂考試辦法應分別呈經社會部及中央訓委員會之核准」其由縣(市)舉辦者應呈請省社會處核准在縣訓練所設班者並應分呈省地方行政幹部訓練團核准

第十二條　受訓人員採行軍事編制視其人員多寡分編爲總隊大隊中隊及分隊

第四章　教務實施

第十三條　各級訓練期間以兩個月爲準必要時得申縮之

第十四條　訓練實施分左列四種

一　精神訓練　注重民族意識服務精神及高尚品格之培養

二　政治訓練　注重社會政策經濟政策及政治常識之認識

三　業務訓練　注重各種有關法規之研究及有關業務知能之充實

四　軍事訓練　注重軍事常識之灌輸及軍事化生活之養成

第十五條　各種訓練時數之支配以精神訓練政治訓練軍事訓練各約佔百分之十五業務訓練約佔百分之三十訓育實施約佔百分之二十五爲準其訓練期間較長者業務訓練時數得酌量增加

第十六條　訓練實施必要時得依照事實需要與業務性質分組行之其教材須注重各種技能之充實及實際問題之研究並應舉行業務演習工作討論或利用各種示範與試驗場所施以一定期間之實習

第十七條　各種學科由訓練機關聘請教官預定進度表並編纂教材指定參考書籍發給受訓人員受訓人員應隨時筆記心得送由教官審閱教官所編各種教材須經社會部及中央訓練委員會審定

第五章　訓育實施

第十八條　訓練實施項目分爲小組討論個別談話自我檢討自修指導黨務活動勞動服務座談會歌詠同樂會及各種競賽

第十九條　小組討論會依照民權初步之規定注意辯論硏討以求正確結論其題材須與精神政治訓練課程相聯繫

第二十條　個別談話注重受訓人員思想品性學識能力經驗之考核與指導

第二一條　自我檢討須激發受訓人員以虛心誠懇之態度報告自已之特長與缺點及其生活方式並從而糾正或獎勵之

第二二條　自修指導須注重受訓人員研讀　總理遺教及　總裁言論與所受課業之心得

第二三條　黨務活動須注重受訓人員黨務工作團務工作及黨團活動之技術與應用

第二四條　勞動服務須注重受訓人員勞動習慣與勞動技能之養成

第二五條　座談會須注重時事問題及一般黨政工作之討論

第二六條　歌詠同樂會重在陶冶受訓人員之身心培養敬業樂羣之精神

第二七條　競賽分演講競賽及射擊等類其方式分個人的與單位的兩種由各訓練機關視時地之需要分別舉行之

第六章　考核及任免

第二八條　各級訓練機關在實施訓練時須兼負甄選考核之責以期於訓練幹部之中兼收選拔人才之效

第二九條　各級訓練機關須以受訓人員之課業成績及各種訓育紀錄作爲考核之根據

第三〇條　受訓人員受訓期滿成績及格者得由訓練機關發給證明書由省訓練機關訓練者於每期訓練完畢應將畢業學員履歷及受訓成績造具名冊呈報社會部備案

由縣（市）訓練機關訓練者應依前項規定造具名冊呈報省社會處備案並由省社會處按季摘報社會部備查其在縣訓練所設班者並分呈省地方行政幹部訓練團備案

第三一條　受訓人員在受訓期間違反紀錄或成績不及格者應由訓練機關通知原服務機關予以撤換招收人員則停止其受訓

第三二條　招收人員訓練及格後屬中央訓練者由社會部分派工作屬地方訓練者由地方政府分派工作

第七章　訓練機關經費及受訓人員待遇

第三三條　各級訓練機關經費屬於中央者列入中央訓練團預算必要時由社會部專案請撥屬於省者列入地方行政幹部訓練團預算必要時由省社會處專案請撥縣（市）級舉辦社會工作人員訓練所需經費應列入縣（市）地方預算

第三四條　調訓人員在訓練期間仍留原職支原薪其旅費來程由原機關或團體發給回程由訓練機關發給受訓人員在受訓期間其膳宿服裝書籍等費概由訓練機關供給

第八章　附則

第三五條　各級社會工作人員之訓練除依照本辦法外應參照中央訓練委員會所頒「訓練機關管理辦法」及「全國各訓練機關訓練綱領」辦理

第三六條　本辦法自核准之日施行

人民團體會員訓練辦法

三十二年十二月十六日社會部公佈並呈奉行政院備案

第一條　人民團體會員之訓練除法令另有規定外依本辦法之規定

第二條　人民團體會員之訓練以職業團體爲主要對象

第三條　人民團體會員之訓練應以培養民族意識熟習民權運用增進工作智能改善生活習慣以建立有組織有生機之社會完成三民主義之國家建設為目的

第四條　人民團體會員訓練內容分為思想民權智能生活四種其方針如左

一　思想訓練　使會員服膺中國國民黨之主義政綱政策認識　國父與　總裁之偉大人格歷代聖哲民族英雄與革命先烈之光榮史蹟

二　民權訓練　使會員瞭解羣己關係嚴密團體組織及熟習民權之運用

三　智能訓練　使會員具備生產常識合作組織與其他現代公民必要之智能

四　生活訓練　使會員養成實踐新生活之習慣遵守黨員守則國民公約之精神

第五條　人民團體會員訓練方式分為左列四種：

一　課堂方式　舉辦會員訓練班各種專業講習班及識字班等以灌輸及啓發方法實施一般訓練

二　小組方式　就團體原有之基層小組實施訓練其未有小組者以五人至三十人為原則將全體會員分編若干小組小組設組長每兩週召開小組會議一次以實習民權初步為訓練重心

三　集會方式　舉行　國父紀念週國民月會各種紀念會演講會討論會座談會聯誼會等以增進智識練習民權

四　其他方式　舉辦圖書室出版刊物壁報及利用其他機會訓練之

第六條　人民團體會員訓練之主管官署在中央為社會部在省為社會處未設社會處之省為民政廳在院轄市為社會局在縣(市)為縣(市)政府

第七條　人民團體會員訓練之執行機關為團體之理事會但第五條第一項第一款所稱之會員訓練班如團體無力自辦時應由其主管官署或上級團體單獨或聯合舉辦就所屬會員分期分區或分業訓練之

前項訓練班須標明地方及團體名稱如某縣(市)職業團體會員訓練班或某縣(市)某工會會員訓練班等

第八條　人民團體會員訓練班設班主任一人由辦理訓練之主管官署長官或團體負責人充任副主任一人或二人由當地黨部委員書記長或團體負責人充任幷得設教育長一人教務訓導總務三股各置股長一人均由參加機關團體就其現職人員中派兼之

第九條　人民團體會員訓練班必要時得由參加機關團體組織訓練委員會襄助班主任辦理訓練

人民團體會員訓練之施教或指導人員得就所在地黨務團務工作人員公務機關團體職員學校教員初中以上學生或其他具有專長之人士中遴聘之概為義務職

第十條　辦理會員訓練班應於事前就訓練機關名稱負責人及施教人員姓名略歷設班地點訓練內容訓練起訖日期及期限受訓人員分業名額選調標準待遇辦法及經費預算來源等擬訂計劃呈報上級主管官署備查

第十一條　辦理會員訓練班所需經費由辦理機關團體自行負担團體經費困難時得呈請政府補助之

第十二條　辦理會員訓練須根據訓練方針依照社會部印行之人民團體會員訓練教材依次或摘要講習完畢爲準但仍得增加精神講話康樂活動及其他必要之補充教材

前項訓練教材如係自編者須呈經核准

第十三條　人民團體會員除在本團體經常接受各種訓練外必須在會員訓練班受集中訓練一次惟年在五十歲以上或曾受中等以上教育者得予免訓

人民團體幹部（包括理監事書記及小組組長）仍得以會員資格接受會員訓練

第十四條　會員訓練班應利用業餘時間實施訓練每期一個月至三個月期滿考驗成績滿六十分者於其會員證上加蓋受訓合格戳記或發給證書不合格者下期留訓之

第十五條　會員訓練班應採行軍事管理並酌加訓育活動

第十六條　人民團體會員訓練情形應於每季末向主管官署呈報一次各主管官署加具考語彙整後於每年六月及十二月底摘要呈報社會部備查

會員訓練班之訓練報告應於每期結束後層報社會部備查

上兩項訓練報告表式另訂之

第十七條　主管官署對於人民團體辦理會員訓練應經常選派人員前往指導切實考核其成績並得酌予獎懲

第十八條　本辦法自公布日施行

各級社會工作人員協助推行兵役辦法第三條第一節修正條文

三十二年十月九日修正

第三條　第一節　身家調查——發動各種職業團體協助調查以防止壯丁逃避兵役

社會福利

非常時期重慶市醫院診所收費限制辦法

三十二年十月七日行政院核准修正

第一條　凡在重慶市區及遷建區開設之公私立醫院診所收取各種費用應依本辦法之規定

第二條　醫院診所收取費用最高不得超過下列各規定但在本辦法公布前所定收費數額少於本辦法所定者非經主管官署核准不得增加

一　掛號費（診費在內）　普通號初診十元復診二元特別號初診三十元復診二十元提前號初復診十五元急診號三十元（以公立醫院爲限）

二　門診診費（掛號費在內）普通號三十元特別號六十元（以私立醫院及開業醫師中醫師牙醫師爲限）

三　出診診費在出診時間內每次一百元至二百元在出診時間外每次二百元至三百元車輪船費由病家供給

四　完全體格檢查普通號七十元特別號一百四十元如用X光檢查須另加費

五　檢驗費（一）門診檢驗費 普通 特別 號每次 十 四十 元瓦氏康氏檢驗及其他 普通號 特別 十五 四十 元（二）住院檢驗費每次住院三等病人十五元二等病人四十元頭等病人七十元

六　手術費（一）門診手術費（材料費在內）普通每次五十元特別每次一百五十元（二）住院手術費大手術 手術 材料 費三等病人 一百五十 二百 元二等病人 三 三 百元頭等病人 五 五 百元中手術 手術 材料 費三等病人 六十 一百五十 元二等病人 一百五十 二百 元頭等病人 二百五十 二百五十 元小手術 手術 材料 費三等病人 三十五 七十 元二等病人 七十 七十 元頭等病人 一百五十 一百五十 元（三）人工氣胸手術費門診 普通 特別 號 七 十五 元住院三等病人七元二等病人十五元頭等病人三十元（四）注射手術費皮下每次七元肌肉每次十五元靜脈每次三十元

七　醫師出外接生費平產一百五十元難產五百元材料費五百元助產士出外接生費八十元並照本條第三款另加出診費

住院平產手術費三等病人六十元二等二百元頭等三百元
住院平產材料費三等病人一百五十元二等二百元頭等三百元
難產手術費三等病人一百五十元二等三百元頭等五百元
難產材料費三等病人二百元二等三百元頭等五百元

八　子宮輸卵管吹張術普通號六十元特別號　百五十元

九　普通住院三等每日十二元二等每日二十五元頭等每日五十元

十　沖洗尿道管普通號每次三元特別號每次八元

十一　外科需用大量紗布繃帶布者得酌量收費但普通號每次不得超過四十元特別號每次不得超過八十元

十二　初生嬰兒各種收費照普通病人計算（乳粉須自備）

牙科收費

拔牙手術簡易者六十至一百五十元困難者一百五十元至三百元

畸形手術簡易者一百元困難者二百元補鉑金簡易者六十至一百元截除神經者不得超過二百五十元

補磁簡易者六十至一百元截除神經者不得超過二百五十元

暫時補磁	四十元	八十元
治療	十五元	三十元
割治	六十元	一百五十元
牙齦治療	十五元	一百五十元
根管治療	三十元	六十元
預防術	五十元	一百五十元
開合面改正術	十五元	三十元

十三　X光費透視普通號三十元特別號六十元

十四　照片費不得超過底片一倍

十五　配光費普通號六十元特別號一百五十元

十六　證明書手續費每份十元

第三條 前條收費對於貧苦病民應予酌減或全免惟以普通病室及普通門診爲限

第四條 公務員及其直系親屬與配偶如有疾病經主管機關長官證明向本辦法第一條所稱之醫院診所就診時應比照第二條規定各費減收三分之一

第五條 本辦法未規定之費用除住院伙食費外各醫院診所應照三十一年十一月三十日之原價或較低之價收取

第六條 本辦法應由當地主管官署印製蓋印通知各醫院診所領取張貼於其顯著處所

第七條 本辦法視物價情形得隨時酌量修改

第八條 違反本辦法規定收費者除勒令退還多收費額外並按其多收費額處以五倍以上十倍以下之罰鍰累犯者并得撤銷其證照勒令停業

第九條 本辦法施行後當地主管官署應隨時嚴密偵察人民亦可檢舉

第十條 本辦法自呈准公布之日施行

職工福利委員會組織規程

三十二年十月二十三日社會部公布

第一條 本規程依據職工福利金條例第五條之規定制定之

第二條 工廠鑛場或其他企業組織之職工福利委員會以左列人員組織之

一 工廠鑛場或其他企業組織之業務執行人

二 職工雙方各推選代表二人至四人已組工會者由職員及工會理事推選各二人至四人

前項職工福利委員會以工廠鑛場或其他企業組織之業務執行人爲主任委員

第三條 凡二個以上之工廠鑛場或其他企業組織爲辦理福利事業之便利起見得聯合組織職工福利委員會由參加單位之業務執行人及其職工雙方各推選代表一人爲委員組織之

前項聯合組織之會由參加之各單位業務執行人中互推一人爲主任委員任期一年以輪流担任爲原則

第四條 無一定雇主之工人而有工會組織者得設置福利委員會由理監事互選三人至五人爲委員並由委員互推一人爲主任委員

第五條 職工福利委員會除第二條第二項之主任委員及第三條第一項之業務執行人外其餘委員及主任委員均以一年爲任期連選得連任之

第六條 組織職工福利委員會時應由所屬工廠鑛場或其他企業組織或工會將左列各項呈報主管官署備案

一 辦理職工福利之各項規章

二 委員及重要職員名冊
三 會址所在地
四 成立日期
前項一至三款如有變更時應隨時呈報

第七條 職工福利委員會之任務如左
一 關於職工福利事業之審議推進及督導事項
二 關於職工福利金之籌劃保管及動用事項
三 關於職工福利事業經費之分配稽核及收支報告事項
四 其他有關職工福利事項

第八條 工廠鑛場或其他企業組織或工會組織福利委員會時應依據本規程各項規定另訂規章載明左列事項
一 名稱
二 會址
三 內部組織及事務處理之規定
四 會議之規定
五 福利金提撥保管及動用之規定
六 福利設施之規定

第九條 職工福利委員會辦理福利事業適用職工福利社設立辦法之規定
職工福利社設立辦法另定之

第十條 職工福利委員會應於年度終了前擬具下年度福利設施計劃連同預算書逕由所屬工廠鑛場或其他企業組織或工會呈請主管官署備案並於年度終了時將辦理情形據實報查

第十一條 職工福利委員會委員均為義務職

第十二條 本規程自公布日施行

職工福利設立辦法

三十二年十月二十三日社會部公布

第一條 本辦法依據職工福利委員會組織規程第九條之規定制定之

第二條　工廠礦場或其他企業組織雇用職工在二百人以上暨無一定雇主工人之工會有會員二百人以上者應分別附設職工福利社或工人福利社其不足二百人者得聯合設立之

第三條　工廠礦場或其他企業組織或工會附設福利社所需費用在依法所提之福利金內撥充之

第四條　福利社應視需要情形及經濟狀況酌辦左列業務

一　食堂

二　宿舍與家庭住宅

三　醫院或診療所

四　補習學校或補習班及子弟學校

五　浴室

六　理髮室

七　托兒所

八　職業介紹所

九　洗衣補衣室

十　圖書室

十一　俱樂部

十二　體育場

十三　詢問代筆室

十四　其他有關職工福利之事業

第五條　前條業務除物品消耗得依成本收費外概以免費為原則

第六條　福利社設主任一人綜理社務總幹事幹事助理幹事各若干人勷理社務並得分組辦事

前項職員由工廠礦場或其他企業組織工會之福利委員會派充之

第七條　工廠礦場或其他企業組織或工會組立之福利社成立時應向當地市縣政府呈請備案並受該市縣政府之指導監督

第八條　政府機關或社會團體設立福利社時準用本辦法之規定

第九條　本辦法自公佈日施行

社會部免費醫療陪都貧病兒童辦法　三十三年十一月十日部令修正公布

第五條　凡家境確屬貧寒經查屬實或係抗屬子女持有抗屬證者除門診費免收外並得酌免藥費之全數或半數其規定另訂之

第七條　貧病兒童或抗屬子女患有急難病症經醫生診斷有住院之必要者得免費住院但各院所對貧病兒童之診治應視同一般住院病人不得歧視

第九條　免費住院之病童以家境亦貧確無負擔醫藥費用之能力經鄉鎮長證明屬實或由各該院所社會服務部調查確實以及抗屬子女持有抗屬證者為限惟病愈經醫生之證明後應立即出院

第十三條　本辦法實施後各該院所對於貧病兒童及抗屬子女原已訂定之免費優待辦法仍適用之

社會部各直屬社會服務處工作競賽實施辦法　三十二年九月三十日工作競賽推行委員會第廿一次委員會議通過三十二年十一月十七日社會部令行

第一條　社會部及工作競賽推行委員會為促進社會部各直屬社會服務處業務提高工作效率起見特訂定本辦法

第二條　本競賽以社會部各直屬社會服務處為競賽單位

第二條　本競賽項目選定如左

一　生活服務

二　人事服務

三　文化服務

四　經濟服務

第四條　前條所列競賽項目之細目及評判記分標準另訂附後

第五條　本競賽分左列期限舉行之

一　分月競賽——由社會部派員於每月月終就近舉行檢查一次並記錄其成績

二　分期競賽——每半年舉行一次由社會部派員切實檢查並記錄其成績

三　年度競賽——每年舉行一次由社會部及工作競賽推行委員會派員實施總檢查並記錄其成績

第六條　前條規定各期競賽成績由社會部核轉本會備考

第七條　本競賽每期(六個月)由社會部及工作競賽推行委員會派員會同舉行評判一次每年舉行總評判一次其評判成績結算辦法如下：(1)分月競賽所得之平均成績佔60%(2)分期競賽所得成績40%以上(1)(2)兩項成績合計則為年度總成績

第八條　本競賽成績依左列百分數爲評判標準

一　生活服務業務推進佔35%

二　人事服務業務推進佔25%

三　文化服務業務推進佔25%

四　經濟服務業務推進佔15%

第九條　本競賽成績等第規定如左

一　總平均分數在九十分以上者爲優等

二　總平均分數在八十分以上者爲甲等

三　總平均分數在七十分以上者爲乙等

四　總平均分數在六十分以上者爲丙等

五　總平均分數分不及六十分者爲丁等

第十條　競賽結果其成績優良者除由社會部給予獎勵外其成績特優者則由本會依照工作競賽獎勵辦法獎勵之過劣者由社部酌予懲處

第十一條　本辦法經工作競賽推行委員會議通過後函請社會部轉飭施行

社會部重慶市工人福利社組織規程

三十二年十一月二十九日部令公布

第一條　社會部爲改善工人生活促進工人福利設立重慶市工人福利社(以下簡稱工人福利社)

第二條　工人福利社設主任一人綜理社務由社會部派充之

第三條　工人福利社設左列各組室

一　總務組

二　業務組

三　職業介紹組

四　醫療室

第四條　總務組掌左列各事項

一　關於公文之撰擬繕校收發保管及典守印信事項

二　關於人事保管事項

三　關於公產公物之保管事項
四　關於經費出納事項
五　關於編輯調查及統計事項
六　關於庶務及其他不屬於各組室之事項

第五條　業務組掌管左列各事項
一　關於改善勞工生活事項
二　關於勞工教育事項
三　關於勞工康樂事項
四　關於人事服務事項
五　其他有關勞工福利事項

第六條　職業介紹組掌左列各事項
一　關於求職或求人之登記介紹事項
二　關於勞力供需之調劑事項
三　關於職業訓練及就業服務之指導事項
四　其他有關勞工職業介紹事項

第七條　醫療室掌左列各事項
一　關於勞工疾病預防及治療事項
二　關於勞工健康檢查事項
三　關於環境衛生設施及清潔檢查事項
四　關於藥品器械之保管事項
五　其他有關勞工醫療保健事項

第八條　工人福利社設協理一人勷理社務

第九條　工人福利社各組各設組員一人醫療室設主任醫師一人承主任之命掌理各該組室事務

第十條　工人福利社各組室分設幹事助理幹事服務生教師醫師護士及藥劑生各若干人其名額及薪給由社會部核定之

第十一條　工人福利社協理各組組長及主任醫師由主任提請社會部核派其他人員由主任遴選派充並呈報社會部備案

第十二條　工人福利社設會計室置會計員一人所需會計佐理人員由該社與社會部會計室會商呈部核定依照主計法規辦理歲計會計及統計事務

第十三條　工人福利社設社務會議由各組室主管人員組織之以主任爲主席其議事細則另定之

第十四條　工人福利社辦事細則另定之

第十五條　本規程自公布之日施行

合作事業

軍事委員會政治部、社會部推進軍隊合作事業聯繫辦法

三十二年十二月七日社會部政治部會同頒行

一　軍事委員會政治部、社會部爲會同推進軍隊合作事業特定訂本辦法

二　本辦法所稱軍隊合作社指軍事委員會所屬各部隊機關學校官兵職工員生等所組織之合作社而言

三　各軍事部隊機關學校除參加戰鬥序列部隊應不准設立合作社外如有設立之必要應依軍事委員會所屬各部隊機關學校設立合作社原則之規定向政治部呈請登記領得登記證後方得成立所在地主管機關辦理此類合作社登記時應先查驗有無政治部之登記證各社辦理變更解散清算登記時亦同

四　政治部辦理軍隊合作社登記每月應將各社社名社址理監事人數及理監事主席姓名每股金額共認股額已繳股額等列表分送社會部及各省市政府查照

五　政治部得隨時派員或商洽社會部及各省市政府指派合作工作人員依照軍事委員會所屬各部隊機關學校合作社監督考核辦法視導各軍隊合作社其視導結果逕報政治部備查

六　各主管機關工作人員除依前項規定辦理視導工作外得依合作法令指導各軍隊合作社各社應接受其指導

七　本辦法經政治部、社會部洽商同意後施行

社會部合作事業管理局合作實驗區組織規程（三十三年十二月十四日部令公布）

第一條　社會部合作事業管理局（以下簡稱本局）為辦理合作實驗工作依本局組織條例第五條第三款之規定就指定區域設立合作實驗區（以下簡稱實驗區）依本規程組織之

第二條　實驗區所在省縣名稱于各該區名稱中標明之

第三條　實驗區任務如左

一　關於本區合作事業之推進規劃事項

二　關於本區合作社社務業務之指導事項

三　關於本區合作金融之籌劃事項

四　關於本區合作教育之實施事項

五　其他有關合作事業事項

第四條　實驗區置主任一人綜理區務副主任一人協助主任辦理區務均由本局派任呈報社會部備案

第五條　實驗區設秘書一人秉承主任之命辦理機要及交辦事項

第六條　實驗區分設三組第一組掌理總務第二組掌理組織登記及訓練第三組掌理業務金融每組各設組長一人秉承主任辦理組務

第七條　實驗區設指導員三人至五人秉承組長指示辦理各項事務

第八條　實驗區組長指導員均由主任呈請本局派任之

第九條　實驗區得設辦事員三人至五人服務員及見習員各若干人由主任派用呈報本局備案

第十條　實驗區因事實上之需要得呈准本局設立專門委員會

第十一條　本規程自呈奉社會部核准之日施行

人事動員

國民義務勞動法（三十二年十二月四日國民政府公布）

第一章　總則

第一條　[illegible]十八歲至五十歲[illegible]依本法之規定服義務勞動

第二條　[illegible]中央[illegible]社會部[illegible]省市政府[illegible]縣市[illegible]縣市政府[illegible]主管事項[illegible]內政部[illegible]

第一條　中華民國男子年滿十八歲至五十歲依本法之規定服義務勞動

第二條　義務勞動之主管官署在中央爲社會部在省市爲省市政府在縣市爲縣市政府社會部對於前項主管事項與內政部有關係者應會同行之

第三條　義務勞動之事項如左

一　築路事項

二　水利事項

三　自衞事項

四　地方造產事項

五　其他地方公共福利事項

第四條　辦理勞動服務之主管官署應於每年度義務勞動開始前擬具義務勞動計劃及實施辦法連同預算書呈請上級主管官署核准並轉送中央主管官署備案前項義務勞動計劃及實施辦法並預算書應先送同級民意機關審核之

第五條　各縣市於每次義務勞動徵召完畢後應將經過情形辦理成績及款項收支數目作成圖表遞呈中央主管官署備案

第二章　勞動時間

第六條　義務勞動應於農暇業餘或假期舉行

第七條　勞動時間以日計者每年爲十日每日不得超過八小時以時計者每日至少一小時每年爲八十小時前項時間如有特殊情形經上級主管官署之核准得延長之但以日計者其延長每年不得逾十日以時計每年不得逾八十小時

第三章　徵召及服務

第八條　鄉鎮公所應於每年義務勞動開始前四個月調查應服務勞動之人數編訂名冊呈經縣市政府核定公告之前項名冊有錯誤時其本人得聲請更正

第九條　義務勞動採取集中方式者得分配徵召之每次被召人數不得超過各該地義務勞動者總數三分之一

第十條　主管官署對於義務勞動者之工作應按其年齡體質職業及工作能力爲適當之分配

第十一條　勞動地點以其服務者之本鄉鎮爲限其在本鄉鎮以外有職業者應就其職業所在地參加之

第十二條　勞動所需之工具應供給之但屬於勞動者職業上普通所用之工具得租用之

第十三條　勞動地點距離服務者之居住所在五公里以外者應供給膳宿

第十四條　因職業不能中斷或其他必要關係不能應徵服務者得覓人代爲勞動

第十五條　每年義務勞動完竣應由縣市政府給予服務證明書載明姓名年齡住址及工作地點日期

第十六條　義務勞動採取集中方式者對於衛生醫藥應有相當之設備

第十七條　因義務勞動而致疾病或受傷者應予治療或給醫藥費其因而殘廢或死亡者應予撫卹

第四章　徵召之緩免

第十八條　在徵召期內患有疾病或有婚喪大故者得延緩服務於事後補足

第十九條　有左列情形之一者免除義務勞動

一　殘廢痼疾無勞動能力者

二　從事國防工業者

三　於同年內受軍事徵用法之人力徵用者

四　因不可抗力而不能應徵者前項第二款之免除應經中央主管官署之核准

第五章　罰則

第二十條　對於義務勞動無故不應徵者由主管官署直接強制行之

第廿一條　不依法發布徵召之命令者科以五年以下有期徒刑

第廿二條　不依法爲徵召之緩免者科以二年以下有期徒刑或拘役

第廿三條　辦理義務勞動事項之人員藉口應與工事擅向人民勸派捐款者科一年以上七年以下有期徒刑得併科五千元以下罰金

第六章　附則

第廿四條　公教人員及在校學生義務勞動之徵召及服務由社會部會同有關機關擬訂辦法呈請行政院核定之

第廿五條　女子義務勞動另以法律定之

第廿六條　兵役法及軍事徵用法之實施不因本法而受影響

第廿七條　本法施行細則由社會部擬訂呈請行政院核定之

第廿八條　本法施行後國民工役法廢止之

第廿九條　本法自公布日施行

(附)行政院兼院長蔣通飭各省市實施國民義務勞動支電

查發揚國民義務勞動力從事地方造產旨在增進培植國力

國父在地方自治開始實行法中規定以人民之義務勞力爲完成地方自治諸要政之途徑並明確指示人民對地方自治團體之義務爲每一個月或兩個月之勞力本兼院長秉承遺志在抗戰以前卽積極倡導國民義務勞動現値抗戰已入七年度之際戰爭之勝利有賴於軍事更有賴於經濟經濟之發展則必以人民之勞力爲基礎矧我國技術落後機器缺乏遵循　國父「人工卽資本資本生機器」之遺訓尤非普遍發動人民之義務勞力不足以言經濟建設國民政府此次廢止二十六年十月頒佈之國民工役法而特頒國民義務勞動法其主旨所在卽爲完成地方自治增進地方造產以奠立建國之基礎我各省市縣政府自奉到電令之日起卽應依照該法之規定斟酌地方公共事業之需要切實督導勸與推行各級黨部團部均宜積極協助並應透過民意機關發動廣泛之宣傳務使人民徹底瞭解義務勞動之意義與功效對於義務勞動法之內涵　國父「人生以服務爲目的」之遺敎尤應力加闡揚期使人民家喻戶曉樂于遵循造成社會勤勞之風氣其他如勞動服務團之組織工作幹部之選訓服務工具之準備實施地區之勘定均爲刻不容緩之事各省市縣政府務宜縝密規劃次第實施在推行之時尤須注意下列之各點(一)徵調人民服務時以不妨礙人民本位工作及地方秩序爲第一要義如該法所載「國民義務勞動應於農隙假期業餘舉行」以及「每次徵調人數不得超過各該地義務人數三分之一」等規定卽係本乎其旨務宜切實加以遵守總以人民感其便利而地方得以進步爲主(二)凡被徵調之人民均須一律應徵服役黨員團員及士紳子弟尤應率先服役以資倡導人民如有萬不得已之故障不能應徵時均應依法覓人代役不得稍有規避(三)爲便於管理指揮及提高工作效能起見勞動服務團之組織應按照縣鄉鎭保甲等自治單位及各機關學校團體之大小與人數之多寡分別組織服務團或隊並得酌量情形運用國民兵團或幹部爲勞動服務團之幹部總以靈活使用能收層層節制之效爲原則(四)興辦事業應切實遵照該法之規定以有裨於地方自治及地方公共造產與其他公益事業爲限各級執行人員不得假託名目逾越範圍尤不得借公濟私圖利自便(五)推行之初省市縣政府應就當地選拔各級適當之義務勞動幹部加以短期訓練務使明瞭義務勞動推行之要端及其本身之責任再行分派擔任各項義務之指導(六)各地情形與需要不能盡同因之施工對象亦不必強求一致務使此項新政之因地因時因人因事制宜之旨切實配合各該地方施政計劃與地方人民迫切需要妥籌辦理以期人民能受實惠(七)徵調人民服役時之監督管理務宜力求周到服務者之偷惰疏懶固不可放任而服務者之疾病痛苦尤須加以體卹總以使人民樂於從事勞而不怨爲旨歸(八)義務勞動之推行能不收效固有賴於計劃之周詳而尤有賴考核之嚴密各省市縣舉辦此項業務特除於事先應爲縝密妥適之計畫外並應於舉辦期間及事後切實加以督導考核並於每期義務勞動舉辦完竣後卽將辦理情形及成果填呈具報同時將工程起訖狀況一併附呈以憑查核以上八端不過略舉應行注意事項之犖犖大者其他均可觸類引申一隅三反總之此項新政之推行在發揮我國民偉大之勞力謀地方人民公共之福利以完成我三民主義之經濟建設與政治建設各省市縣政府倘能遵照斯意切實實行則人民一年一度出其勞力卽可一年一度獲其實益行之既久相習成風先哲所謂「以勞教民富」總理所謂「一悉盡義務乃得同享權利」等期望或可由此次第實現凡我地方當局務宜切實認淸此點將此項新政與兵役同等重視而我全國人民亦須認定服勞役卽等於服兵役如此通力合作積極推進俾地方事業因生產增進而繁榮建國基礎由基層充實而鞏固本兼院長有厚望焉中正支一印

本部……工作人員……第五八四八一號　卅二年十二月廿七日

國民政府令

任命冷僑爲社會部視導此令

三十二年十一月九日

行政院呈據社會部部長谷正綱呈請任命保康宗爲社會部合作事業管理局祕書應照准此令

三十二年十一月五日

行政院呈據社會部部長谷正綱呈請任命王聞元爲社會部科長應照准此令

三十二年十月廿日

行政院呈據社會部部長谷正綱呈請任命田文炎署社會部科員應照准此令

三十二年十一月三日

行政院呈據社會部部長谷正綱呈請任命王永鈞爲社會部勞動局視導應照准此令

三十二年十一月十七日

社會部令

三十二年十月廿三日

三十二年十月廿三日

公佈令

茲制定本部設計考核委員會辦事細則公佈之此令　十月十六日

社法字第五四五八九號　三十二年十月十六日

本部設計考核委員會組織規程着即廢止此令
社法字第五四五九〇號　三十二年十月十六日

茲制定職工福利委員會組織規程及職工福利社設立辦法公佈之此令
社法字第五五〇三二號　三十二年十月廿三日

本部工人福利社設立暫行辦法着即廢止此令
社法字第五五〇三三號　三十二年十月廿三日

茲制定本部公文檢查辦法公佈之此令
社法字第五五二二四號　三十二年十月廿八日

茲修正本部免費醫療陪都貧病兒童辦法公佈之此令
社法字第五五九三二號　三十二年十一月十日

茲制定本部重慶市工人福利社組織規程公佈之此令
社法字第五六九三九號　三十二年十一月廿九日

茲制定本部社會工作通訊月刊編輯委員會組織規程公佈之此令
社法字第五七二八〇號　三十二年十月六日

非常時期人民團體訓練綱要着即廢止此令
社法字第五七八〇四號　卅二年十二月十五日

茲制定人民團體會員訓練辦法公佈之此令
社法字第五七八〇四號　卅二年十二月十五日

茲制定本部社會工作通訊指導辦法公佈之此令
社法字第五八四八一號　卅二年十二月廿七日

本部社會工作人員通訊辦法着即廢止此令
社法字第五八四八一號　卅二年十二月廿七日

任免令

本部統計處調查督導員張錦川呈請辭職應予照准此令

人字第五三八六九號　卅二年十月二日

茲派廖治中代理本部合作事業管理局辦事員此令

人字第五三八七〇號　卅二年十月二日

茲委任程和珠試署本部科員此令

人字第五四一七四號　卅二年十月七日

本部重慶實驗救濟院總幹事羅裴孫另有任用應免本職此令

人字第五四一九二號　卅二年十月八日

本部統計處計算員鄧伯勳呈請辭職應予照准此令

人字第五四二二四號　卅二年十月八日

茲委任蕭與祥爲本部勞動局科員此令

人字第五四二二六號　卅二年十月八日

茲委任劉鳳儀爲本部科員此令

人字第五四二二八號　卅二年十月九日

茲委任賴菊英試署本部科員此令

人字第五四二三〇號　卅二年十月八日

茲派蔡醒民爲本部調查員此令

人字第五四二三一號　卅二年十月八日

本部調查員石虔青工作不力應予免職此令

人字第五四二三三號　卅二年十月八日

茲委任傅爲卿爲本部勞動局科員此令

人字第五四二三六號　卅二年十月八日

茲委任羅孟聆爲本部科員此令

人字第五四二三八號　卅二年十月八日

本部勞動局科員朱國斌另有任用應免本職此令

人字第五四二四〇號　卅二年十月八日

社會部人事命令

茲派范家槐代理本部勞動局科長此令　卅二年十月八日

本部[illegible]（人字第五[illegible]號）卅二年十月八日

代理本部科員鮑[illegible]另有任用應予免職此令　卅二年十月八日

茲委任[illegible]（人字第五四[illegible]號）卅二年十月八日

茲派劉問程為本部[illegible]服務處總務組組長此令　卅二年十月八日

茲委任[illegible]（人字第五四[illegible]號）此令　卅二年十月八日

茲派陳雁峯為本部[illegible]服務處協理此令　卅二年十月八日

本部調查員[illegible]（人字第五四[illegible]號）卅二年十月十一日

本部科員楊玉庭呈請辭職應予照准此令　卅二年十月八日

茲派蔡[illegible]（人字第五四[illegible]號）卅二年十月十一日

本部調查員宋樹[illegible]呈請辭職應予照准此令　卅二年十月八日

茲委任[illegible]（人字第五四[illegible]號）卅二年十月十三日

茲派曾日新為本部統計處調查員此令　卅二年十月[illegible]日

茲委任[illegible]（人字第五四[illegible]號）卅二年十月十五日

茲派羅[illegible]恆賀賢為本部調查員此令　卅二年十月八日

茲委任[illegible]（人字第五四[illegible]號）卅二年十月十五日

本部統計處調查員[illegible]另有任用應予免職此令　卅二年十月八日

本部統計處[illegible]（人字第[illegible]號）卅二年十月十五日

本部科員[illegible]呈請辭職應予照准此令　卅二年十月八日

本部[illegible]（人字第五四八[illegible]號）卅二年十月廿[illegible]日此令

茲委包華章為本部科員此令　卅二年十月[illegible]日

茲委任[illegible]（人字第五五[illegible]號）卅二年十月廿三日

代理本部科員董[illegible]工作不力應予撤職此令　卅二年十月二日

茲派[illegible]（人字第五五[illegible]號）卅二年十月廿三日

本部社會福利司司長謝徵孚因公出國所有司長職務着由視導鄭若谷暫行兼代此令

五[illegible]

人字第五五〇六九號　卅二年十一月廿五日
兼任本部重慶實驗救濟院院長言心哲呈請辭去兼職應予照准此令

人字第五五〇七〇號　卅二年十一月廿五日
茲派本部簡任視導朱[illegible]兼任本部重慶實驗救濟院院長此令

人字第五五〇七二號　卅二年十一月廿五日
茲派張鴻鈞為本部衡陽社會服務處服務組組長此令

人字第五五四六二號　卅二年十一月廿六日
本部視導員[illegible]另[illegible]職此令

人字第五五二四六（一）號　卅二年十一月廿六日
本部內江社會服務處業務組組長金師黃因病呈請辭職應予照准此令

人字第五五二七一號　卅二年十一月廿九日
茲派李昌谷代理內江社會服務處業務組組長此令

人字第五五二七四一號　卅二年十一月廿九日
本部合作事業管理局科長許道夫呈請辭職應予照准除呈報外此令

人字第五五二六七號　卅二年十一月廿九日
本部合作事業管理局視察林[illegible]另有任用應免本職除呈報外此令

人字第五五三〇八號　卅二年十一月廿八日
茲派林崎代理本部合作事業管理局科長除呈薦外此令

人字第五五三〇九號　卅二年十一月廿九日
茲派秦長民代理本部合作事業管理局視察除呈薦外此令

人字第五五三（二）一號　卅二年十一月廿九日
茲委任王書叢為本部科員此令

人字第五五五〇二號　卅二年十二月四日
本部科員方中　劉少華
唐燦球　王灝夫　另有任用應免本職此令

人字第五五五二五號 卅二年十一月二日

本部督導員湯道福呈請辭職應予照准此令

人字第五五六六九號 卅二年十一月四日

代理本部科員周卓英另有任用應免本職此令

人字第五五八一六號 卅二年十一月八日

茲派周卓英為本部調查員此令

人字第五五九一七號 卅二年十一月八日

茲派吳世恕為本部遵義社會服務處總務組組長此令

人字第五五九〇〇號 卅二年十一月十日

茲派劉銳棻陸克明為本部督導員此令

人字第五五九一六號 卅二年十一月十日

茲派馮漢斌為本部重慶社會服務處職業介紹組組長此令

人字第五六二四九號 卅二年十一月七日

本部科員羅潤祥呈請辭職應予照准此令

人字第五六二五二號 卅二年十一月十七日

茲派尹承管代理本部勞働局科員此令

人字第五六四八〇號 卅二年十一月廿日

茲派王幟村代理本部合作事業管理局辦事員此令

人字第五六四八二號 卅二年十一月廿日

茲委任冀希平為本部科員此令

人字第五六六〇三號 卅二年十一月廿五日

本部遵義社會服務處代理業務組組長姚[illegible]勳呈請辭職應予照准此令

人字第五六六〇五號 卅二年十一月廿五日

代理本部科員毛[illegible]幹另有任用應免本職此令

人字第五六七九四號 卅二年十一月廿五日

茲派毛　幹爲本部調查員此令

人字第五六五九五號　卅二年十二月廿五日

茲委任趙志英爲本部勞動局科員此令

人字第五六八二二號　卅二年十一月廿九日

茲委任王公璧爲本部科員此令

人字第五六八五七號　卅二年十一月廿九日

茲派雷　驄代理本部科員此令

人字第五六八六七號　卅二年十一月廿九日

茲派蔡報鈺　楊　滌　楊天蔚　王世才　爲本部統計處調查員此令

人字第五六八七〇號　卅二年十一月廿九日

茲派錢復格爲本部統計處計算員此令

人字第五六一八七號　卅十二年十一月廿九日

茲派葛修燮　羅青育　吳震英　陳耀熙　陳純昌　周昌邦　莫雅英　爲本部統計處調查審導員此令

人字第五六八七二號　卅二年十一月廿九日

茲派金保恆爲本部調查員此令

人字第五六八七三號　卅二年十一月廿九日

茲派劉鴻煥代理本部科員此令

人字第五六八七四號　卅二年十一月廿九日

本部統計處計算員孫維如逾假不歸應予免職此令

人字第五六九六四號　卅二年十一月卅日

茲委任陳道良試署本部科員此令

人字第五七二六九號　卅二年十二月四日

茲委任方毓英試署本部科員此令

人字第五七二七一號　卅二年十二月六日

本部統計處計算員趙迺璧呈請辭職應予照准此令

社會部公報　命令

本部統計處[illegible]人字第五七二[illegible]號　卅二年十二月六日

茲委任溫光乘試署本部科員此令　[illegible]　卅二年十二月六日

茲委任方[illegible]人字第五七四[illegible]號　卅二年十二月七日

茲委任黃德鴻為本部科員此令　[illegible]九號　卅二年十二月四日

茲委任[illegible]人字第五七四[illegible]號　卅二年十二月七日

本部統計處調查專員吳雅英呈請辭職應予照准此令　卅日

本部統計處[illegible]人字第五七六四號　卅二年十二月十一日

茲派楊禮濤代理本部科員此令　[illegible]號　卅二年十一月廿九日

茲派[illegible]人字第[illegible]號　卅二年十二月十一日

本部統計處調查專員徐孝[illegible]呈請辭職應予照准此令　廿九日

茲派[illegible]人字第[illegible]九一四號　卅二年十月二十七日

茲委任胡健民為本部科員此令　[illegible]二號　卅二年十一月廿九日

茲派[illegible]人字第五八[illegible]五一號　卅二年十一月三十日　莫縣英　為本部統計處調查專員此令

本部合作事業管理局科員容昭任呈請辭職應予照准此令　廿九日

茲派[illegible]人字第五八二五三號　卅二年十二月廿一日

本部勞動局科長孫[illegible]生科員陳卓新呈請辭職應予照准此令

茲派[illegible]人字第五八[illegible]五五號　卅二年十二月廿[illegible]日　[illegible]調查員此令

茲派王雲陶代理本部勞動局科長[illegible]此令　[illegible]一月廿九日

茲派[illegible]人字第五八[illegible]五六號　卅二年十二月廿一日

茲派陳克斌代理本部勞動局科員此令　卅二年十一月廿九日

茲委[illegible]人字第五八[illegible]五六號　卅二年十二月廿一日

茲派石　凡　胡伯寬　曾學俊　王[illegible]　康[illegible]　龔毅　梁弟忠　鄭壽昌　李志康　梁輔臣　伍國華　李　弘　吳四海

[illegible]袁凌雲　徐[illegible]勳　[illegible]文　冉　信　游大川代理本部勞動局科員此令

人字第五八[illegible]八號　卅二年十二月廿一日

本部[illegible]檢查員馮[illegible]周榮村逾假不歸應予撤職此令

六五六

人字第五八二〇八號　卅二年十二月廿二日

茲派傅作民　潭俊吾　朱興桀　王鏡波　於澄華　陳青寬　林　喬　郭止戈　邱桀海為本部工礦檢查員此令

人字第五八二三一號　卅二年十二月廿二日

本部代理科員王長庚另有任用應免本職此令

人字第五八四七一號　卅二年十二月廿七日

茲派王長庚為本部督導員此令

人字第五八四七二號　卅二年十二月廿七日

本部督導員傅　楨呈請辭職應予照准此令

人字第五八四七三號　卅二年十二月廿七日

試署本部薦任科員鍾玉成呈請辭職應予照准除呈報外此令

人字第五八六五六號　卅二年十二月卅日

茲派石明江　曾維張　韓建民為本部督導員此令

茲派龔春耕　劉匡一　唐仲駿　陳　嘯為本部調查員此令

茲派柯化龍為本部統計處調查督導員此令

茲派劉啓桂為本部統計處計算員此令

人字第五八六五七號　卅二年十二月卅日

茲派劉維禮代理本部合作事業管理局辦事員此令

人字第五八六七三號　卅二年十二月卅日

附載

本部新聘社會行政計劃委員會委員姓名一覽

許呂威

黃霖興

毛啓駿

許雨齡

本部新聘兒童福利研究委員會委員姓名一覽

周曾美英

總務類

社會部咨　總一字第五七七八五號　三十二年十二月十五日

爲咨送社會救濟法希查照幷飭屬知照由

案奉

行政院卅二年十月十一日仁玖字第二二六八八號訓令開：

「奉　國民政府卅二年九月廿九日渝文字第六一四號訓令開：『查社會救濟法，現令制定明令公布，應即通飭施行，』等因；奉此，除分令外，合行抄發該法，令仰知照，幷轉飭所屬一體知照，此令」等因，附抄發社會救濟法一份，奉此，除分行外，相應抄送原件，即希查照幷飭屬知照，爲荷。此咨

各省市政府

附抄發社會救濟法一份（見本部公報第十一期法規欄）

社會部代電　統三字第五四三三四號　三十二年十月九日

准交通部咨以縣政府拍發工資物價電報照章應領用省政府官電紙方照官電收發電請查照辦理由

各省市政府公鑒：查本部前以各省限價據點之縣市政府，向本部拍發工資物價等電報所用官電紙一案，經咨准交通部本年九月三十日鄄丁字第二〇〇九二號咨開：「縣政府因公發電，依照國民政府所頒官軍電報限制及收費劃一辦法，規定應領用省政府官電紙方可照官電收發，其因報告工資物價事項發電，亦應依照上述規定辦理，」等由；准此，除分電外，相應電復查照，幷轉飭所屬限價據點之縣市政府一體遵照辦理，爲荷。社會部統三申酉（佳）印。

社會部訓令　總一字第五四〇〇九號　卅二年十月五日

為抄發公私營工廠礦場農場推行職業補習教育并利用設備供給職業學校學生實習辦法令仰遵照并飭屬遵照由

令各省市社會行政機關

查本部為增進工礦農各業職工之知識技能，工作效率，及改善其生活起見，經會同經濟農林教育等部，將公私營工廠礦場農場推行職業補習教育并利用設備供給職業學校學生實習辦法，酌予修正，呈奉行政院卅二年九月十一日仁陸字第二〇一八三號指令核准備案在案。除分令外，合行抄發原件，令仰遵照并飭屬遵照。此令。

附抄發公私營工廠礦場農場推行職業補習教育利用設備供給職業學校學生實習辦法一份（見本部公報第十一期法規欄）

社會部訓令　總一字第五四三八四號　卅二年十月十一日

奉令轉知中醫條例及西醫條例業經明令廢止令仰知照并飭屬知照，此令

令本部各附屬機關

案奉

行政院卅二年九月二十八日仁陸字第二一六七六號訓令內開：

「奉　國民政府卅二年九月廿三日渝文字第五九八號訓令開：『查中醫條例及西醫條例業經明令廢止應即通行飭知，除分令外，合行令仰知照，并轉飭所屬一體知照，此令』等因，奉此，除分令外，合行令仰知照并飭屬知照。此令。

社會部訓令　總一字第五四四一五號　卅二年十月十二日

奉令抄發修正新聞記者法第十四條條文令仰知照由

令各省市社會行政機關
本部各附屬機關

案奉

行政院本年九月卅日仁壹字第二一九三五號訓令開：

『案奉　國民政府本年九月二十七日渝文字第六〇六號訓令內開：查新聞記者法第十四條條文現經修正明令公布，應即

通飭施行，除分行外，合行抄發修正條文令仰知照，并轉飭所屬一體知照，此令，等因；奉此，除分令院屬各部會署及各省市政府外，合行抄發修正條文令仰知照，并轉飭所屬一體知照。此令』

等因；附抄發修正新聞記者法第十四條條文一份，奉此，除分行外合行抄發原件令仰知照。此令。

附抄發修正新聞記者法第十四條條文一份（見本部公報第十一期法規欄）

社會部訓令　總一字第五四八九一號　卅二年十月廿一日

奉令轉發修正行政院組織法令仰知照并飭屬知照由

令本部各附屬機關

案奉

行政院卅二年十月七日仁法字第二二三一七號訓令內開：

「奉　國民政府卅二年十月一日渝文字第六二零號訓令開：『查行政院組織法，現經修正明令公布，應即通飭施行，除分令外，合行抄發修正條文令仰知照，并轉飭知照，此令』，等因，奉此，除分行外，合行令仰知照并轉飭所屬一體知照。此令」

等因；附抄發修正行政院組織法一份，奉此，除分令外，合行令仰知照并飭屬知照。此令。

附抄發修正行政院組織法一份（見法規欄）

社會部訓令　總一字第五四九五九號　三十二年十月二十二日

奉令轉發各機關請領印信及繳銷舊印辦法等件令仰知照並飭屬知照由

令本部各附屬機關

案奉

行政院卅二年十月九日仁人字第二二五七七號訓令開：

『案奉　國民政府本年九月卅日渝文字第六一五號訓令：頒發各機關請領印信及繳銷舊印辦法到院，合行抄發原辦法，令仰知照，並轉飭所屬一體知照。此令』

等因；計抄發各機關請領印信及繳銷舊印辦法一份，附印信尺度圖式，奉此，除分令外，合行抄發原件令仰知照，並飭屬知照。此令。

計抄發各機關請領印信及繳銷舊印辦法一份附印信尺度圖式（見本部公報第十一期法規欄）

社會部訓令　總一字第五六一五〇號　卅二年十一月十五日

奉令抄發修正非常時期重慶市醫院診所收費限制辦法令仰知照由

令本部在渝各附屬機關

案奉

行政院卅二年十月七日仁陸字第二二四〇九號訓令內開：

『衞生署呈請修正非常時期重慶市醫院診所收費限期辦法一案；除指令准予照辦外，合行抄發原件，令仰知照此令。』

等因；附抄發原呈及辦法各一件；奉此，除分令外，合行抄發原件令仰知照並飭屬知照。此令。

附抄發修正非常時期重慶市醫院診所收費限制辦法一份（見法規欄）

社會部訓令　總四字第五六九七六號　三十二年十一月卅一日

奉令以中央第二四一次常會決定關於　總裁肖像懸掛方位與尊稱辦法仰知照并飭屬知照等因轉令知照由

令本部各附屬機關

案奉

行政院本年十一月十九日仁壹字第二五五〇一號訓令開：

『准中央執行委員會祕書處本年十一月十三日渝字(32)機字第一八三九號公函內開：『查林故主席遺像懸掛事，前經中央第二三七次常會決定，自本年九月二日起禮堂不再懸掛林故主席遺像，關於總裁肖像懸掛方法與尊稱辦法，亦經提奉中央第二四一次常會決定，　總裁肖像可懸掛於　總理遺像之對面正中，但須斟酌禮堂形式，如對面為門窗不便懸掛時，可另擇適當地點（如辦公廳會客室等）懸掛，至對　總裁尊稱，在政府機關與民衆團體應稱　主席，在黨部稱　總裁，但本黨同志在政府機關或民衆團體集會中仍稱　主席」等由，准此，除分令各部會署及省市政府外，合行令仰知照，并轉飭所屬一體知照此令。」

等因；奉此，除分行外，合亟令仰知照，并轉飭所屬知照。此令。

社會部訓令　總一字第五七二二〇號　三十二年十二月四日

奉令抄發戰時緊急處置公有物資獎懲條例施行細則令仰知照由

令本部各附屬機關

案奉

考試院　秘文　一零九三

行政院本年十一月二十日仁壹字第二四六五二號訓令開：

軍事委員會　辦四(二)　四四四八零

「戰時緊急處置公有物資獎懲條例施行細則，業經制定公布，應即通飭施行，除分行外，合行抄發該細則令仰遵照辦理，并轉飭所屬一體知照此令。」，等因，計抄發戰時緊急處置公有物資獎懲條例施行細則；奉此，除分令外，合行令仰知照。

此令。

計抄發戰時緊急處置公有物資獎懲條例施行細則（見法規欄）

社會部訓令　人字第五七七二四號　三十二年十二月十四日

奉令抄發公務員及考察選送條例施行細則及附表轉行知照由

令本部各附屬機關

案奉

行政院本年十一月三十日人字第二六三七七號訓令內開：

「准考試院卅二年十一月十日秘文字第二〇一號咨開：「查公務員進修及考察及選送條例，業於三十二年六月十日，奉　國民政府明令公布，通飭施行在案，茲經依照條例第十五條之規定，飭據銓敍部擬具公務員進修及考察選送條例施行細則呈賚到院，當經詳加審核酌予修訂，除已以院令公布施行，并呈報　國民政府備案分別函咨令行暨轉飭知照外，相應抄同該項公務員進修及考察選送條例施行細則，隨咨送達，即希查照并轉飭所屬各省市政府一體知照。等由；准此，除分令外，合行檢發原細則令仰知照并轉飭所屬一體知照，此令。」

等因，計檢發公務員進修及考察選送條例施行細則一份（附表一）；奉此，除分行外，合行抄發原細則及附表令仰知照。

此令。

附抄發公務員進修及考察選送條例施行細則一份(見法規欄)

社會部訓令　總四字第五八一九二號　三十二年十二月二十二日

奉令規定後方各機關購買之物品應儘量商由當地主管物資機關供應以符限政法令轉令遵照由

令本部各附屬機關

案奉

行政院本年十二月三日仁拾壹字第二六六四三號訓令開：

「查自限政實施以來，各機關購買物品頗多超越限價，如一概不予核銷，於各該機關之財務行政與業務進展不無困難，若概准核銷，於限價影響頗為重大，為兼顧計，茲規定後方各機關購買公事需用物品，應儘量商由當地主管物資機關供應，以符政府法令，如當地主管物資機關不能供應，應說明理由，由各機關另行向市場購買，超越限價時，分別專案呈請其上級主管機關核准，轉請審計機關核銷，經呈奉

國民政府卅二年十一月廿六日渝文字第七五三號訓令核准通飭施行，除分令外合行令仰遵照此令。」

等因奉此；除分令外，合行令仰知照。此令。

社會部訓令　總一字第五八七一六號　三十二年十二月三十日

奉令轉知國民工役法業經明令廢止令仰知照由

令本部各附屬機關

案奉

行政院三十二年十二月十七日仁玖字第二七八〇〇號訓令內開：

「奉　國民政府三十二年十二月四日渝文字第七七二號訓令開：『查國民工役法，業經明令廢止，應即通行飭知，』」

等因，奉此，除分令外，合行令仰知照。此令。

公告　總一字五七七〇四　卅二年十二月十四日

本部前於卅一年八月卅日，頒發中國合作文化協社木質圖記一顆，文曰：「中國合作文化協社圖記」，據該社呈稱：「上項圖記因郵遞遺失，迄未收到」，經查屬實，除將原頒圖記作廢，并另行刊發新圖記，令仰該社遵照啓用具報外，特此公告。

組織訓練類

社會部咨　組三字第五四五四五號　卅二年十月十五日

咨復關於奉節縣煤礦業同業公會會員資格問題一案請查照飭遵由

案准

貴省政府本年九月十三日社一字第五九五一號咨：以據奉節縣政府呈請核示該縣煤礦業同業公會會員，應否仍遵廿九年社會部令以曾經核准有礦業權者爲限，抑依戰時法令先行開採准予組織成立一案，囑查核見復，等由，准此，查戰時領辦煤礦辦法，原有先行開採之規定，但須經主管官署之核准，該奉節縣煤礦業同業公會，既尚在籌備時期，所有未請領礦業執照之會員，應一體迅即依法呈請設定礦業權，俟奉准領照後，再正式加入，以符規定。准咨前由，相應咨請

查照，飭遵爲荷。此咨。

四川省政府

社會部 教育部咨　組六字第五五一六二號　卅二年十月七日

爲會同核定二月十五日爲戲劇節三月二十五日爲美術節咨請查照由

查戲劇與美術關係國民精神生活至鉅，抗戰以還，全國戲劇界及美術界人士，本其愛國熱忱各就其崗位努力宣傳工作，鼓舞抗敵情緒，輔助政令推行，於抗建任務頗多貢獻，爰經本部等會同核定二月十五日爲戲劇節，三月二十五日爲美術節，以資紀念，除呈報行政院備案并分別函咨令外，相應咨請

查照并飭屬知照爲荷。此咨

各省市政府

社會部咨　組三字第五五五三七號　三十二年十一月二日

關於威遠縣山貨商業同業公會請增「皮毛」二字一案復請查照飭知由

案查前准

貴省政府卅二年八月二十日社一字第五二七一號咨：以據威遠縣政府呈：爲山貨商貨同業公會，可否於山貨二字之下增入「皮毛」二字，囑查核見復，等由；准此，當經咨請經濟部釋復去後，茲准該部本年十月十二日商字第五八一八〇號復文，略以查山貨業之範圍，依照「經濟部指定各重要商業名稱及範圍表」之解釋，凡屬農牧產品均屬之，所請增加「皮毛」二字，似無必要，等由，相應復請

查照飭知。此咨

四川省政府

社會部咨　組四字第五七九三三號　三十二年十二月拾七日

准咨詢鄉鎮農會教育會及婦女會名稱應否冠以縣名等由復請査照由

准

貴省政府本年十一月十一日民肆字第三三二五號咨：以據遂江縣政府請示鄉鎮農會教育會及婦女會名稱，應否冠以縣名，囑查復，等由；准此，查鄉農會及鄉鎮教育會婦女會，均應冠以縣名，相應復請

查照轉知爲荷。此咨

廣西省政府

社會部公函　社組字第五四六三三號　卅二年十月十八日

准函囑解釋省縣公職候選人考試法條款內規定會辦理地方公益事務及會任人民團體職務之範圍一案核復査照由

准

貴會三十二年六月二十三日渝會公(創)字第四二一號公函，以省縣公職候選人考試法，所定條款有：曾辦地方公益事務及曾任職業團體，或其他人民團體職務等規定，其性質及其範圍如何，又普通所稱自由職業團體一詞，其範圍如何確定，囑分別解釋見復，等由；准此，茲將省縣公職候選人考試法，與本部主管業務有關者，分別釋復如次：

一、辦理地方公益事務，其性質依現行法應作廣義解釋，即凡屬本部社會福利司主管各事務均屬之，其範圍應以經各級社會行政機關核准立案，或備案之機構設施主辦或局部負責人爲限。

二、會任職業或其他團體職務，其性質應爲：凡依非常時期人民團體組織法規定，呈經各級社會行政機關立案之團體，其範

團應以現任監事書記，及以前依舊法設置之相當於理監事書記之人員為限。

三、社會服務經歷，其性質範圍，應以在合於第一項規定之機構，及合於第二項規定之團體內服務者為限，但職位可不受限制，年限可合併計算。

四、上列三項資格，概應經受試驗或檢覈之人員，向各級社會行政機關請求證明書。（式由社會部劃一規定）。

五、自由職業團體之性質範圍，為凡以專門學術或技術，依法領受合格證書，供公私委託服務取酬者所組織之團體，如律師，會計師，技師（包括農業工業礦業交通業等技師），新聞記者，醫師，藥師，牙醫師，護士，助產士等團體均屬之。

准函前由，相應復請

查照為荷。此致

考選委員會

社會部公函 組四字第五五二九五號 卅二年十月二十九日

准函詢西安美僑聯合會是否准予備案復請查照由

案准

貴部渝警字第三四三二號公函：略以陝西省政府檢送西安美僑聯合組織簡則及會員名單等到部，應否准予備案，請查核見復，等由；准此，查外僑組織團體，在涉外法規未頒佈前，可暫准備案，相應復請

查照為荷。此致

內政部

社會部公函 組三字第五五五二四號 卅二年十一月二日

准函以商公會法規定會員應盡之義務一語其範圍如何屬解釋函復等由復請查照由

案准

貴處三十二年十月十日成字第三九三二七號函：以商會法及同業公會法，規定會員應盡之義務，已入公會各行自應一體履行，惟應盡之義務一語，其範圍如何，商會或同業公會決議，所加於各會員之負担，是否均屬法定應盡之義務，囑予解釋，等由；查凡與商會或同業公會會員大會議決之負担，均屬會員法定應盡之義務，准函前由，相應復請

察照為荷。此致
中中交農四行聯合辦事總處

社會部公函　組四字第五六六二四號　三十二年十二月二十五日

准函詢中央第一三四次常會備案之各省市教育會章程準則現時仍否適用等由復請查照由

逕准
貴處本年十月廿五日渝（32）機字第一八九九八號公函：略以二十八年十一月十日中央第一三四次常會備案之『各省市教育會章程準則』，現時是否仍行適用或有需修改之處，請查照見復等由；准此，查各省市教育會章程準則，係根據教育會法及其施行細則所制定，現教育會法正由本部會商教育部修改中，在修訂期內，上項章程準則仍可適用，惟各省市教育會，於起草正式章程時，應依照非常時期人民團體組織法參酌修正。准函前由，相應復請
查照為荷。此致
中央秘書處

社會部代電　組四字第五四三一四號　三十二年十月初九日

為刪除各級社會工作人員協助推行兵役辦法第三條第一節未便電仰知照由

各省市社會行政機關：案准軍政部三十二年九月一日信役務字第七五三〇號公函：「以無業游民應送入工廠工作，以事教養，不宜轉服兵役」，等由；查本部前頒各級社會工作人員協助推行兵役辦法第三條第一節，曾有「檢舉無業游民轉服兵役」一段。自應刪去，除函復並分電外，仰即知照。社會部酉佳。

社會部代電　組四字第三六五四八號　三十二年十月十一日

為規定黨政機關派代表出席人民團體集會時致詞次序電請查照飭遵由

各省市政府公鑒：查人民團體集會須知，前經本部訂定公布並通行在案。關於各級人民團體，依照該須知第九條，所定柬請當地黨部派代表參加時，其與社會行政機關所派指導人員致詞次序，迭據各省社會處請示到部，業經決定應由社會行政機關，即人民團體之主管官署先行致詞。除分行外，特電請查照，并轉飭遵照為荷。社會部組酉真。

社會部代電 組六字第五四五八二號 卅二年十月十五日

為電送本年 國父誕辰紀念推行文化建設運動工作要點希查照辦理并飭屬遵辦見復由

各省市黨部並抄送各省市政府三民主義青年團各省市支團部當地高級政治部公鑒：本年 國父誕辰，除遵照中央規定辦法舉行紀念外，仍應以文化建設運動為中心工作：（一）闡揚 國父遺教， 總裁言論之偉大精深，以及對世界和平幸福之貢獻。（二）闡述文化建設，為一切社會建設之本，此項運動應以三民主義為最高指導原理，並與國防建設密切配合，糾正紛歧錯雜之思想與行為，建立獨立自主之民族文化。（三）舉辦三民主義文化建設座談會，檢討一年來文化建設情形，確定今後目標。（四）推行掃除文盲運動，協助普及國民教育，配合舉行教社會教育擴大宣傳。（五）推進軍中文化運動。（六）斟酌舉辦地方文物展覽會，或請當地紳耆講述先賢事蹟。（七）舉辦三民主義論文，及演說比賽，並發動黨員，團員，學生，及宣傳團隊，深入鄉村，普遍宣傳，特電查照，希即會商，積極籌辦，并飭屬遵辦，仍將辦理情形，分別彙報為荷。中央宣傳部三民主義青年團中央團部軍事委員會政治部社會部酉刪組。

社會部代電 組六字第五四五三七號 卅二年十月十四日

據民族健康運動委員會電呈民族健康方案轉飭參照辦理并屬遵辦具報由

各省市社會行政機關，直轄社會服務處，兒童保育機關，醫藥衛生體育團體：案據民族健康運動委員會三十二年申巧代電稱：查本會為促進民族健康，前經遵照八中全會決議，製訂民族健康運動方案一種，呈奉核准施行；茲隨電檢奉上項方案一份，敬祈鑒核轉飭所屬參照實施，以舉策羣力，共同推進為禱等情，附民族健康運動方案一份；據此，查民族健康運動，關係國家民族前途至鉅，且經本部定為社會運動中心工作，據電前情，自應照辦，除電復并分行外，合行抄附原方案一份，電仰切實參照辦理，并飭屬遵辦具報為要，附抄發民族健康運動方案一份。社會部組六酉鹽印。

民族健康運動方案

民族健康為國家強弱之基本條件，我國民族素稱病弱，致疾病死亡均較他國為衆，此種現象於戰時為尤甚。戰時生活之變常，營養之不良，均足使國民健康狀況愈形低落，如不亟謀注意促進，則不但對於抗戰建國影響極鉅，且於民族前途亦殊堪深慮。本社有鑒及此，擬發起民族健康運動，藉以促進社會人士深切之注意，茲擬具實施方案如后：

甲、組織 由本社聯絡有關各機關團體組織民族健康運動委員會主持之。

民族健康運動委員會須設置研究部門聯絡有關之學術機關或團體，分配担任關於民族健康問題之研究工作，俾各充分發揮其效能。

乙、工作

一、原則 各項工作之推行取下列各原則：

1.視各種工作之性質，如能由有關機關團體負責辦理者，則本會處協助之地位辦理之。

2.如不能由有關機關團體主持辦理時，則由本會與之聯絡舉辦之。

3.如事業尚屬創辦無機關團體之足資聯絡者，則由本會單獨舉辦之。

二、綱目

1.提倡健身運動

(1)廣設運動場所；

(2)傳習適合各人身體之運動方法；

(3)普遍組織運動團體；

(4)鼓勵各項運動競賽。

2.注重合理營養

(1)宣傳營養常識；

(2)製定經濟營養食譜；

(3)傳習調配食品之方法；

(4)介紹廉價營養品；

(5)倡設合理的營養食堂。

3.改善生活環境

(1)指導改良水井建築；

(2)倡導池水或河水旁沙濾水井以獲得人工地下水；

(3)促進上下水道之建設；

(4)倡導飲水消毒；

(5)宣傳房屋建築之改善；

（6）提倡合理的汚物處理；

（7）糾正有礙健康之不良習慣；

（8）勸導改善擾亂心神之惡劣環境；

（9）發起毒害昆虫及鼠類撲滅運動。

4. 擴充衛生設備

（1）改善都市村鎮衛生工程；

（2）請政府貸款人民改善衛生設備；

（3）請政府設立衛生器材廠，廉價供應各種衛生用品并提倡衛生材料之自給。

5. 保護產婦嬰兒

（1）提倡新法助產；

（2）提倡婦嬰保健；

（3）喚起女工保護；

（4）組織母親會育嬰保健會以從事社會的婦嬰衛生教育。

6. 維護兒童體格

（1）檢查兒童體格；

（2）矯正兒童缺點；

（3）擴大兒童健康比賽運動；

（3）實施預防兒童體格缺點之教育。

7. 獎勵優種增殖

（1）建議政府設立婚姻主管機關以主持獎勵婚姻事宜；

（2）建議政府設立婚姻諮詢處；

（3）建議政府頒布獎勵優種增殖之各種法規；

（4）以各種方法從事獎勵生育之宣傳；

（5）建議政府應於法律規定結婚雙方需交換健康證明書；

（6）從事於人種學種族學遺傳學優生學方面之調查與研究；

(7)從事於防止身心劣質遺傳之研究。

8.講求心理衛生

(1)建議政府成立心理衛生諮詢處；

(2)調査心理失常之原因並設法矯正；

(3)利用各種方法啓發樂觀人生。

9.倡導正當娛樂

(1)從事各種正當娛樂之指導與宣傳；

(2)建議政府籌設各種正當娛樂場所；

(3)倡導各種正當娛樂競賽。

10戒除有害嗜好

(1)促進禁毒運動；

(2)發起節飲運動；

(3)舉行戒除不良嗜好之比賽；

(4)勸戒其他有礙健康之惡劣嗜好。

11防禦傳染疾病

(1)發起防疫運動；

(2)提倡種痘及預防注射；

(3)發起結核防禦運動；

(4)發起地方病預防運動。

12防止性病蔓延

(1)擴大性病防治之宣傳；

(2)建議政府設立娼妓檢驗機關；

(3)調查統計娼妓人數爲娼原因并設法改善其生活。

三、方法

1.調査　調查民族健康之現況及各種有關本運動推行必須之資料。

2.研究及設計

(1)委託各學校機關團體研究民族健康各項問題；

(2)研究及設計本運動推行之方法；

(3)考核本運動之成效。

3.宣傳 分圖畫口頭文字電影及展覽等五種

(1)圖畫宣傳

(一)編印畫報；

(二)連環畫；

(三)壁畫。

(2)文字宣傳

(一)出版定期刊物；

(二)發行特刊；

(三)編印各種宣傳小冊傳單標語等。

(3)口頭宣傳

(一)舉辦學術及通俗講座；

(二)播音；

(三)舉辦講習會；

(四)表演；

(五)家庭訪問。

(4)電影宣傳 攝製及放映有關民族健康之教育電影及幻燈片作爲宣傳工具。

(5)展覽 模型及圖表另設專館或專室展覽。

4.訓練 協助訓練各項有關本運動實施時必需之人材。

5.比賽 舉辦各種有關健康之比賽。

丙、經費 呈請中央撥定專款及籌募捐款，爲民族健康運動委員會之用。

丁、附則 本方案各項工作綱目，得隨時組織專門委員會擬定詳細實施辦法。

社會部電　組三字第五四七四〇號　三十二年十月十八日

據電爲商會分事務所負責人名義之如何規定可否由商會刻發戳記請核示一案電復遵照由

陝西省社會處：未皓社二組電悉。商會分事務所辦事人員名稱等級，得由其自身酌定，對內俱用戳記，亦可自行刊刻，社會部組三申巧印。

社會部代電　組三字第五四九一一號　三十二年十月二十一日

據呈僑縣商會與區鎮商會發起組織人數法無分區似應酌加規定請示遵一案電仰知照由。

廣東省社會處：三十二年九月十三日部社二組字第九九四二號呈悉。查縣商會與區鎮商會，其發起人數，均依修正商會法第六條之規定辦理，毋須區分，仰即知照。社會部組三酉印。

社會部代電　社組字第五四九一九號　三十二年十月二十二日

爲電示各職業團體舉辦會員訓練實施要點仰即轉飭遵照辦理由

重慶市社會局
江北縣政府
巴　縣

：查奬勵并協助職業團體，舉辦會員訓練，爲推行重慶市及江巴兩縣農工商團體示範工作計劃之重要事項。關於重慶市
江北
巴　縣
部分，應由該局
縣政府切實督導施行，茲將各團體辦理會員訓練實施要點，提示如次：

(一)指定重慶市
江北縣
巴　縣
自辦會員訓練者爲堤裝、駁船、運輸、渡船、肩輿、人力車、捆製、板車、泥作、木作、石作、蔑作、挑
泥作、木作、石作、成衣、民船、國藥、力運、
泥作、木作、石作、運輸、民船、攤業、駁船、
水、成衣、西服、騎馬、理髮、中西餐廚、旅棧、茶社、傭工、等職業工會暨各區
鄉農會（在整理中者緩辦）必須切實辦理，其餘工商業團體，由市
縣商會酌量情形，統籌辦理，產業工會可暫緩辦。

(二)經指定自辦會員訓練之團體，或縣市商會應即召開理事會商討實施辦法，儘於本年十二月十五日以前設班辦理，并視事實之需要，團體性質之相同者，得由該局
縣政府指定合併辦理。

(三)訓練班定名爲江北重慶市
巴　縣
縣〇〇〇會會員訓練班，班設主任一人，由各該團體之理事長，或常務理事一人担任之，如爲合併辦理者，應由各團體常務理事互選一人爲班主任，并得另設教導，總務二股，各置股長一人，幹事若干人，均由各該團體派員充任。

（四）訓練班之教師，由班主任就該縣市具有專長之黨政機關職員學校教員中遴聘之。

（五）班設指導員一人，負督導該班辦理訓練之責，由該縣政府局就職員中指派，或商請當地黨部派員充任。

（六）受訓人員及其人數，由各該團體斟酌實際情形決定之，凡經指定之受訓人員不得規避，其疾病或其他特殊原因，不能訓者應先經呈准。

（七）訓練班時間，應利用受訓人員業餘時間，以不妨礙其本身職業爲原則，其因地區遼闊，往返不易者，得變通辦理，每期講習時間，均不得少於四十八小時，如因會員人數過多，得分期或分班辦理。

（八）訓練班之課程　爲總理遺教，總裁言行，國家總動員，國民公約，農會（或工會或商會）法規，福利事業，合作事業各二小時；地方自治，新生活須知，民權初步，時事報告，衛生常識，精神講話，工作討論各四小時；集會演習六小時，計四十八小時，（工商業團體可酌爲變通，列入會計，稅則等科目）。

（九）各會員受訓期滿經考驗及格，得在其會員證上加蓋「受訓及格」戳記，或另發受訓合格證書，不及格者下期留訓。

（十）會員訓練班辦理結束後，由該縣政府局彙報本部備查，上列各項除分行并飭本部督導人員協助外，仰即知照，并轉飭遵辦爲要！社會部組印。

社會部代電　組三字第五五一六五號　三十二年十月二十七日

關於中茶公司應否加入公會一案復請查核見復由

財政部公鑒：渝貿出（0716）代電暨附件敬悉。查國營茶葉貿易機關辦法第一條，僅有中國茶葉公司爲國營茶葉專業公司，其地位適與中國、交通、農民三銀行相等，并不成爲法令規定之國家專營事業，依法仍應加入公會。准電前由，相應復請查核見復。社會部　組三印。

社會部代電　組四字第五五四六一號　三十二年十一月一日

據代電據武岡縣政府請示長沙十一屬旅武人民申請組織同鄉會一案及本省各縣市旅省人士以省會所在地爲組織區域申請組織旅省同鄉會是否合法并由何機關主管併請核示等情電仰遵照由

湖南省民政廳：本年八月二十一日未民叔西字第七三九七號代電悉。查同鄉會之組織，以舊制名稱聯合組織原無不可，惟仍應視該屬十一縣內有無在該所在地單獨一縣組織同鄉會者爲定，其在省會組織者，并仍應由省會所在地之縣市政府主管，不得有省級組織。特電仰遵照。社會部組印四戌。

社會部代電 組二字第五五六一七號 三十二年十一月二日

關於農行信託部應否加入當地同業公會一案復請查照飭知由

四川省政府：社一字第一八六一號江代電敬悉。案經咨准財政部渝鹽運字第九一四三三號冬代電，以本案並據本部鹽務總局呈同前由到部，查商業同業公會法第十二條規定：「同一區域內之商業同業公司行號不論公營或民營，除關係國防之公營事業，或法令規定之國家專營事業外，均應爲商業同業公會會員；其兼營兩類以上商業者，均應分別爲該業公會會員——」，中國農民銀行，非關係國防之公營事業，亦非法令規定之國家專營事業，故依法應參加銀行公會，惟既兼辦運鹽業務，自應視爲兼營兩類以上商業且該行信託部承辦仁綦涪三岸區委託商運，與普通運商受政府之委託辦理鹽運，依法自應參加各該地運鹽商業同業公會等語，電飭鹽務總局遵照，並分電中國農民銀行轉飭所屬遵照辦理外，相應電復查照，等由；相應復請查照飭知爲荷。社會部組三印。

社會部代電 組六字第五五七〇八號 三十二年十一月四日

轉發財政部勸募捐債款調查清冊格式電仰遵照填報由

各省市社會行政機關：案准財政部三十二年十月十五日庫六字第六一二〇四號函開：「查非常時期捐獻款項承購國債及勸募捐款國債獎勵條例第一條規定：「非常時期凡團體或個人捐獻款項（包括物品折價及債息票等）及承購政府發行之國債及勸募捐款國債者，均依本條例獎勵之」等語，所有三十一年及三十二年國內人民團體勸募捐款國債數目，應請貴部分飭各省社會行政機關調查分別清冊具報，以憑核獎，相應檢同勸募捐債款調查清冊格式各一份，函請查照轉飭，迅即查報，並希見復爲荷等由，附勸募捐債款調查清冊格式各一份；准此，除函復并分行外，合行印發原清冊格式，電仰遵照，查填分呈本部及財政部核辦爲要，附發勸募捐債款調查清冊格式各一件。社會部組六印。

勸募捐款調查清冊

勸募團體	捐款名稱	金額	匯款日期	本部收據號碼	備攷

勸募債款調查清冊

勸募團體	債款名稱	金額	匯款日期	債票號碼或匯款收據號字	備攷

社會部代電　組三字第五六〇六四號　三十二年十一月十一日

據電爲鹽商業同業公會主管官署法令疑義電請核示一案電仰遵照由

廣東省社會處：三十二年十月二日韶社二組字第一〇一三七號代電悉。茲核示如下：(一)零銷商公賣店應加入鹽商業同業公會，(二)鹽商業同業公會之主管官署，爲縣市政府，其目的事業之主管官署爲各地鹽務機關及其分支機關，(三)鹽業場商業運商銷商各辦公處之組織係屬鹽務行政機構用以便利管理鹽業商人，各級社政機關應不過問。社會部組三戌印。

社會部代電　組二字第五六一九二號　三十二年十一月十六日

據電爲西京市總工會呈請嗣後各業工會公文往返均由該會分別承轉等情轉請核示一案電仰知照並轉飭遵照由

陝西省社會處：社二組字第四零九六號申支代電悉。查縣市總工會與各業工會之關係，雖迭經前中央訓練部及本部解釋爲有系統之組織，有隸屬關係相互行文可用呈令。然總工會僅爲各業工會之上級團體，其職權祇限於指導及處理所屬各工會會務，且其主管官署同爲當地縣市政府，自不能代主管官署對各業工會行使行政權，其行文手續，除有關會務，而與大多數工會有關之往返公文，得由總工會呈轉外，其他有關行政事務管制事項及各該業工會個別事件，主管官署與各工會間及各工會相互間，仍應直接行文，特電知照，并轉飭遵照。社會部組二戌銑。

社會部代電　社組字第五六四〇三號　三十二年十一月十九日

爲人民團體應一律依照人民團體圖記刊發規則及式樣之規定刊發或換發由

各省市社會行政機關：查各省所報人民團體組織等級報告表，其中圖記式樣或大小不一，或仍沿舊式，均屬不合規定，嗣後務應一律依照人民團體圖記刊發規則，及其式樣之規則刊發或換發，除分行外，特電仰遵照，并轉飭遵照。社會部組印。

社會部代電　組三字第五六五三五號　三十二年十一月二十三日

據彭水縣屠業公會電爲人民團體職員選舉有以無記名投票選出者是否生效請電釋一案電轉飭知照由

四川省社會處：據彭水縣屠業公會十九日代電，爲人民團體職員選舉，有以無記名投票選出者，是否生效，祈電釋等情，查人民團體職員選舉如以無記名投票者，依照人民團體職員選舉通則規定，應作無效，惟商會同業公會選舉，依商會及其細則得用無記名選舉法，據電前情，特電仰轉飭遵照。社會部成漾印。

社會部電　組一字第五六六一三號　三十二年十一月二十五日

據電請停撥各級農會會費分配方式電仰遵照由

陝西省社會處：酉馬電悉。各級農會會費之徵收及分配方式，准照所陳意見辦理，省縣級農會會員會費之百分比額，可由該處按照地方實際情形斟酌規定，至一次或分期徵收一節，由各級農會議決酌定，仰即遵照爲要。社會部組印。

附原電

（銜略）柰頒農會法第四十條僅有概括規定，而未說明各級農會會費分配方式，可否規定鄉農會祗向個人會員征收會金常年金，其省縣農會會費，可分別就所屬縣鄉農會收入會費中提取百分之幾，以作經費開支，免再向農民攤派，此項百分比額，應如何規定；各級農會會員應按一次或分期征收，謹電請迅予核示遵照。

社會部代電　組六字第五六九四二號　三十二年十一月二十九日

准軍政部兵役署電送陪都優待抗屬週工作要目及公約轉飭參考酌辦由

各省市政府
各省市社會處（局）：案准軍政部兵役署三十二年十一月十七日信役宣字第一二五八四號戌代電開：「准陪都輔助抗戰軍人家屬委員會三十二年十一月四日輔（卅二）發會字第二五七號代電開：「查本會前於本年九月間，推行之優待抗戰軍人家屬週，對於安慰抗屬，激勵士氣民心，不無成效，茲爲使該項運動，普遍推行全國起見，擬請貴署轉飭各級兵役機關，斟酌環境情形，選擇適當時間，聯合當地有關機關團體，切實推行，並將推行結果轉報貴署，函送本會以備參閱，茲特檢奉推行優待抗屬運動初步辦法，及優待抗屬週工作要目各一份，電請查照辦理，幷希賜覆，毋任企感，」等由；附送工作要目初步辦法及公約各一份，准此，查輔助抗屬工作似以由社會團體發動爲宜，除電復外相應電請察照，轉飭所屬各地方社會機關，策動各地方熱心人士，酌予辦理，並請賜復爲荷。」等由，附抄送工作要目及公約各一份，准此，除電復外，合行抄同原件，電仰參照酌辦具報，爲要！社會部組六。附抄發陪都優待抗戰軍人家屬週工作要目，及國民優待抗戰軍人家屬公約各一份。

國民優待抗戰軍人家屬公約

一、要切實遵行政府頒佈的優待抗屬條例

二、抗屬有困難要盡力幫助解決

三、抗屬有災患要盡量設法救濟
四、要扶持和慰問抗屬的疾病
五、抗屬有喪事要賻助
六、抗屬有婚嫁喜慶要致賀
七、每逢年節要給抗屬送禮
八、一切社會公共福利事業要讓抗屬儘先享受優待的權利
九、要盡力幫助抗屬做工種田和收獲
十、隨時隨地尊敬抗屬

陪都優待抗戰軍人家屬週工作要目

優待抗戰軍人家屬週其工作要目如次：

第一日舉行優待抗戰軍人家屬宣導大會召集各區鎮保甲長參加由各有關機關團體長官分別講述優待法令及今後優待辦法與應行注意事項並請渝市府重申優待抗屬法令及函請各報著論宣傳

第二日邀集各慈善團體切實商討調查并設法救濟無依無告之抗屬及普遍宣傳「國民優待抗戰軍人家屬公約」

第三日優待及慰問抗屬廣播開始（自本日起請有關機關及社會名流輪往廣播電台以五次為度）

第四日發動各商店米店油鹽承銷店平價布承銷店一致公告開始優待抗戰軍人家屬購物懸掛優待標誌同時組織檢查隊往各店檢查已否辦理

第五日召集抗屬代表舉行茶會由有關機關長官宣示政府優待抗屬旨意同時報告本會任務（并函請重慶市優待出征抗敵軍人家屬委員會登報公告發放未發之優待金并於茶會時報告歷年優待辦法及工作）

第六日函請（並刊登廣告）全市各機關團體學校每單位或各界同胞每人自由寫慰問抗屬書信（機關團體須同人簽名）交由本會審閱後轉交本市各區抗戰互助會轉發各抗屬

第七日以週來推行優待抗屬各項工作情形及今後工作計劃由主任委員副主任委員聯名電前方將士慰問請其免除後顧之憂努力殺敵並電全國各地各界一致注意優待抗屬

社會部電　組三字第五七六六號　三十二年十二月十日

據電爲中中交農四行應否參加銀行公會請示一案電復遵照由

貴州省社會處：東電悉。除中央銀行外，其他銀行均應組織或加入該業同業公會。社會部印。

社會部代電　組六字第五七六一四號　三十二年十二月十一日

爲奉院令抄發新年及春節穩定物價辦法及原節約辦法電仰切實遵辦具報由

各省市社會行政機關：案奉　行政院三十二年十一月二十七日勳議(三十二)字第一八五五號訓令開：「查每屆新年春節，人民消費較多，物價輒受影響，現年節將至，亟應厲行節約，穩定物價，除節約辦法，仍照三十一年度原辦法加緊推行外，茲制定「新年及春節穩定物價辦法四項，除分函暨電令外，合行抄發該四項辦法，並檢附原節約辦法，令仰切實遵辦具報此令。」等因，附發新年及春節穩定物價辦法及原節約辦法各一份；奉此，自應遵辦，除分電外，合行抄發上項辦法，電仰遵照，飭屬遵辦，並將辦理情形報部備查，附發新年及春節穩定物價辦法，及原節約辦法各一份。社會部組六印。

新年及春節穩定物價辦法

一、應由各地金融管制機關對於各銀行錢莊等於新年及春節前後加强管制商業信用

二、各地物資主管機關應於本年十二月至明年一月期內設法穩定物價對於各項專管物資價格不加調整以免刺激物價

三、各地物資主管機關應於新年前設法掌握多量物資並切實鼓勵商運加强供應

四、應由各物資專管機關在新年及春節前於可能範圍內設法增加各機關合作社物資之供應以減少市面購買量

新年及春節約辦法

一、各機關除新年例假一日外一律照常辦公

二、各地商號除新年及春節各准休假一日外一律照常營業

三、新年及春節不得搭製牌樓或張燈結彩

四、商店不得發售年節禮品並不得以新年及春節廣告招徠顧客

五、禁止新年及春節宴會送禮餽贈

六、禁止印寄賀年片各地報章禁載賀年廣告

七、在新年及春節前後嚴加禁止賭博及類似賭博之娛樂營業

八、爲節約電力水力燃料起見一切商店新年及春節前後應於下午十時前閉市

九、各教育宣傳機關應於新年及春節前宣傳節約

社會部代電 組二字第五七六三〇號 三十二年十二月十一日

准電以攸城步縣政府請核示各業工人聯合會名稱疑義等情囑核復一案復請查照由

湖南省政府公鑒：本年十月二十八日未府民叔四字第一二三三四號代電敬悉。查各項職業工人，因不足法定人數所組織之各業工人聯合會，其名稱應統稱爲某某縣各業工人聯合會，毋庸將各業名稱列出，如某項職業工人，已達法定人數，可依法組織工會時，應即另行組織某業職業工會，特復請查照爲荷。社會部組二。

社會部代電 組三字第五七九八八號 三十二年十二月十七日

准代電以攝商水縣呈爲菸鹽兩業已設專賣是否仍應組織同業公會等疑義囑核復一案電復查照由

河南省政府：三十二年十月民五督字第八五五八號代電敬悉：查鹽菸兩業專賣後，如有承銷商店，該項承銷店，仍應分別組織各該業同業公會加入商會爲會員，特復。社會部印。

社會部代電 組三字第五八〇〇四號 三十二年十二月十八日

據代電爲請解釋小規模營業登記疑義一案電仰遵照由

陝西省社會處：三十二年十一月社二組字第五一八五號戌江代電悉：茲釋示各項：(一)小規模營業登記之商民，由該業公會填發登記證，憑證營業，無證即予取締。(二)小規模營業雖經登記，不以會員論。對公會無同業公會法所定之權利義務，與有公司行號之設立依法入會之會員自屬不同。(三)同業公會協助推行經濟政令時，得併對登記之小規模營業施以約束。(四)依本部所頒加强管制物價方案實施辦法乙、二、之2、3、兩項所定業類，已不限於原指定之必需品業，其他與限價有關經指定或呈院咨部核定之各業，均應辦理小規模營業登記，此外業類，如有必要亦可參酌辦理，非管制區同，特電仰遵照。社會部印。

社會部代電　組六字第五八三四五號　三十二年十二月二十三日

爲頒發各社會運動機構三十三年度業務計劃簡表及工作進度實施報告表各一種希查照辦理由

全國慰勞抗戰將士委員會總會，中國婦女慰勞自衛抗戰將士委員會總會，新生活運動促進總會，全國節約建國儲蓄勸儲委員會，中國航空建設協會，中國滑翔總會，民族健康運動委員會，榮譽軍人職業協導會，保護童嬰運動委員會等公鑒：本部爲明瞭各社會運動機構業務計劃及實施概況起見，特訂定各社會運動機構業務計劃簡表及工作進度實施報告表各一種，隨文檢送，希自三十三年度起按期填報，以備查核。社會部印。附業務計劃簡表及工作進度實施檢討報告表一份。

（社會運動機構名稱）年度業務計劃簡報表

計劃項目	實施進度				經費預算	備註
	第一季（一—三月）	第二季（四—六月）	第三季（七—九月）	第四季（十—十二月）		

說明：一、本簡表計劃項目欄係填列某項計劃之標題其實施進度一欄應就上列計劃分季分月填具實施程序

二、各社會運動機構擬具計劃時最低限度應於每期中確定中心工作計劃一項

三、本簡表應於每年年度開始前填報

四、本簡表格式大小可視需要增減或伸縮

（社會運動機構名稱）年度第　季工作實施檢附報告表

原定計劃項目	原定進度	實施狀況	下季應補辦工作	備註

說明：一、原定計劃項目及原定進度兩欄應根據各機構所定本年度工作計劃及進度塡列

二、實施狀況一欄應將實施經過及成效（應特別注重數字）暨困難情形簡述

三、臨時發動之工作亦應塡報幷於備註欄內說明

四、本檢討報告表於每季終了後十日內塡送

五、本檢討報告表格式大小可視需要增減或伸縮

社會部代電　組四字第五八四二二號　三十二年十二月二十五日

准電以同鄉會財產監督權依法應否由縣府辦理囑核復一案電復查照由

安徽省政府：民社戌江代電敬悉。查同鄉會既經認爲人民團體中之公益團體，當然爲社團法人，其財產應依民法總則第二章第二節第三十二條受主管官署之檢查，相應電請查照。社會部組四印。

社會部代電　組六字五八四七五號　三十二年十二月二十七日

准代電爲什邡縣新生活運動促進會婦女工作委員會對縣政府行文用函是否合法囑解釋一案電復查照轉知由

四川省政府公鑒：案准貴省政府社一字第七三六四號戌皓代電，略以什邡縣新生活運動促進會婦女工作委員會對該縣縣政府行文用公函，是否合法，囑解釋等由；准此，查縣新生活運動促進會，爲社會運動推行機構，依照非常時期統一社會運動辦法第五條規定：「社會運動之推行機構，除法令另有規定外，應依照人民團體組織程序，呈請主管官署許可立案」。縣政府爲縣新生活運動促進會之主管官署，縣新生活運動促進會對縣政府行文自應用呈。復查什邡縣新生活運動促進會婦女工作委員會，爲該縣新生活運動促進會之附屬機構，對該縣縣政府行文應用該縣新生活運動促進會名義。准電前由，相應復請查照轉知爲荷。社會部組六印。

社會部電　組四字第五八四九四號　三十二年十二月二十八日

據電呈現供職教育機關人員可否當選爲教育會職員一節電復知照由

湖南省民政廳：豔電悉。查教育會法規定：現任教育行政人員，得爲會員，自應有選舉權及被選舉爲職員之權，公務員不得當選爲人民團體職員一節，並無明令規定。社會部組四印。

社會部訓令　社組字第五四三九八號　三十二年十月十二日

令發人民團體職員資歷證明書式樣仰遵照由

令各省市社會行政機關

查人民團體職員之職務及任期之久暫，有關省縣公職候選人資格。其本人願參加前項考試或檢覈時，須申請主管官署發給證明書。茲經規定人民團體職員資歷證明書格式一種。以昭劃一，除分令外，合行檢發人民團體職員資歷證明書式樣一紙，令仰遵照，並轉飭遵照，爲要！此令。

附資歷證明書式樣一紙

省　縣/市人民團體職員資歷證明書

申請證明人　　年歲　　籍貫

上開申請人歷任職務證明如左表

團體名稱	職務	起年月日	訖年月日
		年　月　日	年　月　日

主管官署長官（簽名蓋章）

中華民國　　年　　月　　日給

填發此項證明書注意左列各項

一、申請人以當選就任之理監事及會經委派或加委之書記爲限

二、在未依新法改組以前之團體任職者以法定選任相當於理監事及會經委派或加委之書記爲限

三、起訖年月日應查案填明其申請時尚未解職者訖年月日應填填發年月日

四、歷任職務應順序排列

社會部訓令　社組字第五五一〇九號　三十二年十月二十五日

奉行政院令發清潔衛生工作競賽通則記分標準及評判記分方法等件轉令遵照并飭屬遵辦由

令各省市社會行政機關

案奉

行政院三十二年十月四日仁陸字第二二一三七號訓令開：

「工作競賽推行委員會電送清潔衛生工作競賽通則記分標準及評判記分方法一案，應先行試辦一年，除分令外，合行抄發原件令仰遵照，并轉飭所屬遵照此令」

等因；附抄發原代電通則記分標準及評判，記分方法各一份，奉此，自應遵辦。除分令外，合行抄發原附件令仰遵照辦理，并飭屬遵辦具報爲要。此令。

附抄發原代電通則一份（見法規欄）記分標準及評判記分方法（略）

社會部訓令　社組字第五五七〇六號　三十二年十一月四日

為指導人民團體必須注意培養其民主精神奠定憲政基礎令仰遵照由

令各省市社會行政機關

查本部指導全國人民團體之方針，確定組織應採民主集權之原則，訓練應以民權初步為重心，迭經本此方針，訂頒各種規章，通飭施行在案。現憲政實施為期在邇，民主精神之培植，尤屬當務之急，所望各級主管官署，深體斯旨，切實遵行，嗣後指導各級人民團體組織，必須恪遵法令程序，開會必須嚴守民權初步，選舉必須尊重民主精神，以奠民主政治之基礎，而利憲政之實施，是為至要！此令。

社會部訓令　社組字第五六一〇三號　三十二年十一月廿一日

據報辦理三十一年度職業團體中心工作總考核業經分別給獎列表令仰遵辦由

令鄂浙甘粵陝閩贛黔等省社會處豫桂湘青寧康等省民政廳

查三十一年度各省市職業團體中心工作成績總考核，截至本年八月底先後據報到部者，計農會一百八十四，漁會七，工會一百三十八，商公會二百十二單位，業經本部審核完竣，應予給獎者：計農會最優等五，優等十四，次優等三十八，漁會次優等三，工會最優等六，優等十一，次優等十五，商公會最優等十五，次優等三十三，除商公會免給現金，應予傳令嘉獎外，餘悉照上項等級給予獎金計最優者一千元，優者八百元，次優者五百元，以示獎勵，除分行外，合行令發該項中心工作成績總考核表及該省農漁工會獎金合[illegible]元，仰即分別轉飭遵照。并仰該處填具報部為要。此令。

附發各省市三十一年度職業團體中心工作成績總考核表等（略）

社會部訓令　組三字第五六六六八號　三十二年十一月二十六日

據黔陽縣安江鎮百貨商業同業公會呈為設立公會聯合辦事處等疑義五條請核示一案令仰轉飭遵照由

令湖南省民政廳

案據黔陽縣安江鎮百貨商業同業公會三十二年十月十八日德字第零四號呈，為設立公會聯合辦事處等疑義五條，請核示等情，據此，茲核示如下：（一）各業同業公會聯合設立事務所，其僱辦事員應屬可行，會名仍須個別存在。（二）各項稅捐如確係主管機關依法徵收，自應繳納，如嫌過重，可由商會呈請縣政府，層轉財政部核示。（三）人民團體實際負責人，經役辦法業經明令廢止。(四)役機游商、勾結公務員，利用職權套購營利，可由商會向縣政府或省政府或經濟檢查機關檢舉。(五)增加小本工商貸款，可由商會呈請縣政府轉呈省政府飭省銀行辦理，據呈前情，合亟令仰轉飭遵照。此令。

社會部訓令　組三字第五八〇八六號　三十二年十二月二十日

檢發人民團體主管官署轉送目的事業主管官署簡表式樣二份仰遵照并轉發所屬一體遵照由

令各省市社會處局

查各級人民團體主管官署，轉送目的事業主管官署簡表，前經本部規定，通飭遵照在案，惟此項表式尚未製發，恐各省市未盡一致，茲為劃一簡表式樣起見，特製訂該項簡表式樣兩種，除分令外，合行檢發表式二份，仰即遵照并轉飭所屬一體遵照為要，此令。

附發簡表式樣二份

省(市)人民團體組織簡表(式樣)

團體種類	團體名稱	主要負責人	會員人數				成立日期	主管官署立案		社會部備案日期	地址	備考
			個人	團體	公司行號	同業公會		日期	證書字號			

省(市)人民團體改選/改組/整理簡表(式樣)

團體種類	團體名稱	主要負責人	會員數				日期			主管官署備案日期	社會部備案日期	地址	備考
			個人	團體	公司行號	同業公會	改選	改組	整理				

填表須知：一、前表「主要負責人」欄，須填明職務及其姓名三人。

二、會員數欄，於(1)農會工會及其他團體均應填「個人」及下屬「團體」之數於(2)同業公會應填「公司行號」之數於(3)商會則應填「公司行號」及「同業公會」之數。(餘不詳舉例)

社會部訓令　組一字第五八一六七號　三十二年十二月二十一日

據福建省漁會聯合會呈擬加強漁會組織辦法請鑒核施行等情令仰轉飭知照

令福建省社會處

案據福建省漁會聯合會三十二年十月呈稱：「竊本會第二屆會員大會福安縣漁會代表李煥之，福州市漁會代表黃和歷等提。關於加強漁會組織提高漁會力量以謀漁業上共同發展案，僉以漁會組織以漁業人爲主體，其營水產之製造、運輸、保管、各業均可參加組織，故沿海各地所有之漁行業及鹹鮮業等公會，均遵照前實業部明令取消原有組織加入漁會，蓋使組合漁業各有關部份共謀發達，唯本省各地亦有另行組織，使完整之漁業團體淚着脫節，請依照浙江省健全漁會組織辦法辦理之，（按浙江省健全漁會組織辦法第六條「沿海各縣所有之漁行業鹹鮮業公會應遵照部令（前實業部民國二十五年五月二十五日漁字第四一六四號指令及同年九月七日漁字第四三五三號指令）取消原有組織加入漁會」，或對於漁業有關部份，（如漁行業鹹鮮業等）有另組公會者，須令歸納漁會範圍之下，以臻健全，藉以提高漁會力量，以謀漁業共同發展等議，經決議通過，紀錄在卷。竊查漁會法施行規則第五條定有：「凡同一區域內之漁業人民，願入會者，每一漁戶或行店均以一人為限，」具見經營漁業之行店，依法自應加入漁會為會員，無另行組織之必要。唯茲據司法院院字第二一六二號所示：「販賣魚類之漁行店不得加入漁會為會員」，則與漁會法施行規則似有出入，漁業行店與漁業人本有密切聯繫，過去合併組織進行尚稱順利，為謀漁業上共同發展計，似可許可加入為會員，以期互相協助。果以漁業行店必須另行組織公會，應懇令其劃歸漁會範圍之內，如一般之商業同業公會加入商會者然，如此既與先後法令不悖，而漁會組織力量尤足提高，克臻健全整個漁業，庶易發展，為此理合具文呈請鑒核施行，無任感禱之至」等情；查漁會法第五條所列得組織漁會之份子，并不包括販賣魚類之公司行號，其施行規則第五條所稱每一漁戶或行店及前實業部明令取消原有組織加入漁會之魚行業，均係指營水產製造、運輸、保管各業之行店而言，與司法院院字第二一六二號以販賣魚類為業之行店不得為漁會會員之解釋，并不抵觸。復查民國二十七年公布之商業同業公會法，其第十二條第三項規定工廠設有售賣場所者，視同商業之公司行號，依照上述各項規定，是凡魚業行店如非專營販賣魚類，而係兼為漁業人或以水產之製造、運輸、保管為業者，仍應加入漁會。但如設有販賣魚類場所，則應以專營販賣者同組商業同業公會，該項公會自不應劃歸漁會範圍之內，合行令仰轉飭知照！

此令。

社會部訓令　社組字第五八八六四號　三十二年十二月三十一日

抄發修正浙江省各級人民團體處理財務辦法一份令仰參考由

令各省市社會行政機關

案據浙江省社會處本年十月二十日家字第五四六九號呈稱：「查各級人民團體對於財務之處理，於各該團體單行法規中，雖有約略規定，但實施上尚多缺陷，而主管官署對於團體經費之監督審核，亦無統一標準，影響所及，易滋流弊。本處為謀省縣各級人民團體，對於財務處理之合理，以彌前項缺陷起見，特訂定浙江省各級人民團體處理財務辦法一種，除分呈省政府外，理合繕具是項辦法一份備文呈請鑒核備案」等情；據此，除將原辦法第九條予以修正指令准予備案並分行外，合亟抄發該項修正辦法令仰參考爲要。此令。

附抄發修正浙江省各級人民團體處理財務辦法一份

修正浙江省各級人民團體處理財務辦法

第一條　浙江省社會處爲謀省縣各級人民團體對於財務處理之合理起見特訂定本辦法

第二條　本省各級人民團體處理財務除法令另有規定者外悉依照本辦法辦理之

第三條　人民團體之經費以下列各款充之

一　會員入會費

二　會員常年費

三　事業費

四　黨政機關補助費

五　特種基金之孳息

六　產業收益

七　特種捐款

第四條　人民團體經費收支預算之編造帳目之記載會記報告之編製款項之出納單據之保管應由各該團體指定會計人員財務幹事（出納）分掌之

第五條　人民團體收入之現金應全部存入銀行並以隨收隨存爲原則提時將憑支票支取

前項支票應由各該團體理事長或常務理事及書記會計人員財務幹事（出納）共同加蓋印鑑始生效力其現金不滿二千元者得憑摺支取或存入殷實商店財務幹事日常保管之經常費備用金最多以三百元爲限

第六條　人民團體對會員繳納之入會費常年費事業費及特別捐款等收入均應製給經理事長或常務理事及書記會計人員財務幹事蓋章之三聯正式收據

前項三聯收據第一聯收據給繳款人第二聯報核呈主管社會行政機關查核第三聯存根留各該團體存查

第七條　人民團體經費之收支應按月編製會計月報表送請主管社會行政機關備核其經費之支出應一律取得單據於年度終了時製成年度收支總報告連同單據送經監事會或監事審查蓋章呈請主管社會行政機關核銷後發還團體自行保管並向會員公告之

前項保管之單據非因特殊事故或經呈准者外均應保留十年以憑稽考受黨部補助經費之人民團體其各項會計報告應分送黨部備核

第八條　主管社會行政機關對人民團體財務處理情形得隨時派員詢問或查核之

第九條　各該團體負責人員除有侵佔行爲依刑法治罪外並依行政執行法處分之

第十條　本辦法由浙江省社會處訂定呈報浙江省政府及社會部備案施行

社會部指令　組四字第五六四二四號　三十二年十一月十九日

令福建省社會處

三十二年九月呈一件：爲基督敎會各區辦事處未依法申請組織後來補行立案可否依照處理一般社團辦法予以整理請核示由

呈悉。眞耶穌敎會駐渝辦事處，業在本部備案，其各地分支會，自應依照處理一般社團辦法予以整理。該會所設區辦事處，於法無據，亦無設立之必要，應予撤銷，除飭眞耶穌敎會總會駐渝辦事處轉飭遵照外，合行令仰遵辦具報，爲要。此令。

社會部指令　組四字第五六〇六六號　三十二年十一月十一日

令廣東省社會處

三十二年十月六日留社字第〇一〇一二號電呈一件：爲縣市級人民團體理事是否一律確定爲九人請核示由

代電悉。查非常時期人民團體組織法第九條第一項之規定以九人爲最高限度，得視其團體性質，會員人數，業務情形於限內增減之。仰即知照。此令。

社會部批　組三字第五六〇三九號　三十二年十一月十一日

浙江樂清縣商會

三十二年六月四日指字第五七號代電一件：爲商會委員改選發生困難情事請懇核示遵由

支代電悉。查商會職員候補人，應於會員大會召集通知發出後停止遞補，以便候補人作改選之競選，依此補充規定，未補員缺如恰符應抽人數時，可免抽籤，仰即知照。此批。

社會福利類

社會部呈　文福一字第五四四四五號（三十二年十月十二日）

爲據貴州省社會處及四川省社會處呈報接收小本貸款處移交基金情形擬准撥充兒童福利指導所經費及准由救濟院繼續辦理貸款業務等情轉請准將此項基金全數撥作各省市社會福利事業經費以利業務由

案據貴州省社會處本年八月二日發處三福字第三一八五號呈稱：

（上略）「案查前奉鈞部福一字第四七三五七號訓令：『爲奉行政院令以振濟委員會附屬小本貸款機關，業經令飭裁撤，各地多已辦有農貸工貸，此項小本貸款無繼續辦理之必要，各處案件交由當地社會行政機關保管，基金繳還國庫，未還貸款，由當地社會行政機關負責追還，陸續解庫，飭即遵照辦理具報』等因；查此案前奉振濟委員會馬渝甲文丙第二三七四號代電，屬接收本省境內小本貸款處三所，除貴陽小本貸款處一所，經由本處派員接收外，遵義安順兩縣小本貸款處，亦經分令各該縣政府接收辦理各在案。復查貴陽小本貸款處，結存基金二萬零九百三十元六角七分，未收貸款一萬八千零九十元。遵義小本貸款分處，結存基金四千零二十二元，未收貸款二萬零陸百二十元。安順小本貸款分處結存基金五千八百二十九元，以上三處計有結存基金三萬零七百八十一元陸角七分。未收貸款三萬八千七百一十元，兩共共計國幣陸萬九千四百九十一元陸角七分。再查本省社會福利事業之推展，業經遵照　總裁此次核示重視兒童保育之訓示，積極奉承鈞部倡導兒童福利事業之意旨，所有本處兒童福利指導所，亟應設法擴充，以期達示範目的，惟以物價高漲，經費困難，該所一切設備，均屬簡陋，擬請轉呈行政院，准將前項基金及未收貸款全數移作充實該所之費用，是否可行，理合具文呈請鑒核示遵」等情到部，正核辦間，復據四川省社會處本年九月二十一日社二字第（一八〇）號呈稱：（上略）「案奉鈞部福一字第四七三五七號訓令：『以奉行政院仁壹字第二一八二二號訓令，各地小本貸款無續辦必要應即取銷，其案卷交各當地社會行政機關保管，基金繳還國庫，未還貸款由當地社會行政機關負責追還，陸續解繳國庫，轉飭遵照辦理具報』等因，奉此，查各地小本貸款處所，前准振濟委員會馬渝代電，并附本省境內所屬各地小本貸款處所三十單位清單，屬轉飭各當地社會行政機關接收辦理，除當即轉飭涪陵、江津等十九縣市遵照辦理具報，并將所有基金移交各當地救濟院外，至成都市小本貸款處亦經本處派員接收，繼續辦理歷開業務各在案，復查蓉市地處省垣，手工負販林立，市中賴貸款以維持生活者甚衆，風聞行將結束，紛請續辦前來，情詞淒切，殊堪憫念。成都環境旣具特殊條件，應請例外辦理，以甦民困。奉令前因，除令飭各縣市遵照辦理外，其成都市小本貸款處，擬請准由本處直屬四川省實驗救濟院，附屬設置繼續辦理。理合呈請鑒核，轉呈呼籲，期達目的，是否有當，伏候示遵」

等情；據此，查本部前據湖南省民政廳及陝西省社會處，先後呈報接收小本貸款基金情形，懇准將此項基金撥充救濟院貸款所經費，及社會救濟事業費用，旋又准廣西省政府電同前由，均經分別呈奉

鈞院本年八月二十三日仁玖字第一八八一三號及九月一日仁玖字第一九三八二號指令照准，并經轉飭遵照各在案，查本部自改隸以還，對於各地方福利事業均經按照職掌擬訂計劃，督飭各省市社會行政機關積極進行。近奉

鈞院本年八月二日仁玖字第一七五〇五號訓令：「略以各地城市常有乞丐游民與病兵流浪街頭，並常有嬰孩遺棄道旁無人過問，飭責成各省市政府督飭趕緊設法救濟等因；並經轉飭遵照辦理。惟查各省市對於此等業務，以經費支絀，原有設備均屬簡陋，擴充復感困難，其毗鄰戰區各省迭年兵燹，更以荒歉相繼，救濟設施維持擴展均感不易，小本貸款原屬救濟性質，此項基金爲數不多，徵還國庫，對國家之收入甚微，如能仍用於救濟育幼等項事業，則有裨於社會福利之增進，當非淺鮮。據呈前情，除湘桂陝三省接收小本貸款基金，業奉核准免徵國庫外，擬請將其他各省市小本貸款結存基金及未收貸款准予全數撥充各該省市社會福利事業經費，以利業務，而益民生。是否有當

伏祈

鑒核示遵。謹呈

行政院

（附註）本案已奉 行政院指令准如所請辦理

經濟社會部呈 福三字第五五四九七號 三十二年十二月十七日

奉 交關於解釋商業組織是否得以「服務」爲名案經會同擬具意見呈請鑒核由

案查前准

鈞院祕書處本年三月三十日愛玖字第一六二七七號通知單，爲貴州省政府呈請解釋對一般以營利爲目的之商業組織，是否得以社會服務爲名一案，奉

諭：「交社會部議復」，通知查照，等因，附原呈一件，奉此；當以本案與社會服務事業前途，暨商業管理，均有密切關

係，經本社會部與本經濟部會商結果，擬定解釋意見如左：

「查社會服務設施，爲倡導　國父服務人生觀，與推行三民主義社會政策之新事業機構，際此創造未久，社會信仰方始建立，自不容假借名義，混淆視聽，致礙事業之發展。抑社會服務設施，以改善社會生活，增進社會福利爲宗旨。其辦理事業，應爲公益性質，自不得以營利爲目的，而有公司或商號之設立。如有採取招商辦理，集資合辦或集股經營方式，而有分紅分息情形者，應依公司法或合作社法辦理，不得作爲社會服務事業。并不得使用「社會服務」或「服務」字樣之名稱，以正視聽，而便管理。至如確係依法成立之社會服務設施，辦理法定或政府指定或委託之極務，其基金經費或基金，雖係公款或雖由捐募而來，但并不以營利爲目的，且無股息紅利之支付者，自應認爲社會服務事業。依上解釋，凡社會服務設施有以營利爲目的，而爲公司或商號之設立者，應由社會行政主管機關，會同商業主管機關予以取締；商業組織而有使用「服務」字樣之名稱者，應由商業主管機關，予以取締。」

以上意見，如蒙核定，并請通飭各省市一致遵行。奉交前因，理合具文會呈鑒核示遵！謹呈

行政院

（附註）本案已奉　行政院指令通飭各省市政府遵行

社會部咨　福五字第五四八三五號　三十二年十月二十一日

爲奉　令趕緊設法救濟各地城市流浪街頭之乞丐游民及棄嬰一案抄附遵行辦法要點咨請查照辦理由。

案奉

行政院三十二年八月二日仁玖字第一七五〇五號訓令內開：

「查各地城市常有乞丐游民與病兵流浪街頭，并常有嬰孩遺棄道旁，無人過問，既礙觀瞻，尤乖政教，亟應責成各省（市）政府督飭各縣（市）政府并策動各慈善團體，趕緊設法救濟，以重人道。各處已設立救濟院，收容所，育嬰所，或各市游民習藝所等，應大加整頓，俾得廣爲收容乞丐游民及治愈之病兵，應即使服勞役，或導之生產，以謀自給。至此項救濟經費，可由縣（市）就社會事業費，或救濟費項下勵支，其原預算實在不敷支應者，應由各該省政府就省預算所列社會事業費，或預備金項下酌予補助，務期款不虛糜，人沾實惠。除分行各省市政府外，合行令仰遵照辦理，并轉飭所屬一體遵辦爲要此令」

等因；奉此，查關於擴大並整頓各地方救濟業務，暨維護救濟事業基金各節，本部迭經咨請查照轉飭辦理在案。茲奉前因，除遵照擬定遵行辦法要點六項，分別咨令外，相應抄附原要點咨請查照辦理爲荷。此咨

各省市政府

附抄送遵行辦法要點一份

關於　院令擴大收容救濟並妥籌救濟經費案遵行辦法要點

一、關於遺棄道旁之嬰兒，應照前頒保護童嬰運動辦法要點辦理，至流浪街頭之乞丐、病兵、及無業或無正當職業之男女游民，應斟酌實際情形，採取下列方法予以救濟：（1）舉辦農田水利及修築道路等公共工程，（2）移墾荒廢田地，（3）擴大生產合作，（4）介紹就業，（5）必要時送入院所留養，施以醫療及技藝訓練。

二、各地政府辦理此項救濟工作，應交由各該省市縣社會救濟事業協會主辦，俾能充分運用原有救濟機關及慈善團體之力量，此項救濟協會倘未成立者，應從速指導其成立。

三、各地方未設救濟院所者，應於本年度內積極籌設，本年度內確有困難不能籌設者，應將必需經費列入三十三年度預算內，務達每縣一院之標準，其已設者，並應加以擴充以廣收容。

四、各地方倘無慈善團體之組織者，應策動社會力量發起組織，並獎助各機關團體祠堂，寺廟，興辦社會救濟設施，其原有慈善團體業務未能開展者，應妥加整理，藉副各該團體創辦人福利社會之至意。

五、各地方辦理此項救濟工作，除留養部份，應飭所屬公私救濟設施以辦理育嬰、育幼、習藝、殘疾、施醫、安老各所爲主要業務外，其無庸留養者，應會商有關機關協同辦理。

六、各地方辦理此項救濟所需費用，除應遵照　院令辦理外，對於原有救濟事業之基金款產，併應遵照部頒各省市縣社會救濟事業基金管理辦法辦理，不得移作別用，其已移用者，應即歸還。自三十三年度起地方自治財政預算內，如仍有將救濟事業基金款產收入移作別用情事，應責成各該財政主管人員，負清償之責。

社會部咨　福五字第五七五三一號　三十二年十二月九日

准咨以據少數縣份呈因所有救濟機關團體不足法定數額應否組織社會救濟事業協會請釋示一案經擬具變通辦法令飭遵照辦理。

囑查照備案見復等由復請查照由

貴省政府卅二年十月十三日癸社救字第四四三四號咨：以據少數縣份呈，因所有機關團體，不足法定數額，應否組織社會救濟事業協會，請釋示一案，經擬通辦法，令飭遵照辦理，囑查照備案見復，等因；准此，查救濟事業單位，不足法定數額之縣份，擬組社會救濟事業協會，自不無困難之處，但為推展地方救濟事業，增進社會福利起見，增聘當地熱心救濟事業之正士參加組織自屬可行，所開變通辦法，應予備案，相應復請

查照為荷。此致

貴州省政府

社會部公函　福二字第五四三九六號　三十二年十月十二日

准函以貴署麻醉藥品經理處可否依據職工福利金條例提撥職工福利金囑查核見復等由復請查照由

貴署本年七月九日總字第九二〇號函，以貴署麻醉藥品經理處，是否合於企業性質，可否依據職工福利金條例提撥福利金，囑查核見復等由；准此，查該處所設工廠及運銷機構，依據職工福利金條例第一條之規定，應提撥職工福利金，准函前由，相應函復，即希

查照為荷。此致

衛生署

社會部公函　福三字第五四八六四號　卅二年十月二十一日

為各級黨部團部社會服務處青年服務社等所辦事業係公益性質不以營利為目的應依照法令辦理函請查照轉飭遵照由

查社會服務事業，應為公益性質，不得以營利為目的，各級黨部、團部所辦社會服務處，暨青年服務社等，為發動黨團員服務社會之機構，尤應遵守上項原則，期對社會發生範導作用，此等機構所辦事業所有資金應利用公款，所有盈餘應充作該處社會事業基金或經費，所有業務應依法令辦理，並由主管黨部會同主管官署嚴加監督，以妨流弊，倘屬私人投資，集股經營，而有分息分紅情事，則應依照商業組織之規定辦理，不得假用社會服務處名義，致妨社會服務事業之發展。除分函外，相應函請

查照轉飭遵照為荷。此致

中央執行委員會組織部

三民主義青年團中央幹事會

社會部公函　福三字第五五八八三號　卅二年十一月九日

為各級黨部社會服務處工作應由處內服務發展至處外工作深入社會策動社會力量服務全民函請查照轉飭辦理由

查各級黨部設立之社會服務處，原以發動黨員改善社會生活，增進社會福利為宗旨，推行以來，尚具成效。惟過去各處工作，內多限於處內服務，對處外工作，尚鮮顧及，嗣後各處，除仍應按照社會服務設施綱要之規定。擇要舉辦經常業務外，并應發展處外工作，策動社會力量，深入民間，服務全民，茲經規定：

(一)各社會服務處，應參加一切社會運動，發現問題，適應需要，以倡導并發揚服務精神。

(二)各社會服務處，應聯絡當地一切社會團體，策動人民，培養自發力量，以服務引發服務。

(三)劃定地區，分區服務，吸收義務服務員，加以組織，指定工作，以擴大事業範圍。

(四)社會服務工作，應因時因地，隨時增加，以各階層之全部生活為對象。

(五)社會服務工作，應分別性質，其應由服務處本身舉辦者，須集中全力進行，務期完善。至其他工作，則發動社會力量協同辦理，服務處應立於策動輔導地位。

(六)選擇平民聚居需要迫切之適宜地區，成立社會服務處，以資示範。

(七)各省都市已設立社會服務處者，其工作範圍，應推廣及於一般民衆。

以上各項，除分行外，相應函請

查照轉飭辦理為荷。此致

中國國民黨各省市執行委員會

附註：本案并令飭各省社會處(民政廳)市社會局遵照督導辦理。

社會部公函、福四字第五八〇八九號三十二年十二月二十日

為舉辦因抗戰而失業之人員及傷殘人員調查辦送調查表式函請轉飭依限抄理具復由

本部為籌備復員時期，人才調劑事宜起見，現擬對因抗戰而失業之人員及傷殘人員加以調查，以為將來復員時配置工作之依據，茲經訂定失業義民及抗戰軍人家屬調查表及傷殘人員(包括榮譽軍人及受傷民衆)訪問表各一種，送請

貴省市政府依式仿印轉飭所屬，於表到六個月內切實辦理完畢，彙轉過部，以憑辦理，除分函外，相應抄同調查表式及訪問表各一份，函請

查照辦理見復，為荷。此致
湖北、西康、甯夏、山西、河南、安徽、廣西等省政府
重慶市政府

附抄送失業義民及抗戰軍人家屬調查表式及傷殘人員訪問表式各一份

「註」：本案除函各省(市)政府外，并訓令川、黔、滇、浙、粵、贛、湘、閩、甘、陝等省社會處遵辦。

(　　　　)失業義民及抗戰軍人家屬調查表

姓名號碼＿＿＿＿

姓名		性別		年齡		籍貫	省　縣市
現在通訊處				永久通訊處			
教育程度	總共讀過幾久書　年　個月			特別技能			
	最後在　學校　系科　年級　畢業肄業						
經歷	最後在那兩處做事	1.在　擔任　計　年		有何心理及生理缺陷			
		2.在　擔任　計　年					
失業原因				失業期間生活如何維持			
家庭收入(每年)　元		家庭負擔費(每年)　元		戰後回鄉時所需交通費用(包括個人及家屬在內)			元
希望	職務	1.	2.	備註			
	地點	1.	2.				
	待遇	薪金　元	津貼　元				

填表人＿＿＿＿＿＿　　＿＿＿年＿＿＿月＿＿＿日

（　　　）傷殘人員訪問表

姓名號碼＿＿＿＿

姓名		性別		年齡		籍貫	省　縣市
現在通訊處				永久通訊處			
教育程度	總共讀過幾久書　年　個月			特殊技能			
	最後在　學校　系科　年級畢肄業						
經歷	最後在那	1.在　担任　計　年		家庭	收入(每年)	元	
	兩處作事	2.在　担任　計　年		經濟	負担(每年)	元	
戰時職業				傷殘原因			
傷殘部位				傷殘程度			
希	職務	1.　2.		備			
	地點	1.　2.					
望	待遇	薪金　元	津貼　元	註			

填表人＿＿＿＿　年＿＿月＿＿日

社會部公函　福六字第五八一七九號　卅二年十二月廿一日

爲檢送修正本部免費醫療陪都貧病兒童辦法函請査照由

査本部爲加强實施陪都貧病兒童，醫療救濟起見，業將「社會部免費醫療陪都貧病兒童暫行辦法」，加以修正，除公佈并分行外，相應檢送該項修正辦法一份，函請貴府轉飭社會衛生警察各局／貴隊飭宜慰隊、直屬隊知照，并通飭市民週知爲荷。

此致

重慶市政府

重慶市空襲服務總隊部

附檢送免費醫療陪都貧病兒童辦法一份（見法規欄）

社會部代電　福三字第五四二八八號　卅二年十月八日

（一）爲准電囑核關於黨辦團辦之社會服務處及青年服務社具有商行爲之業務者應否加入團體組織電復查照由

福建省政府公鑒：陽未篠府社乙永字第七八七六四號代電敬悉。查商行爲係指商人在商業上之法律行爲而言，各社會服務處，不以營利爲目的，自不能視同商人，而與公司法第一條亦迥不相同，可毋庸加入同業公會，特電復查照，社會部福三酉齊印。

社會部代電　福五字第五四四〇七號　卅二年十月十二日

准陪都輔助抗戰軍人家屬委員會電送救濟貧苦抗屬談話會議記錄請察核一案電請查照辦理由

各省市政府：准陪都輔助抗戰軍人家屬委員會本年九月廿三日輔（卅二）發會字第一三九號代電，爲檢送救濟貧苦抗屬談話會議紀錄，請查核。等由；准此，查救濟抗屬，事關激勵士氣，崇報勳勞，自應普遍實施，除函復并分電外，相應節抄該項會議紀錄決議各案，電請查照轉飭所屬一體遵照辦理爲荷。社會部福五酉文印。

附抄送原紀錄決議案摘要一份

陪都輔助抗戰軍人家屬委員會救濟抗屬會議紀錄決議案摘要

一、應儘量收容流離失所之抗屬。

二、聯合主辦救濟機關及慈善團體，籌設臨時收容所。

三、各級各級救濟機關，開辦之平民食堂，粥廠等應提前對流離失所之抗屬實施。

四、各省市縣各級救濟機關對於貧苦抗屬之救濟，其救濟金額每戶或每人應較一般貧民增加一倍，或至少增加三分之一，并提前發給。

社會部代電　福二字第五六三四二號　卅二年十一月十八日

爲檢發各省市推進勞工福利事業計劃要點電仰遵照辦理具報由

各省市社會行政機關：查推進勞工福利，爲政府之一貫政策，歷年均經列爲社會行政之中心工作。自職工福利金條例及其施行細則相繼公布後，所有職工福利委員會組織規程及職工福利社設立辦法，亦經本部於本年十月二十三日頒行在案。各省市社會行政機關，亟應切實推行，務使職工及工人福利社普遍設置，嘉惠勞工，並期因此提高工作效率，促進生產，以利抗建。茲特訂定各省市推進勞工福利事業計劃要點，以爲推進勞工福利之準繩，除分電各省市社會行政機關，並通咨各省市政府外，合行檢發該項要點，電仰切實遵照辦理，按期具報爲要。社會部福二戌巧印。

附發各省市推進勞工福利事業計劃要點一份

各省市推進勞工福利事業計劃要點

甲、關於工廠礦場及其他企業組織者：

一、應將本省市所有職工五十人以上之公營民營工廠、礦場及其他企業組織加以調查，其調查項目如左：

(1)名稱
(2)所在地
(3)創立年月
(4)公營或民營
(5)資本數額
(6)業務
(7)職員及工人之數目
(8)全數職工每月薪金總額
(9)現有之職工福利設施種類
(10)主辦福利事業之機構名稱
(11)辦理職工福利設施之員工數目
(12)過去一年用於職工福利設施之經費數額

調查結果，統限於卅二年十二月底以前呈報到部。

二、督導以上各工廠、礦場及其他企業組織，進行辦理左列各項：

(1)遵照職工福利金條例，提撥福利金。

（2）遵照職工福利委員會組織規程，組織職工福利委員會。
（3）遵照職工福利社設立辦法，設立職工福利社。
（4）遵照職工福利金條例第二條之規定，估計三十三年度職工福利金約數。
（5）擬具三十三年度職工福利計劃及經臨費概算。
（6）辦理職工福利成績卓著者，應由社會行政機關查明，呈由本部頒給獎狀或獎助金。
以上各項辦理情形連同各項章則書表，於三十三年三月以前，呈由社會行政機關核轉本部備查。

乙、關於工會者

一、三十二年至三十三年六月底為試辦期，督導本省所有示範職業工會，及示範縣市總工會，一律遵照職工福利金條例提撥福利金，並遵照職工福利社設立辦法設立工人福利社。

二、三十三年七月起為推廣期，督導本省市所有職業工會，及縣市總工會，一律遵照職工福利金條例提撥福利金，並遵照職工福利社設立辦法設立工人福利社。

三、督導各職業工會，實行工會法第十七條之規定，暨縣市總工會實行縣市總工會經費征募辦法，以充裕其經濟。

四、各職業工會及縣市總工會，籌設工人福利社時，倘經費確有困難，應由省市社會行政機關酌加補助，倘補助亦確有困難時，得轉呈本部酌加補助。

五、各示範職業工會及示範縣市總工會，設立工人福利社情形，及福利社，三十三年度工作計劃經臨費概算連同各項章則，應於三十三年度六月底以前，呈由社會行政機關，彙報本部備查。

六、其他職業工會及縣市總工會，均應自三十三年七月起單獨或聯合籌設工人福利社，其應呈報事項與前項同。

七、辦理工人福利成績卓著者，應由社會行政機關查明呈由本部頒給獎狀及獎助金。

社會部代電　福二字第五六三四五號　卅二年十一月十八日

爲檢送職工福利事業概況調查表及選工福利法規電請查表轉飭所屬廠礦及其他企業組織將調查表翔實填寫並將遵照各種法規辦理情形一併呈報轉送過部以備查考由

各部會署公鑒：查推進勞工福利為政府之一貫政策，歷年均經列為社會行政之中心工作，不僅嘉惠勞工，且因此提高工作效率，促進生產事業，其有裨於抗戰建國亦匪淺鮮。自職工福利金條例及其施行細則相繼公布後，所有職工福利委員會組織規程，及職工福利社設立辦法，亦經本部於本年十月廿三日頒行在案，爲使以上各種法規推行有效起見，本部復經訂定各省市推進勞工福利事業計劃要點，通飭各省市社會行政機關，切實遵照辦理，務使職工及工人福利社普遍設置，惟事屬初創，亟望公營廠礦及其他企業組織，首先實施樹此風範，用利推行。除分電外，相應檢同職工福利事業概況調查表一種，及職工福利法規四種，電請查照轉飭所確廠礦及其他企業組織，將調查表翔實填寫，並將遵照各種法規辦理情形，一併呈報轉送過部以備查考，仍希先行示復為荷，社會部福二印。檢附調查表一種及法規四種（法規見本期公報法規欄）

工廠礦場及其他企業組織職工福利事業概况調查表

名稱：		所在地：	
創立：　年　月　日	公營或民營：	資本數額：　元	
業務：			
職工人數：	1.職員　人	2.工人　人	3.合計　人
全數職工每月薪津總額：	1.職員　元	2.工人　元	3.合計　元
現有職工福利事業之設施	1.設施之種類： 一、食堂　二、宿舍與家庭住宅　三、醫院或診療所 四、補習學校或補習班　五、職工子弟學校　六、浴室　七、理髮室 八、托兒所　九、洗衣補衣室　十、圖書館　十一、俱樂部 十二、體育場　十三、詢問代筆處　十四、其他		
	2.主辦福利事業之機構名稱：		
	3.經辦福利事業之員工人數：一、職員　人　二、工人　人　三、合計　人		
	4.過去一年用於福利設施之經費數額：（民國　年）　元		
備考			

中華民國　年　月　日　塡表者　簽名蓋章

說明　1.主辦福利事業機構，如總務課，惠工課，福利股等類似之組織單位是。

2.設施之種類各項（1）有何種設施，即在該項首之數字上方作一（△）符號，以示標記。

3.此表務用毛筆翔實塡寫。

4.此表用紙縱三十五公分橫二十五公分。

社會部訓令 福二字第五四〇〇七號 三十二年十月五日

據甘肅省社會處呈轉天水縣政府呈以職工福利社應否刊製圖記並式樣及印文大小如何規定請鑒核示遵等情令仰知照並轉飭遵照由

令各省市社會行政機關

案據甘肅省社會處三十二年八月十九日社三未字第三一二七號呈，據天水縣政府呈，以職工福利社應否刊製圖記，並式樣及印文大小如何規定，請鑒核示遵，等情；據此，查工廠礦場及其他企業組織，暨工會所設立之職工福利社，或工人福利社應刊製圖記，其大小式樣分別規定如下：（一）職工福利社（或工人福利社以下同）圖記，應刊刻各該社名稱之全文，（如「〇〇工廠職工福利社圖記」，或「〇省〇縣總工會工人福利社圖記」）二、職工福利社圖記，概用木質，長方形，正面長六公分五厘，寬四公分，邊緣寬一公厘，背面長五公分五厘，寬三公分，高三公分，（圖樣附發）三、職工福利社圖記正面之字，概用篆體陽文，四、職工福利社圖記，由各該社自行依式刊製，但應於啓用時，將圖鑑及啓用日期呈報主管社會行政機關備案。除指復並分令外，合行檢發圖樣一紙，令仰知照並轉飭遵照。此令。

附檢發圖樣一紙

職工福利社圖記式樣

正面

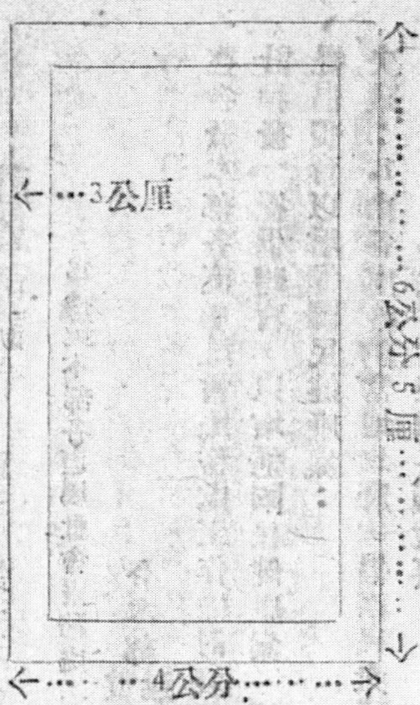

背面

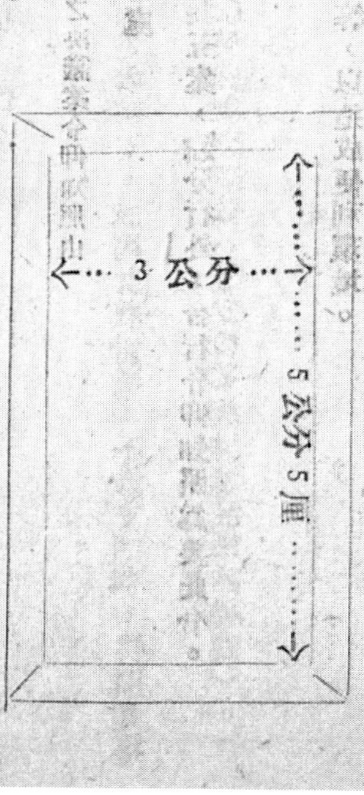

社會部訓令　福三字第五五八八二號　卅二年十一月九日

爲抄發本部各直屬社會服務處工作檢討會有關改進各處業務之決議案令仰知照由

令本部重慶貴陽桂林衡陽遵義內江蘭州社會服務處

茲抄發本部各直屬社會服務處工作檢討會，關於改進業務之決議案共五案，除分行外，合行令仰知照爲要此令。

計抄發「提倡體育，以增進國民健康案」等五案

一、提倡體育以增進國民健康案：

決議：1.由各處商酌當地政府，倡辦民衆運動場，健身房，游泳池等，以造成便利環境。

2.由各處經常舉辦各種競賽。

二、各直屬社會服務處，應在交通衝要地點，分設服務站，以加强旅行業務及戰時服務工作案：

決議：本案在年度工作計劃以內，各處如有需要得擬具計劃呈部核辦。

三、擴大各處組織，以便利推行鄉村社會服務工作案：

決議：1.其在年度工作計劃以內者，得呈部核准施行。

2.各處如有臨時需要組織流動隊時，可發動社會力量，利用當地學校，團體，現成人力組織辦理。

四、社會服務處，應如何由處內工作進入一般社會，策動社會力量，深入民間服務全民案：

決議：1.各社會服務處，應參加一切社會運動，發現問題，適應需要，以倡導發揚服務精神。

2.各社會服務處，應聯絡當地一切社會團體策動人民培養自發力量，以服務引發服務。

3.劃定地區，分區服務，吸收義務服務員，加以組織，指定工作以擴大事業範圍。

4.社會服務工作，應因時因地隨時增加之以各階層之全部生活爲對象。

5.社會服務工作，應分別性質，其應由服務處本身舉辦者，須集中全力進行，務期完善，至其他工作，則發動社會力量，共同辦理。服務處應立於策動協助地位。

6.選擇平民聚居需要更切之適宜地區，成立社會服務處，以資示範。

7.各省都市已設立社會服務者，其工作範圍，應推廣及於一般民衆。

五、請確定本部各直屬社會服務處性質，並調整其機構設立總管處，以加强管制而奠立事業之永固基礎案：

決議：1.確定各直屬社會服務處，爲事業機構。

乙•關於成立總管理處一節，暫緩辦理。

社會部訓令 福三字第五六二一七號 三十二年十一月十七日

爲檢發本部各直屬社會服務處工作競賽實施辦法，暨評判記分標準令飭自本年十二月份起施行仰遵照由

令本部渝、筑、桂、衡、遵、內、蘭、各社會服務處

案准工作競賽推行委員會三十二年十月十一日競賽社字第三一五八號公函內開：「查本會會同貴部訂定社會部各直屬社會服務處工作競賽實施辦法暨評判記分標準，業經本會第二十一次委員會議通過在案，茲檢送該項實施辦法，暨評判記分標準函請查照轉飭施行等由，」准此，茲規定自本年十二月份起施行，除分行外，合行檢發原辦法暨記分標準各一份，令仰遵照。此令。

附檢發社會部各直屬社會服務處工作競賽實施辦法暨評判記分標準各一份（實施辦法載法規欄記分標準略）

社會部訓令 福三字第五六四一九號 卅二年十一月十九日

爲令發本部社會服務處動支業務活動費辦法仰遵照由

令本部渝、筑、桂、衡、遵、內、蘭、各社會服務處

查本部各直屬社會服務處工作檢討會，原提案第四十三號「請確定各處業務活動費」一案，決議：由部訂定辦法，核屬需要，茲經訂定：「社會部社會服務處動支業務活動費辦法」一種，除分令外，合行抄發是項辦法一份，令仰遵照爲要。此令。

附抄發社會部社會服務處動支業務活動費辦法一份

社會部社會服務處動支業務活動費辦法

一、本辦法所稱業務活動費限於因業務上之必需以處名義對外聯繫時之招待費或交際費（如宴會茶點紀念品贈品等費）。

二、各處業務活動費，應依新生活運動及節約酒食消費之原則撙節開支。

三、各處每月業務活動費，得在上月份業務經費項下，不超過百分之五限度內開支，如因特殊情形，不敷支配時，得開具事實理由及需要款數，呈請核准增加。

四、各處業務活動費，如一次支出在五百元以上者，應先呈請核准。

五、各處業務活動費之開支情形，應按月造具報表，隨同業務收支會計報表，一併彙呈備核。（報表格式附後）

社會部　社會服務處　月份動支業務活動費報告表

項目／日期	名稱用途	金額	單據號數	經手人	受款人或商店	上月份總收支金額	本月份活動費佔上月份總收支金額%	備註
合計								

會計主任（簽名蓋章）　主任（簽名蓋章）

民國　年　月　日

社會部指令

組三字第五四二二二號　卅二年十月八日

令貴州省社會處

三十二年七月廿一日發處三社字第三五六九號呈一件爲貴陽社會服務處集合社會人士組織之文藝社及音樂究研會是否應依照非常時期人民團體組織法之規定辦理請核示由

呈悉。查社會服務處，爲推展事業，發動社會人士共同組織之團體，自應一律依照人民團體之規定辦理，若爲執行業務而設立之服務機構，雖有外聘指導人員，但一切事務純由處負責主持者，應視爲處內業務單位，毋庸依照人民團體之規定辦理，仰即知照。此令。

合作事業類

社會部咨　合二字第五六六八六號　三十二年十二月二十六日

准咨以據畢節縣鹽業公會呈請解釋合作社法施行細則第十條疑義一案囑查核見復等由咨復查照由

案准

貴省政府本年十月十五日癸社二組字第四四七一號咨：以據畢節縣鹽業公會，呈請解釋合作社法施行細則第十條疑義一案，囑查核見復，等由；准此，查合作社法施行細則第十條，「合作社業務不受任何行規之限制」內行規一詞，係就公司，商號，行棧，工廠及其同業公會等所訂及其所應遵守之規章而言。又鹽商所辦食鹽公賣店，以其性質與合作社迥異，自無改組為合作社之必要。如鹽商所辦之食鹽公賣店，因合作社普遍經營銷鹽業務，自願停業，則該業同業公會之毋庸存在，亦至明顯。至合作社附設之工廠分銷處，原為合作社之一部，其經營之業務，如屬消費合作，則其交易應以社員為限，如屬產銷合作，則對非社員仍可交易，但產銷合作所售之貨品，應以社員自力製造者為限，否則應由合作主管機關嚴加糾正，但仍不得遽以為強制加入商會，或同業公會之理由。至合作供銷機關，如貴州省之合作供銷業務代營局，係屬政府機關主辦，其性質與目的且復與普通商業組織不同，自亦毋庸加入同業公會。准咨前由，相應咨復

查照為荷。此咨

貴州省政府

社會部咨　合二字第五六七七三號　三十二年十一月二十七日

准咨以轉據潢川縣政府請解釋合作社應否完納利得稅及郾城縣政府請解釋合作社賬簿應否送稅局查核兩案囑查照見復等由咨復查照由

案准

貴省政府本年十月九日魯合丙字第五〇二號咨：以轉據潢川縣政府請解釋合作社應否完納利得稅，及郾城縣政府請解釋合作社賬簿應否送稅局查核，轉囑查照見復，等由；准此，查合作社不得免納利得稅，早經財政部解釋有案，本部以合作社在本質上，暨在非常時期過份利得稅法立法原意上，徵收合作社利得稅似不無考慮餘地，正呈　行政院解釋中。至稅收機關查驗

合作社賬簿，合作社自應照辦。准咨前由，相應先行咨復
查照幷轉飭知照爲荷。此咨
河南省政府

社會部咨 合二字第五八〇九八號 三十二年十二月二十日

准電以據恭城縣政府請示合作社經營屠宰業可否免征屠宰稅及牌照一案囑查照見復等由咨復查照由

案准

貴省政府三十二年十一月二十四日建合字第一八〇一四號代電：據恭城縣政府請示合作社經營屠宰業可否免征屠宰稅及牌照稅，轉囑查照見復等由；准此，查屠宰稅與營業牌照稅性質，並不相同，前者係以課征消費爲目的，後者則係以營利事業爲課征對象，合作社係屬非營利事業，故雖不得免征屠宰稅，仍得免征營業牌照稅，業經財政部解釋有案，應請仍照本部本年二月二日合二字第四〇九九四號咨辦理。准電前由，相應咨復
查照爲荷。此咨
廣西省政府

社會部公函 合二字第五四五〇三號 三十二年十月十三日

准函以據鹽務總局呈請核示合作社兼營銷鹽業務者應否加入鹽業同業公會一案囑查照見復等由函復 查照由

案准

貴部本年九月十三日渝鹽銷字第五九七三三號公函：以據鹽務總局呈請核示合作社兼營銷鹽業務者，應否加入鹽業同業公會一案，囑查照解釋見復等由；准此，正核辦間，復據本部組織訓練司呈轉經濟部商業司，以同由函囑核示意見前來。查合作社之本質，幷非公司行號，原不應視爲具有修正商會法第九條及商業同業公會法第二條規定之會員資格，且合作社法施行細則第十條，復有明文規定：合作社業務不受任何行規之限制，是依法組織之合作社，自可不加入商業或同業公會，已迭經經濟部及本部先後解釋有案。復查銷鹽規則第四條，雖規定「承辦銷鹽之合作社或銷鹽商人，除肩挑攤販外，應設一定之營業所，統稱爲食鹽公賣店」。但此條祇可認爲承銷手續及經營業務，與其他銷鹽商人無相異之處，對於合作社之本質並無任何影響，仍可不必加入鹽業公業公會。准函前由，除咨達經濟部外，相應函復
查照爲荷。此致
財政部

社會部公函　合二字第五七三七七號　三十二年十二月七日

准函以准中國農民銀行函轉請解釋軍事機關合作社在軍委會政治部登記後應否加入合作金庫又其業務不屬農貸範圍應否貸款一案函囑查核見復等由函復查照由

案准

貴處本年十月十六日農字第三九八三七號函：以准中國農民銀行總管理處函，轉請解釋軍事機關合作社，在軍事委員會政治部登記，似與合作社法之規定略有出入，應否准許加入合作金庫，又其業務不屬農貸範圍，可否貸款一案。囑查照見復。等由；准此，查本部已與政治部函洽訂定推進軍隊合作事業工作聯繫辦法一種，依照是項辦法之規定，所在地合作主管機關，自仍可飭令此項軍隊合作社申請登記，經核准登記取得合法憑證後，並可請求參加當地合作金庫，又加入合作金庫之合作社，向合作金庫申請貸款，原無不合，惟貸款與否，合作金庫自有審核之權。准函前由，相應檢同推進軍隊合作事業工作聯繫辦法一份，函復查照爲荷。此致

中中交農四行聯合辦事總處

附推進軍隊合作事業工作聯繫辦法一份（見法規欄）

社會部代電　合二字第五七一八七號　卅二年十二月二日

據電請示各合作金庫應否參加銀行商業同業公會一案電仰知照由

陝西省社會處：本年十月酉感社二組電悉。各級合作金庫，毋庸參加銀行業同業公會，仰即知照，社會部合二（亥）冬印。

社會部代電　合二字第五八〇九九號　卅二年十二月廿日

據電請示縣各級合作社名稱上是否尚冠保證責任四字一案電仰知照由

山西省合作事業管理處：本年十一月二十日合字第四八九一號代電悉。查採兼營業務制之縣各級合作社，一律用保證責任，係縣各級合作社組織大綱所規定，社名自毋庸標明責任字樣，如係兼營業務合作社，則仍應標列，仰即知照。社會部合三（智）印。

社會部訓令 合二字第五七〇二八號 卅二年十一月卅日

爲合作社職員營私舞弊應適用普通刑法相當條文處斷一案令仰知照由

令各省市合作主管機關

查前據浙江省政府建設廳，以合作社職員營私舞弊，應如何辦理請核示到部，當經指令知照，并於卅一年十二月廿八日以合二字第三五一九三號通令各省市合作主管機關遵照各在案。嗣准廣西省政府代電，以懲治合作社職員營私舞弊，依懲治貪污暫行條例第一條之規定辦理，與司法院三十年十一月四日院字第二二四八號咨復行政院不得比照該條例辦罪之處互有抵觸，究竟如何處理，請查照見復，等由，准此；卽經函請司法院解釋去後，茲准司法院本年十月三十日院字第二五九五號函復，略以合作社之業務，並非社會公益之事務，服務於該社之人員，因營私舞弊具備犯罪構成條件者，祇應適用普通刑法相當條文處斷，與懲治貪污條例無涉等由；准此，除電復并分令外，合行令仰該。卽便知照並轉飭知照。此令。

社會部訓令 合二字第五七三八一號 三十二年十二月七日

爲檢發推進軍隊合作事業工作聯繫辦法令仰知照由

令各省市合作主管機關

查本部爲謀軍隊合作事業之推進及工作之聯繫起見，經函洽軍事委員會政治部訂定推進軍隊合作事業工作聯繫辦法一種，除分令各省合作主管機關知照外，合行檢發是項辦法一份，令仰知照，并轉飭所屬知照爲要。此令。

附檢發推進軍隊合作事業工作聯繫辦法一份（見法規欄）

社會部指令 合二字第五四二二三號 三十二年十月七日

令湖南省建設廳

卅二年八月廿一日陽五字第一四八三號呈一件：爲據本廳合作事業湘西辦事處呈擬請於聯保組設之合作社保字上再加一聯字轉請核示由

呈悉。查該社旣係兩保聯合組織，依縣各級合作社組織大綱之規定，仍屬「保合作社」之一級，故應于「合作社」三字上加一「保」字以標明其爲「保合作社」，如再加一「聯」字，自與法定不合，仰卽轉飭，仍遵前令辦理。此令。

社會部指令　合二字第五四八八〇號　三十二年十月二十一日

令浙江省建設廳

三十二年八月二十八日建癸合字第二〇二九號儉代電一件：爲不以同一業務之工業生產社聯合組織聯合社是否合法。電祈核示由

代電悉。查生產品類不同之工業生產合作社，組織工業生產合作社聯合社，如查明確有必要，不妨准予設置，但當地如已組有生產社聯合社，或縣聯合社者，各工業生產合作社，應逕行加入，不宜另立系統，仰即知照。此令。

社會部指令　合三字第五八〇九四號　三十二年十二月二十日

令江西省合作事業管理處

三十二年十一月三日癸政字第一〇六四號呈一件：爲據貴溪孫𢈔石鎮合作社呈以本社現正進行訴訟在訴訟未了結前現在理監事是否可延長任期一年，其手續如何，請核示，等情轉呈核示由

呈悉。查合作社理監事之任期，如已屆滿，應即照章召開社員大會舉行改選，該社理監事如經社員大會之連選，依照合作社法第三十三條之規定，自得連任，所稱可否延長任期一節，自應依法辦理。至理事代表合作社進行訴訟事件在尚未結案前，如因任期屆滿改選去職時，繼任理事應仍代表合作社繼續進行，繼任理事如有失職情事，致令合作社受損害時，依照合作社法第三十四條後項之規定，對於合作社應負賠償之責，仰即知照。此令。

社會部指令　合三字第五八〇五七號　三十二年十二月十八日

令陝西省社會處

卅二年十一月二十日代電一將：爲合作社物品供銷處應否加入商業同業公會請示遵由

代電悉。合作社物品供銷處，毋庸加入商業同業公會，仰即知照。此令。

社部會指令　合二字第五七二八五號　三十二年十二月六日

令江西省社會處

卅二年十二月二十日社二組字第四九四四號呈一件：爲據泰和縣商會電以合作社職工眷屬工廠應否加入同業公會轉請核

示由

呈悉。所稱江西省合作社聯合社職工眷屬[illegible]蔭廠，其業務如爲該省聯社之一部，依照合作社法施行細則第十條之規定，自毋庸加入同業公會爲會員，如其業務不屬於該省聯社，則應飭令加入，仰即知照。此令。

社會部指令　合二字第五七五七八號　三十二年十二月十日

令陝西省合作事業管理處

三十二年十月二日社字第三四一六號冬代電一件：爲鄉鎮社及規模較大之專營單位社創立可否分組舉行推進選代表出席社員大會請請核示由

冬代電悉。鄉鎮社及規模較大之專營單位社創立會設立人過多時，可比照合作社法施行細則第二十九條之規定，推選代表參加創立會，仰卽知照。此令。

各公營私營廠場技工管理人員調查表

NO：＿＿＿＿＿＿＿ 民國　　年　　月日

廠場名稱		地址	
主要業務		廠場性質	

管理人員	職別	姓名	年齡	籍貫	學歷	掌管職務	備註

作業人員	技術人員數目	技工數目	其他數目	備註

填表人　　　　（簽名蓋章）

說明(一)本表所稱管理人員係指各廠場主要負責人如廠長主任課長股長等

(二)本表所稱技術人員係指由專門學校出身或對廠場主辦業務之技術方方有特長者如工程師技師技士技正等

(三)本表其他一欄係指技術人員以外之人員如練習生實習生或長工之類

(四)廠場性質係指公營或私營公營須填明隸屬機關私營則填明組織

三十二年　月份各機關公役登記審核彙報表

機關名稱	所報公役總數	合格人數	應予解雇人數	發還更正人數	備攷

各機關公役登記審核應予解雇人數一覽表

三十一年　月　日

機關名稱	照規定應予解雇公役姓名	備攷

人力動員類

社會部咨　勞字第五六一八九號　三十二年十月二十七日

為檢附各公私營廠場技工管理人員調查表咨請查照辦理由

關於調查全國各公私營廠場技工管理人員數額，以便統籌調訓一案，前經本部於三十二年十一月十六日以勞字第五六一八八號咨請
貴部，轉飭所屬各廠於同年十二月以前填送技工管理人員調查表在案，迄今多數廠場尚未填送，茲以此項訓練開辦在即，亟待統籌分期調訓，除分咨外，相應檢附公私廠場技工管理人員調查表一份，咨請
查照，即希轉飭所屬尚未填送之廠場尅日填送，以憑辦理為荷！此咨
各部會署

計附公私廠場技工管理人員調查表一份

社會部咨　勞字第五六五八〇號　三十二年十一月二十四日

為各省辦理機關公役登記應造報「機關公役彙報表」及「應予解雇人數表」各一種以便辦理咨請查照由

查各省市辦理機關公役限制及登記事宜，業奉
行政院本年九月二十九日仁人字第二一八二〇號通令各省市政府遵辦在案。查公役登記，各省市政府於審核後，應造具「機關公役登記審核彙報表」及「公役登記應予解雇人數一覽表」兩種送部，以便審核。除分咨外，相應檢同上項表式各一份，咨請
查照辦理為荷。此致
各省政府

計附表二份

社會部公函　勞字第五四六一三號　三十二年十月十六日

准函復各級平價委員會組織情形函請查照由

案准

貴省政府三十二年八月十三日建字第一〇七三七號公函，略以據平價委員會，呈復各級平價委員會組織情形，轉囑查照，等由；查管制工資主管官署，依據戰時管制工資辦法第五條之規定，在未設社會處之省，應由民政廳負責辦理，爲工作之配合進行，

貴省民政廳似有參加該委員會總會組織之必要。又該會任務，并請根據加強管制物價方案及限制工資實施辦法等有關法令予以明確規定。准函前由，相應函復，即希

查照辦理見復爲荷。此致

新疆省政府

社會部公函 勞字第五〇八五九號 三十二年十二月三十一日

奉院令頒非常時期廠礦工人受雇解雇限制辦法飭遵辦一案函請查照轉飭所屬各廠礦迅遵辦理見復由

案查：本部前准

行政院三十二年四月八日仁歇字第八〇七一號訓令，頒發非常時期廠礦工人受雇解雇限制辦法，飭遵照辦理一案，當經抄附原辦法暨呈報調查登記表冊，及製發管制登記證格式各一份，於本年六月九日以勞字第五〇五〇號函請查照辦理，旋爲迅付實施起見，經於七月八日約集各有關主管機關舉行會議，並於八月二日以勞字第五〇四五五號函送會議紀錄，請轉飭所屬廠礦遵照辦理各在案。依照決議第二項廠礦工人管制登記證，由社會部勞動局統一印製，已經印就，亟待填發，相應函請

貴府查照轉飭所屬各廠礦迅照規定造具工人調查登記表冊，並各附繳二寸半身照片兩張，（或指模）呈由

貴府彙轉本部勞動局核發登記證，其紙張費暨印刷費用由廠礦備價領取之決議，每張暨取成本費一元六角，請按照應領數目，將價款隨同繳送，以便辦理爲荷。此致

中央各部會署

重慶市政府

社會部訓令 勞字第五四〇九六號 三十二年十月六日

奉院令關於依照防害國家總動員懲罰暫行條例裁決之經濟或物資管制案件所有經收物品價款及罰金之處置准予援照非

常時期取締日用重要物品囤積居奇辦法規定分別提成給獎解庫一案令仰遵照並飭屬遵由由

令各省市社會行政機關

案奉

行政院本年九月十三日勤檢（卅二）第五七一八●代電開：「查依照妨害國家總動員懲罰暫行條例，判決之沒收物品之價款及罰金處置辦法原條例既未有明文規定，亦無特定法令以資依據，茲經本院核定，嗣後凡依照妨害國家總動員懲罰條例裁決之經濟或物資管制案件，所有沒收物品價款及罰金之處置准予援照非常時期取締日用重要物品囤積居奇辦法規定分別提成給獎解庫。除分電外，特電遵照并轉飭所屬一體遵照爲要。」等因；奉此除分行外，合行令仰遵照並轉飭所屬一體遵照爲要。此令。

社會部訓令

勞字第五八三五一號　三十二年十二月廿四日

爲奉頒戰時全國技術員工管制條例令仰知照轉飭一體遵照由

令各省市社會行政機關

案奉

行政院三十二年七月廿日仁人字第一六五五號訓令開：

「案奉國民政府三十二年七月九日渝文字第四六九號訓令，頒發戰時全國技術員工管制條例到院，合行抄發該條例，令仰知照並轉飭所屬一體知照此令，」

等因；計附戰時全國技術員工管制條例一份，奉此，除分別咨函令行外，合行抄發該項條例一份，令仰知照並轉飭所屬一體遵照，此令。附抄發戰時全國技術員工管制條例一份（見社會部公報第十一期）

社會部指令

勞字第五七七八〇號　三十二年十二月十五日

令河南省民政廳

三十二年十一月八日社魯字第七四〇號代電一件：爲准設建廳函據紡織業改進所呈爲招訓練習生並非生產工人可否不受僱解雇限制電請核示由

代電悉。查核紡織業改進所招訓練習生，如係傳習訓練性質，自可不受僱雇解雇限制，但須依照戰時全國技術員工管制條例第八條規定辦理，仰即轉飭遵照爲要此令。

附錄

社會部核准備案之人民團體動態統計表

中華民國三十二年十月至十二月

團體類別	組織			改選			改組			整理		
	團體數	會員數	團體會員數	團體數	會員數	團體會員數	團體數	會員數	團體會員數	團體數	會員數	團體會員數
總計	927	394,444	—	416	52,773	—	544	69,408	—	103	8,740	—
職業團體	781	376,801	—	364	40,708	—	484	59,545	—	84	6,062	—
農會	345	98,221	—	57	15,700	—	81	31,541	—	1	155	—
漁會	3	96	—	2	139	—		—	—	—	—	—
工會	83	265,580	—	69	17,531	—	51	7,598	—	9	3,288	—
工商業團體	249	7,060	—	220	6,037	—	332	16,216	—	72	2,485	—
自由職業團體	101	5,844	—	16	1,301	—	20	4,190	—	2	134	—
社會團體	146	17,643	—	52	12,065	—	60	9,853	—	19	2,678	—

資料來源：根據本部組織訓練司人民團體登記冊彙編

說明：上表所列「會員數」除工商業團體爲公司行號外餘均爲個人

社會部總務司　編

社會部公報

第十三期

重慶：中華民國社會部總務司，民國三十三年（1944）鉛印本

中華郵政登記認爲第一類新聞紙類

中華民國三十三年一月至三月 第十三期

社會部公報

社會部總務司編印

國父遺像

革命尚未成功　同志仍須努力

國父遺囑

余致力國民革命，凡四十年，其目的在求中國之自由平等，積四十年之經驗，深知欲達到此目的，必須喚起民衆，及聯合世界上以平等待我之民族，共同奮鬥！現在革命尚未成功，凡我同志，務須依照余所著，建國方略，建國大綱，三民主義，及第一次全國代表大會宣言，繼續努力，以求貫澈！最近主張開國民會議，及廢除不平等條約，尤須於最短期間，促其實現！是所至囑。

社會部公報 第十三期目錄

法規 附方案

一般行政

組織訓練

社會福利

人字第六二〇五六號　令本部各附屬機關　為抄發中央黨政軍機關學術會議實施辦法令仰遵照由

總一字第六三〇一三號　令本部各附屬機關　奉令轉發抗戰損失調查委員會組織規程令仰知照由

設考字第六三四一七號　令各省社會處及設社會科之民政廳　為下年度編送社政計劃及預算於省政府時應以一份送部省政府審編結果如有變更亦

組織訓練類

社會部訓令十件……………………………………………………………四二

社會福利類

人力動員類

附錄

附　錄

人力動員類

[illegible]

社會部公報第十三期

法規

一般行政

國民政府主計處設置各機關歲計會計統計人員條例 三十三年二月十四日國民政府公布

第一條　本條例依國民政府主計處組織法制定之

第二條　各機關辦理歲計會計統計人員由主計處分別緩急次第設置之

第三條　各機關主辦歲計會計統計人員分左列等第由主計處視其機關之組織及其事務之繁簡定之

一　會計長統計長由國民政府簡任

二　會計處長統計處長由國民政府簡任或主計處薦任

三　會計主任統計主任由主計處薦任或委任

四　會計員統計員由主計處委任

凡由政府經營或由政府投資營業及事業機關均應由主計處設置歲計會計統計人員

各特種公務及公有營業及事業機關其未規定官等或第一項規定職稱與同等級人員之職稱不同者均由主計處比照辦理

第四條　各機關歲計會計統計佐理人員之名額等級由主計處按其事務之需要定之

第五條　各機關歲計會計事務均由該機關會計長會計處長會計主任會計員主辦其統計事務之簡單者亦歸辦

第六條　各機關統計事務除簡單者依前條規定辦理外均歸統計長統計處長統計主任統計員主辦

第七條　各機關主辦歲計會計統計人員應直接對主計處負責並分別受該管上級機關主辦歲計會計統計人員之監督指導仍

依法受所在機關長官之指揮

第八條　各機關歲計會計統計佐理人員應分別受該機關主辦歲計會計統計人員之監督指揮

第九條　各機關歲計會計統計人員之擬敘級俸由主計處辦理之並行知所在機關

前項人員之俸級及其他應支經費應由主計處決定行知所在機關編入其預算

第十條　各機關主辦歲計會計統計人員對於所在機關原定歲計會計統計部份之組織認為有修正之必要者得擬具修正案呈請主計處或呈由該管上級機關主辦歲計會計統計人員核轉主計處核辦

第十一條　各機關辦理歲計會計統計人員之辦事細則分別由主計處定之

第十二條　本條例自公布日施行

中央設計局 黨政工作考核委員會 與各機關設計考核委員會聯繫辦法

三十三年二月十四日國民政府令頒

一　中央設計局及黨政工作考核委員會（以下簡稱局會）為與各機關設計考核委員會（以下簡稱設考會）加緊聯繫促進行政三聯制之實施起見特訂定本辦法

二　本辦法所稱各機關暫以中央第一二級黨政機關及省市（院轄市）黨政機關為限

三、局會應與各機關相互指定聯絡人員切取聯繫並得分別聘派各機關及其考核會適當人員兼任局會有關設計或考核職務

四　中央各第一二級機關設考會開時會應按期邀請局會派員參加局會應經常分別或會同召集中央第一二級機關設考會人員舉行各種會議

五　局會與各省市設考會應定期通訊聯絡其期間及應用表式另訂之

六　局會為工作上之便利得委託各機關設考會辦理各項有關事務

七　局會應發行定期刊物及小冊等件經常供給各機關設考會一切資料其發行辦法另訂之

公務員任用法施行細則第十一條修正條文

三十三年三月十三日國民政府修正公布

第十一條　本法所稱著作或發明須由主管長官將被任用人員之著作全部或發明報告書及證件提送銓敘部審查或由銓敘部轉送專門研究機關審查經審查合格後之著作或報告書由銓敘部抽存之

送審之著作每人以一種為限並應用本國文如為外國文應擇要抽譯連同原著送審

銓敘部得令提出著作之被任用人員酌繳審查費用

社會部會計處辦事細則 三十三年三月十八日國民政府主計處核准

第一章 總則

第一條 本細則依照社會部會計處組織規程第十七條之規定制定

第二條 本處事務除法令另有規定外悉依本細則辦理

第三條 本處各科職掌如有繁簡不均時得由會計長斟酌情形臨時分配辦理之

本處各科對於互相關聯之事務應洽商辦理如意見不同時由會計長裁決之

第四條 會計長因公外出或因事請假時得以職權之全部或一部指定科長代行之

第二章 文書處理

第五條 本處收到文件由收發人員填明收文日期附件件數摘由登入收文簿送會計長核閱批辦如係緊急文件及電報應即時呈閱不得延擱其註有親啓或機密字樣者應送會計長親自拆閱附有錢幣證券及物品之文件應於收文簿內註明數目交主管科科長簽收後給據粘附文件

第六條 各科收到文件後應由科長分交承辦人員擬辦同時綴稿如遇重要事件應先簽註意見候核示後再行擬稿存查文件應簽註擬存字樣呈會計長核批後送管卷人歸檔如係用社會部名義辦理之文件由會計長核閱簽蓋後送呈部長核批或判行

第七條 專員擬辦事件應擬具意見商由主管科擬稿會核後呈會計長核閱但遇有建議事項得先擬具意見或方案呈會計長核閱後交有關科擬稿會核辦理

第八條 各科遇有與他科關聯之文件應會商辦理並會核文稿如有意見不決時由主管科呈由會計長決定之

前項會核文稿承辦人員應於稿面註明會某科字樣如係用社會部名義辦理之文件須會其他單位者亦須詳註會某廳司處室等字樣

第九條 判定之稿件經繕正校對用印後交收發人員封發其用社會部名義辦理者由收發人員送部用印分發

第十條 本處的自動簽辦稿件處理程序依上列各條之規定辦理

第十一條 本處發出文件應由收發人員填明發文日期附件件數編號摘由登入發文簿分別送發並將稿件連同來文送管卷人歸檔

第十二條 收發人員處理文件應隨時查明已辦及存查各文件分別於收文簿內詳細註明於每週週末將未辦文件字號案由等等

列表送呈會計長核閱

第十三條　凡發公報或向外發表之文件應由主管科長或專員於稿件上註明呈經會計長核准後始得發出

第十四條　本處行文程式規定如下

一　主計處方面

對主計處用呈

對主計處各局用函

對主計處各局部份組織用函

對主計處所派其他機關主辦計政人員用函

二　社會部方面

對社會部主管長官用呈

對處內職員及社會部所屬機關主辦會計人員用令

對社會部所屬機關用函

對社會部各廳司處局室照社會部通例辦理

第三章　服務準則

第十五條　本處辦公時間依社會部之規定遇必要時得提早或延長之

第十六條　職員應按時到處辦公並於簽到簿上親自簽名不得遲到早退但因公外出者不在此限

第十七條　職員因事病請假應按社會部請假規則辦理

第十八條　各種例假循例休息但遇有緊要事件得臨時召集辦公

第十九條　職員對於機要文件或未經公布之事項不得洩漏違者以失職論

第二十條　職員在辦公時間非因公事不得接見賓客

第二十一條　各科每月應造具工作報告呈會計長核閱後由第三科依照規定格式彙編呈送上級機關核辦

第四章　附則

第二十二條　本細則自呈奉核准之日施行

抗戰損失調查委員會組織規程

三十三年二月五日行政院公布

第一條 為調查自民國二十年九月十八日以後因敵人侵略直接或間接所受損失向敵要求賠償起見設立抗戰損失調查委員會（以下簡稱本會）

第二條 調查事項如左

一 中央各機關及其所屬機關所有或管理各種財產之損失

二 省級各機關及其所屬機關所有或管理各種財產之損失

三 縣級各機關及其所屬機關（區署及鄉鎮保甲在內）所有或管理各種財產之損失

四 國營工礦道路船舶及其他經濟事業之損失

五 民營工礦船舶及其他企業之損失

六 國家地方及人民所辦各種教育及文化事業之損失

七 國家地方及人民所辦醫院及慈善事業之損失

八 人民團體及個人產業之損失

九 其他因敵人侵略所受之財產及人民生命之損失

十 敵人在淪陷區域經營各種事業之調查

前項各款調查所得之材料及證據經整理後由常務委員會議審查決定之

第三條 本會直隸行政院置委員三十一人至四十九人由行政院院長派充之並於委員中指定五人至七人為常務委員

第四條 本會設左列各處組分別掌理職務

一 秘書處 關於設計統計編輯會議及不屬於其他各組事項

二 第一組 關於教育及文化事業損失調查事項

三 第二組 關於公私財產損失調查事項

四 第三組 其他損失調查事項

五 第四組 關於敵人在淪陷區內經營各種事業之調查事項

第五條 本會設組主任四人由行政院指定委員分別兼充副組主任四人主任秘書一人秘書二人組員十八人至十五人均由本會就有關機關人員分別調充或派充之並得酌用雇員

第六條 主任秘書組主任承常務委員之命分別掌理會務

第七條 本會每月舉行會議一次必要時得由常務委員召開臨時會議

第八條　本會會議規則及辦事細則另訂之

第九條　本規程自公布日施行

社會部考績委員會組織規程第一條第二條第三條修正條文

三十三年一月十七日部令修正公布

第一條　本會依照「非常時期公務員考績條例」第六條之規定組織之

第二條　本會設主任委員一人由常務次長兼任委員十一人至十三人由部長就本部高級職員中派充之

第三條　本會設秘書一人由部長派充秉承主任委員之命辦理本會事務本會人事人員就人事室職員調兼之

社會工作人員訓練辦法第八章第三十五條修正條文

三十三年一月二十四日部令修正並呈奉行政院核准備案

第八章　附則

第三十五條　本部社會工作人員之訓練除本辦法外應參照中央訓練委員會所頒「訓練機關管理辦法」及「全國各訓練機關訓練綱領」辦理

社會部公務員進修實施辦法

三十三年七月二日部令公布

一　本辦法依照公務員進修規則第八條之規定訂定之

二　本辦法所稱之公務員係指社會部及其附屬機關之工作人員而言

三　視公務員之需要設立英語國文數學音樂等補習班由職員中遴選專人義務講授

四　每月舉行學術會議一次解決學術問題並規定次月學術研究之標準及進度

研究之準備應以左列各項為限

1 國父遺教及　總裁言論

2 中央重要宣言及決議案

3 現行法令

4 與職務有關之學術

五　按照公務員小組會議與公私生活行為輔導辦法之規定劃分小組定期召開小組會議以培養公務人員之德業增進機關工作效

能淬勵抗戰建國之精神

六　於紀念集會敦請名人講演專門問題以增進公務人員之知識

七　創設讀書會養成公務人員之讀書風氣並搜集古聖賢哲之樂道殉道事蹟以培植安貧樂道之精神摒除重利輕義之觀念

八　規定公餘時間督促公務人員自修

九　公務人員之進修環境應力求其學校化

十　按各機關經費百分之一為圖書設備費百分之一為其他各項進修事業費百分之一為進修成績優良獎金

十一　公務人員進修成績以按其進修方式暫分下列各項分別評定之

1 考試

2 比賽

3 筆記

4 寫作

5 參加會議次數之多寡

6 研究進度之符合與否

十二　公務人員進修成績之考核得設公務員進修成績考核委員會辦理之其成績每三月考核一次

十三　本辦法如有未盡事宜得呈請修改之

十四　本辦法自核准之日施行

組織訓練

鄉鎮公益儲蓄運動實施綱要

三十三年二月二十三日行政院令行

一　目的

(甲)為增強抗戰建國力量

(乙)為養成國民節約儲蓄習慣

(丙)為發展鄉鎮造產增進地方公益配合新縣制之推行

二　實施原則

(甲)推進鄉鎮公益儲蓄運動應力求迅速普遍與持久

(乙)實行勸儲應力求平允務使人人均須因儲蓄而節約

(丙)組織必須嚴密工作必須配合手續必須簡捷清楚

三　實施目標　三十三年度推行目標定爲二百億元

(甲)各省(市)應達額度由行政院規定之

(乙)各縣(市)應達額度由省政府規定之

(丙)縣(市)政府分兩方面實行勸儲

(1)直接對富有之紳商地主估計其收入總額勸儲一定數額

(2)規定各鄉鎮儲蓄數額由鄉鎮公所對普通農工商人組織團體實行按戶勸儲平均每戶每月至少應儲一百元赤貧免儲

四　工作機構　各級黨部及三民主義青年團部爲宣傳及監察機構各省市縣政府及鄉鎮公所爲實施勸儲機構中國交通農民三銀行及中央信託局郵政儲金匯業局爲發行儲蓄券核收儲款機構中央以勸儲總會爲聯繫機構省(市)以勸儲分會爲聯繫機構縣(市)以勸儲支會爲聯繫機構會商工作計劃及工作配合。

五　工作方針　自應依照本綱要訂定分區分期之推進計劃縣(市)應依照本綱要及該省推進計劃訂定實施辦法各省市縣發動時均應聯合各界作普遍有力之宣傳市縣於實施時應使各項工作爲有組織之發展

(甲)推進方面各省應注意之事項

(1)分區分期之推進必須嚴格執行按其進度隨時予以督促鼓勵

(2)對縣(市)報告須詳加審核指示必要時應派員實施督導

(3)各區各期之進度及工作情形應舉行勸儲會議加以檢討編製報告分呈上級機關查核

(乙)實施方面各市縣應注意之事項

(1)進行勸儲之前市縣政府應先估計需用儲蓄券數額向行局預領分發勸儲單位使憑券收款依期清繳

(2)進行勸儲之時黨部團部應發動黨員團員參加勸儲單位實行宣傳勸導並監察工作之進行

(3)每期勸儲結束除由行局核結券款賬目外應舉行勸儲會議檢討工作編製報告分呈上級機關查核並繼續發動次期之勸儲

(4)此外應隨時配合各種社會運動舉行臨時宣傳並獎勵輿論鼓勵成績優良之勸儲單位及熱心儲戶暨制裁不力行之份

子尤其舉行鄉鎮造產時應配合義務勞動宣傳提倡儲蓄發展生產促進地方公益鞏固國家經濟基礎之意義使人人均能切實了解

六 工作考核 各級黨部團部及各級地方政府推進鄉鎮公益儲蓄運動由中央黨部團部及行政院另訂考核辦法實行獎懲

七 附則 鄉鎮公益儲蓄辦法及嘉獎儲戶辦法由行政院另訂之

普遍推進全國各市縣鄉鎮公益儲蓄辦法

三十三年二月二十三日行政院令行

一 為普遍推進全國各市縣配合全國儲蓄運動增進鄉鎮公益並使人民儲蓄習慣及配合新縣制之推行訂定本辦法

二 鄉鎮公益儲蓄由中央信託局中國銀行交通銀行中國農民銀行及郵政儲金匯業局辦理

三 鄉鎮公益儲蓄定期三年利率週息二分每六個月複利一次由經辦行局利用甲種美國儲蓄券加蓋「鄉鎮公益儲蓄」戳記作為儲蓄憑證到期憑券兌付本息

四 辦理鄉鎮公益儲蓄各行局所收此項儲蓄存款應於交款時以百分之十五撥交市縣政府轉發鄉鎮財產保管委員會充作鄉鎮造產基金依照「鄉鎮造產辦法」「國民義務勞動法」運用

前項撥款及其收益應存儲於經辦各行局一律照週息一分計息得隨時提用

五 鄉鎮公益儲蓄由各省市政府主持推動依照行政院核定總額按各市縣經濟情形分別等級規定其應達額度督促推進

各市縣政府應對富有之紳商地主估計其收入總額直接勸儲一定數額並對鄉鎮分配儲蓄數額由鄉鎮公所組織儲蓄團體向普通農工商人家行普及勸儲平均每月每戶至少應認儲一百元赤貧免儲

六 各省市縣政府及鄉鎮公所推進鄉鎮公益儲蓄定為中心工作列入行政考成切實獎懲

七 各省市縣應普遍發起鄉鎮公益儲蓄運動由各地全國節約建國儲蓄勸儲委員會分會配合黨政各界擬定具體辦法分區分期作有計劃之勸導與宣傳

八 熱心認儲鄉鎮公益儲蓄成績優良者由政府從優嘉獎其辦法另定之

九 各縣市政府應商同本市縣經辦行局或其代理機關預領儲蓄券應用並分發鄉鎮公所憑券收取儲款不得用臨時收據當地無經辦行局者應由縣政府向鄰近市縣經辦行局預領之

十 各省政府應規定各市縣鄉鎮公所對領券數額負保證清繳之責其繳款期限自領券之日起算最長不得逾一個月

十一 各市縣政府及鄉鎮公所推進鄉鎮公益儲蓄所需費用應於應得手續費中支付之

十二 本辦法自公布之日施行

外僑組織商會及參加商業團體辦法

三十三年三月二十日行政院核准施行

第一條　外僑組織商會及參加商業團體依本辦法之規定

第二條　在同一縣市政府所在地之城鎮同籍外商滿五家時得準其組織外僑商會不滿五家時得分別加入所在地各該業同業公會為會員

前項外商以經依法登記者為限

第三條　外僑商會組織時應呈經所在地之縣市政府許可

第四條　外僑商會成立時應將章程會員名冊職員略歷冊呈送許可之縣市政府經核准後發給立案證書

第五條　外僑商會應依法加入所在地商會為會員視同同業公會

第六條　外僑商會組織完成時其地方主管官署應填具組織總報告表二份呈報省政府省政府除抽存一份外以一份送社會部備查

第七條　外僑商會之業務及一般活動應依我國商會法及其他有關法令之規定

第八條　本辦法自核准之日施行

示範農會實施辦法

三十三年一月十一日社會農林兩部會同公布

第一條　社會部農林部為共同促進農會健全組織完全訓練並發展福利及目的事業以資示範特會同訂定本辦法

第二條　示範農會之組訓福利及一般活動由社會部主管其目的事業由農林部主管

第三條　示範農會以組織健全業務發達之縣農會或鄉農會為對象

第四條　示範農會由省縣政府選擇并由省政府分報社會部農林部核定或由社會部農林部會同指定之

第五條　示範農會之工作除應依照農會法規定各項任務辦理外并應以左列各項為主要工作

甲　關於組訓福利及一般活動者

一　照章征收會員會費

二　厲行強制入會與限制退會辦法

三　健全鄉農會及其小組組織

四　採用小組課室集會等方式舉辦會員訓練并以民權訓練生活訓練為重心[illegible]

五　按期舉行各種會議

六　設立農民福利社

七　厲行合作組織與農會配合推進辦法

八　推行新生活運動

九　協助推行兵役驛運糧政及義務勞動

乙　關於目的事業者

一　設置示範農田

二　推廣優良種子農具及肥料

三　防治農作物病虫害及獸疫

四　繁殖優良種子種苗及樹苗

五　倡導公共造產

六　改良農場經營

七　提倡農村副業

八　舉行農業講習會農產競賽會或農產展覽會

九　推行冬耕及增產競賽運動

十　其他關於農林畜牧之發展改良推廣事項

第　六　條　示範農會應依照本辦法第五條之規定分別擬具工作計劃（包括過去概況實施進度及經費概算）各具兩份呈由縣政府遞轉社會農林部備案其計劃表式另訂之

第　七　條　示範農會應於每半年終了後十日內依照計劃進度編造工作報告及收支報告并各具兩份呈由縣政府遞轉社會農林部備查其報告表式另訂之

第　八　條　示範農會之工作除由省或縣政府派員指導外社會農林部得派員協助指導

第　九　條　示範農會經費由主管部及省縣政府視其事實需要酌為補助俟團體經費能自給時停止之但最多以三年為度受補助之農會應按照指定用途動用否則隨時停止之并追還原補助費之全部

第　十　條　示範農會經營事業之資金不足時應由縣政府或農林機關指導或協助向農業金融機關申請貸款

第十一條　示範農會之工作於年度終了時由社會農林部分別考核其成績特優者予以獎勵無成績表現者予以撤銷

第十二條　本辦法由社會農林部頒行

示範工會實施辦法

（三十三年二月十八日社會部修正公佈）

第一條　社會部為促進工會健全組織完成訓練并發展福利事業及戰時工作以資示範特訂定本辦法

第二條　示範工會以性質重要之產業或職業工會為對象

縣市總工會具有工作成績者亦得選為示範工會

第三條　示範工會由省縣政府選擇并由省政府轉報社會部核定或逕由社會部指定之

第四條　示範工會之工作除依工會法規定各種任務辦理外并應以左列各款為主要工作

一　厲行選制入會限制退會辦法

二　健全工會基層組織

三　照章徵收會員會費

四　按期舉行各種會議

五　採用小組講堂集會等方式舉辦會員訓練并以民權訓練生活訓練為重心

六　設立工人福利社

七　厲行合作組織與工會配合推進辦法

八　推行新生活運動

九　推行生產競賽運動

十　協助推行兵役糧政及義務勞動

十一　協助平定工資

十二　其他有關戰時重要工作

第五條　示範工會應依照本辦法第四條之規定參酌實際情形擬具工作計劃（包括過去概況實施進度及經費概算）呈由縣政府遞轉社會部備案其計劃表式另訂之

第六條　示範工會應於每半年終了後十日內依工作計劃進度編造工作報告表及收支報告表呈由縣政府遞轉社會部備查其

報告表式另訂之

第七條　示範工會之工作除由省或縣政府派員指導外社會部得派員協助指導

第八條　示範工會經費由社會部及省（市）縣（市）政府視其事實需要酌為補助俟團體經費能自給時停止之但最多以三年為度

受補助之工會其補助費應按照指定用途動用否則隨時停止并追還原補助之全部

第九條　示範工會之工作於年度終了時由社會部分別考核其成績特優者予以獎勵無成績表現者予以撤銷示範名義

第十條　本辦法由社會部頒行

社會福利

私設職業介紹所辦法

三十三年三月二十七日社會部修正公佈

第一條　本辦法所稱私設職業介紹所指農會工會商會同業公會或其他合法組織之團體設立之職業介紹所

前項私設職業介紹所應受主管官署之指導監督

第二條　本辦法所稱主管官署在中央為社會部在省為社會處未設社會處之省為民政廳在縣市為縣市政府在院轄市為社會局

第三條　私設職業介紹所之任務如左

1 接受需人者或求職業者之請求介紹并為登記

2 調劑人才需要及供給

3 調査人力之供求狀況

4 指導擇業訓練就業及服務

5 其他有關職業介紹事項

第四條　凡合於左列資格之一者得向其所在地之私設職業介紹所申請介紹職業

1 具有職業知識或技能者

2 具有相當體力足以擔任勞動者

第五條 求職者有左列情形之一者私設職業介紹所得拒絕之

1 未達法律所定某種工作之勞動年齡者

2 有不良嗜好者

3 有惡性傳染病者

第六條 需人者有左列情形之一時私設職業介紹所得拒絕之

1 有妨礙身體健康之工作

2 有祕密性質而妨害公益之工作

3 有惡劣環境及危險性或傳染病之工作

第七條 私設職業介紹所設立時應先開列左列事項向主管官署申請登記

1 主辦團體名稱及地址

2 主持人姓名及經歷

3 介紹所之名稱及地址

4 介紹職業之類別

5 設備情形及經費來源

凡在本辦法公佈以前成立之私設職業介紹所應向主管官署補行登記登記規則另定之

第八條 私設職業介紹所應有固定辦公地址如有移動時應事先呈報主管官署備案

第九條 私設職業介紹所應有適當之設備及應用之表格簿冊前項表格簿冊式樣由社會部定之

第十條 需人求職雙方申請介紹時應先登記並依次介紹

第十一條 私設職業介紹所應有確定經費不得僅以介紹費為收入來源

第十二條 私設職業介紹所對於求職或需人者以不收取介紹費為原則如遇必要時以不超過就職者第一個月薪金之半數為限並由求職需人雙方平均分担之

第十三條 私設職業介紹所應將每月業務狀況報由主管官署於年終彙報社會部備案

第十四條 私設職業介紹所如辦理成績優異得由主管官署或社會部予以獎勵

第十五條 私設職業介紹所有左列情形之一時主管官署不予登記其已設立者得撤銷之

1 有違背政府法令之行為者

2.有欺詐誘惑或脅迫之行為于申請人以重大之損失者
3.有妨害風紀或妨害秩序之行動者
4.無介紹職業能力者
5.兼營典質飲食業而以剝削求職人為目的者

第十六條 本辦法自公布之日施行

合作事業

合作金庫條例施行細則

三十三年三月二日行政院公布

第一條 本細則依合作金庫條例（以下簡稱本條例）第二十二條之規定訂定之

第二條 中央合作金庫對於各縣市合作金庫應辦理左列各事項

一 關於縣市合作金庫與合作事業之聯繫配合事項
二 關於縣市合作金庫預決算及會計報表之審核事項
三 關於縣市合作金庫資金之調度與盈虧之調整事項
四 關於縣市合作金庫匯兌差額之結算及債權債務之轉賬事項
五 關於縣市合作金庫會計制度之設計事項
六 關於縣市合作金庫工作人員之訓練考核與調整事項
七 其他關於縣市合作金庫各項業務之指導考核事項

第三條 社會部與財政部對於合作金庫之指揮監督依左列之規定

一 一般金融法令之執行與解釋及合作金庫業務之監督考核事項由財政部核辦後送達社會部查照
二 各種合作法令之執行與解釋合作金庫組織之指導及合作金庫與合作業務之配合推進事項由社會部核辦後送達財政部查照
三 以金融為主涉及合作業務事項由財政部商得社會部同意後核辦之
四 以合作業務為主而涉及一般金融事項由社會部商得財政部同意後核辦之

五　合作金庫依法應呈准主管機關之事項由社會部財政部會同核辦之

六　合作金庫理監事或董事長依法應由社會部財政部遴派或指定者由社會部財政部會同辦理之

第四條　中央合作金庫設立呈報社會部財政部備案時應檢具左列之文件

一　章程

二　認股人姓名（或名稱）及地址清冊

三　已收未收股本數額清冊

四　理監事常務理事總經理副總經理之姓名籍貫住址清冊

五　驗資證明書

六　創立會決議錄

七　營業計劃及概算

第五條　縣市合作金庫設立呈報縣市政府登記並報請中央合作金庫核轉備案時應檢具之文件準用前條之規定

第六條　縣市合作金庫呈准備案後由縣市政府發給登記證其格式由社會部財政部會同規定之

第七條　中央合作金庫章程應載明左列各事項

一　名稱

二　庫址

三　股金認繳方法及股東責任

四　內部組織及職掌

五　理監事會議之舉行

六　業務範圍及方針

七　分支庫之組織及權限

八　結算盈虧之處理

第八條　縣市合作金庫之章程準用前條有關各款之規定

第九條　中央合作金庫應由國庫及有關國家銀行担任之資本其分配額如左

一　國庫担任三千萬元

二　中央銀行中國銀行交通銀行中國農民銀行共担任二千萬元

第十條　各縣市合作金庫創辦時股本之額度由中央合作金庫依各縣市之面積人口經濟狀況及合作事業發展情形分別規定之

第十一條　各單位認購股本每單位至少一股至多不得超過資本總額百分之三十

第十二條　各單位認購合作金庫股本得分期繳納但第一次所繳款額每股不得少於二分之一餘款應於一年內繳足之

第十三條　各單位對中央合作金庫及縣市合作金庫認繳股本之增減應於每年六月及十二月終呈報社會部財政部備案

第十四條　中央合作金庫由中央合作及金融主管機關選派之理事十三人由社會部財政部會同派選之其中應有實際經營農業工業運銷業金融業合作事業以及從事財政農林行政經濟行政合作行政合作運動者至少各一人

中央合作金庫由中央合作及金融主管機關派選之監事五人由社會部財政部會同選派之其中應有從事合作運動與合作行政者至少各一人

第十五條　中央合作金庫理事長經社會部與財政部就常務理事中會同指定後應即呈報行政院備案

縣市合作金庫理事長經縣市政府薦請中央合作金庫就理事中指派後應即分別呈報社會部財政部備案

第十六條　中央合作金庫呈請財政部核准發行合作債券時應開列用途數額及其他必要之條件

第十七條　中央合作金庫及其省分庫以縣合作金庫縣以上之各級合作社合作業務機關及合作社團為主要營業對象縣合作金庫以其營業區域內之各級合作社合作業務機關及合作社團為主要營業對象

第十八條　中央合作金庫在各縣市於合作金庫營業區域內得因事實上之必要經各該縣市合作金庫之呈請對各級合作社為直接之投資或放款及其他金融業務

第十九條　中央合作金庫及其分金庫對於縣市合作金庫除辦理放款及透支外並得再貼現或轉抵押

第二十條　各級合作社之款項在設有合作金庫之區域必存放於合作金庫

第二十一條　合作金庫得受公庫之委託代理收解公款項

第二十二條　中央合作金庫設置支庫地區標準如左

一　在經濟建設上有特殊需要者

二　在合作事業上有示範價值者

三　在合作金融上有銜接作用者

四　其他經呈准設置者

第二十三條　縣市合作金庫以各該縣市之區域為業務區域但在其鄰縣尚未設立縣合作金庫時得受中央合作金庫之委託代理鄰

縣之業務

第二十四條 縣市合作金庫因特殊情形兼辦鄉縣合作金融業務時仍以其庫址所在地之縣市政府為主管機關但應將第四條第一、四、五、七等款文件送兼辦區域之縣政府備案

第二十五條 縣市合作金庫之代理處以委託各該縣市之鄉鎮合作社代辦為原則但在鄉鎮合作社尚未成立或尚不足以代理時經所屬區域內中央合作金庫分支庫之核准得另行設置之

第二十六條 合作金庫條例及本細則施行前成立之合作金庫應自施行之日起依法改組之

第二十七條 縣市合作金庫每年營業計劃營業概算及營業報告書資產負債表財產目錄與盈餘分配表經中央合作金庫備案後應彙呈社會部財政部備查

第二十八條 本細則自公布之日施行

各機關公務員工眷屬生產合作推進辦法

三十三年三月二十七日行政院令頒

第一條 各機關公務員眷屬經營生產合作事業除法令另有規定外依本辦法之規定

第二條 各機關員工眷屬除因年齡體格住所及其本人工作狀況有特殊障礙者外均以參加生產合作工作為原則

第三條 各機關為辦理員工眷屬之生產合作事業得於其員工消費合作社設置生產部經營之或另設立員工眷屬生產合作社

第四條 各機關辦理員工眷屬生產合作社或於消費合作社設置生產部時各眷屬之參加工作者均須加入合作社為社員

第五條 員工眷屬生產合作社或增設生產部之消費合作社均應採保證責任制消費合作社增設生產部時生產部之會計應予獨立

第六條 生產合作社或生產部所需擴充營運款項得設置生產基金由參加之眷屬分別認繳之

第七條 參加生產合作之眷屬各依其所得工資分配盈餘盈餘過少時得經理事會之決議全部撥作公積金

第八條 員工眷屬生產合作關于產製部份應擇適應家庭環境得採分散制以原料工具分發各眷屬使用但在可能範圍內仍應酌量設廠集中經營之

第九條 員工眷屬生產合作社原料採辦設備購置及產品運銷以由合作社集中辦理為原則

第十條 員工眷屬生產合作社所產製之物品應暫以紡織縫紉製鞋刺繡編織飼養種植及其他適宜于婦女操作之副業為限

第十一條 員工眷屬生產合作之推進在中央由社會部合作事業管理局在省市及縣市由各該省市及縣市合作主管機關督導之

第十二條 員工眷屬生產合作社或消費合作社生產部所需資金除由所在機關借撥外如有不足得請督導機關轉商金融機關貸

有關機關貸放之

第十三條　員工眷屬生產合作之產製技術由督導機關商由農工業技術改進機關協助之

第十四條　各級合作社物品供銷處或合作社聯合社爲供應各機關員工眷屬生產合作所需之原料工具種仔並推銷其產品得設置各機關員工眷屬生產合作推廣部

第十五條　各級合作社物品供銷處或合作聯合社推廣各機關員工眷屬生產合作必要時得以便于各員工眷屬產製所需之原料供給各合作社並負責以適當之價格收購其生產品

第十六條　各機關設置員工眷屬生產合作社或消費合作社生產部之實施計劃及辦法由各機關另行擬訂送請督導機關備案

第十七條　本辦法自公布之日施行

人力動員

機關公役限制及登記辦法

三十三年一月二十七日行政院修正公布

一　公役範圍包括傳達收發侍應清潔搬運司機工匠廚役等勤務並須係按月在本機關支領工資者

二　年齡在十八歲至三十六歲現充公役之適齡壯丁除依法免役及緩役者外一律參加當地兵役抽籤中籤者立即解雇應徵未中籤者仍在原機關繼續服務但以在三十二年七月份以前雇用者爲限並應儘量雇用榮譽軍人

三　公役人數暫以各機關三十年度預算所列額數或本年七月份報領平價米之人數爲準以後成立之機關每職員四人始得雇用公役一人事業機關得酌量增加惟仍須經主管機關核准後始得雇用審計機關及核發平價米機關均依照上項標準執行審核

四　公役工資最低額定爲十六元最高額定爲四十五元現時已超過最高額者得暫照原額支給至司機工匠等技術工人應另定辦法得不受此限制惟技術工人須係實際需要者始得雇用人數不得超過公役人數十分之一

五　公役被雇用時應由雇用機關詳細審查其來歷思想行動并飭填具公役登記表(表式附後)二份一份本機關存查一份送社會部備核

六　各機關現有公役一律照前項規定登記手續辦理

七　兵役機關向各機關調查公役動態時各機關應儘量協助并予以便利

本辦法自公布日施行

公役登記表

姓名		別號		籍貫	省　市縣
年齡	民國紀元前後　年生現年　歲			黨籍	
現在住址				永久住址	
工別	服務處所		受雇年月	每月工資	
學歷		經歷			

家屬	姓名	年齡	職業	住址	
父					此處黏貼最近二寸半身相片
母					
配偶					指紋
兄弟					
子女					

介紹人姓名		職業		住址	
保證人姓名		職業		住址	

中華民國　　年　　月　　日填報人（　　　）

各級黨部團部協助推行國民義務勞動實施要項

三十三年二月十八日中央秘書處渝（33）機字二八五號公函轉准　總裁核准通令實施

一 組織宣傳隊宣傳國民義務勞動之意義及有關法規之內容

二 協助調查地方需要與施工對象及應徵服務者之人數與分配名冊以及緩免服務者之狀況

三 關於本地實施國民義務勞動之進行步驟組織編制管理方法工作分配生活設備以及技術改進幹部訓練等事項隨時提供意見並協助主管機關辦理

四 督率黨員團員率先應征並忠誠服務以為示範其有工程知識及管理能力者並酌予推荐於主管機關參加工作

五 調查服務者之生活要求及奸民與反動份子之阻撓破壞隨時報告主管機關參考並設法改進及防範

六 協同地方民意機關及熱心公益士紳設立推動義務勞動之組織並分別督率黨員團員及地方人士進行下列各事項

（一）傳達征召命令勸導人民應征

（二）協助工具之徵集租用及工程材料之採集等事項

（三）舉辦娛樂衛生及有關服務者之福利事項

（四）排解糾紛並監察辦理人員之舞弊

（五）提供關於改進義務勞動實施方面之意見

政治工作人員協助推行義務勞動實施要項

三十三年二月十七日國民政府軍事委員會公一巴（三十二）字第五〇二五號指令核准

一 協助政府廣為宣傳使國民瞭解國民義務勞動之真義在加強經濟建設改善人民生活

二 協助政府宣傳義務勞動之實施係遵照　總理地方自治開始實行法之遺教及　總裁人生以勞動為第一之訓示養成國民刻苦耐勞勤勇服務之德性

三 各級政工人員應於各地舉辦義務勞動時於不妨害各部隊勤務範圍內儘量設法鼓勵其協助義務勞動之推行

四 協助政府訓練義務勞動幹部及實施義務勞動時應行準備各種事項

五 協助政府調查當地戶口及適合服務年齡之人數以為征調服務之標準

六 協助政府調查公私荒地及農林水利礦藏畜牧等狀況並各業人民閑忙季節以為推行義務勞動之依據

七、協助政府訓導人民參加義務勞動服務並隨時以服務者之勤惰據實報告主管機關考查[illegible]之依據

八、協助政府嚴防反動份子對義務勞動之破壞或阻撓並隨時報告[illegible]之縣府

九、協助政府編擬有關義務勞動之宣傳資料並轉達命令及組織宣傳隊分赴各鄉鎮實地宣傳

十、[illegible]政工人員請長或了解工程技術者應在可能範圍內協助政府計劃有關工程或其他技術方面之事宜[illegible]之推行

十一、[illegible]協同地方民意機關及公正士紳組織義務勞動設計委員會俾加强義務勞動工作之推行

十二、[illegible]

十三、[illegible]

三十二年二月十七日國民政府[illegible]（三十二）[illegible]二五號[illegible]令[illegible]

政府工作人員協助推行義務勞動實施要項

一、[illegible]

（一）[illegible]

（二）[illegible]

（三）[illegible]

（四）[illegible]

（五）[illegible]

四、[illegible]

五、[illegible]

六、[illegible]

三十二年二月十八日中央[illegible]

[illegible]協助推行國民義務勞動實施要項

國民政府令

任免令

行政院呈據社會部部長谷正綱呈爲署社會部科長鍾玉成呈請辭職請免本職應照准此令

三十三年二月十五日

行政院呈據社會部部長谷正綱呈爲署社會部合作事業管理局科長許道夫呈請辭職社會部合作事業管理局視察林嶸另有任用均請免本職應照准此令

三十三年三月十八日

行政院呈據社會部部長谷正綱呈請任命林嶸爲社會部合作事業管理局科長應照准此令

三十三年三月十八日

行政院呈據社會部部長谷正綱呈請任命王之冉爲社會部合作事業管理局科長應照准此令

三十三年三月三十日

國民政府主計長陳其采呈請任命俞壽榮爲社會部勞動局統計主任應照准此令

三十三年三月三十日

社會部令

公布令

茲修正示範農會實施辦法公布之此令

社法字第六〇四四六號　三十三年一月十一日

茲修正社會部考績委員會組織規程第一條第二條第三條條文公布之此令

社法字第六〇六九二號 三十三年一月十七日

茲修正示範工會實施辦法公布之此令

社法字第六一七八五號 三十三年二月二十八日

茲制定本部公務員進修實施辦法公布之此令

社法字第六二九八〇號 三十三年三月二日

茲將私設職業介紹所暫行辦法修正為私設職業介紹所辦法並將辦法第十二條內「薪資」二字修正為「薪金」二字公布之此令

社法字第六四三三七號 三十三年三月十七日

任免令

代理本部內江社會服務處總幹事謝叔程另有任用應免本職此令

人字第六〇〇二四號 三十三年一月三日

茲派謝叔程代理本部內江社會服務處協理此令

人字第六〇〇二五號 三十三年一月三日

茲派王仁滏代理本部科員此令

人字第六〇二〇〇號 三十三年一月六日

代理本部勞動局科長廖仲慶應予撤職此令

人字第六〇二〇五號 三十三年一月七日

茲派龐照遠代理本部科員此令

人字第六〇二六五號 三十三年一月八日

本部統計處職員吳志弘逾假不歸應予免職此令

人字第六〇六二五號 三十三年一月十四日

本部科長辜企民呈請辭職應予照准此令

人字第六〇六二五號 三十三年一月十四日

茲派方山農代理本部科員此令
人字第六〇七九七號　三十三年一月十九日

茲派封　洵為本部　編員此令
人字第六〇八五九號　三十三年一月二十日

茲委任廖治中試署本部合作事業管理局辦事員此令
人字第六〇八六一號　三十三年一月二十日

茲委任鍾坤棨試署本部合作事業管理局科員此令
人字第六〇八六三號　三十三年一月二十一日

茲委任陳寬雲試署本部科員此令
人字第六〇八六五號　三十三年一月二十一日

茲委任吳南愷試署本部科員此令
人字第六〇八六七號　三十三年一月二十日

本部科員任維揚呈請辭職應予照准此令
人字第六〇九九四號　三十三年一月二十四日

本部統計處調查指導員范華美施達人呈請辭職應予照准此令
人字第六一三七九號　三十三年一月三十一日

本部統計處調查員楊　恭張　役陳衡常賀鴻儒周　禹何　祺伍澤之林伯奇張崇文何三謀許光漢劉榮華杜宇人王
德潤應予免職此令
人字第六一三八〇號　三十三年一月三十一日

本部統計處調查指導員張洪昌工作不力應予免職此令
人字第六一三八一號　三十三年一月三十一日

茲派沈　雙為本部統計處調查指導員此令
人字第六一三八二號　三十三年一月三十一日

本部統計處調查指導員崔思棠、調查員錢澤貴呈請辭職應予照准此令

人字第六一三八三號　三十三年一月三十一日

本部統計處調查員楊沛思王桐景工作不力應予免職此令

人字第六一三八四號　三十三年一月三十一日

茲派郝履平代理本部合作事業管理局科員此令

人字第六一三八八號　三十三年一月三十一日

代理本部勞動局簡任視導劉　翔另有任用應免本職此令

人字第六一三九一號　三十三年一月三十一日

本部督導員蘭健吾呈請辭職應予照准此令

人字第六一三九二號　三十三年一月三十一日

本部調查員江　馨呈請辭職應予照准此令

人字第六一三九三號　三十三年一月三十一日

茲派李良儀代理本部勞動局科員此令

人字第六一三九五號　三十三年一月三十一日

茲委任總寶康為本部科員此令

人字第六一四五四號　三十三年二月一日

茲委任蔡元洪為本部科員此令

人字第六一四五六號　三十三年二月一日

茲委任王幾村試署本部合作事業管理局辦事員此令

人字第六一四五八號　三十三年二月一日

茲派本部參事黃友郢兼任設計考核委員會設計組組長此令

人字第六一五八五號　三十三年二月三日

本部參事兼設計考核委員會設計組組長朱景暄請辭組長兼職應予照准此令

人字第六一五八六號　三十三年二月三日

茲派胡頌翰代理本部遵義社會服務處業務組組長此令

人字第六一七一九號　三十三年二月七日

茲派蘇邁彭文學代理本部合作事業管理局辦事員此令

人字第六一七四七號　三十三年二月七日

茲派劉古台代理本部合作事業管理局科員此令

人字第六一七五五號　三十三年二月七日

本部合作事業管理局科員王世鑫呈請辭職應予照准此令

人字第六一七二九號　三十三年二月八日

本部合作事業管理局科員李守靜另有任用應免本職此令

人字第六一七九四號　三十三年二月八日

茲委任　步湘為本部科員此令

人字第六一九二九號　三十三年二月十日

茲派謝叔程為本部內江社會服務處協理此令

人字第六一九三一號　三十三年二月十日

派藍敦熙代理本部重慶第二育幼院衛生組組長此令

人字第六一九三三號　三十三年二月十日

派張逸超代理本部勞動局科長除呈薦外此令

人字第六二一七三號　三十三年二月十六日

茲派李幹軍代理本部參事除請簡外此令

人字第六二一七四號　三十三年二月十六日

茲派范　任代理本部簡任視導除請簡外此令

人字第六二一七六號　三十三年二月十六日

茲派劉　勇胡子俊安天澤為本部調查員此令

人字第六二三五一號　三十三年二月十九日

本部辦事員吳文顯擅離職守應予撤職此令

人字第六二三五二號　三十三年二月十九日

茲委任程庸昌為本部勞動局科員此令

人字第六二三五七號　三十三年二月十九日

茲派視導組長耀彙任本部設計考核委員會工作競賽組組長此令

人字第六二三四六號　三十三年二月十九日

茲派鄧述蘭爲本部統計處調查審導員此令

人字第六二三四七號　三十三年二月十九日

本部簡任視導卞宗孟另有任用應免本職除呈報外此令

人字第六二三四九號　三十三年二月十九日

茲派卞宗孟爲本部重慶實驗救濟院院長此令

人字第六二三五〇號　三十三年二月十九日

本部科員黃德鴻另有任用應免本職此令

人字第六二三七九號　三十三年二月十九日

茲派黃德鴻代理本部荐任科員除呈薦外此令

人字第六二三八〇號　三十三年二月十九日

茲派汪佩珣爲本部統計處計算員此令

人字第六二三八一號　三十三年二月十九日

茲派王家逵爲本部督導員此令

人字第六二三八二號　三十三年二月十九日

本部科長吳雲峯另有任用應免本職除呈報外此令

人字第六二四六三號　三十三年二月二十一日

本部內江社會服務處總務組組長吳德林另有任用應免本職此令

人字第六二八八二號　三十三年三月一日

本部內江社會服務處業務組組長李昌谷另有任用應免本職此令

人字第六二八八二號　三十三年三月一日

茲派吳德林爲本部內江社會服務處業務組組長此令

人字第六二八八三號三十三年三月一日

茲派李昌谷為本部內江社會服務處總務組組長此令

人字第六二八八三號　三十三年年三月一日

茲派張書文代理本部重慶市工人福利社協理此令

人字第六二八九四號　三十三年三月一日

本部調查員安天澤另有任用應免本職此令

人字第六二九六五號　三十三年三月二日

茲委任宋正昌為本部科員此令

人字第六二九六七號　三十三年三月二日

茲委任樓宇成為本部合作事業管理局科員此令

人字第六二九六九號　三十三年三月二日

茲委任傅祖佑為本部科員此令

人字第六二九七一號　三十三年三月二日

本部重慶第二育幼院教導組組長毛遂之呈請辭職應予照准此令

人字第六二九七三號　三十三年三月二日

茲派金陟佳代理本部重慶實驗救濟院安老所主任此令

茲派郁祖慶代理本部重慶實驗救濟院殘疾所主任此令

人字第六二九七六號　三十三年三月二日

本部調查員賀賢銘呈請辭職應予照准此令

人字第六二九七九號　三十三年三月二日

本部督導員曾偉民呈請辭職應予照准此令

人字第六三〇八五號　三十三年三月六日

本部統計處調查督導員柯化龍另有任用應免本職此令

人字第六三〇八六號　三十三年三月六日

茲派柯化龍代理本部科員此令

人字第六三〇八七號　三十三年三月六日

本部衡陽社會服務處服務組組長張樹敬呈請辭職應予照准此令
人字第六三〇九四號　三十三年三月六日

本部科員衡玠呈請辭職應予照准此令
人字第六三六二九號　三十三年三月十三日

代理本部勞動局科員李艾三行爲不檢應予撤職此令
人字第六三六三二號　三十三年三月十三日

本部調查員胡子俊呈請辭職應予照准此令
人字第六三六三三號　三十三年三月十三日

茲派任靜山代理本部合作事業管理局科員此令
人字第六三六四六號　三十三年三月十三日

茲派吳相和代理本部勞動局視導除請簡外此令
人字第六三六五一號　三十三年三月十三日

茲派王家樹代理本部科長除呈薦外此令
人字第六三六五三號　三十三年三月十三日

茲派李宗瑞爲陪都空襲服務總隊部供應組組長此令
人字第六三八二一號　三十三年三月十五日

茲派谷正綱兼任陪都空襲服務總隊部總隊長此令
人字第六三八二二號　三十三年三月十五日

秘書閔劍梅　副總幹事
茲派本部專員宋訓倫兼任陪都空襲服務總隊部組訓組組長此令
專員鄧季昌　總務組組長
人字第六三八二七號　三十三年三月十五日

本部統計處調查督導員劉樹溪工作不力應予撤職此令
人字第六三九三五號　三十三年三月十八日

茲派饒有慶爲本部內江社會服務處服務組組長此令

本部統計處計算員錢復格呈請辭職應予照准此令

人字第六三九三七號　三十三年三月十八日

茲委任白先猷試署本部科員此令

人字第六三九三八號　三十三年三月十八日

茲派胡一民代理本部科員此令

人字第六三九九八號　三十三年三月二十日

茲派姜梅瑞代理本部蘭州社會服務處生活服務組組長此令

人字第六三九九九號　三十三年三月二十日

本部代理科員楊禮濤另有任用應免本職此令

人字第六四〇〇一號　三十三年三月二十日

本部督導員王振猷呈請辭職應予照准此令

人字第六四〇〇二號　三十三年三月二十日

本部科員傅祖佑呈請辭職應予照准此令

人字第六四二一五號　三十三年三月二十四日

茲派龔光武代理本部合作事業管理局科員此令

人字第六四二一六號　三十三年三月二十四日

代理本部勞動局視導吳東旭工作不力應予撤職此令

人字第六四二一八號　三十三年三月二十四日

茲派吳世恕代理本部遵義社會服務處協理此令

人字第六四五一二號　三十三年三月三十日

茲派楊耀南代理本部遵義社會服務處文化服服務組組長此令

人字第六四五一四號　三十三年三月三十日

茲派韋世傑代理本部勞動局科員此令

人字第六四五一四號　三十三年三月三十日

茲派本[illegible]此令

人字第六四五六三號　三十三年三月三十一日

茲派本部社會行政計劃委員會專任委員許昌齡兼任社會福利司第一科科長此令

人字第六四五六五號　三十三年三月三十一日

本部科長周光琦呈請辭職應予照准除呈報外此令

人字第六四六〇〇號　三十三年三月三十一日

[illegible]此令

人字第六四五一四號　三十三年三月三十日

附

本部新聘兼任陪都空襲服務總隊部副總隊長姓名一覽

洪蘭友　黃伯度　楊公達　[illegible]此令

人字第六[illegible]號　三十三年三月三十日

本部新聘社會行政計劃委員會委員姓名一覽

[illegible]此令

蔣旨昂（專任）　程朱溪

人字第六四二一六號　三十三年三月二十四日

本部新聘兒童福利研究委員會委員姓名一覽

胡[illegible]　[illegible]此令

人字第六四二一五號　三十三年三月二十四日

本部新派兼任訴願審理委員會委員姓名一覽

[illegible]此令

王開元　章宗祐

人字第六四〇〇一號　三十三年三月二十日

本部新派副科長姓名一覽

[illegible]此令

本部專員楊祺兼任組織訓練司第三科副科長

[illegible]此令

人字第六三九九八號　三十三年三月二十日

茲委任白光瑞[illegible]本部科員此令

人字第六三九三八號　三十三年三月十八日

本部[illegible]此令

人字第六三九三七號　三十三年三月十八日

公牘

總務類

社會部訓令

令本部各附屬機關

案奉

行政院三十二年十二月二十六日仁編字第二六〇二九號代電開：

「社會部鑒：奉國防最高委員會本年十一月十九日國綱字第四〇四三一號代電開：查各機關舉行學術會議，歷時已久，成績未著，亟應妥籌改進，藉宏實效，經飭本會秘書廳檢討過去實施情形，擬具今後改進方案呈核在卷。茲據該廳簽呈稱：查各機關職員，研究學術情形，迭經黨政工作考核委員會派員考察，條舉意見，函由本廳分行查照，改進有案，茲經遵照指示各點，商同黨政工作考核委員會，參酌有關學術會議之現行法令，及歷來考察實際經驗，擬訂中央黨政軍各機關學術會議實施辦法草案，並召集各機關詳加研討，意見相同，謹繕同原草案呈乞核示等語前來，經核尚屬切實，應准照辦，除分行外，合亟抄同原辦法隨電附發，希即遵照施行，並轉飭所屬一體遵照。等因，附發中央黨政軍機關學術會議實施辦法一份；奉此，除分電外，合行檢附原辦法電仰遵照，並將應送報表逐期呈院，以憑審查彙轉為要」。

等因，附中央黨政軍機關學術會議實施辦法一份；奉此，除分令外合行抄發原辦法一份，令仰遵照。此令。

附抄發中央黨政軍機關學術會議實施辦法一份（見社會部公報第十二期法規欄）

社會部訓令

總一字第六三〇一三號 三十三年三月四日

令本部各附屬機關

案奉

行政院三十三年二月五日義勸字第二四四七號訓令內開：

「查抗戰損失調查委員會組織規程，業經本院制定公布，除報請　國防最高委員會及　國民政府備案，并函達司法、立法、考試、監察四院，及軍事委員會查照暨分令外，合行抄發該規程令仰知照，并轉飭所屬一體知照此令」。等因，附抄發抗戰損失調查委員會組織規程一份；奉此，除分令外，合行抄發原件令仰知照此令。

附抄發抗戰損失調查委員會組織規程一份（見法規欄）

社會部訓令

設秘字第六三四一七號　三十三年三月九日

令各省社會處及設社會科之民政廳

查各省政府年度工作計劃及預算，例由

行政院召集各部會署派員出席會同審查。惟本部於審查各省社政計劃及預算之先，對於各該省實際情形暨特殊需要，必需澈底明瞭，審查時方有所依據。自下年度起，該處（廳）編擬社政計劃及預算呈送省政府時，應以一份逕部備查。省政府彙編結果，如有變更，亦應即將變更部份報部，并得附具意見說明，以資查核。除分令外，合行令仰遵照辦理為要。此令。

社會部訓令

總一字第六三八九二號　三十三年三月十七日

令本部各附屬機關

案奉

行政院三十三年二月二十一日義壹字第三七三九號訓令內開：

「據內政部呈，請修正陝西、廣東、湖南、貴州各省縣政府組織規程，應准照辦，除分令各該省政府及各部會署外，合行抄發修正條文一覽表令仰知照此令」。

等因，附抄發各省縣政府組織規程修正條文一覽表一份；奉此，除分令外合行抄發原件令仰知照，并飭屬知照此令。

附抄發陝西等四省縣政府組織規程修正條文一覽表一份

各省縣政府組織規程修正條文一覽表

省別	應修正之條文數	修正條文	備考
陝西	第六條第二項	前項科室設置之多寡由省政府定之必要時得增設社會科地政科	

廣東	第十六條	原條文應增列一項爲第二項其文爲「前項科室設置之多寡由省政府定之必要時得增設社會科地政科」
湖南	第六條第二項	前項科室設置之多寡由省政府定之必要時得增設社會科地政科
貴州	第四條	原條文應增列一項爲第二項其文爲「前項科室設置之多寡由省政府定之必要時得增設社會科地政科」

社會部訓令

渝三總一字第六四三五七號 三十三年三月二十五日

令本部各附屬機關

案奉

行政院三十三年三月二十三日義伍字第三九五二號訓令內開：

「(十二)「普發起國民普遍儲蓄運動」一案，經交付審查後，提出本院第六四九次會議決議修正通過，除由院將普遍推進全國各市縣鄉鎮公益儲蓄辦法公布，釐定鄉鎮公益儲蓄運動實施綱要一併通飭施行，並將推進鄉鎮公益儲蓄辦法，同時廢止，報請國防最高委員會備案暨分行外，合行抄發普遍推進全國各市縣鄉鎮公益儲蓄辦法綱要暨審查會紀錄等，令仰知照，并轉飭所屬一體知照此令」。

等因，附抄發普遍推進全國各市縣鄉鎮公益儲蓄辦法；鄉鎮公益儲蓄運動實施綱要暨審查會紀錄各一份；奉此，除分令外合行抄發原件，令仰知照，並飭屬知照。此令。

〔附抄發普遍推進全國各市縣鄉鎮公益儲蓄辦法鄉鎮公益儲蓄運動實施綱要暨審查會紀錄各一份(辦法綱要，見法規欄審查會紀錄略)〕

組織訓練類

社會部咨

組三字第六三九〇七號 三十三年三月十七日

查加強工商團體管制工作，前經通行各省積極辦理在案。本年度是項工作，仍列爲要政，自應繼續切實辦理，特開列工商團體管制重要工作綱目一份，請即轉飭各實施管制縣市遵照，列爲本年重要工作，寬籌經費，逐項實施；並將實施情形，

被難襲擾，除分令各該處遵辦外，相應檢同工作綱目一份，咨請
查照為荷。此咨
安徽、河南、西康、綏遠、青海、湖北等省政府
重慶市政府
附工作綱目一份

工商團體管制重要工作綱目

（一）凡指定為工商團體管制區內已有組織之各業工商團體應先嚴加考核如組織鬆懈會務廢弛者應限期調整使之健全
（二）經指定為管制之工商各業尚未組織團體者應限期完成組織
（三）管制區內未經指定為管制之各業尚未組織者亦應策動組織
（四）檢查管制區內之公司行號及各業工人依照非常時期職業團體會員強制入會與限制退會辦法厲行強制入會
（五）凡經指定之工商團體均應依照職業團體書記派遣辦法派遣書記其已設有書記者應予甄別
（六）嚴格訓練團體書記及理監事次及於會員訓練
（七）指導工商團體經常舉行工作會報
（八）指導工商團體自訂同業管制辦法
（九）嚴格考核工商團體負責人
（十）縣市政府應將每月實施工商管制情形依部頒月報表格式填報層轉社會部備查

社會部公函

組三字第六〇六五二號　三十三年二月十五日

案准
貴部三十二年十二月二十日渝錢庚字第六三八九一號函：以准四聯總處函復：為已入銀行商業同業公會之行局，祇應履行法定義務，免負地方一切攤派，囑查照轉知等由；准此。查凡經商會或同業公會會員大會議決之負担，均為會員法定應盡之義務，業經本部於三十二年十月間函復四聯總處在案。中國農民交通等銀行，旣加入各地該業同業公會，或商會為會員，無論

何種義務，苟經過上述議決形式，自應同等負担，以昭平允。准函前由，相應復請

查照轉知爲荷。此致

財政部

社會部代電　組一字第六〇二八八號　三十三年一月八日

各省(市)社會處(局)及設社會科之民政廳：案據四川省奉節縣農會三十二年十二月十日呈稱：「案查農會法及農會組織須知。對於各組農會行文程式，均無明文規定，互相用函乎？抑上對下用令下對上用呈乎？竟無所適從。惟查二十七年十月三十一日，鈞部製定之各級農會調整辦法：叁，工作的調整第一項，各級農會之例會，須按期舉行，并呈報上級備核。又省農會籌備處，對縣農會行文是用令，然究應如何行文，於農會法實無根據，理合呈請解釋明白，規定各級農會行文程式，并懇附註於農會法內通令飭遵，俾便辦公實爲公便」，等情，查農會爲有系統有級數，并有隸屬關係之組織，其行文程式上級對下級自應用令，下級對上級自應用呈，除電四川省社會處轉飭知照并分電外合行電仰飭屬知照，社會部組一子齊印。

社會部代電　組二字第六〇六七七號　三十三年一月十五日

湖北省社會處：上年十二月五日施處社字第二一五〇三九號代電悉。查理事之職權，爲關於會務之執行，依法得設置理事長，原爲便于處理會務，至監事之職權，與理事不同，且人數僅及理事三分之一，法既無明文規定，自無設置監事長之必要。特電知照。社會部組二咸。

社會部代電　組二字第六一三四四號　三十三年一月二十九日

浙江省社會處：戌有家字第六三〇〇號代電悉。查修正工會法第十二條規定，工人入會之法定年齡爲年滿十六歲。凡未滿十六歲之工人，自毋庸強制加入。至童工需要管制，應由省政府咨商經濟部辦理。特電知照。社會部組二艷。

社會部代電　組字第六一四五〇號　三十三年二月一日

甘肅省社會處：三十二年十二月十日社二亥字第四六五三號代電暨附件均悉。查蘭州市商會九月份會報紀錄所載：社會局指導員指示，「無故不到之公會，從十月份起按公會法違約金處罰，以伍百元爲標準，酌量增減」一節。經核於法不合，且是項會報，應由團體負責人出席，如無故不出席會報，應比照商業同業公會法第四十四條規定，認爲妨害公益按次數予以

警告及撤換處分。係尚合，准予備查，仰即轉飭遵照為要。社會部組三丑東印。

社會部代電　組二字第六一五六一號　三十三年二月三日

湖南省民政廳：三十二年十二月三十日未民叔四創字第一二六九號代電悉。查修正工會法第五十六條規定：省級工會聯合會，以聯合同一省區內，同一產業或職業之工會組織之。該省針織、絲織、染織、織造等業，並非同一職業，依法得分別組織聯合會。至聯合會之會員，仍應參加縣市總工會，並分別担負會費，所選出席代表，應以會為單位。特電知照。社會部組二丑江。

社會部代電　組二字第六一五八二號　三十三年二月三日

各省（市）社會處局及設社會科之民政廳：查「工商團體」，係指縣（市）總工會。產（職）業工會，各業工人聯合會，省工會聯合會，及省商會聯合會，商會商業同業分會，工業同業公會，礦業同業公會，輸出業同業公會而言，其範圍較工商業團體為寬。至於商業團體，僅包括省商會聯合會，商會商業同業公會，工業同業公會，礦業同業公會，輸出業同業公會等。各級主管官署以劃分不清，致統計難以確定。茲特解釋如上，仰即知照，并轉飭所屬知照。為要。社會部組二丑江。

社會部代電　組二字第六二六五八號　三十三年二月五日

浙江省社會處：三十二年十一月家字第六三三五號戌[illegible]家代電悉。查本案應視兩種情形決定：如依勞資爭議處理法第十六條第一項：所推定之仲裁委員，有籍屬於該發生勞資爭議事件之縣市者，同條第四項所載之代表，由該縣市政府依法指定，否則由該縣市政府呈報省政府，就籍屬鄰近縣市之仲裁委員中，依法指定。仰即遵照。社會部組二丑歌。

社會部代電　組四字第六二〇五七號　卅三年二月十四日

各省（市）社會處（局）及設社會科之民政廳：三十三年各級社會團體中心工作，除仍遵照上年度部頒指示各級社會行政機關及各級社會團體工作要點，切實辦理外，并應：（一）督飭各團體嚴密組織，（二）督飭各團體推行新生活運動，（三）配合總動員策動各種團體組織，（四）發動各有關團體研究憲政問題，（五）普遍發展各級體育衛生兵役婦女等團體組織，（六）舉辦各級慈善團體財產登記。除分電外，合行電仰遵照辦理，并將上年度遵辦情形，迅即彙案具報，以憑考核，社會部丑鹽組四字印。

社會部電　組四字第六二四八六號　三十三年二月十八日

湖南省民政廳：養電悉，查醫師公會中醫師公會組織，自應遵照醫師法辦理。至醫藥職業團體組織暫行要點，仍可適用於護士組織，中醫師組會名稱上，應冠「中」字。社會部組四丑巧印。

社會部電　組二字第六二七二三號　三十三年二月二十六日

浙江省社會處：子江電悉，工會會員不繳會費及職員不稱職懲處辦法，不適用於農漁及自由職業團體。至工商業團體商會法各同業公會法，另有規定，特復，社會部組二字儉。

社會部代電　組三字第六二八七九號　卅三年三月一日

陝西省社會處：卅二年十二月組二社字第5809號佳代電悉，經決議依章定違約金處分者，不再罰鍰，依非常時期職業團體會員強制入會，與限制退會辦法第三條：所爲之罰鍰處分，係屬主管官署之法政，自可由主管官署依法提獎，仰即遵照，社會部組三侵。

社會部代電　組二字第六三〇七二號　卅三年三月六日

貴州省社會處：本年一月二十日甲處二組字第三三三號呈悉。查商會總工會或工會，爲執行其任務時，倘需費用，應在其所收合法會費項下動支，不得另有徵收。至總公會或工會調處會員間，或勞資間之糾紛事件，係屬勸導和解性質，只可在雙方接受調解之原則下，進行調處。並無強制效力。特電知照，社會部組二寅魚。

社會部代電　組字第六三七二一號　卅三年三月十四日

湖南省政府民政廳：民權四亥有代電悉。縣道教會下，不准組織分會。仰即遵照。社會部組四字寅寒印。

社會部代電　組一字第六三八二五號　卅三年三月十五日

各省（市）社會處（局）及設社會科之民政廳：案据江西省社會處三十二年十二月呈稱：「案据江西省農會三十二年十二月十四日農二字第二一六號呈稱：『查舊農會法第十三條第一款對於農會會員資格之規定：有農地者，得爲鄉鎮農會會員，而修正農會法第十八條各款無此規定，僅限於自耕農及半自耕農始爲合格。關於本省各縣之鎮鄉農會會員，其中如有僅合於舊農會法第十三條第一款，而無修正農會法第十八條各款之資格者，應否令其退會，或准在三十三年度工作開始時，由各鄉鎮農會遵照修正農會法重新辦理會員登記。各修正農會法第二十五條：「上下級農會不得互相兼任」，在目前農運工作，尚未達到完善發展之時間，為便於上下級農會聯系起見，對於上條規定可否暫緩進行。上列二點。事關組織要案，本會未便擅處，理合呈請鈞處核示，俾便轉飭遵行等情；據此，除指復外，理合轉請核示祇遵」。等情；到部，除以「（一）查現行農會法，關於農會會員資格未列有有農地者」一款，係屬中央一種重要決策，自應按照規定切實執行，原案所稱第一點應飭「凡非現在從事耕作，而專以收取佃租為目的之地主已入會者，應令其退會」，（二）查鄉農會之與縣農會，縣農會之與省農會里程相距甚遠，各有經常業務，所有上下級農會職員，事實上殊難彼此兼顧，原案所稱第二點應飭，「仍按農會法第二十五條規定辦理」等語，電飭該處轉知，並分電外，合行電仰遵照，社會部組一印。

社會農林部代電　組一字第六四一一四號　卅三年三月廿三日

各省政府公鑒：查示範農會實施辦法，業經本部等會同頒行在案，茲以年來各地示範農會績效，未如預期。爰經會同決定：（一）重新確定示範地區，由中央補助經費者，計示範縣農會十處，示範鄉農會三十二處，（名單附後），其餘所有原設之示範農會，應請考核其成績之優劣，分別准予繼續實施或撤銷，其示範名義或另行依法選定，但由貴省政府自行選定之示範縣農會最多以四個為限，並請將各該會名稱分送本部等備查。（二）前項由中央指定之示範農會，其經費之補助由本社會部按照其年度示範工作計劃進度，經費概算酌量核發。但示範縣農會，全年各以一萬元為限。示範鄉農會，全年各以二千元為限。由貴省政府自行選定者，其經費之補助及示範工作計劃報告等件，應請遴行核辦。惟年度終了時，各該示範農會工作成績之考核結果，應請分別彙送本部等備核。（三）貴省所有示範農會，應責成各該縣市政府嚴加督導，如省級社政機關，或目的事業主管官署，尚未派員指導者，應由各該縣市政府派員駐會指導，並將所派指導人員名冊逐級分報兩部備查。以上三項，事關農會示範工作之開展，相應電請查照轉飭辦理，并希見復為荷。附指定示範縣農會名單及示範鄉農會名單各一份社會部農林部組一印。

社會部農林部會同指定示範縣農會名單

省別	團體名稱	備考
四川	成都縣農會	

陝西	涇陽縣農會	
福建	浦城縣農會	
甘肅	清水縣農會	
貴州	遵義縣農會	
安徽	立煌縣農會	
湖南	耒陽縣農會	
湖北	恩施縣農會	
廣西	柳城縣農會	
江西	泰和縣農會	

社會部農林部會同指定示範鄉農會名單

省別	縣市別	團體名稱	數額	備考
四川	成都	天迴、三河、西城太平等鄉農會	四	
陝西	涇陽		四	陝省示範鄉農會規定四處由陝西省政府就涇陽縣屬指定分報備查補助經費仍照通案辦理
福建	浦城	富嶺、村頭、水北、溪南等鄉農會	四	
甘肅	清水	龍山、白沙、等鄉鎮農會	二	
貴州	遵義	驤雲茅坡等鄉農會	二	
安徽	立煌	皂靴河弋鄉灣、濟涯等鄉農會	三	
湖南	耒陽	夏塘、城廟、湖水等鄉農會	三	
湖北	恩施	七里鄉農會	三	中央指定一處其餘兩處由湖北省政府就恩施縣屬指定分報備查補助經費仍照通案辦理
廣西	柳城	東泉、大埔、沙浦、沙塘等鄉農會	四	

江西泰和馬市、仁聲，武溪等鄉農會　三

社會部代電

組二字第六四三四六號　卅三年三月廿七日

湖南省民政廳：本年二月四日未民叔四字第一六三九六號代電悉。查各業工人，除應政府徵募者外，如其轉地工作，無論久暫，必須向到達區域之該業團體申請入會，以利管制。特電仰轉飭知照。社會部組二寅感。

社會部訓令

組六字第六〇〇〇五號　卅三年一月三日

令各省社會處及設社科科之民政廳
重慶市社局局

案查本部前據江西社會處酉號電稱：「奉贛省府轉來　行政院發下三十三年度江西删除科目經費一覽表，將新運促進會經費删除，工作由民政廳兼辦，新運爲社會建設之基本運動，請轉呈　行政院維持現狀」。等情；據此。查關於各地新運會經費，前經新生活運動促進總會於民國二十五年呈奉　行政院核准，「除遵照新生活運動綱要戊項三款之規定辦理外，如有必須由當地政府籌給之款，可呈請在地方預算內預備費項下動支」。並經該總會於同年十月二十四日通告各省市新運會查照辦理在案，自應依照前案辦理，復查新生活運動爲社會建設運動之一，在各省市應由社會處(局)指導監督，未設社會處之省由民政廳主管，經本部靜敍以上各節，呈請　行政院核示去後，玆奉行政院三十二年十二月十六日任嘉字第二七五九三號指令開：「呈悉，核尙可行，准予照辦，除分行內政部及各省政府，遵照外，仰即知照」，等因；奉此，除分令外合行令仰知照。此令。

社會部訓令

組四字第六〇三九九號　三十三年一月十日

令各省社會處及設社會科之民政廳
重慶市社會局

案據中華理教總會呈稱：以該會理教同志人數衆多，良莠不齊，據報近有理教同志，於各地擅立名義，互相傾軋，影響社會治安甚大，玆爲重新調整教務，經將該會章程及各地分支會組織通則呈請核定，並請將原有各地理教公所善堂等組織一律調整爲分支會，以便統一指導，等情前來。查該會各地分支會稱謂不一，易爲敵僞份子乘機混淆，所請將各地原有理教公所，善堂，一律調整爲分支會一節，應予照准，除令飭該總會將各地所屬理教公所善堂限期依法呈請各當地主管官署調整具報外，嗣後各地如有理教公所善堂，或類似之團體，應即查明取締，仰即遵照並轉飭遵照。此令。

社會部訓令

組三字第六〇六三八號　三十三年一月十四日

令各省市社會處及設社會科之民政廳
重慶市社會局

案准軍政部三十二年十二月(卅二)役宣字第一三四三〇號魚代電內開：「案據湖南軍管區三十二年九月十六日未軍任字第五一七六號代電稱：案據桂東縣縣長謝保樹本年八月二十一日誠軍子第二四一四號代電稱：查出征抗敵軍人家屬優待條例第二十七條及新頒兵役法第二十四條之規定：出征軍人在應徵前所負之債務，無力淸償時，得展至服役期滿後第二年內淸償之，等語，茲查小本工商向銀行所借之款，出徵後無力淸償者，可否援照上項規定辦理，法無明文規定，理合電請鑒核示遵，等情；據此，案關法律解釋，本部未敢擅專，除指復外，理合電轉鑒核示遵，等情；經據情呈請行政院核示，并復知該區各在案，茲奉行政院三十二年十一月二十日仁捌字第二五六〇一號指令開，呈悉。查兵役法第二十四條及優待出征抗敵軍人家屬條例第二十七條之規定，所稱應徵召前，所負債務，并未附有限制，其所負銀行小本貸款自得依照辦理，仰即知照，并轉飭遵照此令，等因，除分電內政部及各省(市)政府各軍管區外，請即查照，并轉飭所屬遵照爲荷」，等由到部，除分令外，合行令仰該局處廳飭轉屬飭知(對渝市社會局用)商會及銀行錢業商業同業公會一體遵照，爲要此令。

社會部訓令

令各省社會處及設社會科之民政廳
重慶市社會局

組四字第六〇七五六號　三十三年一月十八日

案准中央執行委員會祕書處三十三年一月四日渝(32)機字一八九九八號公函節開：「准教育部函，前頒各省市縣體育會組織條例已不適用，請轉陳廢止一案，經送黨務委員會審議通過，除陳報中央常務委員會第二四五次會議備案外，相應函達查照爲荷」。等由，准此，除外令外，合行令仰知照，並轉飭知照此令。

社會部 經濟部 訓令

令各省社會處及設社會科之民政廳
重慶市社會局

組三(三十三)商字第六一一八七一〇二九九號　三十三年一月二十七日

案准糧食部上年十月二十六日綜管字第五六五〇六號函內開：「案据四川省糧政局本年十月六日糧一(卅二)字第一九五九三號呈，以各地糧食商業同業公會名稱，照頒行糧商登記規則之規定，米糧販運商業同業公會應改爲糧食採購運銷商業同業公會，油米商業同業公會應改爲糧食零整購銷商業同業公會，斗紀商業同業公會，應改爲糧食經紀商業同業公會。至碾房及磨麵業應改爲糧食加工商業同業公會，存儲糧食倉庫，應改爲糧食倉棧商業同業公會，以期統一，而便管理，曾由本局函請本省社會處令飭各縣市遵照辦理在案。茲准該處函復，經轉奉社會部令以糧食業之組織，各地均依經濟部分業標準及範圍辦理，該局如認爲事實上有分組必要，應呈請糧食部轉商經濟部及本部核定公佈，請查照辦理等由，可否分別轉咨核定公佈，以便管理之處，請鑒核示遵，等情。查糧食購運、銷售，經紀等項業務，頗多連繫，似應併組爲糧食商業同業公會，至經營糧食加工業務，未經依法呈准單獨組織工業同業公會及經營糧食倉庫業，而有買賣糧食行爲者，亦均應加入糧食商業同業公會，各糧食商業同業公會爲應事實上之需要，並得呈由當地主管官署核定，就糧商營業種類分爲若干組，以便管理，據呈前情，除分函經濟部外，相應開具上項意見函請查照酌定見復爲荷」。等由，經核尚屬可行，除會復并分令外合行令仰遵照，轉飭所屬一體遵照。此令。

社會部訓令

組六字第六一五三二號　三十三年二月二日

令各省市社會處局及設社會科之民政廳
中國婦女慰勞抗戰自衛將士委員會總會全國慰勞抗戰將士委員會總會

案據陸部輔助抗戰軍人家屬委員會三十二年十二月二十日補(卅二)發會字第三五四號寄代電稱：

「社會部谷部長鈞鑒：抗戰七載，賴我統帥德威，將士用命，勝利可期，茲爲激勵士氣民心協助役政之推行，特擬定三十三年度分季慰問抗戰軍人家屬辦法，電懇通飭所屬社會行政機關，及社會服務團體督導及協助推行，俾全國抗屬，普遍受惠，毋任感禱附分季慰問抗屬辦法一份」

等情，附分季慰問抗屬辦法一份據此，核尚可行，除分令外，合行抄發原辦法一分，令仰遵照，并飭屬遵照此令。

附抄發三十三年度分季慰問抗戰軍人家屬辦法一份

三十三年度分季慰問抗戰軍人家屬辦法

甲、主旨：針對抗屬實際需要并配合時令每隔三個月舉行慰問一次使其得到政府與社會之優待及幫助以資激發民氣鼓勵軍心

乙、內容

一、春季：注重贈送抗屬禮物輔助抗屬子弟就學及敦請當地黨政軍長官及社會名流親往抗屬家中慰問

二、夏季：注重幫助抗屬預防瘟疾及贈送家庭常用急救藥品

三、秋季：注重請求政府管理物資機關特別以布疋及其他日用必須品廉價配售抗屬

四、冬季：注重貧苦抗屬救濟及發給救濟金或慰問金

丙、日期：(爲求其一致并便於記憶計每季日期同并與其他紀念日分開)

一、春：二月四日

二、夏：五月四日
三、秋：八月四日
四、冬：十一月四日

丁、主辦

一、陪都由本會主辦
二、各省請由慰勞會主辦無慰勞會組織之地區請由青年團主辦
三、各縣請由省政府通令各縣優待出征抗敵軍人家屬委員會主辦

戊、附則：

一、各主辦機關須請當地黨政軍機關指導及協助
二、每季慰問開始得舉行熱烈隆重之慰問大會以廣宣傳
三、各項工作實施辦法及日期由主辦機關斟酌當地環境情形訂定之

社會部訓令

組五字第六一八〇九號　三十三年二月八日

令各省社會處及設社會科之民政廳
重慶市社會局

查人民團體幹部及會員訓練，頻年實施，績效漸著，惟值茲實施憲政正在積極準備之時，民權訓練所關重要，亟應全力推進，以植憲政之基。本部為適應需要，加强效率，除已於上年將有關訓練法令，各種訓練計劃及實施報表格式，改訂行知外，合再提示要點如次：

一、關於訓練法令：本年起各地訓練人民團體幹部與會員，應一律依照新頒之：「社會工作人員訓練辦法。」及「人民團體會員訓練辦法。」擬具實施計劃進度切實辦理，（訓練課程仍可參照本部三十二年八月組五字五一三九三號訓令辦理。）會員訓練，並應由主管官署儘量設置會員訓練班，而以民權訓練為重心，會員訓練教材不久即可頒發。

二、關於訓練實施：以後每期辦理訓練之計劃及實施報告，均須依照規定表式填報，除其須轉請核示者外，應由其直接上級主管官署逕予處理，對於所屬辦理訓練事宜，並應勤加督導，實施情形仍須按照規定彙報本部，以憑查核。

三、關於實施限度：幹部訓練實施較久，本年內務將所有職業團體之理監事及書記訓練完竣，會員訓練今年亦須大規模展開，各重要職業團體會員訓練務期普及，以赴事功。

除分令外，合行檢附三十三年度幹部會員訓練計劃報告表式一份，令仰遵照切實查填，並限本年三月底前呈報來部憑核，又

三十二年已實施而未呈報之訓練成果，亦應迅即具報，合併飭遵勿延爲要。此令。

附三十三年度幹部會員訓練計劃報告表式一份

省(市)全省(市)三十三年度人民團體幹部會員訓練計劃報告表

	人數 業別	農	漁	工	商	其他	合計
至上年止共有人數	理監事及書記						
	會員						
已訓人數	理監事及書記						
	會員						
本年計劃訓練人數	理監事						
	書記						
	會員						

		幹部訓練	會員訓練
訓練方法	訓練方式		
	訓練內容		

	季別	第一季	第二季	第三季	第四季
預定實施進度	辦理單位及地區				
	預計訓練幹部數				
	預計訓練會員數				
本年訓練重點					
備註					

塡報機關　　　年　　　月　　　日

社會部訓令

組一字第六二七二四號　三十三年二月二十六日

令各省社會處及設社會科之民政廳
重慶市社會局

查商業同業公會法第四十二條，工業同業公會法第四十一條，輸出業同業公會法第四十五條，對於會員不繳會費之處分，均已有所規定，又查商會法第二十條，商業同業公會法第四十三條，工業同業公會法第四十二條，輸出業同業公會法第四十六條，對於職員不稱職之處分，亦已有所規定。惟商會會員不繳會費，及非重要業同業公會會員不繳會費，職員不稱職時應如何處分，均尚無明文規定。茲擬定補充辦法兩項：（一）商會會員不繳會費，經會員大會之決議呈准主管官署予以處分。（二）非重要商工輸出各業同業公會會員，不繳會費及職員不稱職之處分，應參照各業同業公會法，對於重要業之規定辦理，除分行外，合行令仰遵照。此令。

社會部訓令

三十三年三月六日

令各省（市）社會處（局）及設社會科之民政廳
本部各直轄工會及同業公會

查人民團體優秀幹部之選拔儲備，至屬重要。茲特訂定「社會部人民團體優秀幹部存記辦法」一種，除分行外，合亟隨令頒發，仰即切實遵辦具報。為要。此令。

附發人民團體優秀幹部存記辦法一份

社會部人民團體優秀幹部存記辦法

一、本辦法所稱優秀幹部係指人民團體中之職員或會員思想純正體格健全學行兼優並具備左列條件者

1. 年在二十歲以上五十歲以下
2. 本黨黨員或團員（如非黨（團）員應吸收其入黨（團））
3. 富有組織才能具備服務熱忱並有領導能力

二、優秀幹部之存記方法如下

1. 各省市社會行政主管官署應於每年終就其所屬省級縣級農漁工商等種團體遴選合於上項標準之優秀職員或會員每級每

種一人或三人報部核存

2. 本部外派視導督導或指導人民團體人員應於其所視導督導或指導之團體工作告一段落時就該團體遴選合於上項標準之優秀職員或會員一人至二人報部核存

3. 本部直轄職業團體應於每年終遴選合於上項標準之優秀職員或基層會員一人至二人報部核存

4. 各地舉辦之人民團體幹部或會員訓練班應於每期結業呈報時擇其成績最優之三名併報核存

遴選優秀幹部須嚴格考察確合標準

三、遴送人員經審查合格後由部專冊存記與其經常通訊聯絡並相機引見

四、存記人員得酌情予以下列之處置

1. 調送中央或省訓團受訓
2. 畀予相當組訓工作
3. 加重其對團體責任
4. 商請其服務機關提升其工作地位或待遇

五、遴選優秀幹部呈報表式如左

人民團體優秀幹部存記表

（三十六年三月六日）

團體類別		團體名稱		團體所在地	
姓名		年齡		籍貫	
有無黨籍或團籍		黨證或團證字號		所屬黨部或團部	
在團體中之職位或身份					
學歷					
經歷					
曾否受訓		受訓機關		受訓期間	受訓成績

特殊表現或成績	
遴選機關（或人）總評語	
詳細通訊處	
備註	

中華民國　　年　　月　　日填報人

六、本辦法經部長核定施行

社會部訓令

組四字第六三一六七號　三十三年三月七日

令各省社會處及設社會科之民政廳
重慶市社會局

查本部各直轄社會團體，於各地設立分支會社，曾經本部規定應視同地方性團體，其組織程序一律依法辦理，并經訓令飭遵在案。惟各級社會行政機關，對於部轄各社會團體組織概況未能盡悉，致各該團體於各地申請組織分支會社時，仍多轉呈本部查詢，影響行政效率頗大。茲規定自本年度起，各直轄社會團體，擬於各地成立分支會社者，應以經完成立案手續者為限，并須將各該團體核准立案日期、立案證書之字號、及章程等一併呈報當地社會行政機關申請核辦。至本部直轄社會團體名冊，俟重編後另行分發，嗣後新成立之直轄社會團體，當隨時刊登本部公報，除分令外，合行令仰知照，并轉飭知照為要。此令。

社會部指令

組二字第六〇一二〇號　三十三年一月六日

令第一區機器工業同業公會

三十二年十一月二十六日呈一件。爲民生機器廠函詢各工友已參加產業工會者，是否尚須參加職業工會，轉請核示由。

呈悉。查修正工會法第十四條規定：「工人得選擇加入同一產業及同一職業之工會」。該民生機器廠工人既已參加產業工會，得不參加職業工會，仰即知照。此令。

社會部指令　組四字第六〇三三〇號　三十三年一月十日

令四川省社會處

三十二年十二月十六日呈一件，爲推行社會運動之機構，如由政府機關發起時，應如何辦理。又部屬社會團體各省市分會，對省市縣政府行文程序如何，請核示遵循由。

呈悉。玆分別核示如下：

一、社會運動之發起人爲政府機關時，應先洽商社會行政主管官署辦理，業經明載於非常時期統一社會運動辦法第四條第三款。至各界所組織之委員會，如係推行社會運動機構，自應依照同法第五條之規定辦理。

二、本部直轄社會團體各省市縣分支會社之組織，自應視同地方社會團體，對當地主管官署行文應用呈文。至目的事業主管官署與社會行政機關之權責如何劃分，已明載於非常時期人民團體組織法內，可查案參考。

以上各節，仰即遵照。此令。

社會部指令　組四字第六一六六七號　三十三年二月五日

令中華民國全國醫師公會聯合會

三十二年九月廿一日呈一件，爲現任各機關醫師，應否加入公會，請予解釋示遵由。

呈悉。經呈奉

行政院三十二年十二月二十五日仁玖字二八四七一號令開：

「呈悉。案經咨准司法院本年十二月三日院字二六一六號解釋：「醫師或藥劑師之業務，固爲公務員服務法第十四條所稱之業務，惟醫師法或藥劑師法，未以現任公務員爲醫師或藥劑師之消極資格，自不得以其爲公務員。拒絕其加入醫師或藥劑師公會，公務員兼任醫師或藥劑師業務者，依公務員服務法第二十二條之規定，雖應予明懲處，而其加入醫師或藥劑師公會之資格，仍不因此，而受影響。」除行知衛生署外，仰即知照，此令。」

等因；奉此，合行令仰知照。此令。

社會部指令　組四字第六二〇八七號　三十三年二月十五日

令甘肅省社會處

電呈一件。爲皋蘭律師公會主管問題，究應如何決定，電請核示由。

電呈悉。查律師公會設立，不以行政區爲範圍，該會會員自不能集中於法院所在地之縣域內，爲便於行政上之指導監督，該會仍應依法受法院所在地之縣政府管轄。仰卽遵照。此令。

社會部指令　組一字第六二一〇二號　三十三年二月十五日

令江西省社會處

三十二年十一月九日社二字第五〇九七號呈一件。爲准本省農業院函送；各縣農場經營改良會章程通則疑問五點等件，囑解答一案、轉呈核示祗遵由。

呈件均悉。查該項農場經營改良會，應視爲農會內部之目的事業機構，適用特種委員會方式，除咨請農林部查照外，合行令仰遵照，爲要。此令。（件存）

社會部指令　組四字第六二一〇九號　三十三年二月十五日

令四川省社會處

電呈一件。爲資中縣政府，轉呈彭積充等呈請組織福建旅資同鄉會一案，請核示由。

電呈悉。查該會係改組性質，自應准予組織，既經改組爲同鄉會，其原有之會館，卽爲該會之一部，自不能以會館名義對內對外。至於同鄉會組織向採不提倡亦不禁止之政策，各地會館自動申請改組爲同鄉會，應予照准。仰卽轉飭知照。此令。

社會部指令　組四字第六二四八七號　三十三年二月二十一日

令廣東省社會處

電呈一件。爲請遂溪縣政府電請解釋教育會會員資格審查委員會組織疑義，轉請核示由。

電呈悉。查教育會法第十六條，所稱會員資格審查委員會，既爲該管監督機關所組織，自無刊發印信及對外行文必要，至該會主管人，可就委員中互推一人或數人充任，名稱一節，亦毋庸規定，仰卽轉飭遵照。此令。

社會福利類

社會部咨　福六字第六〇四三八號　三十三年一月十一日

案准

貴省政府三十二年十一月二十三日民肆字第三五五號咨。以據桂林市政府請示：不符工廠法規定之印刷社局等，其工人星期例假，應如何實施，轉屬查照見復等由；准此。查該社局等，既不符工廠法規定，自難強制實施。惟該社局等如為融洽勞資感情，提高生產效率，自可參照工廠法規定，給予工人休假，倘因業務關係，難以休假者，應照工廠法第二十三條之規定加給工資，准咨前由，相應咨復

查照，並轉飭知照為荷。此咨

廣西省政府

社會部咨　福五第六二七三〇號　三十三年二月二十六日

案准

貴省政府三十三年一月未列日雲子魚府內永字第一〇〇五號咨。為各縣市社會救濟事業協會印信如何刊發，囑核復等由；准此。查社會救濟事業協會之印信，可參照人民團體圖記刊發規則辦理，准咨前由，相應復請

查照。轉飭遵行，為荷。此咨

福建省政府

社會部咨　福二字第六三二一五一號　三十三年三月七日

查職工福利金條例，自奉

國民政府頒行之後，本部續制定職工福利委員會組織規程，暨職工福利社設立辦法，亦經公布施行各在案。惟各廠礦工會，草擬之實則內容，每多不合，爰再分別制定職工福利委員會組織簡章準則，暨職工福利社章程準則，以為各廠礦工會草擬章則之參考。除分咨外，相應檢附準則兩種，咨請查照為荷。此咨

各省市政府

附職工福利委員會組織簡章準則暨職工福利社章程準則各一份

職工福利委員會組織簡章準則

第一條　本簡章遵照職工福利委員會組織規程訂定之

工廠

第二條　本會定名爲×××礦場職工福利委員會（由工廠礦場或其他企業組織組織者適用）
　　　　　　　　　公司
　　　　××××工會福利委員會（由工會組織者適用）
　　　　××××聯合職工福利委員會（由工廠礦場或其他企業組織聯合組織者適用）
　　　　××××聯合福利委員會（由工會聯合組織者適用）

第三條　本會設於××××廠
　　　　　　　　　　公司

第四條　本會設主任委員一人由本場經理（廠長）充任之委員四（八）人由職工雙方各推二（四）人充任之任期除主任委員外均爲一年連選得連任（由工廠礦場或其他企業組織組織者適用）

本會設委員三（五）人由理監事互選充任之並由委員互推一人爲主任委員任期均爲一年連選得連任（由工會組織者適用）

本會設委員×人由參加各單位經理（廠長）及每一單位職工雙方各推選代表一人充任之除各經理（廠長）外委員任期均爲一年連選得連任並由各經理（廠長）互推一人爲主任委員任期一年以輪流担任爲原則（由工廠礦場或其他企業組織聯合組織者適用）

本會設委員×人由參加各工會各選代表×人充任之任期均爲一年連選得連任並由委員互推一人爲主任委員（由工會聯合組織者適用）

第五條　本會得設幹事×人由委員互推兼任或聘會外人員兼任

第六條　本會委員幹事概爲義務職

第七條　本會每月開會一次必要時得開臨時會議會議由主任委員召集兼任主席

第八條　主任委員因故不能執行職務時得就委員中委託一人代理

第九條　本會之任務如左

一、關於福利事業之審議推進及督導事項

二、關於福利金之籌劃保管及動用事項
三、關於福利事業經費之分配稽核及收支報告事項
四、其他有關福利事項

第十條 本會遵照職工福利社設立辦法舉辦職工福利社（由工廠礦場或其他企業組織設立者適用）
福利社（由工會設立者適用）
職工福利社
福利社
章程另訂之

第十一條 依法提撥之福利金應由本會存入公營銀行保管非經本會會議通過不得動用

第十二條 本簡章自呈奉主管官署核准後施行

職工福利社章程準則

第一條 本章程遵照職工福利社設立辦法訂定之

第二條 本社定名為×××礦場職工福利社（由工礦場或其他企業組織設立者適用）
工廠
公司
×××工會福利社（由工會設立者適用）
××××××合辦職工福利社（由工廠礦場或其他企業組織聯合設立者適用）
××××××合辦福利社（由工會聯合設立者適用）

第三條 本社設主任一人綜理社務

第四條 本社設業務總務兩組

第五條 業務組經管左列各事項
一、關於改善生活事項
二、關於補習教育事項
三、關於康樂事項

四、關於人事服務事項
五、其他有關福利事項

第 六 條　總務組經管左列各事項
一、關於公文撰擬繕校收發及印信保管事項
二、關於人事管理事項
三、關於經費出納事項
四、關於庶務事項
五、其他不屬於業務組之事項

第 七 條　本社各組各設總幹事一人幹事助理幹事各若干人承主任之命辦理各組事務

第 八 條　本社主任總幹事幹事助理幹事均由(職工)福利委員會派充之

第 九 條　本社舉辦之業務暫定如左
一、××　　六、××
二、××　　七、××
三、××　　八、××
四、××　　九、××
五、××　　十、××

第 十 條　本社舉辦之業務除物品消耗得依成本收費外概以免費為原則

第十一條　本社設社務會議由主任總幹事幹事助理幹事組織之以主任為主席其議事細則另訂之

第十二條　本社辦事細則另訂之

第十三條　本章程自呈奉主管官署核准後施行

社會部代電　福三字第六一九七九號　三十三年二月十二日

湖南省民政廳：民叔四戌巧代電悉，凡公私團體機關學校，辦理社會服務設施，確為公益性質，不以營利為目的；並無集資經營，或招商辦理情事，而經社會行政主管官署核准備案者，自不能視同商人，且與公司法第一條之規定亦迴不相同，自可毋庸加入同業公會。惟各該設施僱用工人，仍應一律參加工會，特電飭知照。社會部福三丑文印。

社會部代電

福二字第六二〇八八號　三十三年二月十五日

福建省社會處：三十二年一月雲子微處社丙永字第(566)號代電悉。如縣黨有者，尚可准其參照規定，設立職工福利社。社會部福二丑咸印。

社會部代電

福二字第六四〇三二號　三十三年三月二十日

航業委員會公鑒：三十二年十二月夫列日治組甲蓉字第五〇六一號代電敬悉。貴會各種職工福利事業，多由特別黨部主持，且其設施又皆依據中央組織部所頒辦法辦理，內容有與現行政府制頒各種職工福利法令不盡相符之處，經由本部檢同職工福利社條例等有關法規四種，函請中國國民黨中央執行委員會組織部查照核示意見，以便會商改進去後。茲准三十三年二月二十九日平盜普字第二一六八號函復，略以前訂之員工福利社總則，須給各工礦遵照辦理，係為協助政府推行勞工福利事業，現該項事業有關法規既經制定，並經行政院核准施行，前頒之總則，自可即予廢止，除分飭各工礦黨部即日遵照改正外，相應復請查照，等由；准此，轉電請查照，前函檢奉各種職工福利法規酌核辦理，並希見復為荷。社會部福二寅哿印。

社會部訓令

福三字第六〇六三四號　三十三年一月十四日

令本部各直屬社會服務處

查社會服務事業，旨在改善社會生活，增進社會福利，乃屬公益性質，而非以營利為目的，政府倡導推行，為時已進三載，而外間或有不察時，輒以與一般營利之商業組織相提并論，究其原因，固由於少數人士自身認識不切，反自省察，亦緣若干事業辦理方式，未盡合軌範，例如本部各社會服務處理髮部門，向以試辦之初，技工一時未易謀，致嘗採招商辦理，至今仍多沿襲未改，足資外間誤會。為整飭事業之管理，與肅正社會之視聽起見，亟有加以調整改正之必要。茲特規定各處理髮，餐浴及其他部門業務，不得招商辦理，如有招商辦理者，應即於文到一月內結束，收回由處雇工自辦，并應實現新生活之精神，以發生示範作用，除分令外，合行令仰切實遵照，并將辦理情形呈報備核，毋得延忽為要。此令。

社會部訓令

福一字第六〇九二七號　三十三年一月二十二日

令各省社會處及設社會科之民政廳重慶市社會局

案查前據貴州省社會處三十二年八月二日癸處三福字第三一八五號呈。為請准將接收振濟委員會小本貸款處基金，全數撥充兒童福利事業費用，正核辦間，復據四川省社會處三十二年九月二十一日社二字第六一八一號呈請，准將接收基金撥作社會救濟事業費用各等情，當經併案轉呈　行政院，請准將接收小本貸款結存基金及未收貸款全數撥作各省市社會福利事業經費在案。茲奉行政院三十二年十一月二十六日仁陸字第二五四〇七一號指令內開：

「呈悉。准如所請辦理，除分令有關各省市政府遵照並行知振濟委員會外，仰即知照此令」。

等因；奉此，除分飭貴州、四川兩省社會處知照及分令外，合行令仰知照，並將接收小本貸款基金數額依照前頒表式填報備核為要。此令。

社會部訓令　福二字第八一五九號　三十三年二月三日

令各省市社會處及設社會科之民政廳重慶市社會局

查工廠礦場及其他企業組織，應設立之職工或工人福利社圖記式樣及說明，業於三十二年十月五日以福二字第五四〇七號令仰轉飭遵照在案。茲以各工廠礦場及其他企業組織，其工會遵照職工福利委員會組織規程成立之職工福利委員會，或福利委員會，亦應比照職工福利社圖記式樣大小及說明刊製圖記啓用報查。除分行外，合行令仰知照，並轉飭遵照為要。此令。

社會部訓令

令各省市社會處局及設社會科之民政廳
本部各社會服務處及中華職業教育社人才調劑協會榮譽軍人職業協導會

查介紹索引卡分類法，業經本部編訂完竣，茲附加使用說明，隨令頒發，仰即遵照應用，並轉飭所屬公私立各職業機關應用。嗣後，呈賚按月月終統計表，並應依照是項分類法，填寫分類號碼及職業名稱，一併填送遵照為要。此令。

附發介紹索引卡分類法及使用說明各　份（略）

社會部訓令　福二字第六二三九四號　卅三年二月十九日

令各省社會處
重慶社會局及設社會科之民政廳

案據福建省社會處永丙一月廿三日電，以請解釋職工福利金條例第十一、十二、兩條規定之罰鍰處分，其處罰之執行是否屬於社會處及其執行程序如何，乞電示等情，據此。查職工福利金條例規定之罰鍰處分，應由職工福利金條例施行細則第十三條所規定之主管社會行政官署執行，並應以書面限定期間，預爲告戒。除電復外，合行令仰知照並轉飭知照。此令。

社會部訓令　福四字第六三七〇一號　卅三年三月十四日

令重慶市社會局
　湖南省民政廳

本部爲加强同一地區各職業介紹機構之聯絡，以增進調劑人才之效率起見，經制定「社會部試辦職業介紹機關機構人才供求彙報辦法要點」一種，暨附表兩份，暫定於重慶衡陽兩地先行試辦，並以本部重慶衡陽兩社會服務處職業介紹組爲主辦單位，各該地職業介紹機構，均應盡協助辦理之責，俟辦有成效，卽行令通各地普遍施行，藉以發揮職業介紹工作之機能，除分令外，合行抄發原辦法要點暨附表各一份，令仰分別轉飭該地各職業介紹機構，一體遵辦爲要。此令。

抄發社會部試辦職業介紹機關機構人才供求彙報辦法要點一份暨附表兩紙

社會部試辦職業介紹機關機構人才供求彙報辦法要點

一、試辦目的：本部爲强化同一地區各職業介紹機關機構之聯絡以增進調劑人才供求效率起見試辦職業介紹機關人才供求彙報俟辦有成效再行制定辦法通令各地普遍施行

二、試辦範圍：暫以渝衡兩地爲試辦範圍

三、主辦單位：由本部重慶衡陽兩社會服務處職業介紹組担任

四、資料來源：凡在當地市區內辦理職業介紹業務機關機構均應盡填寫求人求職日報表之義務不得藉故推諉或遲延

五、工作步驟：1.收集資料——由主辦單位派定負責人員按日向本市各職業介紹機關機構收集求人求職日報表

1.彙總整理——求人求職日報表收齊後卽由主辦單位彙總整理收支單位所登記之求人求職者彙列總表如發現重複之處予以歸併藉以明瞭全市人才供求確實數字以爲調劑之依據

3.實施調劑——如甲處所登記之求人求職者發生過剩或不足時應酌量與乙丙等處交換藉收調劑盈虛之效主辦單位應每日編製求人求職調劑通知表分發各該機關機構查照酌辦

4.發表消息——前項彙報得特約當地著名報紙刊登以便週知

六、試辦期限，暫定半年

（　　）市職業介紹機關求人求職日報表　　第　　頁

介紹機關		填表機關		填表日期　年　月　日					
求人機關	機關名稱	地址	所需人才職務	性別	年齡	資歷	薪津	服務地點	已介紹何人
求職者略歷	姓名	性別	年齡	籍貫	學歷	經歷	希望職業	希望待遇	服務地點	已介紹至何處

說明：1　此表由職業介紹機關主持人或派負責人填寫

2　此表按日填寫交主辦彙報機關或由彙報機關派人走取

3　此表一張不够填時請續填第二張餘類推張數一欄并應註明頁數

（　　　　）市職業介紹機關求人求職調劑通知表

第　　頁

被通知機關			通知日期	年　月　日	填表機關		
重複	求人	求人機關	委託人	所需人才職別	人數	已在某介紹機關登記	已由某介紹機關介紹
	求職	求職人姓名	性別	求職類別		已在某介紹機關登記	已由某介紹機關介紹職業
調劑	求人	求人機關	委託人	所需人才職別	人數	在某介紹機關登記	某介紹機關有是項人才
	求職	求職人姓名	性別	求職類別		在某介紹機關登記	某介紹機關有適合機會

說明：
1　此表由主辦彙報機關填寫
2　此表按日填寫後應即分送關係職業介紹機關
3　此表一張不够填時可續填第二張餘類推張數一欄并應注意頁數

社會部訓令 （驅五字第六四二三〇號 三十三年三月二十四日）

令本部各附屬機關

茲依照社會救濟法之規定，改稱本部重慶嬰兒保育院，爲社會部重慶育嬰院。重慶游民訓練所，爲社會部重慶習藝所，重慶殘廢教養所，爲社會部重慶殘廢教養所，用資劃一，除呈報并分別咨令外，合行令仰知照。此令。

—合作事業—

社會部呈 （合三字第六〇〇一九號 三十三年一月三日）

案據本部合作事業管理局簽呈稱：

「查限期成立縣參議會，完成地方自治一案，業經行政院第六三七次會議通過，並奉院令通行在案，該案關於地方自治主要工作，僅規定：（一）調查戶口厘定戶籍，（二）健全鄉鎮保甲組織，（三）整理地方警衛，（四）整理地方財政，（五）清理土地，厘定地價，（六）修築縣境道路，（七）墾闢荒地，（八）推行國民教育，（九）促進地方衛生，（十）健全職業團體，（十一）推行義務勞動等十一項，未將合作事業列入，擬請轉呈補列，其理由如次：

一、奉行 國父遺教： 國父所著「地方自治開始實行法，」爲實行地方自治之寶典， 國父昭示「地方自治團體，不止爲一政治組織，亦並爲一經濟組織，」「農業合作、」「工業合作、」「交易合作、」「保險合作、」「銀行合作」等合作事業，爲地方自治團體應辦之要事，並指示地方自治團體，爲「合一縣數百十萬人民或數鄉村一、二萬人民，而爲一政治及經濟性質之合作團體，」爲奉行 國父遺教，推行合作事業，實爲地方自治之主要工作。

二、恪遵 總裁訓示： 總裁對於推行合作，歷年訓示頗多，如在「總理遺教六講」中，剴切解釋：「推行合作，總理認爲地方自治的要務，也是有特別道理，因爲現代政治，惟一重要目的，就是使全國民衆，人人能知禮、知義、足食、足兵、換言之：就是民生樂利，萬物得所，所以我們要解決民生問題，必須努力經濟建設，經濟建設最重要最有效的一個方法，就是普遍推行合作制度，發展合作事業，合作的根本原則：是「人人爲我，我爲人人，」如果我們全國四萬萬同胞，都能依此原則努力不懈，不僅經濟建設易於完成，而且可以發揚互助的精神，推進一切事業，完成我們復興民族的共同使命，又二十九年五月八日，在黎講：「革新政治心理，完成省政中心工作」訓詞中有：「我們以後，無論從事地方自治或經濟建設，都是要以推行合作事業，普遍設立合作社爲要緊的工作，……要知道合作事業，是我們地方自治和經濟建設的基礎，所以我們一定要在最短期間普遍推行起來，合作事業辦理有了成效，然後地方自治才能確立。」爲務遵力行　總裁訓示，推行合作事業，當爲地方自治之主要工作。

三、執行最高國策：　抗戰建國同時並進，爲我國當前最高國策。蓋我國抗戰勝利之基礎，不在少數之都市，而寄託在廣大之農村，但全國農村組織渙散，經濟衰落，自應加强組織，積極開發，故抗戰建國綱領有：「以全力發展農村經濟，獎勵合作，」之規定，爲執行最高國策必須積極獎進合作事業。

四、實施政府法令：　查「縣各級組織綱要，」規定每縣應有一合作社聯合社，每鄉鎮及每保各應有一合作社，每戶應有一社員，並曾奉　院頒「縣各級合作社組織大綱，」明定「縣各級合作社爲發展國民經濟之基本機構，應與其他地方自治工作密切配合，」則其與地方自治關係之重要可知。

五、促進自治事業：　查院頒地方自治實施方案，列有推行合作，爲地方自治自籌備達於完成必具之條件，前中央地方自治計劃委員會及國防最高委員會，所擬實施地方自治方案，亦列推行合作爲主要工作之一，蓋地方自治之進行，須賴廣大民衆之參加，如推行合作制度，改善人民生活，一般民衆方有參加自治工作之時間與情緒。由於人民生活之改善，國民經濟之發展，地方自治事業，始可賴以促進，故推行合作事業爲地方自治之基本工作。

六、配合動員業務：　國家總動員法實施綱要，在「從事國家總動員業務之組織」中，規定有「各縣市政府，除依照縣各級合作社組織大綱之規定　完成各級合作社之組織外，尤應注重消費合作社及產銷合作，各級主管機關，並應次第限期組織縣省中央聯合社，」故爲配合動員業務，必須積極完成各級合作組織，而以加緊推進縣各級合作社，奠定地方自治之基礎爲要務。

七、協助物價管制：　物價之激劇波動，爲抗戰建國途徑中最嚴重之問題，　總裁手訂之「加緊管制物價方案：」（甲）各級管制機關規定：「鄉及鄉鎮之合作社，應逐步加强以爲建立基層集中物資與配合物資之機構準備。」（乙）嚴密組織規定：「按照新縣制之規定，鄉鎮基層組織爲中心學校，保國民學校合作社及壯丁隊等，應由各縣政府加緊督責，使其充實健全，俾能共力協助管制物價，增加生產，節約消費等工作，」合作社之組織原有建立平價之功能，自應於地方自治中，積極督導縣各級合作組織，以配合物價管制之工作。

以上所陳，僅舉其要端，他如運用合作組織，以實行國防計劃經濟辦理合作教育，以提高人民文化水準，加强合作社社務活動，以訓練政權行使等事項，在在均與推行地方自治有密切之關係，理合簽請轉呈行政院，將推行合作事業增列爲地方自治主要工作之一」。

等情；據此，查核原呈所列各項理由，均屬切要，擬請

准將推行合作事業一項，增列為地方自治主要工作之一，是否有當，理合據情轉呈

鑒核示遵。謹呈

行政院

(附)行政院指令　義壹字第二四二六號　中華民國三十三年二月五日

令社會部

三十三年一月三日合三字第六〇〇一九號呈，轉請將推行合作事業，增列為地方自治中心工作之一由，

呈悉。本院所定十一項地方自治中心工作，係審度目前情形，就縣自治事項中選擇較為急切者，令地方政府特別注意，其他自治事項，並非即不舉辦。推行合作事業為地方自治主要工作之一，已規定於地方自治實施方案之中，各縣自當組織辦理，仰即知照。此令。

社會部咨　合二字第六二〇六一號　三十三年二月十四日

案准

貴省政府三十三年一月五日合字第〇一八八七號咨，略以非常時期合作社解散剩餘財產處理辦法一案，尚有疑義，互為便利執行及顧及事實，擬加調管制，囑查照等由；准此，查咨開：「合作社業務區域，有時跨及數鄉鎮，其保管機關，如被解散之合作社，擬由縣政府指定該解散合作社業務區域內各鄉鎮合作社，按照被解散社之社員人數，所隸屬之鄉鎮，分別比照提交各鄉鎮合作社保管存儲，並按年息一分計算」一節，易滋糾紛，應仍照原辦法辦理，如一社業務跨及數鄉鎮，其剩餘財產，應由縣主管機關團體，或縣聯社保管，如一社跨及數縣，則由省主管機關團體或省聯社保管，准咨前由，相應咨復查照為荷。此咨

江西省政府

社會部咨　合三字第六四三四八號　三十三年三月二十七日

案准

貴省政府本年三月九日建合字第七六號咨，以囑解釋合作事業工作競賽疑義一案，查新社員陸續入社，為使不妨礙其股節儲訓練三項競賽平均數之增加，擬提高舊社員競賽標準，廣西省合作事業工作競賽施行細則第十一條，既經明白規定，即是以為依據，其提高之比例，應視入社之新社員人數，妥為斟酌規定，以期適應。但以每期每社員平均增加五單位為標準，在提高後

新社員一律加入平均以示公允，例如加股競賽一欄，某縣原有社員人數二千人，股金總額須達二萬元，始超過競賽標準，若其得優勝，若中途加入新社員一千人，其股金總數亦須達一萬五千元，始超過競賽標準，方獲得優勝，卽提高舊社員原定競賽標準二分之一倍，准咨前由，相應咨復

查照，并轉飭知照爲荷。此咨

廣西省政府

社會部咨 合二字第六四三八四號 三十三年三月二十八日

案准

貴省政府本年一月二十一日省建合字第二八四號咨，以各縣合作金庫，既完全受提倡金融機關之支配，遇營業虧損，可否由各該提倡金融機關自行負担，囑查核見復等由；准此，經函准中中交農四行聯合辦事總處，本年三月二日農字第四四三〇七號函開：

「查合作金庫虧損，以股金彌補，係根據合庫規章辦理，似不宜予以變更，至目前合庫人事業務，由輔導機關主持，係屬合庫倡導初期之過渡辦法，俟合作社自營之條件具備時，仍將交由合作社自理，復查目前合庫虧損，主因係屬放款利率較低，物價高漲，收支不能平衡所致，而低利合作貸款之利益，屬於合庫社員社所享有，故合作社對於合庫虧損，似仍有負担之義務。准函前由，相應復請查照，轉咨爲荷。」

等由；准此，相應咨復

查照爲荷。此咨

四川省政府

社會部代電 合二字第六〇八四四號 三十三年一月廿日

江西省政府公鑒：三十二年十二月四日合字第〇一八四三號合亥支代電敬悉，查經營消費業務之聯合社，其交易對象原以各單位社爲限，該江西省合作社聯合社員工，如未經加入其他鄉（鎮）保社爲社員，而確有組織消費合作社之需要時，自可依照合作社法第八條之規定組織員工消費合作社。准電前由，相應電復查照爲荷。社會部合二（馟）印。

社會部訓令 合三字第六〇三六五號 三十三年一月十日

令福建省社會處

資格一案。查前准福建省政府三十二年十月陽酉馬府社丁永字第九九四五〇號代電，請轉咨銓敘部將福建省合作人員，曾任職務認爲正式委任行政職務，并計年資予以任用或派用一案，經咨准銓敘部三十二年十二月十五日甄任字第八七三四號咨內開：

「查該省前農村金融救濟處農村合作委員會及合作事業管理局，合作事業管理處等機關，曾任經歷，如確具相當經驗并繳有任御職證件，可根據其職名依非常時期公務員任用補充辦法酌予計資，前准該省政府巡電到部，業經電復有案，茲准前由，相應咨復查照爲荷」。

等由，准此，合行令仰知照此令。

社會部指令

合二字第六〇七二六號　三十三年一月十七日

令重慶市社會局

三十二年十二月二十四日社元合字第二三八七號呈一件，爲奉令發進軍隊合作事業工作聯繫辦法，內有疑義請予鑒核示遵由

呈悉。查推進軍隊合作事業工作聯繫辦法，規定所在地主管機關，辦理軍事部隊機關學校合作社登記時，應先査驗有無政治部之登記證一節，自屬指是項合作社向合作主管機關申請登記時，應先向政治部登記，再檢齊登記證及附件重行登記而言，至本聯繫辦法所稱：軍隊合作社一詞，係指經營各種業務之合作社，非僅限于消費合作社一種，仰即知照。此令。

社會部指令

合二字第六〇七二七號　三十三年一月十七日

令浙江省建設廳

三十二年十一月十七日建癸合字第二九三六號呈一件。爲准中農水康分行函，以甲縣合庫理監事，兼任乙縣合庫理監事一案，祈鑒核示遵由。

呈悉。查合作金庫規程第一條，旣規定準用合作社法聯合社之規定，則合作社法上之各項規定，除金庫規程別有規定者外，自應一律比照適用，惟合作金庫條例，現已公佈，卽待實施，該農民銀行輔設之各庫，俟中央合作金庫成立後，自應遵照條例加以調整，目前所有該行輔設各庫，如確有困難，不能不兼任他縣理監事之情形，姑准暫維現狀，俟整個調整時再議。仰卽知照。此令。

社會部指令 合三字第六二二八五號 三十三年二月十八日

令湖南省建設廳

三十二年十二月二十九日陽五字第三三三九號呈一件，爲奉頒推進軍隊合作事業工作聯繫辦法，尚有疑義，請鑒核示遵由。

呈悉。查軍事委員會政治部三十二年總乙合巳號代電：「所述軍隊合作社，應一律向軍委會政治部申請登記，各級合作主管機關毋庸再辦登記手續」等語，係屬政治部當時之規定，並非辦法。現本部與政治部協訂之推進軍隊合作事業工作聯繫辦法，既已有明白規定，自應以是項辦法爲準，至地方合作主管機關，對軍隊合作社之登記，其手續自亦與對一般合作社同，仰即知照。此令。

社會部指令 合四字第六三九一七號 三十三年三月十七日

令重慶市社會局

三十三年三月廿五日社合字第〇一六七號呈乙件，爲重慶市合作金庫儲蓄部存放業務應否受儲蓄銀行法之限制，請予解釋由。

呈件均悉。查合作金庫規程第一條規定：「合作金庫準用合作社法聯合社之規定組織之」，又三十二年公佈之合作金庫條例第十七條亦規定：「合作金庫之業務範圍，以專營或兼營之各級合作社合作社團及合作業務機關爲限」，按特別法優於普通法之原則，合作金庫應受合作社及合作金庫條例之限制，該重慶市合作金庫，自不得對非社員辦理工商業之放款，仰即知照，并轉飭知照。此令。

人力動員類

社會部公函 勞字第六〇七六三號 三十三年一月十八日

案准

貴省政府卅二年九月七日癸社四勤字第三七六〇號公函，略以人力動員業務所需經費，省級預算無款開支，擬請由部籌撥，檢同預算請核辦見復等由；准此，查核所擬經費，係屬機關經常費用，應由

貴省政府運同勞動管制，義務勞動，調查登記各項所需經費，列入年度預算內開支。相應復請
查照為荷。此致
貴州省政府

社會部公函　勞字第六二五二三號　三十三年二月二十日

案准
貴部卅三年一月廿二日（卅三）職字第一一〇九七號公函，為關於各廠鑛，遵照規定辦理廠鑛工人管制事宜一案。業經飭屬轉
飭所屬廠鑛遵照辦理，囑查照等由，准此，查
貴部所轄廠鑛甚多，關係經濟頗鉅，當茲管制伊始，必須切實辦理，方可收發揮人力之效，相應函請
貴部查照，即希飭屬認眞辦理，並嚴定限期造報各項登記調查表冊，彙轉過部，以利管制為荷。此致
經濟部

社會部公函　勞字第六二九八五號　三十三年三月三日

案准
農林部卅二年十二月廿八日章丙字第一六九六〇號公函開：
「案准行政院水利委員會三十二年十一月廿五日卅二工字第三三八〇一號戌有代電開：「農林部公鑒：三十二年十一月灰電代敬悉，囑將發動民力推行小型農田水利一案，移送貴部主辦等由，本會亟表贊同，除原提案前已隨抄送外，相應抄同社會部提供意見，電請查照辦理為荷」，等由，並抄同貴部意見到部。查原案所提各節，甚屬切要，亟宜普遍發動民力，大量興修小型農田水利，以收防旱增產之實效。本部已於本年元月擬具：「非常時期强制修築塘壩水井暫行辦法」，呈院頒佈施行，關於各省督導費，亦經按照各省需要酌加補助各在案，並擬於三十三年度劃撥專款普遍協助辦理，現值農隙，正各省利用空間發動民力着手興修塘壩水井時期，擬請貴部轉飭各省勞動機關，預為配合民力，協同積極推進，相應檢同「非常時期强制修築塘壩水井暫行辦法」一份，函請查照辦理為荷」。
等由，附辦法一份；准此，查發展小型農田水利為義務勞動工作之一，應由各縣市斟酌地方需要，配合民力，切實推進，除分函外，相應抄同原附件，連同本部核復全國水利委員會意見四項，函請
貴省市政府查照轉飭辦理為荷。此致

各省市政府

附非常時期強制修築塘壩水井暫行辦法暨本部核復水利委員會意見四項各一份（略）

社會部代電

勞字第六〇一三三號　三十三年一月六日

安徽省民政廳：民社亥灰電悉，茲闡釋人力需要之含義如次：（一）在現有編制內，亟需補用之人力，（二）預計六個月內，因擴充編制或發展業務所需補充之人力，特復知照。社會部勞子魚印。

社會部代電

勞字第六二六二八號　三十三年二月廿四日

福建省政府勛鑒：案准內政部卅三年二月四日公函，略以准貴府電詢：國民義務勞動，在省府應將何處主管一案，囑查核逕復，等由。查國民義務勞動，省級承辦機關，為社會處，未設社會處之省，則由民政廳辦理，除函復外，相應電請查照為荷。社會部勞義丑敬印。

社會部代電

勞字第六二六七九號　三十三年二月廿五日

河南省政府勛鑒：卅二年十二月民五魯字第一〇〇五八號佳晨代電敬悉，承示推行國民義務勞動意見，備極週詳，至堪參考。查國民義務勞動法業已奉令頒佈，本年度各省市對義務勞動，自須作普遍之推行，茲將有關各點電復如次：（一）義務勞動省級主管機關，凡已設社會處之省份由社會處主辦，未設社會處之省由民政廳主辦，並與有關機關切取聯繫，至公共造產工作，雖與黨部學校均有關係，為求事權統一起見，似應由辦理勞動服務之鄉鎮統籌較為妥善，（二）各省市三十三年度概算，應將勞動服務所需經費列入，現正由本部簽辦中，（三）凡已經舉辦國民身份證之省市縣，可就國民身份證上加蓋某年義務勞動在某地服務訖等字樣，以資過度，至未舉辦身份證之省市縣，應根據義務勞動法第十五條之規定：給予服務證，註明姓名，年齡，住址及工作地點，日期，但不必粘貼本人相片，以輕負担。惟不能與兵役服務證合併；因兵役服務年齡期限與勞動服務年齡期限全不相同也。（四）應徵服務者之工作時日，應暫照國民義務勞動法第七條之規定辦理，至居住地與工作地之距離，在該法第十三條內，亦有明白規定，如徵召服務時超過規定里程，得依法供給膳宿，又凡依軍事徵用法徵召之人力，仍依軍事徵用法之規定辦理，茲附國民義務勞動法一份，電復查照為荷，社會部勞義二丑有印。

社會部訓令

勞字第六一五六一號　三十三年三月三十一日

令各省社會處、重慶市社會局及設社會科之民政廳。

查「非常時期廠鑛工人受雇解雇限制辦法」業經於卅二年六月九日以勞字第四七四七四號訓令飭遵在案。茲以各機關團體廠鑛常有招雇工人之事實發生，而本部尚未與聞者。影響社會行政之推行實非淺鮮。茲為嚴密勞動管制，達成人力動員任務起見，除各機關團體廠鑛招雇工人必須依照：「非常時期廠鑛工人受雇解雇限制辦法」之規定切實辦理外，特規定下列步驟，期能澈底辦理，招雇事宜，並劃一辦理招雇之手續。

一、各機關團體廠鑛招雇工人時，須向當地社政機關辦理登記以便查考。

二、各機關團體招雇工人辦理登記時，須將下列各點切實註明。

1. 招雇宗旨　2. 招雇種類

3. 被招雇者之性別年齡　4. 招雇名額

5. 被招雇者應備要件　6. 工作所在地

7. 被招雇者之待遇　8. 招雇時間

三、所招雇之工人，如係因軍事或行政機關之特殊需要，得商請各該當地社政機關予以協助辦理。

四、各機關團體廠鑛招雇工人，如未完備上項登記手續，得以有效方式勸其補辦，或竟停止其招雇，除分行外合行令仰遵照切實辦理具報為要。此令。

附錄

社會部核准備案之人民團體動態統計

中華民國三十三年一月至三月

團體類別	組織 團體數	組織 會員數	組織 團體會員數	改選 團體數	改選 會員數	改選 團體會員數	改組 團體數	改組 會員數	改組 團體會員數	整理 團體數	整理 會員數	整理 團體會員數
總計	1,689	432,850	1,451	469	117,516	460	328	52,630	445	58	6,985	982
職業團體	1,500	404,506	1,431	438	103,604	460	303	45,014	439	53	6,451	930
農會	745	359,796	972	133	70,301	115	81	29,277	111	16	4,266	29
漁會	8	2,495	—	1	194	—	1	892	—	—	—	—
工會	137	18,134	100	144	28,937	138	48	9,006	59	3	675	—
工商業團體	354	11,877	315	153	3,555	207	162	5,004	269	31	776	901
自由職業團體	256	12,204	44	5	617		11	835	—	3	734	—
社會團體	189	28,344	20	33	13,912	—	25	7,616	6	5	534	52

資料來源：根據本部組織訓練司人民團體登記冊彙編。

說　　明：上表所列「會員數」除工商業團體爲公司行號外餘均爲個人

社會部核准備案直之轄社會團體一覽表

三十三年一月至三月

1. 核准組織之直轄社會團體

團體名稱	核准日期	主要負責人	會員數	備註
戰後建設協進會	一月二十二日	姜豪		會員數尙未報部
中國婦女憲政研究會	二月十四日	唐國楨	四七一	
中國鄉村文化協會	二月五日	陳立三		會員人數尙未報部
中韓文化協會	二月十五日	曾養甫	七五	
中國著作人協會	二月十七日	潘公展		會員人數尙未報部
中國工商企劃協進社	二月十八日	李木園		仝右
中國力行學會	三月二日	袁月樓		仝右
新中國農業建設協進會	三月九日	包望敏	四七五	
中國文化事業協進會	三月三日	張鐵君		會員數尙未報部
中國社會行政學會	三月三日	包華國		仝右
中國園藝學社	三月二十五日	管家驥		仝右
中國產物保險學社	三月三十日	陳郁		仝右

2. 核准改選之直轄社會團體

團體名稱	核准日期	主要負責人	會員數	備註
中國合作事業協會	三月廿四日	壽勉成	九五九〇	
中華林學會	三月廿六日	姚傳法	四〇〇	
中國社會服務事業協進會	三月十五日	王克	二三〇	
中國天文學會	三月十九日	高魯	四三二	

3. 核准改組之直轄社會團體

團體名稱	核准日期	主要負責人	會員數	備註
中國經濟學社	三月三十日	陳其采	三二二	會員數未據報部
中華學藝社	[illegible]	[illegible]	[illegible]	[illegible]

中華學藝社	二月二日	何炳松		同右
中國化學工程學會	三月十八日	張洪沅	三二一	

社會部公報 第十三期

中華民國三十三年四月出版

編輯兼發行者 社會部總務司

訂購辦法

期限	冊數	價目	郵費
三月	一	五元	三角
半年	二	一〇元	六角
全年	四	二〇元	一元二角

附註：本報掛號及寄往國外郵費照加

社會部設立

社會服務處

重慶 貴陽 桂林 衡陽 蘭州 內江 遵義

現有業務

宗旨：發揚服務精神 促進社會事業 改善社會生活 溝通社會文化

生活服務：社會食堂 社會公寓 理髮室 淋浴室 旅居嚮導 代運行李

人事服務：升學輔導 職業介紹 法律顧問 衛生顧問 人事諮詢 零物存放 信件留轉 代售郵票 代收電報 讀寫書信 公用電話

文化服務：圖書館 社交會堂 學術講演會 座談會 民衆學校 書報供應 娛樂室 兒童樂園 體育場 診療所

經濟服務：小本貸款

處址：

重慶社會服務處 重慶兩路口 都郵街 海棠溪（分處）

貴陽社會服務處 貴陽大西門

桂林社會服務處 桂林依仁路

衡陽社會服務處 衡陽道前街

蘭州社會服務處 蘭州勵志路 西北花園

內江社會服務處 內江交通路

遵義社會服務處 遵義老城

社會部總務司　編

社會部公報

第十四期

重慶：中華民國社會部總務司，民國三十三年（1944）鉛印本

中華郵政登記認爲第一類新聞紙類

中華民國三十三年四月至六月　第十四期

社會部公報

社會部總務司編印

國父遺像

革命尚未成功

同志仍須努力

國父遺囑

余致力國民革命，凡四十年，其目的在求中國之自由平等，積四十年之經驗，深知欲達到此目的，必須喚起民衆，及聯合世界上以平等待我之民族，共同奮鬥！現在革命尚未成功，凡我同志，務須依照余所著：建國方略，建國大綱，三民主義，及第一次全國代表大會宣言，繼續努力，以求貫徹！最近主張開國民會議，及廢除不平等條約，尤須於最短期間，促其實現！是所至囑。

社會部公報

第十四期目錄

法規附方案

一般行政

組織訓練

命令

府令

部令

公牘

總務類

組織訓練類

社會部公函二件 …… 六三

社會部代電十五件 …… 六四

社會部訓令四件……八〇

社會部令一件……八三

社會部公告一件

社會福利類

社會部咨三件……八四

社會部公函二件……八六

督導祈鑒核示遵等情令仰知照由

合作事業

人力動員類

附錄

法 規

一般行政

國旗黨旗製用升降辦法

三十三年三月三十日第五屆中央常務委員會第二五二次會議通過
三十三年四月二十二日國民政府令頒

第一章 總則

第一條 中華民國國旗爲青天白日滿地紅中國國民黨黨旗爲青天白日

第二條 國旗黨旗均用印染法以國產絲毛棉麻等織品爲材料國旗顏色爲天青純白深紅黨旗顏色爲天青純白旗桿白色配以金黃色球頂

第二章 製造

第三條 國旗黨旗之橫度與縱度均定爲三與二之比桿身之長須在旗面橫長度二倍以上

第四條 黨旗之尺度比例如左

（一）白日圓心在黨旗縱橫平分線交點上

（二）白日體直徑與黨旗縱長爲三與八之比白日兩相對光芒頂角間之與黨旗縱長爲六與八之比

（三）白日體直徑與黨旗橫長爲一與四之比白日兩相對光芒頂角間之長與黨旗橫長爲二與四之比

（四）白日線外之青圈寬度等於白日體直徑十五分之一

（五）光芒共十二道每道之頂角應爲三十度十二角合爲一圓上下光芒之頂角平分線應成垂直

（六）光芒自頂角平分線至白日體緣其長等於白日體直徑二分之一

第五條 國旗上之青天白日除照前條比例規定外應置於旗身之右上方（即靠旗桿之上方）其橫度與縱度等於紅地橫度與縱度二分之一

第六條 國旗與黨旗之製造並依照國旗黨旗尺度比例圖表及國民政府公布之標度標準前項尺度比例圖表及權度標準另附之

第三章 使用

第七條 凡黨政軍各機關團體學校等須懸掛國旗黨旗於會議廳禮堂及集會場所之正面黨旗居國旗之右國旗居黨旗之左各成角度三十至四十之下垂形旗之中間掛 總理遺像

第八條 室外懸國旗及黨旗之時間自日出起自日入時止

第九條 門首懸國旗或黨旗時須懸於門楣之左上方旗桿與門楣成三十度至四十度其國旗黨旗同時掛於門戶上面者可成交叉形

第十條 凡商店住戶所懸之國旗黨旗以附表六號為標準

第十一條 國旗與外國旗並用時其旗式之大小及旗桿之高低須相等本國旗居外國旗之左外國旗居本國旗之右

第十二條 持國旗黨旗行進時單行國旗在先黨旗在後雙行黨旗居國旗之右國旗居黨旗之左

第十三條 國旗黨旗旗面除海陸空軍及其他依法令別有規定者外不得綴畫各種符號

第十四條 國旗黨旗式樣不得作為商業上一切專用標記或製為一切不莊嚴之用品

第十五條 國旗黨旗一經破舊不得任意棄擲或另作他用具有重大歷史價值者應送由當地有關史蹟或文化機關保管

第四章 升降

第十六條 全國各地黨政軍機關及學校須於適當地點樹立旗桿逐日舉行升降國旗黨部得樹立雙桿並行升降黨旗

第十七條 舉行升降旗禮時其儀式如左

（一）全體肅立

（二）唱國歌

（三）升（降）旗 敬禮

（四）禮成

第十八條　凡國民値升降旗將應肅立注目致敬

第十九條　凡遇下半旗時須先將旗升至桿頂然後下降至旗身橫長二分之一處而停止降旗時仍須升至桿頂再行下降

第二十條　駐外使領館暨海軍艦隊之升降旗禮得參照本辦法並依國際慣例行之

第五章　附則

第二十一條　凡違反本辦法除法律別有規定外由各地警察機關或自治機關應分別予以指導糾正或取締

第二十二條　本辦法自中央執行委員會議決之日施行

附註：空襲時國旗黨旗升降辦法三項係屬臨時性質　依照國民政府通飭辦理

機關團體辦理民衆學校辦法

三十三年五月十六日教育部公布

第一條　各級行政機關黨部教育機關及工廠公司等均得依照本辦法之規定設立民衆學校

第二條　民衆學校設成人班婦女班分高初兩級初級班得單獨設立高級班須與初級班合併設立

第三條　民衆學校之校名一律稱某某機關或團體附設民衆學校其同一機關或團體在同一地方辦有民衆學校二所以上者得以數字順序別之

第四條　民衆學校須受當地主管教育行政機關之管轄設立變更及停辦應呈報教育行政機關備案

第五條　民衆學校應招收十五足歲至四十五歲之失學民衆授以初級或高級民衆補習教育但應儘先督令本機關團體內之失學民衆入學其次及於機關團體以外之失學民衆

第六條　各機關團體招收本機關團體以外之失學民衆時應與當地之中心學校或國民學校協商辦理

第七條　民衆學校每班以五十人爲度在城市不得少於四十人在鄉村不得少於三十人

第八條　民衆學校設校長一人每班設教員一人校長由機關團體首長聘任之教員由校長聘之

第九條　民衆學校之校長教員以各機關團體之職員具有小學教員資格或曾受民衆教育師資訓練者兼任之必要時亦得另聘專人負責

第十條　民衆學校初級班每期以四個月結業爲原則但亦得延長至六個月高級班每期以六個月結業爲原則但亦得延長至一年每日教學二小時得分爲四節每節三十分鐘

第十一條　民衆學校之學科分國語常識算術音樂等其每週教學時間分配如下

級別／每週授課時間／科別	國語	常識	算術	音樂	統計
初級	六小時	四小時	一時半	半小時	十二小時
高級	六小時	四小時	一時半	半小時	十二小時

在四個月結業之初級班得專授國語常識二科音樂時間可併在國語科目內算術時間可併在常識科目內

第十二條　民衆學校課程應依照教育部頒布之中心國民學校民教部課程標準辦理

第十三條　民衆學校教科書應採用教育部編輯或審定者爲適應地方環境需要起見得另編補充讀本

第十四條　民衆學校學生修業終了成績及格者由學校給予結業證書

第十五條　民衆學校須於每期開始教學一個月內造具教職員履歷表連同學生名冊教學時間表教學用書表等呈報主管教育行政機關備案

第十六條　民衆學校須於每班修業終了一個月內將各生姓名性別年齡籍貫及學業成績等造冊呈報主管教育行政機關備案

第十七條　民衆學校之經費以各機關團體自籌爲原則亦得由省縣市教育行政機關統籌補助之

第十八條　民衆學校所用之課本得呈請省縣市教育行政機關免費發給

第十九條　民衆學校不收學費及其他費用經費充裕時並得供給學生所用之文具

第二十條　民衆學校得斟酌地方需要舉辦左列各種簡單社會教育事業

一、舉辦通俗演講

二、設備通俗圖書公開閱覽

三、編寫壁報傳播時事消息

四、辦理民衆體育及衞生事宜
五、辦理禮俗改良提倡正當娛樂
六、接受民衆教育館之指導辦理生計教育
七、協助民衆教育館之巡迴施教工作
八、辦理其他有關社會教育事業

第二十一條　本辦法自公布之日施行

聘用派用人員管理條例　三十二年四月二十日國府公佈

第一條　中央及地方機關依組織法聘用或派用之人員其管理適用本條例之規定

第二條　本條例所稱聘用人員以相當於簡任或荐任職務之有給專任者爲限

第三條　本條例所稱派用人員指簡派荐派委派或其相當之派用人員而言
派用人員以臨時機關之職務或屬於臨時性質或有期限之職務爲限
前項人員得以現職人員充派

第四條　聘用或派用人員之名稱須能表示其職務性質並等級

第五條　聘用或派用人員之名額應於組織法中規定之

第六條　聘用或派用人員之學識經驗應與其職務相當其資格標準除法律另有規定外由考試院會商主管院或直隸國民政府之主管機關定之

第七條　聘用或派用人員兼任本機關有官等之職務時仍應依法送銓敍機關審查合格後始得任用

第八條　聘用人員之薪給由考試院會商主管院或直隸國民政府之主管機關定之

第九條　派用人員之俸給比照文官官等官俸表由考試院會商主管院或直隸國民政府之主管機關定之但由現職人員派充者仍支原俸

第十條　聘用或派用人員薪俸之核敍及考成準用公務員敍級條例及公務員考績法規之規定

第十一條 聘用或派用人員之初次登記及動態登記辦法由銓敘部定之

第十二條 各機關聘用或派用人員經銓敘機關審查如於組織法無依據或名額資格不符規定者應不予登記

經登記有案之聘用或派用人員具有簡任薦任或委任資格者於轉任簡任薦任或委任之職務時其所任聘用或派用職務之經歷得與其他經歷併計年資核敘等級

第十三條 本條例施行後銓敘機關應送具各機關聘用或派用人員登記名冊送審計機關審核其薪俸

各機關聘用或派用人員於組織法無依據或名額不符規定或薪俸超過定額者其薪俸之全部或一部審計機關應不予核銷

第十四條 本條例施行前各機關原有聘用或派用人員之整理辦法由考試院會同主管院或直隸國民政府之主管機關定之

第十五條 本條例自公布日施行

社會工作人員訓練辦法第五條第八條第十條第十一條第三十條修正條文

三十三年五月四日行政院義玖字第一〇一〇〇號指令修正

第五條 社會工作人員之訓練分為中央與地方兩種屬於中央訓練者由社會部會商中央訓練委員會就中央訓練團設班辦理屬於地方訓練者由省社會處（未設社會處之省為民政廳院轄市為社會局以下倣此）會商地方行政幹部訓練團設特別班辦理其未設地方行政幹部訓練團之省得自行設班辦理

地方社會工作人員訓練必要時得由縣（市）政府呈准省政府籌辦縣（市）社會工作人員訓練班（如僅舉辦一種人員訓練得逕稱某縣（市）某訓練班）其已設有地方行政幹部訓練所者應就所內附設特班辦理但屬於社會行政人員部份仍應調由省地方行政幹部訓練團訓練

第八條 各省（市）舉辦社會工作人員訓練應由各舉辦機關商訂訓練計劃分呈社會部及中央訓練委員會備案計劃內容包括左列各款

一、訓練機關名稱

二、負責人員姓名資歷

三、設立地點

四、訓練性質

五、訓練期間

六、教育計劃

七、經費預算及其來源

八、受訓人員名額選調標準及待遇辦法

縣（市）政府舉辦社會工作人員訓練應照前項各款擬訂訓練計劃呈報省政府備案其由縣（市）訓練所設班者並應分呈省地方行政幹部訓練團備案

第十條 前各級受訓人員分別規定如左

一、由中央訓練機關調訓者（已經中央訓練團黨政訓練班調訓者不再調訓）

一、各省（市）社會處（局）秘書科長視導

二、各縣（市）政府社會科長（未設社會科之縣爲兼管社會行政之科長）

三、中央主辦之社會事業主要工作人員

四、中央直轄人民團體之幹部

五、其他特許或指定之人員

二、由省地方訓練機關調訓者

一、縣（市）社會行政工作之主管人員及指導員

縣（市）政府社會科長或兼管社會行政之科長在中央未調訓前得由各省調訓之

二、省（市）及縣（市）主辦之社會事業主要工作人員

三、省（市）及縣（市）所轄各級人民團體之幹部

四、其他特許或指定之人員

三、由縣（市）地方訓練機關調訓者（已經省訓練機關調訓者不再調訓）

一、縣（市）以下主辦之社會事業主要工作人員
二、縣（市）以下人民團體幹部
三、其他特許指定之人員

第十一條　前項調訓之各種人員分編爲社會行政人員組社會事業人員組人民團體幹部組分別訓練或先後分期訓練
中央或地方訓練機關除依照前條規定調訓各項現職人員外得因事實需要以考試方法招收非現職人員訓練之地方訓練機關所訂考試辦法應分別呈經社會部及中央訓練委員會之核准
其由縣（市）舉辦者應呈請省政府核准在縣訓練所設班者並應分呈省地方行政幹部訓練團核准

第三十條　受訓人員受訓期滿成績及格得由訓練機關發給證明書　由省訓練機關訓練者於每期訓練完畢應將畢業學員履歷及受訓成績造具名冊呈報社會部備案
由縣（市）訓練機關訓練者應依前項規定造具名冊呈報省政府備案並由省政府按季摘要咨社會部其在縣訓練所設班者亦同

社會部陪都空襲服務總隊組織規程（三十三年三月二十五日行政院備案　三十三年四月十二日部令公佈）

第一條　陪都空襲服務總隊（以下簡稱本總隊）隸屬於社會部掌理陪都空襲服務事宜

第二條　本總隊置總隊長一人由社會部部長兼任綜理隊務並指揮監督所屬職員及機關副總隊長一人由各組織單位互推之襄助總隊長處理事務

第三條　本總隊以左列各單位所組織之服務隊爲基本組織
一、中央黨部各部會局處及重慶市黨部
二、三民主義青年團中央團部及重慶支團部
三、國民政府各院部會局署處及重慶市政府各局處會
四、軍事委員會各部會廳署局處
五、各人民團體

六 各高中以上學校

第四條 本總隊所屬各服務隊之任務如左：

一 搶救災童災嬰救護產婦扶持老幼協助挖掘倒塌房屋事項

二 供應防空洞乾糧及災區難民與搶救人員之茶粥事項

三 宣傳防空防毒救護常識及勸導疏散事項

四 慰問並協助受傷及被災難胞事項

五 其他有關空襲服務及災區善後之協助事項

第五條 服務隊隊員以由各機關團體學校員生及民衆義勇應徵為原則

每隊隊員十五人至三十人置正副領隊各一人其由民衆組成者每隊隊員得擴編至一百人置隊長一人分隊長三人

第六條 左列人員不得應徵為服務隊隊員

一 警察及義勇警察

二 防護團團員

三 消防隊隊員

四 士兵

第七條 本總隊設左列各組室分掌各項事務

一 組訓組 掌理組織訓練督導考核調遣事項

二 供應組 掌理供應事項

三 宣慰組 掌理宣傳勸導慰問事項

四 總務組 掌理人事文書庶務出納及其他不屬各

五 會計室 掌理歲計會計統計事項

第八條 本總隊置總幹事副總幹事各一人由總隊長向各有關機關調用或遴派組長四人會計主任一人督導員十六人幹事十二人助理幹事二十六人會計員二人由總隊長派充之

第九條　本總隊總隊長副總隊長總幹事副總幹事均為無給職組長會計主任得薦任待遇其餘人員得委任待遇

第十條　本總隊因事實之需要呈經行政院核准得設供應隊技術隊災區臨時服務站其編制另定之

第十一條　本總隊辦事細則另定之

第十二條　本規程自公布之日施行

社會部公務統計方案實施辦法

民國三十三年五月五日部令公佈

第一條　社會部為使本部及附屬各級機關辦理公務之經過與結果以統一方法經常記載并整理統計編成報告以為設計執行與考核之根據經依照統計法與黨政工作考核辦法及其他有關法規制定社會部公務統計方案其實施本依辦法辦理之

第二條　社會部各部份組織應將所辦公務及指導所屬機關辦理公務之經過與結果經常登記以供行政上隨時考查與編製報告之用

前項各種登記册籍名稱附後

第三條　社會部統計處應按期就部內各部份組織之登記册審核整理編成各種報告表其名稱附後

第四條　社會部所屬各級機關所辦公務亦應由各部份組織經常登記並由統計人員按期整理編成各種報告表其名稱見社會部公務統計方案

社會部所屬最下級機關將前項各種報告表呈由該管上級機關發交主管部份審核登記並由統計人員彙編報告表後再上級機關發交主管部份審核登記並由統計人員彙編報告表如此逐級審核登記彙編遞送至社會部

第五條　社會部及所屬各級機關所辦公務之各種登記册籍與登記方法暨各種報告表之整理編製方法等均詳於社會部公務統計方案內各承辦人員應切實遵照辦理

第六條　社會部及所屬各級機關行政計劃收支概算工作進度檢討報告表年度政績比較表及其他工作報告內之各種數字均應以第三條及第四條所列之報告表為根據

社會部及所屬各級機關每次呈送工作進度檢討報告表及年度政績比較表時應將第三條及第四條所列各有關之報告表一併呈報

第七條　自本辦法施行之日起所有性質相同之表册一律廢止其須繼續使用者應經核定

第八條　本辦法由國民政府主計處會同社會部公佈施行其修正時間亦同

社會部防護團辦法

（三十年二月二十五日部令公佈
三十三年五月二十四日修正公佈）

第一條　社會部爲應付非常時期空襲危害特設防護團辦理本部防護事宜

第二條　防護團設團長一人承　部長之命綜理團務副團長一人協助團長處理團務團長副團長由　部長派充之

第三條　防護團設總幹事一人幹事二人由團長就本部職員中遴選呈請　部長派充承長官之命辦理日常事務

第四條　防護團分設左列四組

一　情報組　掌理關於警報傳達及通訊聯絡等事項

二　救護組　掌理關於災變傷害之緊急救護治療及担架等事項

三　消防組　掌理關於火警預防搶救及防毒消毒等事項

四　管制組　掌理關於管理燈火管理防空洞及避難之指導事項各組設主任一人組員若干人由團長就本部職員中遴選呈請部長派充之

第五條　防護團設臨時自衛隊掌理關於警戒保護防止盜匪及維持本部安全等事項臨時自衛隊服務細則另定之

第六條　防護團各組及臨時自衛隊均應於日夜派員輪流值事

第七條　防護團各組及臨時自衛隊均應於空襲或其警報解除後迅將防護區域內之空襲經過災變狀況工作情形詳細報告由總幹事彙集轉報團長副團長

第八條　防護團工作人員如因執行任務致受傷害或死亡時除由部照章從優撫卹外幷得依法呈請優卹之

第九條　防護團工作人員在團工作成績得視爲考績時之考績標準

第十條　本辦法自　部長核准日施行

組織訓練

鄉鎮公益儲蓄儲戶獎勵辦法

三十三年四月二十一日行政院公布

第一條 鄉鎮公益儲蓄熱心儲戶依照本辦法獎勵之

第二條 鄉鎮公益儲蓄儲戶之獎勵分爲團體個人二類

團體

甲等 一年內儲蓄一千萬元以上者由行政院呈請 國民政府明令褒獎題頒匾額

乙等 一年內儲蓄五百萬元以上者由行政院彙案呈請 國民政府題頒匾額

丙等 一年內儲蓄一百萬元以上者由行政院題頒匾額

個人

甲等 一年內儲蓄五百萬元以上者由行政院呈請 國民政府題頒匾額

乙等 一年內儲蓄二百萬元以上者由行政院題頒匾額

丙等 一年內儲蓄五十萬元以上者由財政部題頒匾額

第三條 請獎程序及期限規定如左：

一 縣（市）政府應於年度終了後一月內查明各等應獎儲戶造册呈報省政府查核

二 省（市）政府應於年度終了後三月內將省（市）內應獎儲戶造册咨請財政部會同內政部轉呈核獎

三 團體儲戶得於年度終了後三月內逕呈財政部會同內政部請獎但須附繳經辦鄉鎮公益儲蓄行局證明儲蓄數額之文件

包括於團體儲戶內之各單位及個人儲戶不得重複請獎

第四條 本辦法自公佈之日施行

各縣（市）推進鄉鎮公益儲蓄考核辦法

三十三年四月二十一日行政院公布

第一條 各縣（市）推進鄉鎮公益儲蓄之成績依照本辦法考核之

第二條 各縣(市)應於每年七月及翌年八月以前分別將各該半年度內推進鄉鎮公益儲蓄之實達數額造具簡表呈報省政府考核

第三條 各縣(市)長於每年年度終了時照該縣進達鄉鎮公益儲蓄數額超過定額五成以上者由財政部內政部會同遞呈國民政府明令嘉獎超過定額三成以上者由財政部內政部會同呈請行政院明令嘉獎超過定額一成以上者由財政部會同內政部嘉獎

第四條 各縣(市)長於每年年度終了時推進鄉鎮公益儲蓄實達數額不足定額五成者予以撤職處分達定額五成以上不足七成者記大過一次達定額七成以上不足八成者記過一次達定額八成以上尚未足額者申誡

第五條 各縣(市)各級自治人員推進鄉鎮公益儲蓄考核辦法由省政府參酌本辦法之規定幷斟酌實際情形擬定咨請財政部會同內政部核定施行

第六條 直隸行政院之市辦理鄉鎮公益儲蓄之考核辦法適用本辦法

依本辦法第五條規定應訂之各級自治人員推進鄉鎮公益儲蓄考核辦法由市政府擬定咨請財政部會同內政部核定施行

第七條 本辦法自公佈之日施行

機關團體及各業員工勵行儲蓄辦法

三十三年五月十三日行政院公布

一 機關團體及各業員工應一律依照本辦法勵行儲蓄

二 本辦法所稱機關團體及各業員工(以下簡稱團體員工)包括公教人員及公私企業行號人民團體之員工

三 團體員工儲蓄由中央信託局中國銀行交通銀行中國農民銀行及郵政儲金匯業局(以下簡稱經辦行局)收儲發給鄉鎮公益儲蓄券到期憑券兌付本息

四 團體員工儲蓄以在領薪之服務處所認儲爲主並以每月儲蓄一百元爲基數收入較多者酌增其儲額

五 團體員工儲蓄由服務處所彙收造具姓名儲額清單連同儲款送繳領辦當地經行局儲蓄券加蓋服務處所戳記填明儲蓄人姓名分發存執

六　因職員工資自三十三年度起始以按月繳儲為原則但為便利起見得全年一次或二次或分季彙繳

七　參加職員工已照本辦法認儲者得請求該部證明免予再儲但未儲足服務處所規定之數額者應仍在服務處所補儲足額

八　職員工已照本辦法認儲者得不再於住所認儲但有其他收入者仍得由勸儲機關按其他收入勸儲

九　本辦法自公佈之日施行

工會法施行細則

民國三十三年四月二十八日行政院公佈并呈奉國民政府本年五月六日渝文字第六四二號指令准予備案

第一條　本細則依工會法第六十四條之規定訂定之

第二條　工會名稱應定為某地某某產業工會或某某職業工會

第三條　凡在同一企業內各部份不同職業之工人所組織者為產業工會集合同一職業之工人所組織者為職業工會

第四條　凡產業工會或職業工會應酌設分會支部小組會員五人至二十人劃為一小組三小組以上得成立支部三支部以上得成立分會分會冠以所在地名稱支部小組冠以數字

第五條　分會設幹事三人至五人候補幹事一人至二人組織幹事會支部設幹事一人候補幹事一人小組設組長一人均由所屬會員依法選舉之

分會幹事得互推一人為常務幹事

分會幹事會得分股辦事

第六條　分會幹事會支部幹事小組組長受工會之指導處理一切事務但均不得單獨對外

第七條　分會幹事任期二年支部幹事小組組長任期一年連選得連任

第八條　產業工會不得組織與該產業同性質之生產合作社

第九條　工會為勞資間糾紛事件之調處以未經勞資爭議處理法聲請或交付調解者為限

第十條　本法第六條所稱軍事工業之工人係指從事於軍政部或其他軍事機關獨營或合營之軍事工業之工人

第十一條　本法第十四條所稱工人得選擇加入同一產業及同一職業之工會係指從事於企業之職業工人得選擇加入產業工會或職業工會

第十二條　產業工會會員經雇主合法斥革者不得保有其會員資格

第十三條　本法公布前已加入工會為會員而依本法之規定喪失會員之資格者應於本法公佈後六個月內退出工會

第十四條　理事會處理重大事務或對外代表工會時應提經理事會決定

第十五條　候補理事候補監事遞補理事監事時其任期以補足原任理事監事之任期為限

第十六條　當選之理事監事自接到工會通知後如因正當理由不能就任時應於十日內以書面聲明之

第十七條　理事監事因故不能出席會議時得委託各該候補理事監事臨時代表之

第十八條　工會對失業會員應酌量減免其經常會費

第十九條　本法第二十四條所稱工資及會員收入應將各項津貼及雇主供應之膳宿費計算在內

第二十條　縣市鎮工會及省工會聯合會會員工會入會費由成立大會議定之經常會費由會員大會在各該會員工會收入百分之十之範圍內逐年議定之

第二十一條　工會於每年會員大會或代表大會後應造具該年全部收支概算呈報主管官署備案

第二十二條　工會以職工福利金舉辦會員福利事業時應依法組織福利委員會

第二十三條　工會之合併或分立其進行程序應參照本法第九條之規定辦理

第二十四條　本法公布前成立之工會聯合會應於本法施行後一年內改組完竣

第二十五條　本細則自公佈日施行

工會會員代表大會代表選舉辦法

民國三十三年四月二十八日行政院公布并呈奉國民政府本年五月六日渝文字第六四一號指令准予備案

第一條　本辦法依工會法第二十一條之規定訂定之

第二條　工會會員代表大會之代表選舉（以下簡稱代表選舉）應由該工會派員主持並呈請主管官署派員監選及指導

第三條　代表選舉之選舉票應由該工會製定並加蓋圖記

第四條　代表選舉由全體會員按照附表一之比例劃分若干單位直接選舉之

前項劃分單位後剩餘人數在附表一比例額半數以上得另成一單位其不足半數者歸入最後之一單位合併選舉

第五條　代表選舉人及被選舉人以曾經登記而取得會員資格者爲限

第六條　代表選舉之前十日工會應將選舉日期每單位人數及代表人數公告所屬會員週知

第七條　代表選舉以記名投票行之

第八條　會員不能塡寫選舉票者得請人代塡但須本人簽押或蓋章

第九條　代表選舉結果以得票較多者爲當選次多者爲候補其票數相同時用抽籤法決定之

第十條　代表選舉辦理完畢後三日內應由該工會繕具證明書交當選代表收執

前項代表證明書款式如附表二

第十一條　凡出席工會代表大會之代表報到時應繳驗代表證明書如有不符時得提出大會取消其代表資格

第十二條　工會會員代表大會代表任期一年連選得連任

第十三條　縣市總工會會員代表大會之代表選舉由各該工會會員大會及代表大會按照附表三之比例以記名單記法選舉之其餘准用本辦法關於工會代表之規定

第十四條　省工會聯合會會員代表大會之代表選舉由各該工會會員大會或代表大會按照附表四之比例以記名單記法選舉之其餘准用本辦法關於工會代表之規定

第十五條　凡本辦法未規定事項適用人民團體職員選舉通則之規定

第十六條　本辦法自公布之日施行

附表一

會員人數	每單位人數	代表人數
100—500	5	1
501—1000	10	1
1001—1500	15	1
1501—2000	20	1
2001—2500	25	1
2501—3000	30	1
3001—3500	35	1
3501—4000	40	1
4001—4500	45	1
4501—5000	50	1
5001—5500	55	1
5501—6000	60	1
6001—6500	65	1
6501—7000	70	1
7001—7500	75	1
7501—8000	80	1
8001—8500	85	1
8501—9000	90	1
9001—9500	95	1
9501—10000	100	1

附表二

某某職業工會（產）代表大會代表證明書

茲選舉　　為出席代表

工會理事長或常務理事（簽名蓋章）證明

工會圖記

中華民國　　年　　月　　日

附表三

會員人數	代表人數
30—100	1
101—200	2
201—500	3
501—1000	4
1001—2000	5
2001—5000	6
5001—10000	7
10001以上	8

依本表規定產生之代表總數不滿二十人時本表代表人數欄數字得由主管官署核准比例增加以總數滿二十人爲度

附表四

會員人數	代表人數
30—100	1
101—1000	2
1001—5000	3
5001—10000	4
10001以上	5

依本表規定產生之代表總數不滿二十人時本表代表人數欄數字得由主管官署核准比例增加以總數滿二十人爲度

人民團體開會規則

三十三年四月十九日部令公布
三十三年六月二十六日修正

一 各種人民團體之會員大會或會員代表大會包括成立大會（即第一次會員大會）常年大會（即每年舉行一次之會員大會）及其他臨時大會等之開會俱照本規則之規定辦理

二 人民團體每次開會應於會期前將開會事由時間地點等通知各該會員同時呈請該管主管官署及目的事業主管官署派員指導

三 人民團體為便利處理大會會務得組設臨時機構（普通稱為秘書處）主持會場佈置議程編排及職務分配等事務必要時並得組設會員資格審查委員會及提案審查委員會等機構協助大會處理會務

四 開會必須準時舉行如屆時人數未足酌延時間以半小時為度逾時不開應宣告流會

五 開會之法定人數除法規會章已有規定從其規定外以有出席會議資格之會員或會員代表過半數到會為準前項規定如團體情形確有困難時得於事先呈經主管官署核准後變通辦理但不適用於職業團體

每次會議應到人數實到人數（以在簽到簿上簽名者為準）請假人數缺席人數應先為檢查由主席或臨時主席當衆宣布法定人數已足始得宣告開會

六 人民團體開會場所佈置須莊嚴整潔並陳設黨國旗 國父遺像及秩序單

七 開會時各項秩序進行應遵照 國父手訂之民權初步及有關法令辦理與會人員個人行動應謹守人民團體禮儀須知有關之規定

八 開會秩序如下

甲 成立大會

（一）開會

（二）主席就位

（三）全體肅立

（四）唱國歌

（五）向黨國旗及　國父遺像行三鞠躬禮

（六）主席恭讀　國父遺囑

（七）主席致開會詞

（八）籌備會代表報告籌備經過

（九）政府長官訓詞

（十）來賓致詞

（十一）通過會章

（十二）討論提案

（十三）選舉

（十四）臨時動議

（十五）散會

乙　常年大會

（一）開會

（二）主席就位

（三）全體肅立

（四）唱國歌

（五）向黨國旗及　國父遺像行三鞠躬禮

（六）主席恭讀　國父遺囑

（七）主席致開會詞

（八）當地政府長官訓詞

（九）來賓致詞

（十）工作報告
（十一）討論提案
（十二）選舉
（十三）臨時動議
（十四）散會

前項秩序如有不舉行之節目得酌情刪減奏樂特約講演宣讀論文攝影餘餐等節目得於適當時機行之

凡大會定有開會或閉會式分別舉行者其儀式參照常年大會秩序一至九節規定末加禮成字樣如爲閉會式可將「主席致開會詞」改爲「主席致閉會詞」政府長官代表及來賓致詞亦得從簡辦理

九　大會主席視事實需要設置一人或三人至九人之主席團其產生手續如左

一　在成立大會事前由籌備會決定名額推爲全部或半數主席人選屆時由籌備會主持人充任臨時主席請由大會表決或補選

二　常年大會之主席或主席團由理事會推定之

三　在臨時大會由理事會召集者同常年會非理事會召集者得由提請召集人之首名充任臨時主席請由大會決定主席人數并推選之

十　主席或主席團均位於主席台上其正輪值執行職務之一人應立台前（如爲冗長之會議得就座）主席團之工作分配相互推定之

政府長官重要來賓或其代表均應延請就座主席台上其他書記速記新聞記者等得另設適當處所位置之會員座次得以編號抽籤法定之

十一　政府長官或來賓至詞次序應爲（一）出席最高長官或其代表（二）社會行政主管官署長官或其代表（三）目的事業主管官署長官或其代表（四）黨部代表有所指示時應以第一來賓資格恭請致詞

長官來賓或其代表致詞應由主席肅邀並向會衆報告其姓名職銜詞畢領導會衆鼓掌致謝

十二　選舉應由主席釋示選舉方法及有關要領並由主席指定發票員收票員監票員唱票員記票員後依照人民團體職員選舉通則之規定推行之

十三　提案及臨時動議通常以書面或口頭行之書面動議必要時應由原動議人或其附議人聲述緣由如動議繁多有提案審查委員會之組織者討論時應將其審查報告提出作爲審查之根據

十四　開會時間如過長久應酌予休息上午不能完成者下午連續舉行一日不能完成者次日連續舉行在連續舉行之每一次會議開始時仍須由主席恭讀　國父遺囑停止時由主席宣布休會

十五　開會時應製作記錄記載左列各款

（一）開會次第

（二）開會之年月日時

（三）開會所在地

（四）主席姓名

（五）出席者之姓名人數請假者缺席者之姓名人數及列席者之姓名人數

（六）政府長官或重要來賓之姓名或其代表之姓名（五六兩款得以本人簽名代替記錄）

（七）記錄人姓名

（八）致詞及報告人之姓名及其內容

（九）議案（提案人連署人或附議人之姓名必要時附記之）及決議正文（表決方式及可否數目必要時附記之）

（十）選舉情形及結果

（十一）其他必要記載事項

前項記錄應由記錄人清繕交由主席核定簽字後妥存於下次會議時提出報告必要時須呈報主管官署備查

十六　本規則自公布日施行

人民團體職員通訊選舉規則　三十三年六月十八日部令公布

第一條　凡適用人民團體職員選舉通則第四條規定舉行通訊選舉時依本規則行之

第二條　通訊選舉應按實有會員數或應有會員代表數普遍製發選舉票不得遺漏

第三條　凡通訊選舉製發選舉票時有職員被選舉資格規定之團體應附合格之會員名單其無規定而初成立之團體亦應附全體會員名單

第四條　通訊選舉預定開票日期應超過件址最遠之會員或會員代表往返郵程五日以上

第五條　寄發通訊選舉票應採用有效送達方法其無法寄發之會員或代表姓名應於開票時提出報告

第六條　通訊選舉票應用摺疊緘封式收到時應即投入預置之票櫃不得先行開折

第七條　凡有分會之全國性團體會員過多時其通訊選舉票得由分會依式製發或轉發但投票人仍應將選舉票直接寄交總會

第八條　通訊選舉之開票在平時改選得於理監事聯席會議時行之在團體成立或改組時得於籌備會全體會議時行之但該團體經呈准召開權力較高之會議得仍應於該會議時行之

第九條　通訊選舉之開票監選員應先檢查會員名冊發選舉票張數及寄發日期方式相符方得監視開票如認為有違反規定時應將票櫃加封呈報主管官署核辦

第十條　本規則未定事項悉依人民團體職員選舉通則辦理

第十一條　本規則自公佈日施行

社會福利

普設工廠托兒所辦法

三十三年四月十三日行政院核准

一　向社會部分咨各省市政府在工商業發達區域普設工廠托兒所以利職工婦女參加工業生產並由經濟部隨時協助進行

二　關於工廠托兒所之管理設備以及保育等事項率依前實業部公佈之「工廠設置哺乳室及托兒所辦法大綱」之規定辦理

三　工廠托兒所經費得酌由職工福利金項內動用

四　不以營利為目的之公營工廠所設之托兒所其經費得請政府酌予補助

五　各級社會行政機關對工廠托兒所應隨時派員督導

（附）工廠設置哺乳室及托兒所辦法大綱

二十五年四月二十二日實業部公佈

第一條　本大綱依修正工廠法施行條例第二十條制定之

第二條　工廠平時僱用女工達一百人以上者應設置哺乳室其未滿一百人者得聯合附近工廠設置之

第三條　工廠平時僱用已婚女工達三百人以上者除設置哺乳室外並應設置托兒所其未滿三百人者得聯合附近工廠設置之

第四條　女工親生之子女其年齡在六星期以上十八個月以下者得寄託於哺乳室十八個月以上六歲以下者得寄託於托兒所

第五條　工人請求哺乳室或託兒所代辦供給其子女衣食時得收取其實際費用

第六條　請求寄託於哺乳室或托兒所之兒童應經體格檢查並施種牛痘

經前項檢查後發現有傳染病精神病及殘廢之兒童哺乳室或托兒所不得收容

第七條　哺乳室或托兒所應使空氣清潔溫度適宜光線柔和於可能範圍內在室外種植花木並酌留空地以便兒童遊戲運動

第八條　哺乳室由工廠酌量經濟能力爲左列之設備

一　兒童用之臥床被褥枕蓆浴盆便具坐椅搖籃

二　乳母用之坐椅衣櫥盥洗處

三　辦公用之桌椅文具登記簿寒暑表衡度體重及身長器具醫藥用品

四　其他

第九條　托兒所由工廠酌量經濟能力爲左列之設備

一　兒童用之臥床被褥枕蓆浴具坐椅教育玩具運動器具圖書衣櫥廁所

二　辦公用之桌椅文具登記簿寒暑表衡度體重及身長器具醫藥用品教材

三　其他

第十條　工廠設置哺乳室及託兒所相近者所有一切設備在不感缺乏時得互相移用

第十一條　哺乳室或託兒所應視事實需要雇用有撫育兒童經驗及衛生常識之保姆必要時得酌雇看護雇用保姆或看護人數達二人以上時應指定一人爲主任

第十二條　哺乳室或托兒所寄託時間每班自開工前十分鐘起至放工後十分鐘止經保姆或看護同意時得延長之
第十三條　寄託哺乳時之兒童其年齡未滿六個月者每三小時哺乳一次六個月以上者每四小時一次最多不過二十分鐘
第十四條　工廠設置哺乳室或托兒所時應呈報當地主管官署備案
第十五條　工廠於不抵觸本大綱範圍內得擬訂哺乳室或託兒所管理規則呈請當地主管官署核准並揭示之
第十六條　本大綱自公佈之日施行

工廠工人儲蓄辦法

行政院三十三年四月修正公布

第一條　工廠工人儲蓄除法令別有規定外依本辦法之規定
第二條　工人儲蓄事項由工廠或工會組織工人儲蓄會辦理之但工廠或工會之一方已成立工人儲蓄會時他方不得再行設立
第三條　工人儲蓄會不得以營利為目的
第四條　工人儲蓄會之設立應由發起之工廠或工會連同發起之工人十人以上擬具章程呈請主管官署核准並轉呈社會部備案主管官署在市為市政府在縣為縣政府在直隸行政院之為社會局但有關目的事業所組織之工人儲蓄會應由該事業之主管官署核轉
第五條　工人儲蓄會章程應載明左列各事項
一　工廠或工會之名稱及所在地
二　儲金之種類
三　管理委員及監察委員額數及選任解任之規定
四　會議之規定
第六條　主管官署得隨時檢查工人儲蓄會之簿冊遇有不合法或不確實時應糾正之
第七條　凡工廠之工人均應加入工人儲蓄會
第八條　工廠依工廠法應給予工人之津貼及撫卹不得從工人儲金內扣除工人亦不得藉口儲蓄要求工廠增加工資
第九條　加入工人儲蓄會之工人均為工人儲蓄會會員

第十條　會員大會每年舉行一次遇必要時得開臨時會員大會

第十一條　工人儲蓄會設管理委員及監察委員

第十二條　管理委員十一人至十五人其中三分之一由工廠選派三分之二由會員大會選舉管理委員得互選一人或三人為常務委員執行日常事務

第十三條　監察委員三人至五人由會員大會選舉

第十四條　管理委員任期二年監察委員任期一年得連選連任均為無給職

第十五條　管理委員之職權如左

一　關于儲金辦法之議決事項

二　關于儲金利息之規定事項

三　關于審查會員請領儲金之用途事項

四　關于簽發儲金支票事項

五　關于儲金收支報告並公告事項

六　關于會員大會之召集事項

七　關于其他執行事項

第十六條　管理委員每月至少開會一次

第十七條　監察委員之職權如左

一　關于審核管理委員之會計事項

二　關于糾正工人儲蓄不合法之行動事項

三　關于監察管理委員之管理事項

第十八條　監督委員各得單獨行使職權遇必要時得以三分之二委員之同意召集臨時會員大會

第十九條　每屆會員大會開會時管理委員應將一年內之收支帳目及存儲情形造具詳細表冊于開會前三十日送經監察委員會審核後報告會員大會

第二十條　儲蓄分左列兩種

一　強制儲蓄分工資爲若干等級依其等級在不妨害最低生活之範圍內酌定儲金數額凡入會之工人均應如數儲蓄

二　自由儲蓄由工人自動儲蓄凡滿一元者均得存儲並得自行指定用途

第二十一條　儲金全部應由管理委員送交當地國營金融機關郵政儲金局存儲

第二十二條　強制儲蓄之儲金由工廠每月發給工資時會同管理委員核扣之

第二十三條　工人儲蓄會應備存摺發給工人于儲入或支出時憑摺登記

第二十四條　工人儲蓄會應備儲金名册將會員之姓名工資等級儲金等級及強制儲金或自由儲金額數分別登記

第二十五條　強制儲金非遇左列情事之一不得支取

一　本人婚嫁或子女婚嫁

二　直系親屬之喪葬費

三　家遭重大之災變

四　本人或妻生產

五　本人傷病甚重

六　本人年老不能工作

七　本人工作契約終止或死亡

因前項各款支取儲金時須有相當證明

第二十六條　工人儲蓄會所需經費應由工廠負担

第二十七條　公司商店鑛場工人儲蓄事項適用本辦法之規定

第二十八條　本辦法自公布日施行

社會部奬助社會福利事業辦法

三十三年五月二十日行政院修正

第一條　凡公私主辦之社會福利事業經本部認爲確合地方或戰時需要者得依本辦法之規定奬助之

第二條　本辦法所稱社會福利事業如左

一　社會救濟事業

二　社會服務事業

三　勞工福利事業

四　兒童福利事業

五　職業介紹事業

六　其他有關社會福利事業

第三條　前條所列各項社會福利事業辦理已著成效確須繼續維持或發展而有左列各款情事之一者得申請本部核給一次補助金或經常補助金

一　限於經費無力擴充者

二　經費中斷無法維持者

三　遭遇災變無力補救者

第四條　凡經本部指定任務委託辦理之社會福利事業雖無第三條所列情事亦得依本辦法核給補助金

第五條　凡於第三條之規定申請補助者在中央直隸事業逕呈本部核定地方事業應呈由主管官署核轉

第六條　申請書應載明左列各項

一　事業名稱種類及所在地

二　主辦人及重要職員姓名履歷

三　創立經過及最近年度工作報告

四　原有經費來源及數額

五　本年度工作計劃

第七條　凡經本部補助之社會福利事業主辦機關或團體應將每年經費預算決算收支對照表業務報告書依照規定呈報本部考核

第八條　核准發給之補助金指定用途者不得移作別用如有違背情事除停止補助外並得酌量情形追繳之

第九條　凡經本部補助之社會福利事業主辦機關或團體如有違法行爲經查屬實或工作不力成績不良者除依法辦理外得時停止其補助

第十條　本辦法自公布之日施行

各省市縣社會服務處董（理）事會組織規程

三十三年六月三日部令公佈

一　本規程依據社會服務設施綱要第九條之規定訂定之

二　各省市縣社會服務處之基金或經費之全部或一部係向社會募集或由私人捐助者得設董（理）事會

三　董（理）事會之任務如左

1　監督並協助社會服務處業務之推行

2　審核社會服務處業務計劃業務報告經費預算及會計報告

3　募集社會服務處基金及經費

4　保管社會服務處基金並決定其運用方式

四　董（理）事會設董（理）事七人至十一人候補董（理）事三人至五人由主辦社會服務處之機關聘請熱心社會事業或捐資較多人士充任之

五　董（理）事會設常務董（理）事一人由董（理）事互推充任負責召集會議並於會議時担任主席

六　董（理）事會每月舉行例會一次必要時並得召開臨時會議開會時須有過半數之董（理）事出席並須出席董（理）事過半數之同意始得決議

七　董（理）事會董（理）事任期一年但得連聘連任

八　董（理）事會董（理）事概爲義務職

九　董（理）事會不另置辦公人員其事務由社會服務處主任指派處中人員兼理所需辦公用品並由處供給

十　本規程由社會部公佈施行

社會部直屬社會服務處員工獎金給予辦法

三十三年六月二十一日部令公佈

第一條　社會部為鼓勵各直屬社會服務處員工努力工作以發揚服務精神特給予員工獎金訂定本辦法

第二條　員工獎金以左列款項撥充之

一　本處薪費節餘經呈部核准之款項

二　本處業務收益經提取公積金及部令指定用途所剩餘之款項

三　其他呈部核撥之款項

第三條　員工獎金之給予分左列兩種

一　年獎金　員工任職甚久或工作努力經考績合格者

二　特別獎金　員工對所任工作有特殊獻替經呈部核准者

第四條　年獎金之分配以總額百分之七十為員工年資獎金百分之三十為員工考績獎金其計算辦法如左

一　員工年資獎金以各級考績合格之員工總人數合併計算按各人服務總年資與考績時薪額申合年資獎金總數比例分配之

二　員工考績獎金以參加考績員工合計其成績在七十分以上者之總分數申合考績獎金總數比例分配之

第五條　有左列情事之一者不得發給年獎金

一　本年度在處服務未滿六個月不能參加考績或考成者

二　年終考績其總分數不滿六十分者

三　分配年獎金時業已退職或病故者

四　本年度曾受重大懲戒處分未能功過相抵者

第六條　各處員工有左列情事之一者得呈請本部核給特別獎金

一　對處務有特殊貢獻能以少數人力財力獲致重大效果者

二　對處辦事業有遭受損害之虞能在事前察覺設法防杜因而減免者

三　對於意外事變應付得宜著有特殊勞績者

四　在處繼續服務三年以上對處辦事業之管理經營有特殊建樹者

有前項各款情事之一呈部給獎時應詳敍具體事實附呈證明文件不得以籠統考語請核

第七條　各處發給員工獎金時應造具清冊報部備案

第八條　本部直屬實驗救濟院及工人福利社等之員工獎金準用本辦法之規定

第九條　本辦法自公布日施行

二　合作事業

合作社社員義務勞力服務增加社有資本辦法

三十三年四月六日部令公布

一　本辦法以推進合作社社員義務勞力服務創造社有資本為目標

二　社員實行勞力服務分為左列二種

1　集體勞力服務由各社員對社有土地或社辦事業集體參加義務勞力

2　個別勞力服務由各社員分別以其勞力為合作社無償生產

三　各合作社得視事實需要及社員生活狀況分別規定各社員實行勞力服務之方式時期及數量

前項規定應提經理監事會議通過並呈報主管機關備案

四　合作社社員實行集體勞力服務以由社供給耕地原料工具及一切設備為原則由各社員每日或每若干日共同為合作農場或工廠義務勞作若干時間必要時得由各社員分組輪值之

五　合作社社員實行個別勞力服務時以由合作社供給原料及社員個人所不易置備之用具為原則合作社對社員在義務勞力以外之消耗並應予以補償

六　各合作社為實行勞力服務應於事前妥善籌備並應採用科學管理方法以避免勞力之浪費增進服務之效率

七　各合作社實行勞力服務應使前一期勞力服務之收益用於加強下一期勞力服務之準備以期收資本累積之效果

八　各合作社為實行勞力服務應設置專部以專責成

九　各社員不得規避勞力服務之義務其因特殊理由事實上不能參加者應比照其他社員勞力服務之價值對合作社捐助公益金其比率由理監事會議於實行勞力服務辦法內訂定之

十　各社員實行勞力服務之成果應作爲合作社所有之資產不得請求分配

十一　各合作主管機關及各級合作社爲倡導社員之勞力服務得舉行競賽其成績較優者除酌給奬勵金或奬品外並得予以其他適當之特種權利

十二　各合作社應於每年六月底及十二月底將各社員實行勞力服務所增加之資產價值及其開支製成會計報表經理監事會核定後公告之

十三　各合作社應將實行社員勞力服務之實績記入專册並應於每年六月底及十二月底製成期報表記明服務方式服務對象服務人數服務成果陳報縣合作主管機關轉報省合作主管機關備查

十四　各省合作主管機關爲適應當地環境及其需要得根據本辦法擬具各該省適用之施行細則呈請社會部核定之

十五　本辦法由社會部公佈施行

戰時合作社籌借生產消費業務特種資金辦法

（三十三年六月二十二日行政院令頒）

第一條　合作社爲謀生產消費業務之發展得由社員大會或代表大會之議決以競賽方式籌借特種資金除法律另有規定外依照本辦法之規定辦理之

第二條　合作社籌借特種資金以向社員籌借爲原則必要時經社員大會或代表大會之議決亦得向非社員籌借之但不得超過總借額百分之五十

第三條　合作社特種資金除現金部份外得以其他財物折合現金計算之

第四條　合作社特種業務資金除用作發展其章程所規定之業務外不得移作他用

第五條　籌借特種資金之合作社應組織特種資金監理委員會置主任委員一人副主任委員一人委員三人至十五人除主任委員由監事主席兼任外由承借特種資金之社員及非社員互推之負責稽核特種資金之用途如有意見得送由合作社理事會執行之

第六條　合作社籌借特種資金得由社員大會或代表大會規定借貸期限在規定期限以內非經理事會同意不得先期提回

前項先期提回之特種資金其應得利益仍應俟年終結算後辦理之

第七條 合作社對特種資金在規定期限未滿以前承借之同意得還其資金之一部或全部

第八條 合作社對籌借之特種資金得給以週息二分以上之利息

第九條 合作社爲鼓勵承借資金並提高競賽興趣得於年終結算之純盈餘內除提取公積金公益金及職員酬勞金外另提競賽獎勵金其餘額仍得依交易額分配之

上項競賽獎勵金以特種資金與其他資金比例計算之但以不超過特種資金部份盈餘百分之二十至三十爲限

第十條 合作社獎勵金之分配以特種資金之種類數額期限及有關此項競賽之勞績爲標準由合作社社員大會或代表大會議決之

第十一條 社員應得之獎勵金應以其半數增認股金

第十二條 特種資金承借人經合作社之同意得以其所有權轉讓於第三者繼承之

第十三條 合作社聯合社經營生產及消費業務籌借特種資金時準用本辦法之規定

第十四條 本辦法自公佈之日施行

各機關消費合作社購運貨物辦法

三十三年五月十五日行政院軍事委員會會同修正公布

第一條 各機關消費合作社向外埠購運貨物除軍事機關另有規定外應依本辦法之規定

第二條 各機關消費合作社應向當地合作供銷處或聯合社進貨當地無合作供銷處及聯合社時得向外埠進貨

第三條 各機關消費合作社向外埠進貨應先向合作主管機關請領准購證前項准購證核發機關在中央爲社會部在省(市)爲省(市)合作主管機關

第四條 請領准購證以曾經登記有案之機關消費合作社爲限

第五條 准購證每半年換發一次

第六條 各機關消費合作社向外埠合作供銷處聯合社或一般廠商進貨時應一律照發票上所載各項逐一於准購證上註明由該合作社採辦人員蓋章並向當地稅務機關辦理登記手續方准放行

前項登記手續應由進貨之消費合作社填具採購貨物通知單加蓋該機關正式印信連同准購證送請當地稅務機關登記後由稅務機關於准購證上加蓋印信發還之

第七條　准購證核發機關應隨時派員檢查准購證所購之物品是否以公平合理方式配銷於社員如查有套買舞私情事除對採辦人員及串通舞弊人員嚴予懲處外并吊銷准購證其情節重大者吊銷合作社登記證解散其合作社

第八條　准購證核發機關須於准購證上蓋騎縫印不得撕毀塗改

第九條　准購證核發機關應將請領機關職員工役人數及每人每月應行分配貨物數量附記於准購證以便考核

第十條　本辦法自公布之日施行

三三四

人力動員

國民義務勞動法施行細則（卅三年四月十八日行政院核准）

第一章　總則

第一條　本細則依國民義務勞動法第二十七條之規定訂定之

第二條　義務勞動計劃之擬訂或審查得由有關機關合組設計委員會辦理之

第三條　義務勞動計劃及實施辦法內應載明左列各項

一　應服義務勞動者之姓名年齡住址職業技能等之調查事項
二　施工地區之勘測與集合場所之選定事項
三　義務勞動所需工具材料等之標準事項
四　醫藥衛生設備及距離其住所五公里以外義務勞動者之膳宿供給事項
五　幹部之甄選與技術指導人員之分派事項
六　全部工程之分期分區事項
七　人民土地房屋之租購事項
八　有關機關之聯繫事項
九　其他有關義務勞動應行準備事項

第四條 各縣市於每次義務勞動徵召完畢後應行呈報之事項如左：

一 應徵服務人數

二 免役緩役及代役人數

三 幹部甄選及任用情形

四 工具材料籌給情形

五 醫藥衛生設備及膳宿供應情形

六 興辦工程之種類及其完訖狀況

七 工作成績概況

八 違反本法第二十條至二十三條之人數及其處理情形

九 經費收支概況（附報表）

十 黨（團）及其他機關之協助情形

十一 其他有關事項

前項第九款之經費收支狀況除呈經主管官署核銷外罰金部份並應於當時當地公佈之

第二章 勞動時間

第五條 農暇業餘假期之勞動時間依左列之規定

一 農暇 鄉村人民依當地之氣候於農隙季節舉行

二 業餘 工商各業從業員工就其本業閑暇時或習慣休息日期舉行公務人員及自由職業者以星期假日或照例工作外之時間舉行

三 假期 學校教職員及在校學生於寒暑假期間舉行

第六條 義務勞動實施時視其工作性質分別採取集中與分散兩種方式其勞動時間採取集中式者按日計算採分散式者按日或按時計算概以服滿本法第七條規定之勞動時間爲止

前項工作依其性質便於以件計算者得就該工作所需時間折合計算

第三章　征召及服務

第七條　左列各款事項應由主管官署於公告其核定勞動服務名册時公告之

一　工作地點

二　工作事項

三　參加集中或分散之編制

四　應行住宿者其住宿之處所

勞動者對於所分配之工作如任為不能担任者得於公告後十日內呈請主管官署變更之但經重行分配後不得再請變動

第八條　參加分散式之義務勞動者因其自願或主管官署認為必要時得參加集中式之勞動但自願者之申請應於公告後十日內行之

第九條　本法第十四條所稱因職業不能中斷者係指在職業上遇有左列事項而又無法覓人代替其職務者而言

一　契約規定限期完成之事項

二　職業中斷後足以影響公共福利之事項

三　從事著作或發明尚未完成之事項

稱其他必要關係者係指遇有左列情形必須本身繼續辦理者而言

一　撫養直系親屬傷病時

二　奉行政府緊急命令不能延誤時

三　因職業或其他正當故事暫離住所或居所未歸時

第十條　依本法第十四條之規定不能應徵服務者應具備前條各款原因之一得取當地保甲長之證明呈請主管機關核准行之

依前項規定無法覓人代為勞動時得由被徵人繳納當地當時同等之工價呈請主管機關雇人代替

被徵人因不能應徵服務申請繳納工價時主管機關應給予三聯收據以一聯繳核一聯交被徵人收執一聯存查其格式由社會部定之

第十一條 主管官署應將徵調服務之義務勞動者按照地區及機關團體學校等單位分別組織勞動服務團或勞動服務隊

勞動服務團暨勞動服務隊組織規程由社會部定之

第四章 徵召之緩免

第十二條 依本法第十八條之規定延緩服務者應提出證件呈請主管官署核准於原因消滅後之下次徵召時補足如係本年最後一次征召之延緩服務則於翌年補足之

前項延緩服務之原因爲婚事者以本身爲限喪事以其直系親屬或配偶爲限延緩服務每年以一次爲限

第十三條 依本法第十九條第二款之規定請求免服務勞動者以兵工軍用被服動力工業冶鍊工業等技術員工爲限

第十四條 依本法第十九條第四款之規定免除義務勞動者係指遭受左列各項災害而言

一 水火

二 荒旱

三 地震

四 戰時敵機轟炸

五 其他天災人禍

第十五條 依本法第十九條之規定除該條第四款應服義務勞動者應於勞動開始前十日分別出具二人以上之證明書或隸屬機關證明文件經該保甲長查明屬實報請主管官署核准後免除之

第五章 附則

第十六條 由義務勞動所獲之收益以供地方公共福利爲原則

條 國民義務勞動之獎勵及撫卹辦法另定之

第十八條 本細則自公佈日施行

推行國民義務勞動配合鄉鎮造產實施辦法

三十三年五月十日部令頒發

第一條 國民義務勞動配合鄉鎮造產除法令別有規定外依本辦法之規定

第二條　各省市政府應將實施鄉鎮造產列爲國民義務勞動主要事項

第三條　辦理義務勞動之主管官署於年度開始前擬具義務勞動計劃及實施辦法時應依照鄉鎮造產辦法第二條規定之造產事項並參酌地方實際需要將造產所需之勞力儘先妥爲支配呈請上級主管官署核准轉送中央主管官署備案

第四條　社會部或社會處審核義務勞動計劃或訂定單行法規涉及鄉鎮造產事項時應會商內政部或民政廳辦理

第五條　內政部或民政廳審核鄉鎮造產計劃或訂定單行法規涉及義務勞動事項時應會商社會部或社會處辦理

第六條　本辦法自核定之日施行

縣市國民義務勞動服務團組織規程

三十三年六月二十一日行政院核准

第一章　總則

第一條　本規程依據國民義務勞動法施行細則第十一條之規定訂定之

第二條　國民義務勞動服務團（以下簡稱本團）直隸於縣（市）政府冠以所在縣（市）名稱

第三條　本團之職掌如左

一　關於團隊之編組事項

二　關於義務勞動者之徵調分配管理醫療及休假事項

三　關於作業之講習指揮監督考核事項

四　關於義務勞動者之獎懲及撫卹之呈請事項

五　關於業務之調查統計事項

六　其他有關義務勞動事項

第四條　本團按鄉鎮保之系統分別編爲大隊中隊其隊稱以所屬鄉鎮保定之必要時得於大隊之上設總隊中隊下設小隊每小隊轄三十六至四十五人小隊單位之多寡依當地應服義務勞動實有人數定之

第二章　團部

第五條　團置團長一人以縣（市）長兼任之承當地政府之命綜理團務

長下設總幹事一人由團長就訓練合格之人員中遴請當地政府委派受團長之指揮監督襄理團務

第六條　團部設左列三組

一　總務組

二　徵調組

三　作業組

第七條　各組設組長一人由團長遴請當地政府委派兼任之承團長之命受總幹事之指揮監督分掌各組事務

前項組長因業務繁重得呈准當地政府專任之

設兼任組員一人至二人業務緊重者得設專任組員一人由團長遴員充派之承長官之命辦理事務

第九條　團部得酌用雇員

第十條　團部因業務之需要得聘請當地機關學校首長地方紳耆及專門人員為指導員

第十一條　團部附設於縣（市）政府內

第三章　各級隊部

第十二條　縣隊置總隊長一人由區長或資深之鄉鎮長兼任之承團長之命綜理隊務

總隊長下設總隊附一人由團長遴派當地適當人員兼任之承團長之命受總隊長之指導監督襄理隊務

第十三條　總隊得酌用雇員

第十四條　第十二條至第十三條之規定直屬大隊準適用之

第十五條　大隊置大隊長一人由鄉鎮長兼任之承總隊長之命綜理隊務

大隊長下設大隊附一人由總隊長遴派當地適當人員兼任之承總隊長之命受大隊長之指揮監督襄理隊務

第十六條　大隊得酌用雇員

第十七條　中隊置中隊長一人由保長兼任之承大隊長之命綜理隊務

中隊長下置中隊附一人由大隊長遴派當地適當人員兼任之承大隊長之命受中隊長之指揮監督襄理隊務

第十八條　小隊置小隊長一人由中隊長遴派之

第十九條　各級隊部分別附設於各該區公署鄉鎮公所保辦公處內

第四章　附則

第二十條　本團各級兼任及聘任人員爲無給職但得酌給津貼專任人員比照各該地方機關待遇給與之

第二十一條　本團服務規則另定之

第二十二條　院轄市義務勞動服務團之組織得適用本規程之規定

第二十三條　本規程自公佈日施行

命令

國民政府令

任免令

任命盛長忠爲社會部會計長此令
任命賀衷寒爲社會部勞動局局長此令

三十三年四月十九日

社會部視導卞宗孟另有任用卞宗孟應免本職此令

三十三年六月十三日

許克黃着以社會部勞動局視導試用此令

三十三年五月八日

行政院呈據社會部部長谷正綱呈爲社會部科長王家樹另有任用請免本職應照准此令

三十三年五月二十三日

行政院呈據社會部部長谷正綱呈請任命彭利人爲社會部科長應照准此令

三十三年四月五日

行政院呈據社會部部長谷正綱呈請將陳瑞麟一員以社會部勞動局科長試用應照准此令

三十三年四月五日

三十三年四月二十九日

行政院呈據社會部部長谷正綱呈請任命尹其堅爲社會部合作事業管理局視察應照准此令

三十三年五月一日

行政院呈據社會部部長谷正綱呈爲社會部科長吳聖峯另有任用請免本職應照准此令

三十三年五月二十日

行政院呈據社會部部長谷正綱呈爲社會部視導王仙舟呈請辭職請免本職應照准此令

三十三年五月二十二日

行政院呈據社會部部長谷正綱呈爲社會部視導徐　銓呈請辭職請免本職應照准此令

三十三年五月二十三日

行政院呈據社會部部長谷正綱呈請任命劉　暢爲社會部科員應照准此令

三十三年六月五日

行政院呈據社會部部長谷正綱呈請任命田久安爲社會部科員應照准此令

三十三年六月五日

社會部令

公布令

茲制定合作社社員義務勞力服務增加社有資本辦法公布之此令

社法字第六五〇〇九號　三十三年四月八日

茲制定陪都空襲服務總隊組織規程公布之此令

社法字第六五一七八號　三十三年四月十一日

茲制定人民團體開會規則公布之此令

社法字第六五六六九號　三十三年四月十九日

茲依照社會救濟法之規定特將本部重慶嬰兒保育院重慶游民訓練所及重慶殘廢教養所分別改稱爲社會部重慶育嬰院社會部重慶習藝所社會部殘疾教養所公佈之此令

社法字第六七二〇四號　三十三年五月十三日

茲將社會部獎助社會福利事業暫行辦法修正爲社會部獎助社會福利事業辦法公布之此令

社法字第六七五五四號　三十三年五月二十日

茲制定社會部直轄兒童保育院機關給領童嬰辦法公布之此令

社法字第六七五五六號　三十三年五月二十日

茲將民國二十一年九月七日前實業部公佈工會代表大會代表選舉大綱廢止之此令

茲將民國二十二年九月十四日及九月二十一日前中央民衆運動指導委員會先後頒佈之縣市總工會組織準則暨工會之分會支部小組組織簡則廢止之此令

茲將民國二十九年三月前中央社會部頒佈之縣市總工會經費徵募辦法廢止之此令

社法字第六七五九〇號　三十三年五月二十二日

茲將社會部防護團暫行辦法修正爲社會部防護團辦法同法第十條原文删除原第十一條遞次改爲第十條公佈之此令

社法字第六七七二四號　三十三年五月二十四日

茲制定各省市縣社會服務處董（理）事會組織規程公佈之此令

社法字第六八三八四號　三十三年六月三日

茲修正社會工作人員訓練辦法公佈之此令

社法字第六八六八七號　三十三年六月九日

茲制定人民團體職員通訊選舉規則公佈之此令

社法字第六九一六七號　三十三年六月十八日

茲制定本部直屬社會服務處員工獎金給予辦法公佈之此令

社法字第六九二九七號　三十三年六月二十一日

茲修正人民團體開會規則公佈之此令

社法字第六九六四八號 三十三年六月二十六日

任免令

茲派張瑞昰為雲南箇舊礦區勞工福利委員會總幹事此令

人字第六四六二六號 三十三年四月一日

茲派張沛為遵義社會服務處職業介紹組組長此令

人字第六四六二九號 三十三年四月一日

茲委任郝履平試署本部合作事業管理局科員此令

人字第六四八六〇號 三十三年四月六日

茲委任雷鑿試署本部科員此令

人字第六四八六二號 三十三年四月六日

代理本部科員薩照遠另有任用應予免職此令

人字第六四五四六號 三十三年四月七日

本部統計處調查員劉彬工作不力應予免職此令

人字第六四九五〇號 三十三年四月七日

茲派陳叔揚為中華海員工會特派員辦事處設計委員此令

人字第六五〇三九號 三十三年四月十日

本部科長尃沛滋另有任用應免本職除呈報外此令

人字第六五三九六號 三十三年四月十四日

茲派朱有為代理本部科長除呈薦外此令

人字第六五三九八號 三六三年四月十四日

本部統計處調查審導員萬伯恆呈請辭職應予照准此令

茲派陳堯昶代理本部科員此令，人字第六五三九九號　三十三年四月十四日

茲派劉重農爲本部社會工作人員訓練班教務組組長此令　人字第六五四三八號　三十三年四月十五日

代理本部勞動局科員李維儀呈請辭職應予照准此令　人字第六五四三九號　三十三年四月十五日

茲派方明泉代理本部勞動局科員此令　人字第六五四四二號　三十三年四月十五日

本部督導員王夢揚呈請辭職應予照准此令　人字第六五四四三號　三十三年四月十五日

代理本部科員劉鴻煥呈請辭職應予照准此令　人字第六五四四四號　三十三年四月十五日

本部參事李俊龍呈請辭職應予照准除呈報外此令　人字第六五四四五號　三十三年四月十五日

本部視導徐銓呈請辭職應予照准除呈報外此令　人字第六五四五三號　三十三年四月十五日

茲派周泰京兼任本部社會工作人員訓練班第八期社會服務組組長此令　人字第六五四五五號　三十三年四月十五日

茲派張翼鴻兼任本部社會工作人員訓練班第八期社會救濟組組長此令

茲派許昌齡兼任本部社會工作人員訓練班第八期社會保險組組長此令

茲派陳家璋兼任本部社會工作人員訓練班第八期兒童福利組組長此令

茲派張永懋兼任本部社會工作人員訓練班第八期勞工福利組組長此令

茲派喻兆明兼任本部社會工作人員訓練班，八期職業介紹組組長此令

命令

茲派覃培隆兼任本部社會工作人員訓練班第八期組訓組組長此令

茲派周文山兼任本部社會工作人員訓練班第八期組訓組訓育幹事此令

茲派柴景仁兼任本部社會工作人員訓練班第八期祕書此令

人字第六五五五六號　三十三年四月十七日

茲派趙錫麟代理本部合作事業管理局科員此令

人字第六五七一一號　三十三年四月[illegible]日

本部勞動局簡任祕書曹鍾麟另有任用應免本職除呈報外此令

人字第六五七二五號　三十三年四月[illegible]日

茲派譚俊吾傅作民邱桀海朱興榮王鏡波爲本部工礦檢查員此令

人字第六五七二八號　三十三年四月[illegible]日

茲派周德明代理本部重慶市工人福利社業務組組長此令

人字第六五七五三號　三十三年四月[illegible]日

茲派張於弛代理本部重慶市工人福利社總務組組長此令

人字第六五七五四號　三十三年四月[illegible]日

茲派楊傑爲本部會計處調查員此令

人字第六五七六四號　三十三年四月[illegible]日

茲派嚴俊傑爲本部統計處調查員此令

人字第六五七六四號　三十三年四月[illegible]日

茲派龐德貫劉　爲本部統計處指導員此令

人字第六五七六五號　三十三年四月[illegible]日

茲派葉永清代理本部科員此令

人字第六五七七六號　三十三年四月[illegible]日

本部合作事業管理局科員葉烈呈請辭職應予照准此令

本部耆任祝道玉仙舟呈請辭職應予照准除呈報外此令　人字第六五七七七號　三十三年四月二十[illegible]日

本部調查員葉春耕楊傑另有任用應予免職此令　人字第六五七七九號　三十三年四月二十日

茲派徐蘭英代理本部科員此令　人字第六五七八〇號　三十三年四月二十日

本部合作事業管理局科員鄧曆暉呈請辭職應予照准此令　人字第六五七八一號　三十三年四月二十日

茲派陳奇鑑代理本部合作事業管理局科員此令　人字第六五七八三號　三十三年四月二十日

本部社會工作人員訓練班[illegible]書陳耀義另有任用應予免職此令　人字第六五七八五號　三十三年四月二十日

茲派胡韶代理本部科員此令　人字第六五七八七號　三十三年四月二十日

部重慶社會服務處職業介紹組組長馮漢斌另有任用應免本職此令　人字第六六〇二六號　三十三年四月二十四日

茲派馮漢斌為本部重慶職業介紹所所長此令　人字第六六〇九七號　三十三年四月二十八日

茲派楊德志為本部重慶職業介紹所副所長此令　人字第六六[illegible]號　三十三年四月二十八日

本部調查員沈竹筠呈請辭職應予照准此令　人字第六六一〇〇號　三十三年四月二十八日

本部科員羅孟昭呈請辭[illegible]應予照准此令　人字第六六二三二號　三十三年四月二十八日

人字第六六三三四二　三十三年四月二十八日

茲委任艾叔才爲本部科員此令

人字第六六三三六二　三十三年四月二十八日

茲派秋信之代理本部合作事業管理局辦事員此令

人字第六六三三九號　三十三年四月二十八日

茲派宋寶君爲社會工作人員訓練班訓育幹事此令

人字第六六三四二號　三十三年四月二十八日

本部督導員石明江呈請辭職應予照准此令

人字第六六五六三號　三十三年五月三日

本部統計處調查員劉文任呈請辭職應予照准此令

人字第六六五六四號　三十三年五月三日

本部勞動局科員滕敬侯范家槐呈請辭職應予照准此令

人字第六六六〇六號　三十三年五月三日

茲委任方山農爲本部科員此令

人字第六六六〇七號　三十三復五三月日

本部合作事業管理局辦事員劉維理另有任用應予免職此令

人字第六六六一二號　三十三年五月三日

本部勞動局科員江澤光李維陵尹承管游培成呈請辭職應予照准此令

人字第六六六一五號　三十三年五月三日

本部勞動局科員鄭綸川逾假不歸應予免職此令

人字第六六六二七號　三十三年五月三日

本部勞動局科員王鼎鉊違法經商怠忽職守應予撤職此令

人字第六六六號八號　三十三年三月九日

本部調查員彭振武呈請辭職應予照准此令

人字第六六六五一號　三十三年五月五日

茲委任李華湘試署本部勞動局科員此令

人字第六六九三二號　三十三年五月九日

茲委任賀兆森試署本部勞動局科員此令

人字第六六九三四號　三十三年五月九日

茲派柳少鵬王光遠郭鳴洋代理本部勞動局科員此令

人字第六六九三六號　三十三年五月九日

本部勞動局科員陳鶴森應予撤職此令

人字第六六九五二號　三十三年五月九日

本部荐任科員張翼鴻另有任用應免本職除呈報外此令

人字第六七〇六〇號　三十三年五月十一日

茲派張翼鴻代理本部科長除呈荐外此令

人字第六七〇六三號　三十三年五月十一日

本部督導員宋世懷另有任用應予免職此令

人字第六七三九八號　三十三年五月十三日

茲派宋世懷代理本部科員此令

人字第六七一九九號　三十三年五月十三日

茲派沈　鼎代理本部荐任視導除呈荐外此令

人字第六七二〇〇號　三十三年五月十三日

本部督導員徐嘉驌呈請辭職應予照准此令

人字第六七二七七號　三十三年五月十五日

茲委任方明泉爲本部勞動局科員此令

茲委任陳詩煊為本部科員此令

人字第六七四三七號　三十三年五月十八日

茲委任林振威試署本部科員此令

人字第六七四三九號　三十三年五月十八日

茲委任伍[illegible]華為本部勞動局科員此令

人字第六七四四一號　三十三年五月十八日

茲委任徐正綸為本部合作事業管理局科員此令

人字第六七四四三號　三十三年五月十八日

茲派丁宗智代理本部合作事業管理局視察除呈薦外此令

人字第六七四四五號　三十三年五月十八日

茲委任柯化龍試署本部科員此令

人字第六七四四七號　三十三年五月十八日

本部科員蔡元湛工作不力應予免職此令

人字第六七四四九號　三十三年五月十八日

本部督導員廖劍虹呈請辭職應予照准此令

人字第六七五五八號　三十三年五月廿四日

代理本部科員樓世箴另有任用應免本職此令

人字第六七五五九號　三十三年五月廿四日

茲派樓世箴為本部調查員此令

人字第六七七五三號　三十三年五月廿四日

本部統計處指導員楊蘊璞呈請辭職應予照准此令

人字第六七七五四號　三十三年五月廿四日

人字第六七七八三號　三十三年五月廿四日

本部調查員唐國祥另有任用應免本職此令　人字第六七七八四號　三十三年五月[illegible]

茲派唐國祥代理本部科員此令　人字第六七七八五號　三十三年五月[illegible]

茲派[illegible]照遼爲本部調查員此令　人字第六七八二一號　三十三年五月[illegible]

茲派孫受周爲本部統計處調查員此令　人字第六七八二六號　三十三年五月[illegible]

茲派伍秉乾代理本部重慶第二育幼院教導組組長此令　人字第六八〇三〇號　三十三年五月[illegible]

茲派陳濟平代理本部勞動局科員此令　人字第六八〇三五號　三十三年五月[illegible]

茲派雷雄代理本部勞動局科員此令　人字第六八〇四五號　三十三年五月廿九日

茲委任何崇立爲本部科員此令　人字第六八一三七號　三十三年五月[illegible]

茲派王前傳爲本部重慶實驗救濟院習藝所主任此令　人字第六八一六三號　三十三年五月[illegible]

茲派周青柏爲本部重慶育嬰院院長此令　人字第六八二六三號　三十三年六月[illegible]

代理本部重慶第一育幼院教指組組長劉清巽呈請辭職應予照准此令　人字第六八三三六號　三十三年六月[illegible]

茲派陸[illegible]祥代理本部重慶第一育幼院教導組組長此令

社會部公報　命令

命令

玆派周光漢代理本部科員此令

人字第六八三三七號　三十三年六月四日

玆派敖大綸代理本部勞動局科員此令

人字第六八七四三號　三十三年六月十日

本部科員何學立呈請辭職應予照准此令

人字第六八七四六號　三十三年六月十日

玆派雷震代理本部科員此令

人字第六八七四八號　三十三年六月十日

玆委任匡　權爲本部科員此令

人字第六八八七四號　三十三年六月十三日

本部統計處指導員鐘光耀呈請辭職應予照准此令

人字第六八八八〇號　三十三年六月十三日

玆委任易春海爲本部勞動局科員此令

人字第六八八八一號　三十三年六月十三日

本部重慶職業介紹所所長馮漢斌呈請辭職應予照准此令

人字第六八八九三號　三十三年六月十三日

玆派曹培隆爲本部重慶職業介紹所所長此令

人字第六八八九五號　三十三年六月十三日

代理本部合作事業管理局辦事員蘇　逸另有任用應予免職此令

人字第六八八九六號　三十三年六月十三日

代理本部勞動局科員徐建勛呈請辭職應予照准此令

人字第六八九〇五號　三十三年六月十四日

人字第六八九五七號　三十三年六月十四日

茲派伍國楨代理本部科員此令

人字第六八九八四號　三十三年六月十五日

代理本部勞動局科員夏智君呈請辭職應予照准此令

人字第六九〇一五號　三十三年六月十五日

茲派楊振華代理本部勞動局科員此令

人字第六九〇一七號　三十三年六月十五日

茲派鄭實相代理本部勞動局科員此令

人字第六九一七八號　三十三年六月十九日

茲派陳德三代理本部勞動局科員此令

人字第六九二三八號　三十三年六月十九日

本部勞動局科員費良材呈請辭職應予照准此令

人字第六九四二二號　三十三年六月廿二日

本部內江社會服務處總務組組長李昌谷呈請辭職應予照准此令

人字第六九四二五號　三十三年六月廿二日

本部貴陽社會服務處職業介紹組組長陳允德另有任用應免本職此令

人字第六九四六〇號　三十三年六月廿二日

茲派丁偉華代理本部貴陽社會服務處職業介紹組組長此令

人字第六九四六一號　三十三年六月廿二日

茲派任畫　毅為本部勞動局科員此令

人字第六九四七八號　三十　二年六月廿二日

茲派任貴凌霄為本部勞動局科員此令

人字第六九四八一號　三十三年六月廿之日

茲派孫廷榮為本部指導員此令

茲派楊波侯爲本部統計處指導員此令

茲派沈毓雯爲本部調查員此令
人字第六九四八六號　三十三年六月廿二日

本部調查員蕭鼎瑛昨致志願令免極此令
人字第六九四八七號　三十三年六月廿二日

茲派陳宗文代理本部合作事業管理局科員此令
人字第六九六三九號　三十三年六月廿六日

茲派康國瑞爲本部重慶市工人福利社主任此令
人字第六九七三〇號　三十三年六月廿八日

試署本部合作事業管理局科員郝履平呈請辭職應予照准此令
人字第六九八二五號　三十三年六月廿九日

本部勞動局科員田純豐呈請辭職應予照准此令
人字第六九八四七號　三十三年六月廿九日

茲委任費克武爲本部合作事業管理局科員此令
人字第六九八五八號　三十三年八月廿九日

附錄

本部新聘社會行政計劃委員會委員姓名一覽

陳立八

李俊龍

吳健

曹沛滋

總務類

社會部訓令

人字第六四八二二號　卅三年四月五日

令本部各附屬機關

行政院秘書處卅三年三月廿八日義人字第六七八一號公函開：

案准

「奉　委院長三月二十日手令：「行政院各部會公務人員眷屬調查表，限本月內一齊呈報，其有延宕不遵辦之機關，應即據實詳報勿誤」。等因，玆將該項調查表隨函附送，請於文到五日內填就送院，并迅飭所屬各級機關亦於文到五日內填送，以便彙呈。又貴部現有各級附屬機關究有若干，亦希逐級查明列表見覆爲荷。」

等由；准此，除分令外，會亟令仰遵照如限填報切勿延誤。此令。

附調查表式一份

（〇〇機關）公務員及其眷屬人數調查表

公務員 性別	公務員人數				眷屬人數						備考
	共計	25歲以下	26歲至30歲	31歲以上	共計	六歲以上				五歲以下	
						父母以上	夫妻	子女	孫以下		
總計											
男											
女											

填表說明：1，表內公務員人數應填三十三年三月十五日實有人數并應包括聘派人員及雇員

2，眷屬人數除夫妻外應以直系親屬為限

3，凡不在任所眷屬人數應於備考欄內註明

社會部訓令

人字第六五八〇八號　卅三年四月廿日

令本部各附屬機關

案准

行政院祕書處卅三年四月十日義統字第七八三三號公函開：

「奉　兼院長手令：調查行政院各部會署公務員及眷屬人數一案，業經本處檢同調查表式，於三月廿八日以義字第六七八一號函請於文到五日內塡送在案。玆查各機關塡載眷屬人數頗有錯誤，特舉例詳細解釋如後，希卽轉飭塡表人員及所屬機關詳加研究，其有業已塡送而有錯誤者，並希自行更正，迅速送院爲荷」。

等由，並抄附塡表舉例一份，准此，除分令外，合亟令仰知照。此令。

附公務員及眷屬人數調查表塡表舉例一份

公務員及眷屬人數調查表舉例

如某機關有男公務員五十人，其眷屬中父母以上者100人，妻40人六歲以上子女120人，孫以下10人，另五歲以下兒童60人，其計眷屬280人，女公務員五人其眷屬中父母以上10人，夫十人六歲以上子女15人，共有眷屬29人，總計男女公務員眷屬309人，其中六歲以上不在任所者29人五歲以下不在任所者2人，則其塡表方法如後：

〇〇〇公務員及其眷屬人數調查表

時期：三十三年三月十五日

公務員性別	公務員人數				眷屬人數						備考
	共計	25歲以下	26歲至30歲	31歲以上	共計	六歲以上				五歲以下	
						父母以上	夫妻	子女	孫以下		

總計	55	1	11	43	205	110	44	155	10	10	其中六歲以上眷屬不在任所者29人五歲以下不在任所者2人
男	50		10	40	280	100	40	120	10	10	
女	5	1	1	3	29	3	4	15			

注意：1,不在任所眷屬人數均應列入表內並須就六歲以上五歲以下兩項分別於備考欄內塡載明白

2,表內公務員人數分男女性別眷屬則否如眷屬人數口共計欄男性公務員格內280人中既有男性眷屬在內亦有女性眷屬在內

社會部訓令　總三字第六五八二六號　卅三年四月廿一日

令本部各附屬機關

案奉

行政院本年三月廿三日義柒字第六三七〇號訓令開：

奉　國防最高委員會本年三月十五日國綱字第四一二八八號代電開：「査中央黨政軍機關業務檢討會議與工作進度考核辦法，及戰時各機關年度工作計劃編造辦法，業經本會先後制定以國綱字第三四一五一號代電，暨國綜字第三八一六九號未代電頒行在案。玆因以上兩項辦法間有抵觸之處，特將「中央黨政軍機關業務檢討會議與工作進度考核辦法」第一條原條文：「中央黨政軍機關（以下簡稱各機關）應於年度工作計劃呈奉核定後，分月訂定進度於年度開始前列表報查，表式附」，修改爲：「中央黨政軍各機關，（以下簡稱各機關）應於編選年度工作計劃時，訂定分月進度表附送，表式附」，又戰時各機關年度工作計劃編造辦法，所附各機關年度工作計劃程式三項（四）款二目亦應删去：「依照國防最高委員會規定程式擬訂」句，改爲：「表式附」三字。除分電外，合行補發表式希卽査案分別修正，並轉飭所屬一體遵照」，等因；査該項考核辦法及編造辦法，前經本院先後轉發遵照在案，除分令外，合行抄發原表式，令仰遵照此令」。

等因，奉此，除分令外，合行抄發原表式令仰遵照。此令。

抄發年度工作計劃分月進度表式一份

機關　年度工作計劃分月進度表

工作項目	預定分月進度											
	一月	二月	三月	四月	五月	六月	七月	八月	九月	十月	十一月	十二月

說明

（一）工作項目欄應填中心工作以星號來特別標明

（二）「預定進度」欄須將各項工作在該月份應達之程度作簡括之說明時間性重要者以預定每月進度百分率為原則

（三）各機關舉辦某種事業另有經費預算者須附帶說明經費與人事配備

（四）各機關工作計劃進度必要時得增備考一欄

（五）工作進度如有不能按月劃分者應按其情形另定進度並於表內註明

社會部訓令

總一字第六七五五二號 卅三年五月二十日（不另行文）

令本部各附屬機關

案奉

行政院卅三年四月廿七日義八字第九四五〇號訓令內開：

「准銓敍部三十三年四月十三日奬撫字第四三三一號公函開：查公務員退休撫卹兩法及施行細則，業已先後頒行，公務員卹金條例亦經廢止，關於舊有請卹核卹及卹金領據各種表式均不適用，自應重行規定，俾便應用。玆檢同新訂公務員遺族聲請撫卹事實表，公務員退休事實表撫卹金領據及退休金領據各一紙，送請查照，幷轉飭所屬各機關知照。等由准此。合行抄發原表令仰知照，幷轉飭所屬一體知照此令」。

等因；附抄發公務員遺族聲請撫卹事實表一份，公務員退休事實表撫卹金領據式樣及退休金領據式樣各一份，奉此。除分令外，合行抄發原件令仰知照並飭屬知照。此令。（附表略）

附註：公務員撫卹法及公務員退休法，均參見國民政府公報渝字第六二一號，公務員撫卹法施行細則及公務員退休法施行細則，均參見國民政府公報渝字第六四九號不另抄登公報。

社會部訓令

總一字第六七六九三號 卅三年五月廿四日

令本部各附屬機關

案奉

行政院卅三年五月九日義一字第一發四一五號訓令內開：

奉國民政府三十三年五月三日渝文字第二六二號訓令開：「查鄉鎮組織暫行條例，鄉鎮民代表選舉條例，縣參議會組織暫行條例，及縣參議員選舉條例，業經分別制定公布施行在案。所有前由本府公布之縣參議會組織法縣參議員選舉法，區自治施行法，及鄉鎮自治施行法，應予一併廢止。等因，除分令各部會署暨各省市政府外，合行令仰知照，幷轉飭所屬一體知照此令」。

等因；奉此，除分令外，合行令仰知照，幷飭屬知照。此令。

組織訓練類

社會部簽呈　組三字第六五四五七號　三十三年四月十五日

事由：奉交核復陝西省政府電，爲青年團團營事業應否飭其加入當地同業公會案，簽請　鑒核由。

竊查商業同業公會法第十二條規定：「不論公營或民營，除關係國防之公營事業，或法令規定之國家專營事業外，均應爲商業同業公會會員。」青年團團營事業，自不能例外。惟與辦關於社會福利事業，不以營利爲目的，不能視同商人，而與公司法第一條之規定亦　不相同，自毋庸加入同業公會。奉交前因，理合簽請

鑒核。謹呈

行政院

附註：本案准行政院秘書處三十三年四月二十四日信九字第一五七〇九號通知已奉　院長諭「依議辦理」並由院令知陝西省政府

社會部咨　組四字第六五八四六號　三十三年四月二十一日

案准

貴府三十三年三月十三日社一字第一四一號咨，略以據高縣縣政府呈以該縣第二第三兩區署，因距城較遠，所轄區域遼闊，故仍予保留，惟此等設有區署之區教育會，應否撤銷另組各鄉鎮教育會一案，囑核復等由；查在同一縣境內區署未完全裁撤者，其區教育會仍應一律分組爲鄉鎮教育會。准咨前由，相應復請

查照爲荷！此咨

四川省政府

社會部咨　組一字第六七四六三號　三十三年五月十八日

案准

貴省政府三十三年二月十五日社乙字第〇八〇三號咨，以據南充縣呈復該縣漁會呈請轉飭嚴禁各鄉鎮藉修河堰等事，索取捕魚河價一案，抄同原附件轉囑核復等由。查原案所請解釋各點，均屬目的事業範圍，經咨准農林部本年五月二日章丁漁字第六〇〇九號函復，節開：「查（一）依漁業法第五條第三條第一項及第十五條第一項之規定，漁業權爲物權之一種，非經呈奉核准登記設立，不得對抗第三人，該縣鄉鎮僅憑其單純之聲請行爲，遽將所在區段河流溪澗劃作育漁造產地域，自不得認爲已有漁業權之設立，因之更無准予收取入漁費之餘地。（二）堵水築堰，非以養魚爲目的，並呈經核准不得向漁業人徵收任何費用。（三）魚類繁殖有定時定所，公有水面乃非眞正魚類產卵場所，非依法令不得禁漁。（四）漁會會員，應爲漁業人，惟不必盡屬漁業權人，該縣漁會會員，倘無辦理登記給證手續之必要，而能出具證件證明其爲漁業人時，自可不必登記」等由，准此相應復請

查照飭遵爲荷。此咨

四川省政府

社會部咨　組三字第六七八一四號　三十三年五月二十五日

案准

貴省政府本年四月二十七日社一字第二八六九號咨：以據威遠縣政府電，請核示販賣豆粉條粉之商人，應加入何項商業同業公會一案，囑咨照核復，等由；附件過部。此項條粉、豆粉、原料雖屬雜糧，但成品實類南貨，專營者如滿七家，可單獨組會，否則，仍宜加入南貨商業同業公會。准咨前由，相應復請

查照飭遵爲荷。此咨

四川省政府

社會部咨 組三字第六七八五一號 三十三年五月十二日

案准

貴府三十三年四月二十五日社一字第二四八二號咨：以據威遠縣政府電請核示中國文化服務社支社，應否參加商會爲會員，囑查照核復，等由；准此，查該社既屬設店售賣圖書，文具，自應依法入會，准咨前由，相應咨請

查照，並轉飭遵照辦理，爲荷。此咨

四川省政府

社會部咨 組四字第六九四〇〇號 三十三年六月二十三日

案准

貴省政府社一字第二九三二號咨：據宜賓縣政府呈請解釋現役軍人不能參加民衆團體疑義一案，囑核復等由。查現役軍人，不能參加民衆團體，當然包括文化、宗教、慈善、公益、及其他社會團體。茲准前由，相應復請

查照，爲荷。此咨

四川省政府

社會部公函 組一字第六五五四七號 三十三年四月十七日

案准

貴部三十三年三月一日選民字第一二二五一號公函，以准考選委員會函，爲陝西省政府請解釋縣參議員選舉條例中，所稱職業團體疑義一案，轉囑核復，等由；查縣參議員選舉條例第十條所稱：每一職業團體爲一單位，係指縣級團體而言，即每縣僅有農會、漁會、工會、商會、教育會、及自由職業團體六單位。惟縣級團體未成立，而縣境該業內之基層組織，已依法成立者，亦成爲一單位，至該條所稱會員人數則應以該單位之基層組織之會員爲主，如商會以全縣之公司行號，其他五單位均爲

個人會員。再職業團體之候選人，亦應依同條例第一條規定，須經試驗或檢覈，無規定選人數，相應復請

查照轉達，爲荷。此致

內政部

社會部 政部 函

組六字第六六八〇九號　三十三年六月五日

查新聞記者，應規定適當日期爲記者節，業經本部簽呈奉行政院三十三年三月十一日義壹字第五二九七號指令核准，以每年九月一日爲記者節。除分行外，相應函請查照飭知，爲荷。此致

各省市政府

社會部代電

組二字第六五三三〇號　三十三年四月十三日

浙江省社會處：本年二月十七日家字第四八二號呈悉。查符號證章原爲軍政教育機關人員對內對外關係證明其身份，人民團體組織簡單，其職員對外關係亦較少，且其身份已有會員證足資證明。値此非常時期，物力艱難，更無備用符號證章之必要，特電仰知照。社會部組二卯元印。

社會部代電

組四字第六五三七四號　三十三年四月十四日

四川省社會處：社一寅冬代電悉。醫師法規定中醫得組織省級公會，業經另令飭遵，出席代表人數，仍暫依原條文辦理。下級會理員當選爲上級會理員時，不得兼任，仰即遵照。社會部組四字卯醫印。

社會部代電

組一字第六六九二〇號　三十三年四月二十八日

陝西省社會處：卯元社二組電悉。出席上級總會代表，依法應由會員選舉，不得由會委託參加，如有困難，得不出席。

社會部組一卯敬印。

社會部電 組二字第六六七一六號 三十三年五月五日

浙江社會處：卯魚寅電悉。私人汽車之司機機工，應加入當地汽車司機業工會，不得加入公路工會，特復。社會部組二辰支。

社會部電 組三字第六七一九七號 三十三年四月十日

浙江省社會處：密丑敬電悉。查商業團體對縣參議員選舉採複選制，其初選選舉人為公司行號，經政府編定選舉人名簿時，即以公司行號經列。惟各該業從業人員，經試驗或經檢覈為被選及格者，如已以鄉鎮民代表資格，編入區域候選舉人名簿，即不得為該業初選人及被選人，特復。社會部組三卯灰印。

社會部代電 組六字第六八一九八號 三十三年五月三十一日

各省市社會處(局)及設社會科之民政廳：查本年度推行鄉鎮公益儲蓄，為 主席倡導之重要運動，各項有關法規，業經行政院通飭施行在案。各級社會行政機關，自應督導人民團體切實協助推行，茲特規定：(一)人民團體應利用月會暨其他集會，講解儲蓄意義及有關法令，並擴大宣傳。(二)人民團體應經常勸導會員，踴躍儲蓄，並運用競賽方法予以鼓勵。(三)社政機關應經常召集人民團體負責人舉行會報，檢討認儲情形，仰飭應遵辦具報。社會部組六印。

社會部代電 組二字第六八六二二號 三十三年六月八日

浙江省社會處：卯迴家字第一三六八號代電悉。查工會書記及非從業工人，而曾選任為工會職員者，依照修正工會法之規定，不得為工會會員，自修正工會法公布施行後，所有非從業工人，加入工會及被選為工會職員者，應即令其退出。特電知照。社會部組二巳齊。

社會部代電　組二字第六八七六四號　三十年三六月十四

湖南省民政廳：耒民叔四字第二二七三號卯養代電悉。查民船船員工會，原有之分事務所，應依照修正工會法施行細則第四條之規定，改設分會支部，至分會支部，毋庸參加縣市總工會。特電知照。社會部組二巳蒸。

社會部代電　組六字第六八九八三號　三十三年六月六十五日

新生活運動促進總會：三十三年五月十六日總字第九六六一號公函敬悉。查各級新運會組織大綱，規定上級對下級，僅有領導字樣，其各級會成立時，均應報由當地政府登記，是各級會之應受當地政府指導監督，由來已久，與其上級會領導權各有分際。此次院令，不過在各級政府中指定主管單位為社政機關，不應因此發生劃分範圍問題，特電復查照。社會部組六巳咸印。

社會部代電　組四字第六九一六八號　三十三年六月十九日

江西省社會處：三十三年三月十二日社二字一一四三號呈悉。該省教育會成立大會召集困難，其職員選舉准用通訊選舉方式舉行。惟為通過章程及其他決議案，仍應舉行會議，其不能參加之會員代表，應委託其他可能參加會議之會員為臨時代表，除人民團體職員通訊選舉規則另令頒發外，合行電仰遵照。社會部組四字皓印。

社會部代電　組三字第六九八三號　三十三年六月十九日

各省市社會處（局）：查本部前頒人民團體組織，改選，改組，整理總報告表式，茲已修正，特將修正各表式抄發電仰遵照，并轉飭所屬遵照為要。附抄發人民團體組織，改選，改組，整理總報告表式各一份，社會部組三巳皓。

指導人民團體組織總報告表（式樣）

團體名稱（全稱）		
設立地址		
發起經過	發起宗旨	
	發起人數或團體單位數	
	許可發起組織日期	
籌備經過	籌備員推定日期	
	籌備員 姓名	
	呈報籌備竣事日期	
成立會	成立會日期及地點	
	到會會員或代表人數	監選人姓名
	個人 總數	男 女
	團 團體數	會員代表數

立	員	體	公司行號或工廠數			會員代表數		
	職	職務	姓名	略歷	職務	姓名	略歷	
經								
	員							

主管官署立案日期		立案證書字號	字	號
經費來源				
過 團體事業及計劃提要			圖記模樣	
指 奉派日期		工作經過時間	計	日
導 重要			此處	

注意：人民團體職員略歷須詳填與現任工作有關之各種經歷

經過	指導事項		該團體圖記
備註			

社會部製

中華民國　　年　　月　　日組織指導員　　　　填報

指導人民團體改組/整理總報告（表式）

團體名稱			
團體所在地			
改組/整理 時期	自　　年　　月　　日至　　年　　月　　日　其間經過　　日		
過去會	原有團體名稱		
	沿革	活動情形	

	過去負責人姓名及職別							
	職別	姓名	職別	姓名	職別	姓名	職別	姓名
務概況								
改組整理經過								

	職員姓名及其略歷					
改組整理後	職務	姓名	略歷	職務	姓名	略歷

注意：職員略歷須詳填與現任工作有關之各種資歷

會務概況	會員數	個人	男　　人	女　　人	共計	人
		團體	團體數		會員代表數	人
			公司行號或工廠數		會員代表數	人
	經濟來源					
	團體事業及計劃述要					
備註						

中華民國　　年　　月　　日組（或整理）指導員　　　　填報

指導人民團體改選總報告表（式樣）

團體名稱							
團體所在地							
過去會務概況	沿革	成立日期	年 月 日				
		立案日期及機關	年 月 日 立案				
		曾否經過改組及整理					
		上屆改選日期及次數	年 月 日 第 次改選				
	過去重要工作概況						
	上屆負責人姓名及職別						
	職別	姓名	職別	姓名	職別	姓名	職別	姓名

改選經過	改選日期		年		月		日
	改選時大會出席人數			監選人姓名			

改選後會務概況	本屆當選之負責人姓名及略歷						
	職別	姓名	略歷	職別	姓名	略歷	
	會員數	個人	男 人	女 人	共計	人	
		團體	團體數		會員代表數	人	
			公司行號或工廠數		會員代表數	人	
	經費概況						
	本屆重要						

社會部 製

況	工作計劃
備	
註	

中華民國　　年　　月　　日　　指導員　　　　填報

社會部
農林部 代電　組一字第六九二五七號　三十三年六月二十日

各省市政府公鑒：茲依照示範農會實施辦法第六、七兩條之規定，製訂示範農會工作計劃，工作報告，及收支報告之格式各一種，電請查照，轉飭進行爲荷。附示範農會工作計劃工作報告收支報告格式各一份，社會部農林部組一印。

省　　縣農會　　年度　　半年示範工作報告

（此處蓋農會圖記）

呈報人

年　　月　　日

工作項目	原定進度	辦理經過	檢討效果	未辦原因	備註

（說明）

一、工作報告之標題應冠省縣名稱

二、工作項目及原定進度兩欄應依照原擬計劃編列俾便審核

三、辦理經過一欄應扼要具體敘述并應儘量列舉數字及人名地名

四、檢討效果一欄應將實際效果簡明列入例如：社會輿論與觀感會員所受利益與影響或事業發展狀態等

五、凡未辦事項應照原定計劃依次編列並應於未辦原因欄內敘明理由

六、凡計劃外所辦之重要工作應逐項附列報告之後并應於辦理經過及檢討效果兩欄內分別敘明

七、本報告格式示範鄉農會暫適用之

省　縣（市）農會　年度　半年收支報告

年　月　日填報

摘要	收入金額	支出金額	盈虧金額	備註

理事長（或常務理事）△△△（蓋章）　　出納△△△（蓋章）

常務監事（或監事）△△△（蓋章）

說明：

1. 收支報告應連同工作報告一併呈由縣政府遞轉社會部農林部備核
2. 所有收支帳目及單據應於年度終了時專案呈報縣政府進行核銷
3. 本報告示範鄉農會適用之

（蓋章）

省　縣農會　年度示範工作計劃

（此處蓋農會圖記）

年　月　日呈報

（蓋章）

壹、計劃要點

甲、關於組訓福利及一般活動者

一、健全鄉農會及其小組組織

（一）過去辦理情形……………………

（二）本年度實施限度及其方法……………………

二、……………………

（一）……………………

（二）……………………

乙、關於目的事業者

一、設置示範農田

（一）過去辦理情形……………………

（二）本年度實施限度及其方法……………………

二、……………………

（一）……………………

（二）……………………

丙、其他

一、

（一）……………………

（二）……………………

貳、實施進度

工作項目		預定進度 上半年	預定進度 下半年	備註
甲、關於組訓福利及一般活動者	一、健全鄉農會及其小組組織			
	二、……………			
	三、……………			
	……………			
乙、關於目的事業者	一、設置示範農田			

丙、其他

一、……

二、……

叁　經費概算

甲、收入之部

款	項	目	摘　要	金　額	備　註
(一)……					

乙、支出之部

款	項	目	摘　要	金　額	備　註
(一)……					

(說明)……

一、計劃標題應冠省縣名稱例如：「四川省成都縣農會三十三年度示範工作計劃」

二、「計劃要點」應依照示範農會實施辦法第五條之規定依次編訂不屬於該條規定之工作應另列爲丙項每項工作之（一）過去辦理情形（二）本年度實施限度及其方法均應扼要敘明

三、實施進度應依照所擬計劃要點依次編訂并應將何時開始何時完成之月份分別註明

四、本計劃格式示範鄉農會適用之

社會交通部代電

組三字第六九二六一號　卅三年六月廿日

各省市政府：案查本兩部會訂調整并加強汽車運輸各業同業公會組織實施辦法，於卅二年十一月十日以組三字第五四七九六號會呈　行政院備案并分電各省市查照飭辦具報一案，茲奉　行政院本年一月六日義肆字第二一五號訓令及審查會議紀錄節開：「查關於整調并加強汽車運輸各業同業公會組織實施辦法，應依據非常時期工商業及團體管制辦法之規定，由該部等會商辦理，即以部令行之，毋庸另訂法規」等因；奉此，自應遵辦。查該項辦法及前軍事委員會運輸統制局與本社會部卅年十一月十八日以社組字第一○一九一號會電，爲健全各地汽車商業同業公會組織規定應行辦理事項一案，應併予廢止，另訂應予辦理事項如次：（一）凡全國公路所及之地當地政府或路局方面認爲係屬汽車運輸重要地區，應遵照同業公會組織法及本要點，加以調整，或重新組織汽車商業同業公會。（二）凡以運輸貨物或搭客爲營業範圍，並有汽車之公司，行號或個人，均應爲同業公會會員，「其以承攬運送爲營業範圍者，應加入承攬運送商業同業公會。」（三）凡合於前條資格之會員，應將其營業商車之種類、牌號、輛數、載重、行駛路段及營業狀況，分別向公會登記，並由同業公會審查合格後，發給會員證及會員車輛證。凡無會員車輛證者，一律不准行駛。（四）各地商車如由甲地駛赴乙地，應憑其會員證，向到達地點及同業公會報到，俾彼此互相聯繫，汽車業公會會員應遵照政府規定價格營運公私貨物，違者依法處罰，同業公會理監事應負督促之責。（五）汽車商業同業公會書記應由公會所在地政府派遣，其經常業務應按期分報有關主管機關惟其聯合會之書記，由社會部直接派遣之。（六）交通部公路總局商車指導委員會及各地分會，應負責會同各當地政府，督促各公會組織之健全，交通社會兩部隨時派員分赴各地切實督導之。（七）交通社會兩部會電各省市政府，轉飭檢查所轄重要地區內之汽車商業，及其同業公會現狀，迅電具報，並限兩個月，將已有同業公會組織者，促其健全，其尚無同業公會組織者限期成立，於

兩個月內詳細具報備查。（八）俟各地同業公會組織健全後，再由交通社會兩部會商定期召集全國聯合會，除呈復并分電外、相應電請查照轉飭遵辦具報彙轉備查爲荷。交通部社會部

社會部代電

組六字第六九四九七號 卅三年六月廿三日

貴州省政府：三十三年五月四日甲社二組字第一三五三號咨敬悉。傷兵之友社，准列入社會運動機構，特電復請查照。社會部組六巳漾印。

社會部代電

組四字第六九九一二號 卅三年六月卅日

湖南省政府勛鑒：三十三年四月十日未府民叔四字第二六六八五號代電，暨同年五月九日未府民叔五字第二七一〇九號代電均敬悉。查監督慈善團體法及其施行細則第三條之規定：凡以濟貧救災養老恤孤及其他救助事業爲目的之團體，無論其爲財團性質，或社團性質，均爲慈善團體；但非常時期人民團體組織法所稱之人民團體，其組織以民主集權爲原則，並需有一定數之發起人及會員，其職員由會員選舉之，僅限於民法上之社團方面，其財團性質之慈善團體，並非該法所稱之人民團體，自可不受前令之限制，相應復請查照，並請分別轉飭知照爲荷。社會部組四字陷印。

社會部訓令

組四字第六五〇〇八號 卅三年四月八日

令各省市社會處局及設社會科之民政廳

案據中華民國全國醫師公會聯合會呈稱：「竊以開業醫師，必需加入所在地醫師公會，本爲醫師法第四章第二十六條所規定，茲値醫師法實施之初，各地開業醫師未能遵照履行入會者爲數甚多，似應督促辦理，俾便增強組織，曾經本會第七次常務理事會提議，建議政府通令各省市，凡開業醫師，非經加入公會，不得請領開業執照，以期強制入會，增強組織一案，當經通過紀錄在卷，可否之處，除分呈衛生署外，理合備文呈請鑒核，准予通令飭遵」。等情，據此，查該會所請一節，核屬可行，除分令外，合行令仰遵照辦理。此令。

社會部訓令

組六字第六五五六七號　卅三四月十八日

令各省市社會局及設社會科之民政廳

案准軍政部三十三年三月九日（卅三）役宣字第三〇三四號代電開：「查依照優待出征抗敵軍人家屬條例第二十三號規定，出征軍人家屬，得減免臨時捐款，茲為確定臨時捐款範圍及使一般征屬明瞭起見，經本部檢案彙列成表，除分電外，相應電達查照，并轉飭知照為荷」，附臨時捐款，解釋一覽表一份，准此，除分行外，合行令仰知照。此令。

附臨時捐款解釋一覽表一份

臨時捐款解釋一覽表

問題	解釋	解釋機關	年月日	令文字號
自治戶捐及商店之房捐等項是否屬於臨時捐款	房捐係自治財政法定稅捐屬不臨時捐款範圍自治戶捐及警捐係屬臨時捐款性質	財政部	三二、四、九	渝地八二一三代電
黨派同盟公債是否可以減免	公債之發行係有償不息儲蓄之性質與其他捐稅不同至免派範圍以直接參與作戰軍人之直系血親及配偶為限至抗屬如有合資經營之工商業及公司股份之不得經請免派	財政部	三二、一、二	渝公（二）八四五六七代電
縣級公糧是否可以豁免	縣級公糧係中央核准各省隨賦帶征未便視為臨時捐款	行政院	三二、五、一三	仁叁一〇七六七指令
駐軍副食品差價及修改鄉倉經費壯丁維持費軍警米貼等出征軍人家屬應否免派	駐軍副食以差價及修改鄉倉經費壯丁維持費軍警米貼等可視為臨時捐款	軍政部	三二、一、五	役宣〇八二批示
被征赴印服征壯丁之安家費是否應出或減少	壯丁安家費得認為臨時捐款可參用優待條例二十三條出征抗敵軍人家屬得減免臨時捐款及勞役之規定辦理	軍政部	三三、二、二〇	役宣九四二代電

隨賦征購軍糧可否優予豁免	糧賦為國家正稅購糧係隨賦配徵凡人民享有土地利益即應担負納糧義務未便予以豁免	糧食部	三二、二、二八	裕儲三七五六六代電
滑翔機捐美金公債及中醫公會月費縣參議室經費應否繳納中央有無明文規定	滑翔機捐及美金公債應視為優待條例二十三條規定之臨時捐款中醫公會月費係從業人對於公會所負之義務不適用上項條文至縣參議室經費於法無據不應派捐	行政院	三二、八、一六	仁貳一八三八六指令

社會部訓令

組五字第六九五七一號　卅三年六月二十四日

令各省市社會處局及設社會科之民政廳
本部直轄工會

查職業團體書記任用資格，早經訂頒法令迭飭遵照在案。茲各地實施情形雖多能注意受訓之條件，而於其精實職業經驗興趣與地區之配合，往往未盡顧及，致人事流動不定，影響團體工作甚鉅。嗣後各級主管官署或團體派聘書記，除注意其受訓資格外，應就本地本業團部優秀會員中儘先選拔，庶幾業務嫻熟，與情洽合，堅定其久任之信心，以促進團體之健全，除分令外，合行令仰遵照。此令。

社會部訓令

組六字第六九九一三號　卅三年六月卅日

令各省市社會處局及設社會科之民政廳

查本年社會行政檢討會議，關於發動社會力量加強社會運動案決議第五項：「統一捐募運動，應由部通飭依法嚴格執行，捐募開支，依照規定標準，力求節省，並切實查禁舞端浮收，及非法攤派情事」，核屬可行，合行錄案令仰切實遵照辦理。所有該處局自統一捐募運動辦法公佈後，核准有案而未報部之募捐運動，應即造具核准捐募運動一覽表報部，以憑查核，嗣後每半年表報一次，表式附發，併仰遵照。此令。

附發核准捐募運動一覽表式樣一份

省
市 核准捐募運動一覽表　民國　年　半年

捐募單位名稱	地址	負責人	捐款用途	核定捐募款額	核准年月	實際募得款額	除開支後淨餘款額	捐款處理情形	備註
合計									

附註：1，本表由省級社會行政機關於每年七月及翌年一月按期彙集全省核准捐募運動案件填報，填報之捐募運動以在半年內核准者爲準，其在半年內尚未結束者亦應填列，並在備註欄內註明尚未結束至其捐募結果（即實際募得款額、除開支後淨餘款額及捐款處理情形三欄）並應於下個半年補列

社會部指令　組一字第六七一三四號　卅三年五月十二日

令湖南省民政廳

卅三年三月三十一日未民叔四字第二一〇六九號呈一件，爲據零陵縣政府呈賫何家坪養牛分會組織總報告表，轉呈鑒核示遵。

呈件均悉。查該項養牛會，應視爲農會內部之目的事業機構，適用特種委員會方式，或逕由農會直接辦理該項事業，毋庸單獨組會。除咨請農林部查照外，合行令仰遵照。此令。

社會部公告　組六字第六九七六六號　卅三年六月二十九日

查依照統一捐募運動辦法規定，凡各種捐募運動其捐募區域超出一省市或國境以外者，應由發起捐募者報請本部核辦，茲爲便利履行申請手續起見，訂頒「申請社會部核准各種捐募運動應行注意事項」「發起捐募運動申請表」及「塡表須知」印存本部及各省市社會行政機關，以備索取塡用。除分行外，合將該注意事項，公告於后：

申請社會部核准各種捐募運動應行注意事項

一、向社會申請核准各種捐募運動，除應遵照統一捐募運動辦法各種規定外，並應依照本注意事項辦理。

二、捐募區域超出一省市以外，應由發起捐募者，塡具「發起捐募運動申請表」二份，備文報請社會部核准（申請表式樣另定）。

三、捐募區域超出國境以外，應由發起捐募者塡具前項申請表三份，備文報請社會部核轉　行政院核辦。

四、經申請核辦尚未奉准之捐募運動，不得逕先舉行。

五、經核准之捐募運動，在各地舉行募募時，應向當地社會行政機關報請備查，並受其指導監督。

六、發起捐募運動，應預計捐募時間，確定起訖年月，屆期結束，非有特殊原因，報請核准，不得延長。

七、有關捐募之各種文告册據票卷，應註明核准機關名稱日期及文號。

八、捐募運動結束後一個月內，應由發起捐募者將捐募所得財物數及處理情形，報請社會部備核。

三、社會福利類

社會部咨　組五字第六六五四三號　三十三年五月二日

查各市縣社會救濟事業協會之組織日漸發展，鈐記需發，亟宜明文規定。茲經決定參照人民團體圖記刊發規則辦理，除

外咨外，相應咨請

查照飭屬遵照爲荷。此咨

各省市政府

社會部咨　福五字第六七八四九號　卅三年五月二十五日

案查關於地方救濟事業基金內，票據證券及財產契據之保管機關，本部前頒各省市縣地方救濟事業基金管理辦法第三條已有明白規定。茲准湖南省政府本年三月二日未府民叔五字第二一五六一號代電：「爲法定保管機關無保管設備不能負責保管時，應如何保管，請予核復」，等由。經以「該項救濟事業如係市縣主辦者，應交由市財政局或縣財政科負責保管，人民團體所主辦者，應開會共同決定保管辦法，私人設立者，由該主辦人自行決定，但均應呈報市縣政府備案」，等語電復，事關地方救濟事業，財產契據之保管，除分行外，相應咨請

查照，並轉飭遵照爲荷。此咨

各省市政府

社會部咨　福四字第六七九五六號　卅三年五月二十六日

案准

貴府三十三年四月七日未府民叔四字第二四六八號咨，轉郴縣政府電請釋示關於抗戰軍人家屬調查疑義四點一案，囑查核見復等由；准此。茲核釋如下：

（一）失業義民及抗戰軍人家屬調查表，所指之家屬，以具有職業，知能或相當體力及經驗堪任勞動，因抗戰而失業，戰後急需介紹職業者爲限。凡合於此項條件者，無論隨同居住或居住原籍，均可填報。

（二）姓名年齡各欄，填寫失業義民抗屬本人之姓名、年齡、至渠係何人家屬因與職業介紹無關，無須註明。

（三）該表以人爲單位，每人塡寫一張。

（四）凡不堪任職或勞動之老年人，及未達法律所定勞動年齡的幼童，均無須塡報。

准咨前由，相應復請

查照轉如爲荷。此咨

湖南省政府

社會部公函　福二字第六五三七七號　卅三年四月十四日

案准

貴署卅三年三月廿日（卅三）八字第四一四三號公函：以据西北防疫處呈，爲舉辦員工福利，請專案提撥資金一案，轉囑核示意見。等由；准此。查西北防疫處暨西北製藥廠，既不以營利爲目的，自難適用職工福利金條例第二條第一項一、四兩款之規定，而尤以該條第一項第一款係指明廠礦於創立時，就其資本總額中提撥百分之一至百分之五，該處廠如成立於該條例公布施行之前，更不得追溯既往。惟查該條第一項第二三五各款所規定者，乃提撥福利金之最低標準；該處廠倘欲增籌福利經費，自可於依據各該款提撥福利金時，將原定百分比酌予增高，又如於該條各款規定之外，增闢經費來源，亦爲法所不禁。准函前由，相應復請

查照爲荷。此致

衛生署

社會部公函　福二字第六五四八四號　卅三年四月十五日

准

貴所卅三年一月卅三日甲字第〇〇一一號函請解釋有關非常時期民營工廠員工獎金辦法之問題，等由，並附原提意見及問題

一則准此。查獎金係不固定性之收益，與薪工津貼之爲固定性之報酬者不同。獎金數額應由廠酌定，原辦法第二條第二項有明文規定，工人本無計較多寡及主張必得之權。至工廠營利所得，依法應報告主管徵收機關，其屬於公司組織者，並由監察人依法監察，工人不得要求查賬。又原辦法規定員工獎金，於年度終了後三個月內發給，係按照各工商業普通結賬期間而定，各工廠如辦理手續力求迅速，原訂期限亦無虞短促。准函前由，相應復請

查照。此致

中國工業經濟研究所

社會部公函　福三字第六六二二九號　卅三年四月二十七日

查各級黨部社會服務處呈報文件，間有由主辦黨部逕呈本部者，致當地主管社會行政機關，對各處業務情形，常感隔閡。茲爲加強當地主管社會行政機關對各處業務設施之指導監督起見，特規定所有各級黨部社會服務處，呈報文件，嗣後應一律由主辦黨部轉送當地主管社會主管機關轉呈本部。除分行外，相應函請查照，轉知爲荷。此致

中國國民黨福建省執行委員會

社會部代電　福二字第六五五五〇號　卅三年四月十七日

福建省社會處：卅三年寅智處社丙永電悉。依照職工福利金條例第一條，暨同條例施行細則第一條及第十三條之規定，該省轄境內國營銀行及地方銀行，得由該處或當地市縣政府，得飭並督促其依照職工福利金條例提撥福利金，辦理職工福利事業，仰即知照。社會部福二卯篠印。

社會部代電　福三字第六五八〇三號　卅三年四月二十日

中國國民黨江西執行委員會公鑒：卅二年十一月廿二組三字代電敬悉。關於各級黨部社會服務處，造送工作月報表，究

應根據各級黨部設立社會服務處辦法，抑依照社會服務設施綱要之項目塡寫一案，經函准中央組織部本年四月四日五渝字第三八一三號公函，應依照社會服務設施綱要之規定辦理，特電復請查照。社會部福三卯智印。

社會部代電

福二字第六五八四三號　卅三年四月二十一日

四川省社會處：卅三年社二字第一六三一號寅養代電悉。查職工福利社職員，應由福利委員會派充，在職工福利社設立辦法第六條中已有明白規定，既係派充，自不必有何任期，其待遇應視各該社經濟狀況及一般情形自行酌定，惟在社兼職，且其本職有薪津可支者，應依照職工福利金條例施行細則第五條之規定：應不再由社支給任何薪津。特電仰知照。社會部福二卯馬印。

社會部代電

福二字第六六四一二號　卅三年四月二十九日

福建省社會處：卅三年三月寅養處社丙永字第二三零一五號代電悉。查公營企業組織所屬之工廠礦場，如與總公司同在一地，該工廠礦場之職工福利事業，得由總公司統籌辦理，否則應分別組織職工福利委員會辦理，仰即知照。社會部福二卯豔印。

社會部代電

福二字第六六五三六號　三十三年五月五日

四川省社會處：卅三年三月社二養代電悉。茲分分別核示如後：（一）查農民福利社職員，依照農民福利社設置辦法第七條之規定：應由主辦之農會派充，既係派充自不必有任期。其待遇應視該社經濟狀況及一般情形自行酌定。（二）關于農民福利社圖記之刊製啓用規定如後：（1）農民福利社圖記，應刊刻各該社名稱之全文，（如○○省○○縣縣農會農民福利社圖記）。（2）農民福利社圖記，概用木質，長方形，正面長六公分五厘，寬四公分，邊緣寬三公厘，背面長五公分五厘，寬三公分，（圖記式樣附發）。（3）農民福利社圖記正面之字，概用篆體陽文。（4）農民福利社圖記，由各該社自行式刊製，並應於啓用時，將圖鑑及啓用日期呈報　主管社會行政機關備案。以上各點，仰即遵照，社會部福二辰江印。附發農民福利社圖記式樣一份。

農民福利社圖記式樣：

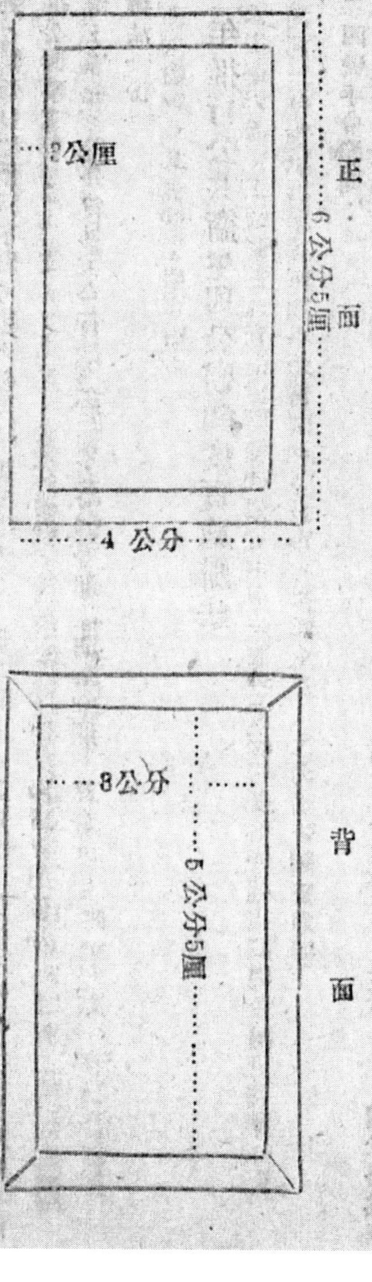

社會部代電　福五字第六八七三六號　卅三年六月十日

各省市政府：查自抗戰以來，各地城市迭遭敵機轟炸，平民房屋破壞極多，而戰區人民又紛紛內遷，益使原有房不足以應需要。至房租之昂貴，尤非一般平民以能負担。以是住宅問題，日趨嚴重。爲安定社會，解除平民居住困難起見，亟應依照社會救濟法第三十四條之規定斟酌實際情形，設法建修平民住宅，或倡導人民修建合作住宅，其已建有平民住宅之區域，合於該法之規定者，並請查明見告，以爲復員時統籌設計之依據。除分電外，特電請查照辦理爲荷。社會部福五巳印。

社會部代電　福五字第六九八一二號　卅三年六月二十九日

四川省政府：本年五月社二字第三六五一號代電敬悉。關於呈院核奬一節，係指對於冬令救濟籌募款物總值特多，向辦理成績卓著之省市政府社會處，或民政廳而言，至辦理得力人員，應由各主管機關擇優予以奬勵，准電前由，相應電請查照爲荷。社會部福五巳豔印。

社會部訓令　福五字第六七八二二號　卅三年五月二十五日

令各省市社會處局及設社會科之民政廳

案准

行政院秘書處本年四月二十四日義陸字第九〇七四號函開：

「奉　院長交下衛生署呈擬三十三年推行公共衛生與公醫制度實施辦法案。並奉　諭：『准予照辦，所擬經費來源，由各該市縣局通盤籌劃，編列自治預算亦尚可行，必要時並可由中央主管之縣市建設費項下酌撥。惟衛生署撥補經費時，應在本年度預算推進公醫事業費項下匀支』。等因，除分函外，相應抄同該辦法函請查照飭知」

等由；附抄送實施辦法一份，准此。除分行外，合行抄發原件，令仰知照並飭屬知照。此令。

附抄發實施辦法一份

衛生署三十三年推行公共衛生與公醫制度實施辦法

奉

委員長蔣機秘甲字第八三二四號手令節開：

「本年度工作之重心，應在協同社會內政二部推行公共衛生與公醫制度，如設立公立醫院產科醫院等，關於公共衛生，可先從清潔與保健二項做起，並先以重慶及其附近各縣爲實驗區，然後推廣至四川全省，及其他各省希即照此方針研擬具體辦法實施爲要」。

導周；奉此。茲遵照指示研具實施辦法如左：

甲 推行公共衛生及公醫制度之實驗

一、實施地區遵照 指示決定爲重慶市及遷建區江北巴縣璧山三縣

二、實施要點

（一）清潔方面包括道路清潔垃圾處理汚水宣洩飲水改善厠所改良市容整潔及住戶之清潔習慣養成等

（二）保健方面包括婦嬰衛生學校衛生工廠衛生及傳染病預防四種並由中央衛生實驗院先在各該市縣調查國民營養狀況以爲改進之依據

（三）建立縣市各級醫療衛生機構及其設備工作等標準

三、進行辦法

（一）重慶市市民醫院及其分院應予擴充病床至二百張肺病療養院應予充實並另設立三十病床之精神病院一所江巴兩縣衛生院應設立四十病床之附屬醫院並各設二十病床之產科醫院或將附屬醫院病床劃出二十張專爲留產之用璧山縣衛生院附屬醫院應予充實其設備

（二）重慶市產婦科醫院及璧山縣婦嬰保健所應即力求充實

（三）重慶市各區流動隊及診療所應調整爲各區衛生所未設者應增設之

（四）江北巴縣璧山應每五鄉鎮設立一鄉鎮衛生所已設者調整其人員設備

（五）由勞工衛生委員會協助李家沱貓兒石江北頭塘三工業區舉辦工廠衛生實驗

（六）由衛生署派衛生工程師分別前往各該市縣區鄉鎮視察設計改善飲水厠所汚水等工程

（七）各市縣區鄉鎮應增雇清潔夫打掃公共場所及公共厠所並利用國民義務勞動改善公共環境

（八）由衛生署製定國民清潔公約督促保民大會宣誓實施並實行戶管清潔制由鄉鎮長監督其實施情形並隨時考核施行抽查

（九）各市縣衛生人員應利用鄉鎮民代表大會保民大會國民月會市集等宣傳清潔衛生之意義專員縣長出巡時應儘量倡導

（十）各市縣區鄉鎮應舉行清潔競賽

（十一）各市縣應督促警察人員切實執行違警罰法管理人民清潔衛生之行爲

（十二）各市縣區鄉鎮保自治人員應以實施清潔爲本年度中心工作

（十三）衛生署應隨時派員前往各市縣視察

（十四）本辦法實施時所需一切章則另訂之

四、經費來源

（一）本辦法實施時所須增加之經費由各市縣局通盤籌劃編具概算列入各該市縣局自治預算之內不敷時得動支縣市其他事業經費及人民樂捐

（二）衛生署得酌予撥補助藥品或經費並得呈請行政院指撥專款

五、成績考核

由衛生署訂定成績考核標準於三十三年年終切實考核其成績并呈報之

乙　推行全國公共衛生及公醫制度

一、本年度推行全國公共衛生及公醫制度先以改善飲水廁所養成人民清潔習慣推行婦嬰學生保健工作及普設縣市公醫院五項入手

二、改善飲水着眼於鄉村飲用水井之改良及大城市給水工程之建設由各省市衛生處局切實推行

三、改善廁所仍秉承

委員長手令飭擬之全國公廁建設實施方案實施列爲各省市衛生處局考績之一

四、養成人民清潔習慣由衛生署會同社會部工作競賽推行委員會訂定清潔運動清潔競賽等方案分行各省市切實推行並請內政部將自治人員辦理清潔工作列爲考績之一

五、推行婦嬰衛生學校衛生等保健工作由各省市衛生處並轉令市縣各級衛生機關切實推行

六、普設縣市公醫院已遵照

委員長手令擬訂普設縣市公醫院五年計劃呈核應俟另案施行

七、衛生署每年定期分赴各省市實地考察其實施成績並呈報之

社會部訓令　福六字第六八一九七號　三十三年五月三十一日

令各省市社會處局及設社會科之民政廳

准湖南省政府民叔五卯删代電開：據戰時兒童保育會湖南分會三十三年二月十八日會總字第一號呈，以本省各縣市自行設立之兒童保育機構，名稱不一，難資識別，懇轉令自本年度起各縣區設立之兒童保育機構，一律改稱保育所，省屬機構，則仍為保育院等情。查關於各縣市自行設立之兒童保育機構，其名稱自應依照社會救濟法第六條第二或第三款之規定辦理，原呈請一律改稱保育所一節自屬不合。惟該項機構設立在某省或某縣市者，應否冠以某省及某縣市之名，抑或在某省及某縣市之名下另加番號，又團體或私人舉辦之救濟設施，其詳細名稱如何，在前項社會救濟法內尚無明文規定，相應電請查核見復，以便飭遵為荷等由：准此。查各地兒童教養機構，依照社會救濟法之規定，應改稱育嬰所，或育幼所，其由省縣市立者，應冠以該省縣市之名稱，一省縣市設立在二個以上者，應按其成立先後標明數字，由私人舉辦者，應在省縣市名稱設下加標捐資興辦者名字或足資紀念字樣，如係團體舉辦者，并應冠以團體之名稱。除電復並分令外，合行令仰知照。此令。

社會部訓令　福一字第六九四四〇號　三十三年六月二十二日

令各省市社會處局及設社會科之民政廳

本部為明瞭各地工會或工廠礦場社會保險或類似社會保險事業狀況，特製定調查表式一種，除分令外，隨令附發一份，仰即查明填報，並飭屬依式議填，彙轉來部，以憑辦理，為要。此令。

附發工會或工廠礦場社會保險或類似社會保險事業概況調查表一份

工會或工廠礦場社會保險或類似社會保險事業概況調查表

工會或工廠礦場名稱		地址			
社會保險或類似社會保險機關或團體名稱		成立日期			
隸屬機關或團體					
登記	字號		日期		
	處所				
組織	會員人數	男	女	總計	
	審議機構		主持人		
	執行機構		主持人		
經費來源	基金來源數額及保管辦法				
	會員繳款				
	工廠礦場補助				
	團體補助				

額數	政府補助津貼		
	其他		
給付名稱	給付方法	每次金額	
付			
備註			

說明

（1）本表標題所稱類似社會保險事業係指「互助會」「公益會」及辦理撫卹事項等

（2）本表各欄應詳細據實填寫其無可填者免填其有未列者填入備註欄中

（3）組織欄內之議決機構欄填寫有關給付事件之機構如評議會評判委員會或評判組等是執行機構欄填寫給付之機構如執行委員會或管理委員會等是「主持人」欄填寫各該機構之主委或組長等

（4）給付名稱欄填寫該會所有給付之種類如「傷病」「婚嫁」「生育」「老廢」「失業」「死亡」「家屬喪葬」等是

（5）如舉辦各種事業如「合作社福利社」「子弟學校」等其辦理情形如何有無發生困難或改進意見應在備註欄內詳細說明

說明

中華民國　年　月　日填　代表人　主持人

社會部指令　渝三字第六五八六三號　三十三年四月二十一日

令本部衡陽社會服務處

三十三年一月二十二日社總字第一三七四號呈一件：為公設社會服務機關舉辦公有事業，應否遵章納稅，請核示由。

呈悉。查社會服務處，所辦事業免征營業稅，經本部咨准財政部通告遵行在案，至各項業務既非營業性質，自勿庸領用營業執照，又社會服務處僅售標準餐及集團餐，並嚴禁代辦筵席，自不應代征筵席捐。至娛樂稅等其他捐稅之征課對象，原為以營利為目的之商業組織，社會服務處旨在服務社會，所辦事業係屬公益性質，自亦應一律免征，仰即知照！此令。

社會部指令 福二字第六八四○二號 三十三年六月三日

令貴州省社會處

三十三年五月三十日甲處三福字第二○六四號呈一件：爲機關及團體設置員工福利社，其組織業務經費來源應如何規定，主管官署應如何實施督導，祈核示由。

呈悉。查職工福利社設立辦法第八條之規定，係指就政府機關，或社會團體所設立之工人福利社而言，行政機關辦理員工福利，屬於人事行政範圍，不得援用上項辦法，仰即知照。此令。

合作事業類

社會部咨 合二字第六五三五號 三十三年四月十二日

案准

貴省政府三十三年三月八日建合字第一一三號咨，略以據天保縣政府呈，請解釋本部合作事業管理局合作實驗區，所指導組設之合作社，其成立及變更登記證，是否由實驗區發給一案，轉囑查照見覆等由；准此。查合作實驗區，所指導組設之合作社，其各種登記，仍由當地縣政府辦理。實驗區係處於代辦地位，故登記證應由縣府製發。准咨前由，相應咨復，查照并轉飭知照爲荷。此咨

廣西省政府

社會部公函 合二字第六七五四二號 三十三年五月二十日

案准

貴部三十三年四月二十七日（三十三）計總字第二一八九號函，略以據會計處轉呈榮譽軍人第六臨教院會計室，本年三月號

字第二七一號寅巧經代電，爲該院消費合作社招商承包是否合法，請予示一案，請賜查照予以解釋。等由；准此。查合作社法第一條規定：「本法所稱合作社謂依平等原則，在互助組織之基礎上，以共同經營方法，謀社員經濟之利益與生活之改善，而其社員人數及股金總額，均可變動之團體」。該消費合作社，如招商承包辦理，自與共同經營之原則抵觸，應不得稱爲合作社。准函前由，相應函復

查照并轉飭知照爲荷。此致

軍政部

社會部代電 合二字第六四六三九號 三十三年四月一日

江津縣商會：三十三年三月一日東電悉。查鄉鎮合作社無組織公會，或參加商會之必要，仰即知照。社會部合二卯冬印。

社會部訓令 合二字第六四六九四號 三十三年四月三日

令各省市合作主管機關

案准

廣東省政府三十二年十月二十三日陽建合業字第四八一八四號咨，以合作社登記證應否貼用印花，請查照解釋見後等由，當經轉咨財政部核復去後，茲准三十三年三月十八日渝直印字第一七二五四號咨，略以合作社除帳簿一項外，其餘憑證，均應納稅。合作社登記證，亦係營業證照之一種，自應依照印花稅率表第三十六目貼用印花，等由；除咨復廣東省政府查照并分令外，合行令仰知照，并轉飭所屬知照。此令。

社會部訓令 合二字第六五一〇二號 三十三年四月十日

令各省市合作主管機關

案據陝西省合作事業管理處三十二年十二月十一日社字第三八七四號呈，以合作社向稅局請領購銷證一案，請轉商財政

部訂定統一辦法，等情據此。經由本部轉咨財政部核復去後，茲准三十三年三月十一日渝直所字第六七一一九號公函略以查商行商營業，應於開業前取具殷實舖保，向當地直接稅機關請領登記證，各級合作社過份利得稅，既未在免征之列，為便利進銷貨物計，自亦應依照規定辦理，倘無同業公會組織，而又無公會保證者，准由主管合作事業機關負責保證，或由資本相同之合作社連環保證，等由；准此。除指令幷分令外，仰即知照，并轉飭所屬知照。此令。

社會部訓令

合二字第六七四九五號　三十三年五月十九日

令各省市合作主管機關

本年七月一日為第二十二屆國際合作節，茲經規定紀念及宣傳辦法如下：（一）召集當地民衆及合作社社職員開會紀念，並指示今後工作方針，（二）利用各種集會，擴大宣傳合作對於抗戰建國之貢獻。（三）發行刊物，利用文字或圖畫闡揚合作之理論，報告合作之成績，（四）舉行討論會，邀請當地士紳，贊助合作人士，及有各關機關團體首長，參加研討合作社務業務及財務之改進辦法，（五）舉行合作成績展覽會，以激勵合作興趣，藉收觀摩之效。（六）鼓勵工作競賽，以提工作效能，以上各項，務須洽商省市黨部，針對各地實際情形斟酌辦理，除函各省市黨部協助辦理，並分令各省市合作主管機關遵辦外，合行檢發第二十二屆國際合作節宣傳大綱，令仰遵照辦理並轉令所屬遵照為要。此令。

附發第二十二屆國際合作節宣傳大綱乙份（略）

社會部訓令

合三字第六八三九三號　三十三年十月三日

令各省市合作主管機關

查合作事業工作人員考績或考成事項，應依照新頒非常時期公務員考績條例辦理，並廢止合作事業工作人員考成辦法一案，業經本部呈奉行政院三十三年五月十六日義玖字一一二二五號指令開：「呈悉，准如所擬辦理，並已函達銓敍部查照矣此令」。

等因：准此。除分行外，合行令仰知照。此令

社會部訓令

合二字第六九七二號 三十三年六月二十七日

令各省市合作主管機關

查合作社登記證，應貼用印花，本部於本年四月三日以合二字第六四六九四號訓令該處（局）知照在案。茲據陝西省合作事業管理處呈，略以合作社登記證貼用印花，應依公司營業證照，抑按照其他營業執照。又過去已准登記給證各社，是否需要補貼，請予解釋等情到部，經轉咨財政部解釋去後。茲准本年六月十三日渝直印字第一七七〇三號咨復略開：查合作社登記證貼，應遵照行政院三十二年五月十日仁伍字第一〇四一八號訓令規定：按印花稅率表第三十五目其他營業執照例貼用印花，並自奉令之日起實行，其登記在本案施行以前，而繼續使用之登記證仍應補貼印花。等由，准此。除指令并分行外，合行令仰知照。此令。

社會部指令

合四字第六五二三三號 三十三年四月十二日

令江西省合作事業管理處

三十三年二月二十四日甲業字第〇〇九一呈號一件：爲有關合作金融機構投資合作社合營工商事業、按照資本比例分配盈餘、是否合法、請核示由

呈悉。查運銷合作社不得販賣非社員產品，迭經本部解釋有案。來呈所稱有關合作金融機關，商同合作社另設機構販賣社員暨非社員產品乙節，顯係金融機關及合作社欲圖規避法令，藉以營利，應即予以取締。仰即知照。此令。

社會部指令

合二字第六五九八三號 三十三年四月二十四日

令湖南省建設廳

三十三年三月二十日（三十三）來建五第字五二〇號代電一件：爲區聯合作社所屬社員代表之當選標準，應如何規定，並請核示由

會代電悉。查保合作社，參加鄉鎮合作社爲社員，原係以單位社之資格加入，故不論所屬社員人數之多寡，其在鄉鎮社內所應享有之權利義務，均屬相同，出席鄉鎮社之代表，依法自亦必須相等。至鄉鎮社所屬各保個人社員之按保分組，與保社選舉同數代表，原即爲求公允之變通辦法，較之每社員之直接參與會議已屬較爲公允。又其他法人社員，如比照保社選舉代表，事實上有困難時，應適用合作社法施行細則第三十條之規定辦理，仰即知照。此令。

社會部指令　合四字第六七〇七二號　三十三年五月十一日

令重慶市社會局

本年四月十二日社合字第〇五二九號呈一件：爲據陳永錚等呈請籌組重慶市嘉陵江區煤礦業員工消費合作社，因尚有疑義，呈請核示，以便辦理由

呈悉。茲分別核示如下：

（一）查機關消費合作社之組織，依陪都及遷建區各機關消費合作社推進辦法第三條之規定，各機關合作社得視其人數之多寡，分別或聯合籌設之，惟應以社員能實行合作之範圍爲標準。據稱寶源天府等二百四十七煤礦公司廠商員工合組員工消費合作社，以區域遼闊社員難達消費合作之目的，自應依照各級合作社組社須知（七）專營合作社（1）設立限制之規定，分別組織各該公司廠員工消費合作社，向該社當地合作主管機關申請登記。

（二）合作社法規定營利法人，不得加入合作社爲社員，機關員工消費合作社，自應一律適用，以營利爲目的之公司，自不得加入合作社爲社員。惟依消費合作推進辦法第二五條之規定，得酌認提倡股。

（三）各廠礦資本主得加入各該廠礦員工消費合作社爲社員，至組社程序，應依縣各級合作社組社須知（八）合作社的一般組織程序辦理。又專營業務合作社，不以行政區域爲範圍，是否與「在同一區域內不得設立二以上同一業務之合作社」之規定相衝突，應以縣各級合作社組社須知縣各級合作組織大綱析疑（五）關於專營社部份二之解答爲標準，以上三項併仰知照。此令。

部令會　合四字第六七二九一號　三十三年五月十五日

令重慶市社會局

本年四月十二日社合字第〇四三二號呈一件：爲核發准購證辦法尚有疑義，呈請核示由。

呈悉。茲分別核示如次：

（一）原辦法第三條規定「准購證之核發機關，在中央爲社會部」。係指中央政府所在地而言，如現時陪都及遷建區域內之各機關合作社是。

（二）重慶市現有全國合作社物品供銷處，重慶市消費合作社聯合社，及日用必需品管理處，花紗布管制局等機構，其物資雖仍不能充分供應各社之需要，各機關合作社，如請得專管物資機關，或統制機關某種物品之一次准購證，可依法向外埠採購，或委託全國合作社物品供銷處，及重慶市消費合作社聯合社代購，毋庸請領本辦法所規定之准購證，自仍依照原辦法第二條之規定，不發准購證。

（三）本辦法之訂定，原因前方各部隊假合作社之名義公開走私，軍委會運輸統制局，奉軍委會令，禁止合作社運輸貨物，經本部商准軍委會辦公廳，禁止運輸貨物僅限於機關消費合作社，並有本辦法之訂定，自僅適用於機關消費合作社，其他非機關消費合作社所需物品，當可依法向外採購，毋庸合作主管機關依本辦法之規定，發給准購證。

以上三點統仰知照。此令。

社會部指令　合二字第六七四九七號　三十三年五月十九日

令湖南省政府建設廳

三十三年四月十三日（三十三）未建字第八一八號元代電一件：爲據長沙市政府請示鎮合作社應否改爲區合作社等情，轉請核示由。

元代電悉。查市改鎮設區，其原有之鎮合作社，自應改組爲區合作社，仰即知照并轉飭知照。此令。

社會部指令　合二字第六九二三三號　三十三年六月十九日

令貴州省合作事業管理處

三十三年五月二十二日合登（三十三）字第二〇九號呈一件：爲准貴陽市政府代電爲以商業組合之公司工廠組設消費合作社，究應准否設立一案，請核示由。

呈悉。查公司工廠員工組設消費合作社，於法尚無不合，惟當地如有特殊情形，不妨就人事及業務上酌予限制，以杜流弊，仰即知照。此令。

人力動員類

社會部咨　勞字第六七五七二號　三十三年五月二十日

案准

貴府三十三年三月二十三日社建三寅字第一八七九號咨，以准資源委員會蘭州辦事處函，爲陳述非常時期廠礦工人受雇解雇限制辦法實施困難各點，並關於會省合辦各廠礦工人調查登記報告表，可否准由會方辦理，咨請查核見復一案，等由，附抄該辦事處請求解釋原件一份，准此。查資源委員會與貴省合辦之各廠礦，關於限制工人受雇解雇事宜，應依「呈報調查表册暨製發管制登記證注意事項」第二條第二項，各省所屬公私廠礦應報由各省政府轉報社會部之規定，由貴省政府辦理，並即依限制辦法第十七條之規定，將辦理之事項每六個月彙報主管部及本部備查。根據上述辦法，該辦事處所稱，因公文往返及登記證不能分呈各困難之點均可解決。至各廠礦若距省較遠，亦可授權所在地之縣市政府就近代爲處理。准咨前因，相應復請查照辦理爲荷。此咨

甘肅省政府

社會部

社會部公函　勞字第六六九八一號　三十三年五月十日

查非常時期廠礦工人受雇解雇限制辦法及戰時全國技術員工管制條例，先後奉　頒施行，並經本部製訂廠礦工人管制登記證及技術員工管制登記證，分別呈奉　行政院核定使用各在案。惟查廠礦技術工人同時復受技術員工管制條例之管制，如再發給廠礦工人管制登記證，事涉重複，且技術員工管制登記證，依照國防需工礦及交通業技術員工緩服兵役暫行辦法之規定，在特定條件之下，可資為申請緩役之依據，而廠礦工人管制登記證，除屬於技術工人者外，並無此種功用，故兩者同時發給，匪獨無此必要，抑且易滋紛歧。茲特規定：（一）嗣後各廠礦申請核發工人管制登記證時，對於技術工人部分，應另依技術員工管制條例之規定，造具表冊，申請核發技術員工管制登記證。（二）凡已領取技術員工管制登記證之技術工人，不必再請發給廠礦工人管制登記證。除分函外，相應函請查照，轉飭所屬廠礦遵照辦理為荷。此致

各部會署
各省市政府

社會部
內政部公函　勞字第六七〇三五號　三十三年五月十日

案奉

行政院三十三年一月四日義玖字第〇〇七〇號支代電：略以國民政府此次廢止「國民工役法」，特頒「國民義務勞動法」，旨在發揮義務勞力，從事地方生產，以增進民生，培植國力，各省市政府應即切實督導認真推行，並指示尤應注意事項八端，飭即知照等因。查實施鄉鎮造產，為地方基層經濟建設之重要措施，亦即建設自治財政，增籌自治經費之根本方法，本內政部前經會同教育部擬訂「鄉鎮造產辦法」，呈奉

行政院三十一年五月六日明令頒行，並由部通函各省政府查照切實辦理。嗣十中全會決議：「推行義務勞力舉辦鄉鎮造產案

「後，本內政部復經函請各省厘訂實施辦法報部查核各在案。惟查生產要素，勞力爲先，而義務勞動之推行，既係遵奉
遺教，尤合經濟原則，允宜特予加強，俾宏實效，茲特遵照
院電意旨，會同訂定「推行國民義務勞動配合鄉鎮造產實施辦法」十五項，除呈報
行政院鑒核備案並分行外，相應抄同原簡則函請
貴省政府查照辦理，並希
見復爲荷。此致
各省省政府
附推行國民義務勞動配合鄉鎮造產實施辦法一份（見法規欄）

社會部公函 勞字第六七〇二二號 三十三年五月十日

查本部爲加強全國技術員工管制事宜，前經制訂技術員工調查登記表，動態報告表，暨管制登記證，呈奉
行政院三十二年十二月三日仁八字第二六六八七號指令核定通飭施行在案。除管制登記證，業經本部印製，由各單位備價領取外，至技術員工調查登記表及動態報告表近准填報到部者，頗多不合規定，爰再訂定填報技術員工調查登記表，暨動態報告表注意事項一種，以爲填報時之依據。相應檢同登記表暨該項注意事項各一份，函請
查照，轉飭限期填報爲荷。此致
各部會署
各省市政府
附填報技術員工調查登記表暨動態報告表注意事項一份

填報技術員工調查登記表暨動態報告表注意事項

一、全國各[illegible]國各公私營業農礦工商場廠各專科以上學校及高級職業學校現有合於戰時全國技術員工管制條例第二條各款

定之一而有確實證明文件之技術員工應由各單位予以登記塡具技術員工調查登記表三份塡報單位與主管官署各存一份餘一份彙送社會部勞動局塡發管制登記證並各粘附二寸半身照片或右手食指左模一張另附一張備發管制登記證之用

二、所塡報之技術員工如係華僑應在備註欄內註明何時歸國及歸國前僑居處所

三、所塡報之技術員工於學歷經歷欄內對其學校或服務機關各稱畢業或肄業年限及畢業肄業或服務起訖時間均應詳細備註

四、各塡報單位對於所屬技術員工經第一次彙報後如有新到者仍須依照第一項之規定辦理

五、各塡報單位應行呈報之主管官署如後：

（一）中央各部會署直轄各機關學校及國營之農礦工商場廠應分報主管部及社會部勞動局

（二）各省（市）直轄各機關學校及省營之農礦工商場廠應由各省（市）政府彙轉社會部

（三）各縣（市）直轄各機關學校及縣營之農礦工商場廠應報由各縣（市）政府呈由省政府彙轉社會部

六、對現職非現職失業開業或未開業或來自戰區或回國僑胞之技術員工應由所在地主管官署公告限期舉行登記並依照第一項之規定辦理

七、技術員工管制登記證經呈奉　行政院核准酌收成本費暫定每張一元五角由各塡報單位如數備價領取

八、凡經領取管制登記證之技術員工如有更動應由各塡報單位每隔三個月向主管官署塡報技術員工動態報告表一次分於一七兩月彙轉社會部勞動局備查

九、技術員工調查登記表及動態報告表概由各塡報單位依照規定格式自行翻印備用

社會部代電　勞字第六八一三七號　三十三年六月一日

浙江省社會處：辰齊家電悉。查各省市義務勞動所需行政費，應在各該省市總預備金項下及戰時特別預備金項下動支，事業費應在各該省市新興事業費及普遍公糧儲蓄金提成項下撥充，經由部擬呈　行政院核示在案，特先電仰知照。社會部勞義二（巳）（東）印。

社會部訓令 勞字第六八四九七號 三十三年六月五日

令各省市社會處局及設社會科之民政廳

查各省市辦理限制工資情形，前經規定按週報部，以憑彙轉在案。惟近來各省市所報諸多簡略，內容復多參差不齊，審核彙報，諸感困難。茲為求工作簡便起見，特改週報為月報，合行檢發報告格式一份，令仰遵照，務於次月十日以前，依式確實編報部，不得逾延為要。此令。

附某某省市某月份辦理限制工資工作報告格式一份

○○省（市）○月份辦理限制工資工作報告

一、概述

二、本月份辦理經過

1. 地區業別有無變更及其變更情形
2. 核定工資有無調整及其調整原因與結果
3. 執行情形是否良好及其結果（包括有無縣市及違反限價事件之處理情形等）
4. 其他

三、工作檢討

1. 優點及缺點
2. 有何困難
3. 改進意見

附：本月份核定工資報告表

縣市別	業別區分	單位計算	是否供膳	調整或新核定公佈日期	工資額	較前次增加減少	備考
附記							

（註）表內「較前次」一欄係指上次核定之工資而言其核定公佈日期須於備考欄內註明

社會部訓令　勞字第六九〇三六號　卅三年六月十六日

令各省市社會處局及設社會科之民政廳

查本部勞動局，為執行人力動員業務，經於上（卅二）年度於各重要縣市設置流動調查登記站十五處，辦理人力調查登記，實施以來尚著成效。茲為使各級社會行政機構，協同一致增進工作效率起見，嗣後如有關於人力調查登記事項，應與各該站切取聯繫，共赴事功。除分令外，合行檢附設置流動調查登記站地區一覽表，令仰遵照，並轉飭所屬遵照。此令。

附發設置流動調查登記站地區一覽表

社會部勞動局各流動調查登記站工作地區一覽表

站別	工作中心地	工作縣市名稱	主任姓名	調查員姓名	成立年月	現在站址	備考
十一	重慶	重慶 江津 長泰 巴縣 綦江 銅梁 江北 合川 永川 璧山 涪陵	任正貴	張可祿 聶熙 健	三二、二、	重慶南岸海棠溪	
十二	成都	成都 灌縣 新津 溫江 新繁 彭縣 華陽 郫縣 崇寧 新都 雙流	陳禰星	張家霖 尹祿庸 顏紹鍾 王俊達	三二、二、	成都北門外荷花池么店子	
十三	自貢	自貢 內江 犍為 富順 榮昌 榮縣 威遠 隆昌 資陽 資中 嘉定	朱文秀	李祖第 唐述易 高本源	三二、二、	犍為竹根鎮	
十四	萬縣	萬縣 梁山 巫山 忠縣 墊江 奉節 酆都 開縣	鄧月軒	景德仁 鄧仲虎 朱傳憲 雷同	三二、二、	萬縣	
十五	瀘縣	瀘縣 南溪 屏山 宜賓 江安 合江 敍永 納溪 古宋	傅爲卿	張遐齡 趙百超 周正初	三二、二、	合江桂溪園	
十六	衡陽	衡陽 新化 零陵 郴州 邵陽 長沙 耒陽 湘潭 益陽	王樹志	唐光楚 周志達	三二、三、	衡陽仙姬巷	
十七	貴陽	貴陽 龍里 銅仁 遵義 都勻 桐梓 獨山 安順 黃平	羅蔚然	畢維肖 葉占歧	三二、三、	遵義縣總工會	

八	曲江	曲江　連縣　梅縣　南雄　英德　樂昌　翁源　始興　興寧	徐鳳鳴	劉梅祥　區怡然	徐鵬程	三二、四、	梅縣體育場
九	桂林	桂林（八步）龍州　全縣　桂平　梧州　南寧　柳州　賓縣　宜山	胡應成	蕭忠毅　吳澤俊		三二、四、	桂林下關菜園
十	昆明	昆明　蒙自　大理　昆陽　曲靖　玉溪　箇舊　開遠　富民	馮石如	劉子瑛　王幹亭	蘇極英	三二、四、	昆明武成路社會處內
十一	西安	西安　渭南　寶鷄　洛陽　咸陽　天水　鄭縣　三原　岐山　華縣　興平	柴棟生	鄧述微　劉開覺	鄔德義　崔玉甫	三二、四、	西安南馬道巷六號
十二	泰和	泰和　峽江　永新　吉安　萬安　贛縣　吉水　興國　大庾　永豐　安福	潭淦	譚冠	陳仲勳	三二、五、	泰和北門嚴家祠
十四	蘭州	蘭州　永靖　西寧　民和　榆中　樂都　臨洮　玉門	王鳳翥	郭培春　李九州	陳新元	三二、八、	蘭州中山路炭市街二二五號
十五	雅安	雅安　會理　滎經　康定　西昌　冕寧	朱國斌	賈義良　謝悅汕	盧平瀾　蘇聖德	三三、八、	重慶巢子嵐埡　該站付駐重慶工作

附記　查第十三站原設湖北老河口嗣因調整業務暫調渝候命工作

附錄

社會部核准備案之直轄社會團體一覽表

三十三年四月至六月

1 核准組織之直轄社會團體

團體名稱	核准日期	主要負責人	會員數 團體	會員數 個人	備註
中華礦學社	四月十二日	江山壽			
中國工業建設促進會	四月二十二日	柴志明			
中國電影藝術學會	四月廿二日	孫瑜			
中國國際法學會	五月一日	葉森			
中國陶學會	五月十八日	賴其芳			
中國業餘劇社	五月十六日	陳銘德			
中國國學研究會	五月廿九日	敖士英			
中華電化教育學社	六月七日	李清悚			
中國農業經濟建設協會	六月十八日	吳鑄人			
中國廢物利用研究會	六月廿日	邵力子			

(2) 准核改選之直轄會社團體

團體名稱	核准日期	主要負責人	會員數 團體	會員數 個人	備註
中華自然科學社	四月二十日	胡煥庸		一二三	
中國回教協會	五月十日	白崇禧			分支會共四一二單位
中華農學會	六月二日	鄒秉文	一三〇	四、一七六、	
中華稻業學會	五月十九日	趙連芳		九六	
中國邊疆學會	五月廿二日	趙守鈺		二二〇	
中國農民經濟研究會	五月十八日	何公敢		八一一	
中國邊疆問題研究會	六月十日	朱元懋		三〇二	

(3) 核准改組之直轄社會團體

團體名稱	核准日期	主要負責人	會員數 團體	會員數 個人	備註
中華文藝界抗敵協會	五月十三日	舒舍予		四五〇	
中國物理學會	六月廿日	吳有訓		二六六	

社會部核准備案之人民團體動態統計

三十三年四月至六月

團體類別	組織			改選			改組			整理		
	團體數	會員數	團會員體數	團體數	會員數	團會員體數	團體數	會員數	團會員體數	團體數	會員數	團會員體數
總計	1·228	90 528	2 364	313	59 788	1 592	454	115 403	548	62	6 549	79
職業團體	1 061	78 162	2 364	307	59 255	1 575	444	113 925	548	58	6 215	79
農會	583	240 72	515	71	21·254	8	96	95 251	46	9	1 261	
漁會	2	203		5	1·618							
工會	126	24 725	63	76	27 82	1 320	37	6 332	11	8	1 361	
工商業團體	217	6·023	1 371	155	9 031	168	303	11·724	394	40	3 406	79
自由職業團體	183	7·039	413				8	618	97	1	187	
社會團體	167	12·366		6	533	17	10	1 478		4	334	

說明：1·資料來源：根据本部統計處人民團體統計表四月份至六月份彙編。

2 上表所列會員數除工商業團體為公司行號外餘均為個人。

社會部公報第十四期

中華民國三十三年六月出版

編輯兼發行者　社會部總務司

訂購辦法

期限	冊數	價目	郵費
三月	一	五元	三角
半年	二	十元	六角
全年	四	二十元	一元二角

附註：本報掛號及寄往國外郵費照加

社會部設立

社會服務處

重慶　貴陽　桂林　衡陽　蘭州　內江　遵義

現有業務

宗旨
發揚服務精神　促進社會事業
改善社會生活　溝通社會文化

生活服務
社會食堂　社會公寓　理髮室　淋浴室
旅居嚮導　代運行李

人事服務
升學輔導　職業介紹　法律顧問　衛生顧問　人事諮詢　零物存放　信件留轉
代售郵票　代收電報　讀寫書信　公用電話

文化服務
圖書館　社交會堂　學術講演會　座談會
民衆學校　書報供應　娛樂室　兒童樂園
體育場　診療所

經濟服務
小本貸款

處址：

重慶社會服務處　重慶兩路口　都[illegible]街　海棠溪（分處）
貴陽社會服務處　貴陽大西門
桂林社會服務處　桂林依仁路
衡陽社會服務處　衡陽道前街
蘭州社會服務處　蘭州勵志路　西花園
內江社會服務處　內江交通路
遵義社會服務處　遵義老城

社會部總務司　編

社會部公報

第十五期

重慶：　中華民國社會部總務司，民國三十三年（1944）鉛印本

中華郵政登記認爲第一類新聞紙類

中華民國三十三年七月至九月 第十五期

社會部公報

社會部總務司編印

國父遺像

革命尚未成功

同志仍須努力

國父遺囑

余致力國民革命，凡四十年，其目的在求中國之自由平等，積四十年之經驗，深知欲達到此目的，必須喚起民衆，及聯合世界上以平等待我之民族，共同奮鬥！現在革命尚未成功，凡我同志，務須依照余所著：建國方略，建國大綱，三民主義，及第一次全國代表大會宣言，繼續努力，以求貫澈！最近主張開國民會議，及廢除不平等條約，尤須於最短期間，促其實現！是所至囑。

社會部公報 第十五期目錄

法規（附方案）

一般行政

組織訓練

社會福利

合作事業

會一字第七一〇七七號令　本部各附屬機關　奉令爲戰時公務員役生活補助費係補助生活上必需之費用並非正式薪給報酬且有免繳所得稅之規定應即比照食米報銷清册免予貼用印花等因令仰知照由

設放字第七一三五一號令　本部各附屬機關　奉院令爲機關主管長官對於研究考核工作暨對所屬單位及人員之指揮監督並各單位間之聯絡輔導等事項均應嚴厲辦理並將辦理情形詳列各該機關工作季報內具報令仰遵照由

總一字第七一四五〇號令　本部各附屬機關　奉令轉發保障人民身體自由辦法令仰遵照幷飭屬遵照由

人字第七一七一〇號　令　本部各附屬機關　爲奉令知肅清貪污轉移風氣案決定辦法兩項轉令遵照由

總四字第七一九〇六號令　本部各附屬機關　爲訂定財產管理整頓辦法令仰切實遵辦由

總一字第七二五五五號令　本部各附屬機關　奉令轉發重申法治精神以利憲政實施案令仰遵幷飭屬遵照由

組織訓練類

社會部咨三件……………………………………六五

組三字第七〇三三〇號咨　各省市政府　爲奉行政院令交通部公路總局所轄各路局等均應加入汽車公會一案咨請查照飭知由

組四字第七〇四九一號咨　廣西省政府　准咨囑核復善堂是否屬於人民團體及人民團體定義如何各疑義咨復查照由

組一字第七二〇二三號咨　各省市政府　爲廢止林業公會規則幷飭將原有林業公會一律改稱林業協會一案咨請查照飭遵由

社會部公函一件……………………………………六六

組四字第七一三六九號函　經濟部財政部內政部交通部農林部　爲公布技師公會組織須知一案函請查照由

社會部代電十一件……………………………………六七

組三字第七〇九七七號電　各省市社會處局及設社會科之民政廳　關於本部前頒人民團體組織改選改組等項總報告表填報須知內項第三款業經修正電仰遵照由

組四字第七一四〇〇號電　湖北省政府　准電爲襄陽縣照陽樊城兩鎮分別組織中醫師公會是否合法一案特電復請查照由

字號	類別	受文者	事由
組一字第七一四〇九號	電	湖北省政府	准電囑釋人民團體對鄉鎮公所及區署行文一案電請查照由
組一字第七一四一〇號	電	湖南省民政廳	據電請核示具有兩種團體以上會員資格之會員可否當選爲兩種團體以上之職員一案電仰遵照由
組四字第七一六〇二號	電	各省市社會處局民政廳	爲體育會組織辦法業經制定電仰遵照並轉飭遵照由
組五字第七一八七七號	電	貴州省政府	准電請釋示人民團體幹部訓練班應用鈐記或圖記一案有復請查照由
組四字第七二〇八一號	電	各省市社會處局及設社會科之民政廳	爲新聞記者公會組織暫行要點應即廢止電仰知照由
組二字第七二五四六號	電	農林部	准函爲漁貨業可否組織同業公會囑核復一案電復查照由
組一字第七二六一四號	電	各省市社會處局及設社會科之民政廳	准貴州省政府咨以農會會員與不繳會費應如何處理請核復等由電仰遵照市
組三字第七二七三三號	電	合川縣政府	據電請核示出席商會代表疑義一案電仰知照由
組一字第七三〇八八號	電	各省市社會行政機關各有關學術團體及本部外派指導員	奉　行政院令發加強會務組織及業務辦法一案電仰遵照由

社會部訓令八件

字號	類別	受文者	事由
組六字第七一〇九三號	令	各省市社會處局及設社會科之民政廳	令查禁各種「部徽」由
組四第字七一四八〇號	令	各省市社會處局及設社會科之民政廳	准中央訓練委員會函爲各地訓練班學員不得組織同學會一案令仰遵照由
組五字第七二二二〇號	令	各省社會處及設社會科之民政廳	爲縣（市）級人民團體幹部訓練課程加授憲政要義（包括地方自治）令仰遵照由
組六字第七二四四二號	令	各省市社會處局及設社會科之民政廳	奉院令爲「七七」紀念日名稱一案令知照由
組二字第七二四四三號	令	各省市社會處局及設社會科之民政廳	奉令以非常時期農工商團體維持現狀暫行辦法業經明令廢止該項補充辦法亦經飭經濟部廢止仰轉知一案令仰知照并飭屬知照由
組四字第七二五五三號	令	本部直轄社會團體	令發指示各團體中心工作要點令仰分別遵照由
組四字第七三二二九號	令	各省市社會處局及設社會科之民政廳	爲奉　行政院令廢止中醫師公會組織規則一案令仰知照由

六九

社會福利類

社會部訓令八件

社會部指令一件

合作事業類

社會部咨六件

法規

一般行政

社會部員工出差旅費支報規則

三十三年七月四日部令公布

一　本部員工出差除依照修正國內出差旅費規則辦理外悉按本規則處理

二　公差人員由主管單位簽奉批准後依規定填具出差通知單分別通知人事室會計處總務司

三　無論出差人員仍應由主管單位填送上項通知單

四　會計處非憑通知單不得簽預發旅費憑單

五　出差人員銷差日期須報送人事室轉知會計處

六　出差旅費須於差竣後十四日內報銷其長期（三月以上）出差有一定駐所者應按月列報

七　會計處每月製具預支旅費表送請各主管單位切實催辦其逾期未報者亦由主管單位清理

八　各主管單位核轉旅費通知單及報銷時應斟酌各地生活指數詳加比較如相差懸殊即予糾正并列入平日考績

九　預支旅費逾限並經催辦仍未報銷者即由主管單位及會計處通知總務司扣發其薪津

組織訓練

加強農會基層組織及業務辦法

三十三年八月十八日行政院令行

第一條　凡參加依農會法組織之鄉鎮市區農會之農民在同一區域內不得另組織與農會法規定宗旨相同之團體但為發展農會會員

專營業務得分別組織事業團體隸屬於鄉或市區農會

第二條　農業推廣應儘量運用鄉或市區農會為其推廣機構凡尚未組織農會之鄉或市區應由縣市政府督促限期成立
省縣農業推廣機關對於鄉或市區農會之設立及其業務之推廣應予協助輔導並予以經費之補助

第三條　鄉或市區農會為農貸及土地金融貸款之對象
鄉或市區農會不得以承貸款額有限為理由拒絕農民入會但得依入會先後定貸款順序

第四條　鄉鎮特產品專業鄉或市區農會應倡導會員努力參加並互推理事一人兼任參加鄉鎮造產委員會之組織

第五條　農業之生產加工運銷等業務應由合作事業及農業技術指導機關指導鄉或市區農會會員依法分別組織專業合作社或其他專業團體辦理之

第六條　農產品之儲押業務鄉或市區農會應依法籌設簡易農倉辦理之並應受戰時農會法令之管制

第七條　農業推廣人員農貸人員及合作人員得由縣市政府商同各主管機關委聘為鄉或市區農會之輔導人員特別注重目的事業之輔導主管機關訓該項人員時得加列農會組織課程

第八條　鄉或市區農會之會員訓練應側重灌輸農業常識與技術及四權行使之運用方法其基層幹部訓練應側重組織宣傳與訓練之技能

第九條　本辦法自公布日施行

中華海員工會國外分會組織辦法

三十三年八月二十八日行政院指令核准

第一條　凡服務行駛於外國領海之同盟國輪船年滿十六歲以上之中華海員集合三十人以上呈准駐在國本國使領館之核准得依照本辦法發起組織中華海員國外分會（以下簡稱國外海員分會）

第二條　國外海員分會之名稱應冠以中華海員工會及所在地名稱但為適應當地環境必要時得以其他適當名稱對外活動

第三條　國外海員分會得酌設支部小組會員五人至三人劃為一小組三小組以上得成立支部

第四條　國外海員分會設理事五人至九人候補理事二人至四人監事一人至三人候補監事一人由會員大會或會員代表大會選舉之

第五條　國外海員分會支部設幹事三人至五人小組設組長一人由所屬會員選舉之

第六條　國外海員分會理監事及支部幹事組組長任期均為一年連選得連任

第七條　國外海員分會在同一港埠以設立一個為限

第八條　國外海員分會之任務如左

一　海員生活及勞動條件之維持與改善

二　海員災害疾病失業之預防與救濟

三　海員智識技能之增進

四　海員福利事業之舉辦

五　其他有關海員利益之保障與維護

第九條　國外海員分會隸屬於中華海員工會由駐在國之本國使領館派員指導監督之

第十條　國外海員分會應於成立後十日內造具會員名冊職員略歷册連同章程各二份分呈駐在國本國使領館及中華海員工會備案

第十一條　本辦法自公佈日施行

工會章程準則

三十三年八月二日社會部修正

第一章　總則

第一條　本章程依據工會法及工會法施行細則訂定之

第二條　本會定名為某市縣某業產業職業工會

第三條　本會以增進工人智識技能發達生產維持改善勞動條件及生活並協助政府關於國防及生產等政令之實施為目的

第四條　本會以某市縣行政區域為區域會址設於某處

第二章　會員

第五條　凡在本會組織區域內從事本業而年滿十六歲之男女工人均得為本會會員

從事本業之被雇員役除代表雇主行使管理權者外均有本會會員資格

第六條　會員（職業工會）入會須經會員二人以上之介紹填寫志願書由理事會審查合格並繳納入會費後方得為本會會

員

第七條　會員於離去本業一年內仍得保有其會員資格但已就他業者不在此限

第八條　會員非因歇業或遷出團體組織區域或受永久停業處分者不得退會退會會員須將退會情形報告理事會核定之

第九條　會員有發言表決選舉被選舉罷免權及其他依法應享之權利

第十條　會員須遵守本會章程服從命令及決議案按時繳納各種會費

第十一條　會員違反本會章程決議或有其他不法情事致妨害本會名譽信用由監事會檢舉者得按其情節輕重分別予以警告停權罰款除名等處分惟除名處分應以會員三分之二以上同意行之並呈報主管官署備案（在產業工會并應通知廠主備查）

會員被除名後須繳還一切會員證證如有欠費須一律繳清

第三章　組織及職權

第十二條　本會設理事五人至九人候補理事二人至四人監事一人至三人候補監事一人均由會員大會或代表大會選任之但有左列情形之會員不得當選

一　褫奪公權者

二　受破產宣告尚未復權者

第十三條　本會理事組織理事會互選常務理事一人至三人（如常務理事為三人時并得互選一人為理事長）處理日常會務

第十四條　理事會得分設下列三股各股設主任一人由理事互推之分別掌理各該股事務

（一）第一股掌理本會一切文件收發會計庶務假會及其他不屬於各股之事項

（二）第二股掌理本會教育訓練出版登記組織調查統計等事項

（三）第三股掌理本會合作儲蓄仲裁衛生娛樂職業介紹及工人福利等事項

各股得酌設辦事員若干人助理會務由理事會任用之

第十五條　本會監事組織監事會互選常務監事一人處理日常會務並得酌設辦事員若干人助理會務由監事會任用之

第十六條　理事會之職權如左

一　處理本會會務

二　對外代表本會

三 召集會員大會或代表大會並執行其決議案
四 接納及採行會員之建議
第十七條 監事會之職權如左
一 稽核本會經費之出入
二 審核各種事業之進行狀況
三 攷核本會職員工作之勤惰及會員之言論行動
第十八條 理事監事任期二年連選得連任如理事監事因故中途出缺由各該候補人依次遞補之以補足原任之任期為限
第十九條 理事會監事會辦事細則另訂之
第二十條 本會得依法設立分會支部並劃分小組

第四章 會議

第二十一條 本會會員大會或代表大會每半年開會一次如有會員三分之一以上之連署請求或理事會認為必要時得召集臨時大會
第二十二條 理事會每一星期（或兩星期）開會一次監事會每一月（或兩月）開會一次如有理事監事三分之一以上之請求或常務理事或常務監事認為必要時均得分別召開臨時會
第二十三條 理事會監事會開會時候補理事候補監事均得分別列席各該會議並得受缺席理監事之委託代理出席
第二十四條 會員大會代表大會理事會及監事會等各種會議除法令另有規定外以過半數之出席方得開會出席過半數之同意方得決議
第二十五條 本會各種會議規則另定之

第五章 經費及會計

第二十六條 本會經費之來源分會員入會費經常會費特別基金臨時募集金四種
第二十七條 會員入會費每人至多不得超過其入會時一日工資之所得於入會時繳納之
第二十八條 經常會費每人每月至多不得超過收入百分之二由會員按月繳納如遇會員失業或災難時得報告理事會酌減或免除之

第二十九條　特別基金及臨時募集金因有特別需要時經會員大會或代表大會決議呈准某縣市政府臨時徵收之

第三十條　本會財產狀況應於每六個月報告會員一次如有會員十分一以上之連署得選派代表查核之

第六章　任務

第三十一條　本會之職務如左

（一）團體協約之締結修改或廢止

（二）會員之職業介紹及職業介紹所之設置

（三）會員儲蓄勞工保險醫院診治所及託兒所之舉辦

（四）生產消費購買信用住宅等各種合作社之組織

（五）職業教育及其他勞工教育之舉辦

（六）圖書館及書報社之設置

（七）出版物之刊行

（八）會員懇親會俱樂部及其他各項娛樂之設備

（九）工會或會員糾紛事件之調處

（十）勞資間糾紛事件之調處

（十一）關於勞動法規之規定修正廢止事項得陳述意見於行政機關及立法機關並答復行政機關及立法機關之諮詢

（十二）調查工人家庭生計經濟狀況及其就業失業并編製勞工統計

（十三）各項有關於改良工作狀況增進會員利益事業之舉辦

（十四）其他有關法令實施之協助事項

第七章　附則

第三十二條　本章程未規定事項悉依工會法及工會法施行細則之規定辦理之

第三十三條　本章程如有未盡事宜經會員大會或代表大會之決議呈准某縣市政府修改之

第三十四條　本章程呈由某市縣政府備案施行

說明

一　本準則係供各地政府參攷之用各地政府對於各業工會章程仍須指導其依照實際情形分別訂定不必概行抄襲

二　工會名稱應斟酌各業性質分別產業職業妥爲規定如重慶市理髮業職業工會重慶市出版業產業工會之類是

三　工會區域如經主管官署另行劃分應於縣市名稱下加入某區域字樣

四　本準則中凡人數時間經費等項均闕留有伸縮餘地訂定章程時依照實際情形分別規定額數

技師公會組織須知

三十三年八月三日社會部公布

一　宗旨　以增進會員技能輔助產業發展並協助推行國防生產計劃爲宗旨

二　任務　技師公會之任務如左

（一）關於農工礦技術之研究與刊物出版事項

（二）關於農工礦技術教育之提倡與協助事項

（三）關於農工礦事業之改進與發展事項

（四）關於國防及生產計劃之協助推行與建議事項

（五）關於技師品德之砥礪與風紀之整飭事項

（六）關於技師共同利益之維護增進事項

（七）關於政府委辦或諮詢事項

（八）關於技師公會章程所規定之其他事項

三　公會種類　技師分農業技師工業技師礦業技師三種並依技師登記法第三條分科組織各種以科名

四　會員資格　以領有各該業主管官署所頒證書并現在執行本業之技師（包括技副）爲限前項技師應加入其事務所所在地之公會

五　組織區域　依現有之省或院轄市行政區域其重要產業區域或港埠經主管官署會商核准亦得單獨組織

六　系統級數　分公會及全國公會聯合會二級

七　發起人數　公會以當地技師七人以上全國公會聯合會以公會三個以上之發起組織之

八　主管官署　為各級社會行政機關及目的事業主管機關

九　適用法規　非常時期人民團體組織法技師登記法技師登記法施行細則及其他有關人民團體組訓法令

體育會組織辦法

三十三年八月九日社會部教育部會令公布

一　宗旨　體育會以普及體育增進健康發揚民族精神及研究體育學術為宗旨

二　任務

（一）關於會員體格之鍛鍊事項

（二）關於體育之研究設計及促進事項

（三）關於健康運動之推行事項

（四）關於體育之調查統計及編纂事項

（五）關於民間固有體育之改良及推行事項

（六）關於體育講座及競技會之舉辦事項

（七）關於主管官署委辦及諮詢事項

（八）其他關於體育之倡導與推行事項

三　會員資格　以鄉鎮體育會為基層組織其會員資格如次

（一）團體會員　凡境內依法成立各種人民團體及機關學校之體育組織及人民自由組織之各種體育團隊均得為團體會員

（二）個人會員　凡中華民國人民年滿十六歲以上熱心體育者均得為個人會員

四　系統級數　以行政區域為組織區域分鄉鎮體育會縣市體育會及省院轄市體育會三級

五　發起人數

（一）鄉鎮體育會由十五人以上之發起組織之

（二）縣市體育會由過半數以上之鄉鎮體育會聯合組織之

（三）省體育會由過半數縣市體育會聯合組織之

大　主管官署　組織訓練以目的事業外一般活動，主管官署爲各級社會行政機關目的事業主管官署爲各級教育行政機關
鄉鎮體育會應受鄉鎮「國民體育指導處」之指導監督

七　適用法規　非常時期人民團體組織及其他有關人民團體組訓法令

新聞記者法施行細則

三十三年八月十九日
三十四年五月廿八日
（社會部會令修正
內政部會令公布）

第一條　本細則依本法第三十條之規定訂定之

第二條　本法第一條所稱日報社或通訊社以包括出版法第二條第一項第一款及第二款但書規定之新聞紙社爲準

第三條　本法第三條第四款及第五款所稱執行新聞記者職務以所服務之報社或通訊社經依法登記者爲限

第四條　本法第四條第一款所稱背叛中華民國證據確實者以經法院判決確定或國民政府通緝及中國國民黨中央執行委員會開除黨籍者爲準

本法第四條第五款所稱受新聞記者公會之會員除名處分者以經內政部審查核准執行者爲準

第五條　本法第十二條所稱新聞記者公會之主管官署在當地未成立社會行政機關者由辦理社會行政機關主管之市縣新聞記者聯合公會及省新聞記者聯合公會之主管官署爲各該公會所在地之社會行政機關

第六條　依本法第五條聲請給予新聞記者證書時應備具聲請書附繳證書費一百元印花稅費二元二寸半身相片二張聲請審查合格後給予證書如證書遺失或毀損請求補發應登報聲明作廢後檢同原登聲明報紙附繳證書費一百元印花稅費二元二寸半身相片二張聲請內政部補發　前項聲請書及證書格式由內政部定之

第七條　內政部對於審查合格給予證書之新聞記者應彙抄名册及證書號碼分送中央宣傳部及社會部關於外國新聞記者並應分送外交部其補發或撤銷證書時亦同

第八條　外國新聞記者在中國境內執行新聞記者職務時得先向外交部請領外國新聞記者註册證後暫時執行職務但仍應於六個月內依照規定聲請發給證書及加入新聞記者公會

第九條　新聞記者以加入所服務報社或通訊社所在地之新聞記者公會或聯合公會爲原則其兼爲二以上之報社或通訊社服務而各在另一轄區者由其執行職務地之期間較長者加入之

第十條　新聞記者如不在所服務之報社或通訊社所在地而在執行職務地有六個月以上之期間時應加入或移入執行職務地之新聞記者公會或聯合公會

第十條　新聞記者公會應冠以省或市或縣地名聯合公會應冠以所聯合之地名

縣市新聞記者聯合公會以在同省內聯合為限

第十一條　省市縣新聞記者公會會所應設於各該省市縣政府所在地其聯合公會會所應設於會員較多之省市縣政府所在地

全國新聞記者聯合會會所應設於國民政府所在地

第十二條　依本法第九條及第十條之規定組織省以上之新聞記者公會時其發起及同意均以各該公會理事會之通過為準

第十三條　新聞記者公會得設候補理事候補監事其名額不得逾理事監事名額二分之一但僅設監事一人者仍將設候補監事一人

第十四條　本法施行前核准組織之新聞記者公會如與本法不合者應自本法施行後六個月內依法改組

第十五條　社會行政機關於核准新聞記者公會立案時應照抄該公會會員名冊及職員簡明履歷冊分送內政部及中央宣傳部

第十六條　新聞記者公會依本法第二十條之規定議決會員除名時應附具事實及理由檢同證據呈請所在地之主管官署報經內政部審查核准後始得執行

第十七條　本法第二十八條所定撤銷證書之處分如係違反同法第二十二條或第二十三條之規定者應經法院判決確定後始得執行

第十八條　新聞記者因違反本法第二十四條之規定撤銷證書者非俟撤銷證書之原因消滅後不得重行聲請給予新聞記者證書

第十九條　內政部撤銷新聞記者證書時應轉知該管地方主管官署等註銷撤銷人所服務報社或通訊社之職務登記

第二十條　本法第二十七條第二十九條規定之停止及罰鍰處分由市縣政府執行并轉報內政部

第二十一條　本細則自本法施行之日施行

（二）聲請書式

茲依照新聞記者法第五條及該法施行細則第六條之規定開具左列事項聲請核發新聞記者證書謹呈

內政部

具聲請書人　　　　（簽名蓋章）

姓名		性別		年齡		籍貫	
學歷							
經歷							
曾執行新聞記者職務者其服務報社或通訊社之名稱地址及服務起止日期							
現在住址		永久住址			貼粘相片		
是否黨員		黨證字號					
附繳證件名稱及件數							
審查意見							

中華民國　　年　　月

附註一、審查意見欄聲請人無庸填寫

二、聲請時應附繳證書費一百元印花稅費二元二寸半身照片二張

（二）證書式

新聞記者證書　　字第　　號

姓名　　年齡　　籍貫

出身　　經歷

右開聲請人業經本部依照新聞記者法審查合格合給新聞記者證書以資證明

內政部部長

中華民國　　年　　月　　日

社會救濟法施行細則

三十三年九月五日行政院核准

第一條　本細則依社會救濟法第五十二條之規定訂定之

第二條　凡向主管官署或有救濟設施之處所請求救濟者應先填具申請書送請查核辦理其有情勢迫切急待救濟者救濟設施處所得暫予收容之

由司法或治安機關移請救濟者仍應依前項之規定辦理

申請書格式另定之

第三條　受救濟人有左列情形之一者得停止其救濟

一　受救濟原因消滅者

二　不遵主管官署或救濟設施負責人所為之合法處置其情節重大者

三　以詐欺或其他不正當方法核取救濟者

有前項第三款情形經查明屬實者得由主管官署責令受救濟人或其保證人償還其所受救濟之一切費用

第四條　救濟設施應按其業務性質依照本法第六條之規定其名稱本法施行前其原有名稱不合規定者應依法改正之

第五條　凡救濟設施由省市縣或鄉鎮舉辦者應冠以省市縣或鄉鎮名稱一省市縣有二以上同性質之救設施時以數字區分之

由團體或私人創辦者准予冠名稱但應冠以私立二字

第六條　舉辦救濟設施應於成立後一個月內將左列各項報由當地主管官署核轉社會部備案

一　名稱及地址

二　有關組織管理及各項設施之規章

三　經費來源及其概算

四　業務性質及收容人數

五　職員名冊

團體或私人創辦各種救濟設施應依照前項各款先向主管官署申請許可

救濟業務如與振濟委員會或衛生署有關者並應分報備案

第七條　各種救濟設施處所應按年將工作計劃經費預算工作報告收支計算等分別呈報主管官署查核主管官署并得隨時員派視導視其辦理成績分別予以獎懲

前項視導人員因職務上之需要得向救濟設施查閱有關案卷及帳册簿據主持人員不得拒絕

第八條　本法所稱救濟設施處所內之留養應分別性質規定留養期限及教養標準除老人及殘疾人經教養後仍難自謀生活者應予終身留養外屆期應使出所自立謀生

第九條　救濟設施對於受救濟人生產勞動之收益應提撥百分之六十爲充實基金改良設備外其餘百分之四十應給予受救濟人

第十條　受醫療或助產之救濟必須住院者應取具貧苦無力之證明

前項證明得由鄉鎮保甲長或人民團體負責人爲之如係偽證除代受救濟人償還一切費用外并得移請其主管官署依法予以懲處

第十一條　平民住宅由當地政府建築廉價或免費供給受救濟人居住

第十二條　以義倉糧食貸與平民者仍應收回實物辦理平糶者仍應糴補不得改存現款

第十三條　冬季救濟以每年十一月至翌年三月爲起止期但各地得視實際情形酌予伸縮

第十四條　災難救濟必須設所臨時收容者須預定收容限期其無力生活者應即分別轉送各種經常救濟設施

前項收容限期最長不得逾三月

第十五條　受救濟人或流浪人死亡時應由救濟設施就當地公墓埋葬之

前項公墓如由救濟設施自行籌設時仍應依法遞報內政部備案

第十六條　本法第四十八條所稱之救濟經費如左

一　列入年度預算之救濟經費

二　地方救濟事業基金歇產及其孳息

三　救濟設施生產勞動所得之收益

四　經政府臨時指撥之救濟經費

五　捐贈救濟設施之款產及其孳息

第十七條　事業救濟經費或基金除照統一募捐運動辦法及統一捐款獻金收支處理辦法辦理外均應使用三聯收據以一聯交捐
一聯報核一聯存查
前項收據應先擬定格式編列號次送請主管官署加蓋印信
募捐結束後應於一個月內公布捐款人姓名捐額及擬定之用途未用捐冊並應截角繳送主管官署注銷
第十八條　本細則自公布日施行

救濟院規程

三十三年九月五日行政院核准

第一章　總綱

第一條　公立救濟院各種救濟設施依社會救濟法第六條之規定
各省（市）縣（市）得視實際需要及經濟狀況次第設立之
私立救濟院至少有二種以上之救濟設施
第二條　公立救濟院置院長一人綜理院務副院長一人襄理院務均由主管官署遴選當地公正人士或訓練合格人員充任之
私立救濟設施之業務主持人由創辦人或董事會遴選其所屬工作人員由業務主持人聘請之並報請主管官署備案
第三條　公立救濟院得因事務繁簡分組辦事其分組辦法及職掌劃分由主管官署訂定之並呈報上級機關備案
每組置組長一人由院長遴請主管官署派任之
第四條　公立救濟院各所各置所長一人主辦各該所事務由院長遴請主管官署派任之
第五條　公立救濟院及各所得置幹事教師技士醫師助產士護士保育員辦事員助理員保姆及工役其名額由主管官署就業務
需要擬呈上級機關核定之
前項人員由院長派任如教師技士醫師助產士護士保育員有數人時得指定一人為主任
第六條　縣（市）鄉鎮所設之公立救濟院院長得出席縣（市）鄉鎮會議
第七條　公立救濟院應按月舉行院務會議一次由院長副院長各所所長各組組長組織之以院長為主席
第八條　公立救濟院得視業務需要設置各種委員會研討業務改進及專門問題其組織辦法由主管官署擬訂並報上級機關
備案
第九條　公立私立救濟院或各所保有地方款產或募有基金者應組織管理委員會管理其組織及管理辦法由社會部另定之

第十條 公立私立救濟院暨各所有款產孳息及業務收益由院長統籌支配之

第二章 安老所

第十一條 依法留養於安老所內之男女應視其體質令服左列操作

一 糊製紙類物品

二 織編植物類用具

三 紡紗或洗補衣物

四 飼養家畜種植園蔬

五 其他體力堪勝之簡單工藝

凡體力衰弱疾病纏身者得免除之

第十二條 安老所對於留養之男女應教以有益身心之課程

前項課程得用演講或座談方式行之并予以正當娛樂

第十三條 安老所留養之男女力能自謀生活或另受救濟原因消滅時得許其出所

第三章 育嬰所育幼所

第十四條 育嬰所育幼所對於教養之嬰兒應注意其身體之發展對於飲食營養應隨時調解體溫清潔須設法保持

第十五條 [illegible]適應嬰兒之教養得酌置代乳品餅餌及各項玩具

第十六條 負責保育嬰兒之人員及嬰兒身體發育情形得由醫師按旬檢查一次以確保其康健

第十七條 留所之學齡兒童應依教育法令設班教育其兒童人數過少不便施教者得洽送附近學校免費肄業

第十八條 對於年齡較長之兒童須施以職業訓練其有天資卓越才堪造就者得呈請主管官署洽送相當學校繼續深造

第十九條 留養嬰兒及逾齡兒童出所辦法由社會部另訂之

第四章 殘疾教養所

第二十條 患殘疾而無力自救者應先由施醫所設法治療始得留所教養

第二一條 殘疾教養所對於肢體殘廢之人應分別施以特殊訓練使能擅長一技自謀生計其訓練課程如左

一 識字寫字文書管理及其他應用文藝

二 公民常識及各種應用會計

三 音樂戲曲雕刻繪畫及各藝術

四 各種工藝製造

五 其他可以謀生之技能

第二二條 盲啞之人本所不能施教者除洽送該項設備之處所外應由本所設法籌設

第二三條 殘疾之人經教養有成後應爲介紹職業其力能謀生者得強令出所必要時得貸予小本輔導其經營各種事業

第五章 習藝所

第二四條 依法收容於習藝所之男女應強制其勞作並施行嚴格管理及公民與智能訓練以轉換其性行

第二五條 習藝所應視其簡陋狀況及當地需要設置工廠農場或其他生產設備

第二六條 習藝所收容訓練之男女以一年爲期必要時得延長或縮短之但須呈發主管官署之核准

第二七條 凡在習藝所受訓之人期滿後應令出所或輔導其就業其無家可歸者得爲其介紹職業

第二八條 習藝所對於不良少年由其家長送訓者得酌收伙食服裝書籍及其他雜項費用

前項費用不得超過其施訓經費之每人平均分擔數並須呈報主管官署備案

第六章 婦女教養所

第二九條 婦女教養所對收養之婦女應施行體格檢查其染有疾病者應先予治療

第三十條 留所教養之婦女應授以家事縫紉紡織園藝飼養及其他各項技能

曾操不正當職業之婦女得隔別施訓幷設法矯正其心理及性行

第三一條 習所教養之婦女得參加本院各項工廠設備共同操作由各所所長商承院長分派之

第三二條 留所婦女教養期間定爲一年至二年必要時得延長或縮短之但須呈經主管官署之核准

第三三條 婦女教養期滿後得循其志願代爲介紹婚姻或輔導就業其有自願隨其家屬者應責令家屬取具妥實保證

介紹婚姻須經雙方同意幷須擇期公開舉行婚禮

曾操不正當職業之婦女由其家屬領回後仍理舊業經治安機關發覺者除依法究辦外得向其家屬追繳留所教養時之一切費用

第七章 助產所施醫所

第三四條　助產所施醫所應各有醫藥及床位之設備但得合併辦理

第三五條　助產施醫場所依照社會救濟法第二十七條至第二十九條之規定經公私醫療院所代辦者其辦法由當地主管官署定之

第三六條　非貧苦無依之人民要求入所助產或醫療者得酌收醫藥伙食等費其數額由救濟院按照當地當時物價擬呈主管官署核定公告之

第三七條　在助產所出生之嬰兒應受救濟者得移送育嬰所在施醫所醫療之貧民病至傷殘無力自救者得移送殘疾教養所

第三八條　免費入所助產其時間在生產前後計算不得過二週免費入所治療由主治醫師診察病情決定其出所日期

第三九條　助產所施醫所之門診時間入所治療健康檢查種痘防疫及其他關於助產暨醫藥方面之各項手續由救濟院擬呈主管官署核定施行

第四〇條　施醫所應受主管官署之指揮輔助地方辦理衛生及防疫。

第八章　附則

第四一條　貸款借糧供給住宅施棺掩埋辦理義渡及其他依法令應予救濟之事項由縣市政府根據實際需要擬訂辦法呈請省政府核准施行並層報社會部備案

前項救濟業務在隸屬於行政院之市由社會局擬呈市政府核准施行並報社會部備案

第四二條　救濟院對收容各類應受救濟人之救養管理辦法由主管官署擬呈上級機關核定之

第四三條　收容於各所之人在收容期間患病者應予診治患傳染病者須隔離之

第四四條　收容於各所之人在收容期間死亡者應報請司法及治安機關派員勘驗備棺殮葬其有親屬者並應同時通知眼同辦理親屬願自行殮葬者聽之

死亡者遺留私有物品交其親屬無親屬者視作公物

第四五條　救濟院對於各所教養之人民出所後應於一定期間內派員或委託當地救濟治安機關查視其生活狀況並得與之聯絡通訊

對於出所之嬰兒婦女如查有妨害其自由或侵犯其法益者救濟院得呈請主管官署依法究辦

第四六條　本規程所稱之主管官署在中央為社會部在省市為省市政府社會處局未設社會處之省為民政廳在縣為縣政府

關於助產施醫事項之主管官署為衛生署省為衛生處縣為衛生院

第四七條　救濟院及各所辦事細則由主管官署訂定之並呈報上級機關備案

第四八條　本規程自公佈日施行

管理私立救濟設施規則

三十三年九月五日行政院核准

第一條　團體或私人創辦之救濟設施爲私立救濟設施教會寺廟家族各種人民團體及外人或國際團體在本國境內設立之各種救濟設施均屬之

第二條　私立救濟設施之創辦變更或停辦均須呈經主管官署之核准

第三條　私立救濟設施應設立董事會由團體或創辦人延聘七人至十五人爲董事組織之並以團體之負責人或創辦人爲董事長

創辦人死亡或不願爲董事長時由各董事互推一人或由創辦人指定一人爲董事長

私立救濟設施歷史悠久董事會無法產生時得由創辦人之繼承人或關係方面商承主管官署延聘董事組織之

董事死亡或因故辭退者得由團體或創辦人或董事會議決另聘之

外人或國際團體在國內創辦救濟設施之董事會應有三分之一華籍董事

第四條　董事會每三個月至六個月開會一次審查救濟設施之業務執行款項收支及人員工作情形並指導督促其改進

第五條　私立救濟設施應於創辦時依照社會救濟法施行細則第六條之規定先行申請許可創辦成立後應於一個月內呈請立案

第六條　主管官署於接收私立救濟設施創辦或成立之書面申請後應於一週內爲准否之批答

前項申請主管官署認爲有調查之必要時應於兩週內調查完竣

准予立案者應發給立案證書

第七條　本規則未施行前私立救濟設施於創立一年後不爲立案之申請者主管官署得勒令停辦

第八條　私立救濟設施是得利用其事業爲宗教或別有作用之宣傳并不得兼營私人謀利之事業

第九條　私立救濟設施對於財產狀况款項收支工作進度及人事考核等得依社會救濟法施行細則第七條之規定每年分兩次於六月及十二月呈報主管官署查核

第十條　私立救濟設施遷移地址時應報告主管官署備案如遷至原管轄區域之外時應分別呈報

第十一條　私立救濟設施辦理不善時主管官署應令其改進如違反法令情節重大者得撤銷其立案或勒令停辦

第十二條　國難時救濟創辦之私立救濟設施准用本規則第二條第五條第六條第八條第十條第十三條第十四條之規定其所定時間得酌予縮短並應分報振濟委員會備案

第十三條　私立救濟設施之財產及各項設備不得收歸公有但由原創辦之團體私人或其董事會之聲請或其事業發生糾葛無人負責時得由主管官署擬訂辦法呈准上級機關處理之

第十四條　凡經立案之私立救濟設施主管官署應於三個月內依照社會救濟法施行細則第六條之規定呈報社會部備案

第十五條　本規則所稱之主管官署依救濟院規程第四十六條之規定

第十六條　本規則所稱之立案證書及各項表册由社會部定之

第十七條　本規則自公布日施行

社會部直轄育嬰育幼機關領養童嬰辦法

三十三年七月四日社會部修正公佈

第一條　本辦法依社會救濟法第十一條之規定訂之

第二條　左列童嬰得依據本辦法申請領養

一　棄嬰

二　父母雙亡無人扶養之童嬰經其監護人同意者

三　流離失所無人收容之兒童

四　其他留養之童嬰經其生父母同意者

前項第三款之兒童如有人收養經由其生父母認領而不同意予人收養時應即中止其收養關係

第三條　凡有正當職業之人無親生子女願領童嬰作為子女者得向本部各直轄育嬰育幼機關要求選擇申請領養

第四條　申請領養童嬰時應覓取妥實保證填具申請書二份送由給領童嬰之育嬰或育幼機關查明報本部核准後始得領養

申請書格式另定之

第五條　一童嬰有二以上之人申請領養時由本部斟酌情形核定之

第六條　申請領養童嬰以領養男或女一人或各一人爲限

第七條　領養育嬰人對於領養情形應於每六個月內以書面向原送養機關報告一次如住所遷移并須隨時通知備查

經扶養成年或有行爲能力之育嬰得自向領養之育嬰或育幼機關報告其生活狀況

第八條　育嬰育幼機關對於領養之育嬰得隨時派員或委託當地救濟或治安機關查視其生活狀況並按年彙報本部備核

第九條　領養育嬰人對於養子女有違反法定義務及虐待用作婢僕或其他違法情事經查明屬實者得由本部撤銷其收養關係並核其情節轉送司法機關依法懲辦

前項所稱各項情事保證人應連帶負責但事前發覺以書面向本部或原領養機關報告者得免予置議

第十條　本辦法自核准日施行

合作事業

合作事業工作競賽辦法

三十三年八月一日部令公布

第一條 合作事業工作競賽依本辦法之規定

第二條 合作事業工作競賽以縣（市）為單位但邊遠及接近戰區各縣（市）情形特殊者得由省合作主管機關擬具理由呈准中央合作主管機關暫免加入競賽

第三條 工作競賽以半年為一期於每年一月及七月開始舉行依每年六月底及十二月底各項數字評判之暫以六期為限

第四條 工作競賽之項目及每期競賽之標準如左

一 組社競賽 依合作人口數佔當地人口總額之百分數比較之每期以增加百分之三為標準其計算方法以鄉鎮保社社員一人作為五人計算專營社一人仍作為一人為合計數即為合作人口數在開始競賽時合作人口已相當於當地人口百分之八十之縣份應即停止組社競賽

二 加股競賽 依合作社社員平均每人實繳股金數比較之每期以增加五元為標準合作社因新社員陸續加入影響平均數之減低應以提高新舊社員認股之單位計算之

三 訓練競賽 依合作社社員[illegible]員平均每人參加各種合作訓練時數比較之每期以增加五小時為標準為免合作社因社員陸續加入影響平均數之減低應以提高新舊社員每期受訓之時數計算之

四 節儲競賽 依合作社社員平均每人節儲之金額比較之每期以增加五元為標準為免合作社因新社員陸續加入影響平均數之減低應以提高新舊社員每期節儲之金額計算之

五 增產競賽 依合作社社員共同或個別生產而由合作社集中運銷各農工產品之總值比較之每期以增加五十萬元為標準但以其產品之全部或一部經由聯合社加工運銷者僅計算其聯合作所銷售之總值

六 平價競賽 依消費合作社或經營消費業務之合作社交易總額比較之每期以增加五十萬元為標準但其產品之全部或一部係由聯合社供應者僅計算其非聯合社供應之總值

第五條 前條第一項至第四項競賽以縣各級合作社均須參加為原則第五六兩項競賽以專營生產或消費業務之合作社或已兼營是項業務之合作社為限

第六條　中央及各省縣市合作主管機關為推行競賽得組織合作事業工作競賽委員會

第七條　各縣（市）競賽成績以省合作主管機關為初核機關以中央合作主管機關為復核機關

第八條　各省合作主管機關得視各縣歷史及環境之不同對各縣分別規定權數在每期競賽開始前報告中央合作主管機關備查俟各縣競賽實際成績報齊後作為加減分數之依據

第九條　各縣（市）政府於第一期實行競賽前查明左列事項

甲　各縣（市）當地人口數

乙　各社個人社員數

丙　各社個人社員已繳股金數

丁　各社社員已受訓練總時數

戊　各社社員已認購節儲券金額

己　各社生產運銷農工產品總值

庚　各社經營消費業務之交易總值

前項各款調查事項應填入縣單位合作事業工作競賽基數報告表（見附表一）呈報省合作主管機關作為評定競賽成績之依據省合作主管機關應於競賽開始後二月內將上項基數彙編成省單位合作事業工作競賽基數報告表（見附表三）呈報中央合社主管機關

第十條　各縣（市）應根據實際情形分別指定各社每月中之一日為競賽日（競賽日以利用場期為原則）屆時負責指導人員應蒞場指導并應將各社競賽成績製成合作事業工作競賽成績調查表報告縣（市）政府

第十一條　各縣（市）政府應於每月將競賽成績製成縣（市）單位合作事業工作競賽成績月報表（見附表二）於次月十五日前呈送省合作主管機關省合作主管機關應於每期期滿後二個月內將各縣（市）工作競賽成績製成合作事業工作競賽成績分月進度表（見附表四）暨合作事業工作競賽成績考核表（見附表五）呈報中央合作主管機關複核其報告日期以郵戳為憑逾越限報告者均以不及格論但成績得併入下期計算

第十二條　各期競賽成績之核算除第一期以所查報之基數為基數外均以前期末所報之成績為基數

第十三條　各項成績合於標準者得六分超過標準時以積分法計算之每遞增一倍即增給三分除訓練及增產競賽以十八分為滿分外餘均以十六分為滿分（參見計分表）

第十四條 各縣（市）競賽總成績得分等第依左列之規定

一 六項成績均合於標準而其總分在三十六分以上者爲丙等五十四分以上者爲乙等七十二分以上者爲甲等九十分以上者爲特等

二 五項成績均合於標準而其總分在四十四分以上者爲丙等六十三分以上者爲乙等八十分以上者爲甲等

三 四項成績均合於標準而其總分在五十二分以上者爲丙等七十分以上者爲乙等

四 三項成績均合於標準而其總分在六十分以上者爲丙等

第十五條 中央及省合作主管機關核算各縣（市）成績遇必要時得調閱縣（市）各項競賽報表

第十六條 各省合作主管機關應於每期競賽後二個月內將本期各縣競賽成績列表通訊公佈之

第十七條 合作事業工作競賽成績評定優勝者依左列之規定獎勵之

一 各縣（市）競賽總成績在丙等者不予獎勵成績在乙等者由省合作主管機關發給獎狀並對該縣（市）合作工作人員予以獎勵成績在甲等者由省合作主管機關報告省政府發給獎勵成績在特等者由省合作主管機關報由中央合作主管機關發給獎旗並對該縣（市）長及合作工作人員予以褒獎

二 各省參加競賽縣（市）份有過半數成績在甲等以上者由中央合作主管機關分別情形對省合作主管長官及工作人員予以褒獎

第十八條 各縣（市）得比照本辦法所定競賽項目及標準舉辦合作社相互競賽其成績除併入合作社年終考成辦理外並得呈請省合作主管機關獎勵之

第十九條 合作事業工作競賽之懲罰依左列之規定辦理之

一 縣（市）合作工作人員對辦理合作工作競賽不合標準或不確實者由縣（市）主管長官予以申誡或記過處分其情節重大者并得報請省合作主管機關予以撤職處分

二 縣（市）長對督飭辦理合作工作競賽不力或延不將競賽成績報核者由省合作主管機關呈請省政府懲處之

第二十條 中央及省合作主管機關爲督進工作競賽之推行得派員至各縣（市）視察督導之

第二十一條 各省合作事業工作競賽之施行細則由各省合作主管機關擬報社會部核定之

第二十二條 直隸於行政院之市合作事業工作競賽辦法另定之

第二十三條 本辦法自公佈日施行並函送工作競賽推行委員會備查

縣市合作金庫章程準則

（卅三年八月十二日社會部財政部會令公布）

第一章 總則

第一條 本金庫定名爲　省　縣（市）合作金庫

第二條 本金庫以調劑縣（市）合作事業資金爲宗旨受縣（市）政府及中央合作金庫之監督指揮

第三條 本庫爲有限責任各股東對本金庫所負之責任以其所認股額爲限

第四條 本金庫以　省　縣（市）爲業務區域

第五條 本金庫設于　縣（市）政府所在地並得于業務區域內必要地點設立代理處

第二章 股東

第六條 本金庫由　縣（市）政府地方銀行及業務區域內縣各級合作社合作事業機關暨合作社團組織之

前項股東之加入須經本金庫理事會之同意報告股東大會追認

第七條 本金庫股東有左列情事之一者喪失其股東資格

一 解散或撤銷

二 受破產之宣告

三 除名者

第八條 本金庫股東有左列情事之一者得經理事會出席理事四分之三以上之決議予以除名並報告股東大會追認之

一 不遵照本金庫章則及股東大會之決議履行其義務者

二 有防害本金庫利益之行爲者

三 有違反法令或喪失信用行爲者

第九條 本金庫退出股東得請求退還股金其數額于年度終了結算後決定之至多不得超過已繳之金額

第三章 股本

第十條 本金庫股本定爲國幣　萬元分爲　股每股國幣　百元各股東認購股本超本數額應于每年六月底及十二月底呈報中央合作金庫備查

第十一條 各股東認購股本每單位至少一股至多不得超過股本總額百分之三十

第十二條　各股東認購股本得分期繳納但第一次所繳款額每股不得少于二分之一餘款應于一年內繳足之

第十三條　股東已認未繳之股本不得以對本金庫或其他股東之債權主張抵銷亦不得以已繳之股金抵銷其對于本金庫或其他股東之債務

第十四條　本金庫股票用記名式或非經本金庫理事會之同意不得讓與或以之担保債務

第十五條　本金庫股息定為年息玖厘以實際繳納之日期及數額計算之

第四章　組織

第十六條　本金庫設理事七人至十一人組織理事會除由縣（市）合作主管機關荐請中央合作金庫派充二人至四人外餘由各認股單位選舉之本金庫設監事五人至七人組織監事會除由縣（市）政府及省合作分金庫會同指派三人外餘由各認股單位選舉之

各認股單位選舉理監事之辦法依照中央所頒法規之規定

第十七條　理事之任期為三年監事之任期為一年續派或連選均得連任

第十八條　理事會設理事長一人對外代表本金庫由縣（市）政府荐請中央合作金庫就理事中指派之並分別呈報社會部財政部備案

第十九條　監事不得兼任本金庫其他職務

第二十條　理事監事均為義務職但得經股東代表大會之決議酌支津貼

第二十一條　本金庫設經理一人由理事會聘任並分別呈報縣（市）政府及中央合作金庫備案

第二十二條　本金庫設會計員一人至二人由理事長提經理事會通過後任用之

第二十三條　本金庫設文書員營業員出納員輔導若干人由經理提請理事會任用並得酌設助理員及練習生由經理任用之

第二十四條　本金庫因業務上之需要設置倉庫時得設主任員一人及管理員若干人由經理任用之

第二十五條　本金庫股東大會于每年年初開會一次由理事會召集之

前項召集應于十五日前以書面載明召集事由及提議事項通知股東

第二十六條　理事會必要時得召集臨時股東大會股份總數四分之一以上之股東亦得以書面記明提議事項及理由請求理事召集臨時股東大會

前項請求提出後十日內理事不為召集之通知時呈報縣（市）政府及省合作金庫自行召集

第二十七條　股東大會應有全體股東過半數代表股份過半數之出席始得開會出席股東表決權過半數之同意始得決議

第二十八條　本金庫各股東之表決權依社會部訂定縣（市）合作金庫各級股東分配理監事選舉辦法第六條之規定股東不能出縣（市）諸股東大會時得以書面委託其他股東代表但同一代表人不能代表二個以上之股東

第二十九條　股東大會流會二次以上時理事會得以書面載明應議事項請求全體股東于一定期限內通訊表決之但此期限不得少于十日

第三〇條　理事會以理事長為主席監事會主席由監事互推之

第三十一條　理事會監事會應有理監事過半數之出席始得開會出席理監事過半數之通過始得決議

理事會之職權如左

一　執行股東大會之決議案

二　決定營業方針

三、審定各項規章

四　核定預算決算

五　審訂重要契約

六　議決代理處之設立撤銷或移轉

七　決議本金庫重要職員之任免

第三十二條　監事會之職權如左

一　監查本金庫財產狀況

二　監查執行業務之狀況

三　本金庫與理事[illegible]訂立契約或為訴訟上之行為時代表本金庫

四　審核第三十六條之書類

監事會為執行上項職務有必要時得召集臨時股東大會

第三十三條　本金庫得設置各委員會其組織規程另訂之

第五章　業務

第三十四條　本金庫之業務以辦理合作社聯合社之合作社及合作事業機關為主要對象個人業務往來以合作社社員之

存款匯兌及倉儲爲限其種類如左

一　收受各種存款及儲蓄

二　放款及投資

三　票據之承兌貼現

四　辦理匯兌及代理收解各種款項

五　辦理信託及倉庫運銷業務

六　代理保險業務

七　接受政府委託辦理特種業務

第三十五條　本金庫應于每一營業年度開始前二個月由理事會擬具營業計劃營業概算報由省合作分金庫轉中央合作金庫備案並另報縣（市）政府備查

第三十六條　本金庫營業年度終了後一個月內理事會造具業務報告書資產負債表損益表財產目錄盈餘分配表報經省合作分金庫核轉中央合作金庫備案並報縣（市）政府備查

第三十七條　本金庫以國曆一月一日至十二月卅一日爲一營業年度六月底爲半年結算期十二月底爲全年總結算期

第三十八條　本金庫年終結算有盈餘時除依次彌補累積損失及付股息外餘額以百分之五十以上爲公積金百分之三十以上爲特別準備金其餘爲職員獎勵金其數額不得超過全數薪給四分之一

第六章　附則

第三十九條　本章程未規定事項悉遵照合作金庫條例及同條例施行細則之規定

第四十條　本章程由股東大會通過呈請縣（市）政府核轉中央合作金庫備案後施行

縣（市）合作金庫各認股單位理監事選舉辦法　卅三年九月五日部令核准

一　本辦法依照合作金庫條例第十一條之規定訂定之

二　縣（市）合作金庫各認股單位選舉理事五人至七人監事二人至四人

三　各認股單位理事之選舉分左列三組舉行

第一組　各認股地方銀行選舉理事一人至二人

第二組　縣(市)合作業務機關及縣(市)合作社聯合社選舉理事一人監事二人

第三組　各合作社選舉理監事三人

以上第一第二兩組無認股單位者其名額併入第三組選舉之

四 各認股單位監事之選舉由各該單位混合舉行之

五 各認股單位理監事之選舉每一單位認購股本在一百股以下者每五股有一選舉權認購在一百股以上五百股以下者其超過部份每二十股有一選舉權認購在五百股以上者其超過部份每五十股有一選舉權但每股單位之選舉權至多不超過五十權

各認股單位之畸零股數概不計算選舉權

六 縣(市)合作金庫各認股單位第一次之理監事之選舉由政府及中央合作金庫派定之理監事組織司選委員會辦理之

前項司選委員會之組織由中央合作金庫另定之

七 本辦法由社會部訂定修正時間

甄別合作社辦法

三十三年九月九日部令公布

一 社會部為甄別合作社之健全程度起見特訂定本辦法

二 合作社之甄別由各省合作主管機關督導各縣(市)合作主管機關辦理之

三 縣(市)合作主管機關辦理合作社之甄別應派員實地調查依據各社最近情形填就甄別調查表每社一表三聯第一聯為存根第二三兩聯賫報省合作主管機關第三聯由省合作主管機關賫報社會部備查

四 前項調查表式另定之(附表一)

合作社甄別項目共分二十項每項最高五分共得一百分為滿分六十分以上者為及格不及六十分者為不及格

五 凡受甄別合作社其登記證應繳由縣(市)合作主管機關加蓋「甄別及格」或「甄別不及格」之戳記

六 合作社甄別不及格者應即指導整理改組并於甄別期滿後三個月內再行考查一次如屬及格應就各該社登記證加蓋「再甄及格」之戳記如仍不及格應令飭解散之

七 調查員甄別各社如有虛偽或徇情事或未依期限辦理完竣者應予記過或撤職處分

八 省合作主管機關對所屬縣(市)合作主管機關呈報之甄別調查表得派員抽查抽其之其抽查分數與甄別分數有顯異之差別且變更及格或不及格之決定者依省合作主管機關之決定變更之

九　直轄行政院之市除調查表用二聯式一聯存查一聯彙報社會部備查外準用前列各項之規定

十　川陝甘康滇黔湘各省市應儘三十三年底將各級合作社甄別完畢并於三十四年三月底以前彙報社會部其餘各省應儘三十四年三月底以前甄別完畢并於三十四年六月底以前辦理彙報

彙報表式另定之（用附表二）

十一　合作社聯合社之甄別適用本辦法之規定

十二　本辦法自公布之日施行

附表一

附二表

（附表一）　　　　責任　　　　社甄別調查表存根

登記證號	字第　號
核准登記	年　月　日
地址	

類	甄別項目	甄別標準情形	給分限度	甄別分數	備攷
社務	1 組織符合法令	依法辦理登記并能切實遵照現行合作法規辦理	3—5		
		成立後應辦各項登記延未辦理或有規避法令情事	0—2,9		
	2 社員精誠合作	社員富有活力遇有發展社務之各項決定能通力合作迅即辦理	3—5		
		社員非經督促不願參加社務活動未能表現活力或時有糾紛	0—2,9		
	3 職員幹練盡責	理監事及其他職員均幹練盡責無營私企圖	3—5		
		職員多屬無能且不能盡責有營私舞向或舞弊情事	0—2,9		
	4 社員訓練有方	熱烈參加講習會并經常辦理有關社員訓練之工作	3—5		
		未能參加講習會并未辦理有關社員訓練之工作	0—2,9		
	5 會議按期舉行	各項會議按期舉行且有紀錄可攷到會人員踴躍	3—5		
		各項會議脫期甚久且紀錄零散不全到會人員不踴躍	0—2,9		
	6 簿表置備齊全	各項應備之簿表均備齊全且管理有方攷查便利	3—5		
		各項應備之簿表并不齊全且管理紊亂攷查不便	0—2,9		
	7 社容整齊清潔	社舍整齊清潔佈置樸素大方	8—3		
		社舍欠佳紊亂無章	0—2.9		
	8 入社機會公開	設社動機純正入社機會公開社員逐有增加	3—5		
		設社動機不純正入社機會不公開社員數未增加	0—2,9		
	9 社員調查清楚	社員家庭人數生活情形均經分別詳查登記入册	8—5		
		社員家庭情形并未調查或社員名册不全	0—2,9		
業務	10 業務計劃妥當	每期均有適當業務計劃且能力謀發展	8—5		
		業務計劃不切實不週密甚至無計劃	0—2,9		
	11 業務適合需要	所辦業務切合多數社員需要	8—5		
		所辦業務與多數社員需要無關	0—2,9		
	12 交易忠實對社	社員關心業務并熱心交易並無違反規約或套買套賣情事	3—5		
		社員不關心業務并對社交易不忠實有違反規約或套買套賣情事	0—2,9		
	13 社員享受公平	社員對業務上之享受機會完全均等	3—5		
		社員對業務上之享受機會不均等為少數人所壟斷	0—2,9		
	14 業務經營穩健	業務進行法令穩健經營業額年有增加	3—5		
		業務停滯不前或不遵行法令基礎不穩易招失敗	0—2,9		
	15 財務完全公開	財政完全公開職員無從舞弊	3—9		
		財政不公開有營私情形	0—2,9		
財務	16 會計記錄完備	各項賬簿完全記載清晰詳確	3—5		
		各項賬簿雖全記載不清晰或賬簿不全	0—2,9		
	17 查賬經常舉行	監事會經常辦理查賬有記錄可攷	3—5		
		雖有查賬并無記錄或并未辦理查賬	0—2,9		
	18 資金充分自給	自給資金占週轉資金半數以上公積金年有增加	3—5		
		自給資金在週轉資金半數以下公積金甚提甚少	0—2,9		
	19 資金運用合理	資金無閒置情事且週轉率相當迅速各項開支得當債務能按期歸還	3—5		
		資金多數擱置週轉率過低開支多屬浪費債務費未按期歸還	0—2,9		
	20 盈餘處理妥善	盈餘依法公允分配提撥公積金	3—5		
		盈餘分配不公允或與法令不合	0—2,9		
縣（市）長（簽名蓋章）		調查員（簽名蓋章）　年　月　日調查　年　月　日填報	得分		

說明：1，本表存根及第二聯騎縫蓋用縣（市）合作主管機關印信第二聯及第三聯騎縫蓋用省合作主管機關印信

2，本表甄別標準欄分兩行上行指及格情形而論給分限度應為三至五分下行指不及格情形而論給分限度為零分至二點九分

3，入社機會公開一項在鄉（鎮）保合作社應達到業務區域內每戶一社員始可給以滿分

4，業務計劃妥當業務適合需要須就實際情形密切攷察如消費合作社之計劃應視對運貨銷貨兩方面有無詳實思慮業務計劃要實極務局要之合作計劃社對合需對基金原料器材各節有最詳密之會員參加主張各種等勞之力或相適應是

5，經甄別實之合作社能否任責給輸難中物資之籌應於備考欄內註明

合義×（210+70+70）×270

責任　　　　社

甄別調查表（第二聯）

登記證號	字第　號
核准登記	年　月　日
地址	

字第　　號

甄別項目	甄別分數	複查分數	備攷
1			
2			
3			
4			
5			
6			
7			
8			
9			
10			
11			
12			
13			
14			
15			
16			
17			
18			
19			
20			
得分			

縣（市）長（簽名蓋章）

調查員（簽名蓋章）

抽查員（簽名蓋章）

年　月　日調查

年　月　日填表

年　月　日抽查

（本聯及第三聯報省合作主管機關）

責任　　　　社

甄別調查表（第三聯）

登記證號	字第　號
核准登記	年　月　日
地址	

字第　　號

甄別項目	甄別分數	複查分數	備攷
1			
2			
3			
4			
5			
6			
7			
8			
9			
10			
11			
12			
13			
14			
15			
16			
17			
18			
19			
20			
得分			

縣（市）長（簽名蓋章）

調查員（簽名蓋章）

抽查員簽名蓋章）

年　月　日調查

年　月　日填表

年　月　日抽查

（本聯彙報社會）部

省(市)　　　　省　　　　縣(市)合作社甄別彙報表(附表二)

類別			現有社數	甄別社數		備考
				及格	不及格	
單位社	專營合作社	消費社				
		生產社				
		運銷社				
		供給社				
		其他社				
	鄉鎮合作社					
	保合作社					
	合計					
聯合社	專聯社	省專聯社				
		縣專聯社				
		其他專聯社				
	縣(市)聯合社					
	省(市)聯合社					
	合計					

說明：1.本表省縣(市)彙報時均可適用均應隨同甄別調查表連同各件附同呈報　　　合表八(210×148)

2.專營合作社其他社欄指信用保險合作社而言

3.各專營合作社如仍有一社經營二種以上關係業務者應依主要業務列入其餘業務不必計入

4.其他專聯社以省或縣為業務區域之專聯社而言

5.省主管機關對甄別字第有變更致甄別社數欄記載不符者應于備考欄內註明。

推行國民義務勞動配合鄉鎮造產實施辦法

（三十三年六月三十日行政院核准）

第一條　國民義務勞動配合鄉鎮造產除法令別有規定外依本辦法之規定

第二條　各省市政府應將實施鄉鎮造產列為國民義務勞動主要事項

第三條　辦理義務勞動之主管官署於年度開始前擬具義務勞動計劃及實施辦法時應依照鄉鎮造產辦法第二條規定之造產事項並參酌地方實際需要將造產所需之勞力儘先妥為支配呈請上級主管官署核准轉送中央主管官署備案

第四條　社會部或社會處審核義務勞動計劃或訂定單行法規涉及鄉鎮造產事項時應會商內政部或民政廳辦理

第五條　內政部或民政廳審核鄉鎮造產計劃或訂定單行法規涉及義務勞動事項時應會商社會部或社會處辦理

第六條　本辦法自核准之日施行

公務員義務勞動實施辦法

（三十三年八月七日行政院公布　仝上）

第一條　本辦法依國民義務勞動法第二十四條之規定訂定之

第二條　勞動事項及工作分配依國民義務勞動法第三條及第十條之規定配合當地政府之義務勞動計劃與實際需要訂定之

第三條　勞動時間依國民義務勞動法第七條及國民義務勞動法施行細則第五條第二款之規定按時計算

第四條　各機關應於每年一月造具職員名册送請當地勞動主管官署核定勞動事項時間及地點嗣後遇有異動並應隨時填報

勞動主管官署為前項之核定後應即公告并分別通知各該機關

第五條　公務員已在甲地或甲機關服義務勞動之全部或一部因故調移乙地或乙機關時得由當地主管署給予勞動服務證明書或已服務勞動時數之證件免除其在乙地或機關同年度義務勞動之全部或一部

第六條　各機關公務員按服務人員之多寡分別組織勞動服務大隊中隊或分隊冠以各該機關名稱直隸於當地勞動服務團部

前項大隊中隊或小隊之編製如附表

第七條　本辦法未規定事項悉依國民義務勞動法及其施行細則行之

第八條　本辦法自公布日施行

公務員義務勞動服務部隊隊部編製表

職別	大隊員額	大隊名額	中隊員額	中隊名額	小隊	備攷
隊長	一		一		一	由機關首長兼任
幹事	一					由隊長遴選專任
組長	三					由隊長於職員中遴選兼任
組員	三					仝上
工役		三——二				由機關工友調用
合計	八	三——二				

附記一、隊之種類以人數在二百以上者設大隊一百以上者設中隊百人以下者設小隊

教職員學生義務勞動實施辦法

三十三年九月十九日行政院公布

第一條　本辦法依國民義務勞動法第二十四條之規定訂定之

第二條　教職員學生合于國民義務勞動法第一條之規定者應依本辦法徵召服務

第三條　教職員學生義務勞動之工作分配由當地義務勞動主管機關依據義務勞動計劃會同教育當局及學校校長核定之

第四條　教職員學生義務勞動依國民義務勞動法第六條及第七條之規定於暑假寒假春假星期日或其他例假日舉行

第五條　各學校應于每學期開學後二週內將教職員學生名册送請縣市政府核定公告并通知各該學校

第六條　教職員學生于學校服義務勞動者遇原籍或他移時得將免除同年度之義務勞動其已于原籍或其他地域服義務勞動者亦同

第七條　各學校教職員學生服務人員之參加勞動服務者總隊或大隊

第八條　學校勞動服務隊冠以學校名稱

第九條　本辦法未規定事項悉依國民義務勞動法及國民義務勞動法施行之

第十條　本辦法自公布日施行

教職員學生義務勞動服務隊隊部編製表

職別	總隊		大隊		備注
	員額	名額	員額	名額	
隊長	一		一		由校長或教職員兼任
幹事	一		一		由隊長遴選專任
組長	三		三		由隊長于教職員中遴選兼任
組員	三		二		由隊長于優秀學生中遴選充任
工役		三		三—二	由校工充任
合計	八	三	七	三—二	

附記
一、除之種類以人數在一千人以上者設總隊一千人以下者設大隊
二、隊部因業務之需要得設指導員若干人由隊長聘請教職員兼任之

社會部督導推行國民義務勞動辦法

三十三年九月八日行政院指令核准

第一條 督導各省市縣推行國民義務勞動除法令別有規定外依本辦法之規定

第二條 督導各省市縣推行國民義務勞動之事項如左：

一 關於實施國民義務勞動前應行準備事項之指導
二 關於征調組織及工作推進之協助
三 關於服務成績及工作進度之調查考察及建議
四 關於中央推行國民義務勞動政令之宣導
五 關於協助各省市縣聯絡當地黨團及政治工作人員辦理國民義務勞動之輔助
六 關於其他有關國民義務勞動之督導事項

第三條 派赴各省市縣之督導人員應先與主管官署詳研本年度義務勞動計劃據其所定進度及實施辦法分別實地考察督導之

第四條 督導人員對于各省市縣辦理國民義務勞動發現錯誤或其他違法舞弊情事時依左列辦法處理之

一 關於征調組織及工作進度暨各項手續不合法定者商請主管官署設法糾正
二 關于工作懈怠及主管人員推行不力者應酌量協導必要時得報告其上級主管官署查核辦理
三 關於徇私舞弊或違反法令其情節重大者得詳敘事實專案報部察核
四 關於發生糾紛或與當地黨團政工人員發生困難者得向各該有關之省級機關洽商解決辦法同時專案報部察核
五 其他有關義務勞動法令之解釋及無明文規定或已發之事項督導人員應視實際情形設法協導或專案報部請示

第五條　派赴各省市縣之督導人員有數人時由部指定其中較高級者一人對其餘各人負指揮聯絡之責各督導人員如發現前條第三四兩款規定之事項時應先與商酎

第六條　前項負責指導聯絡之督導人員仍應先親赴各地實行督導工作

派赴各省市縣之督導人員得分區督導並應按週將實地督導情形塡表二份報部察核其分區辦法及表式另訂之

前項報表得由部察核後以一份函送有關省市政府作爲考績之參考

第七條　督導人員因職務上之需要得向有關機關調閱檔券簿册

第八條　督導人員得列席當地有關義務勞動之各種會議

第九條　本辦法自公佈日施行

國民義務勞動服務團隊印信旗幟頒製辦法

卅三年八月十八日部令公佈

一　國民義務勞動服務團隊印信旗幟之頒製依本辦法之規定

二　國民義務勞動服務團隊印信分左列兩種

（一）關防　中央及各省市縣所組成之國民義務勞動服務團用之由其主管機關刊發

（二）小章　團以下各級隊部用之由其主管團部刊發前項印信均用木質其形式及印文依附圖之規定

三　國民義務勞動服務團旗由縣市政府製發各級隊旗由其主管團部製發其形式依附圖之規定機關學校所組成之團隊旗幟由該機關學校製發

四　本辦法自公佈日施行

附圖

（一）關防

附註

四　本辦法自公佈日施行

分　[illegible]

三　[illegible]各[illegible]縣市政府[illegible]由其主管[illegible]定[illegible]組織之關防其

公　（一）[illegible]以下各[illegible]其主管[illegible]刊[illegible]工印[illegible]用木質其[illegible]文及印文[illegible]之[illegible]定

（二）關防　中央及各省市[illegible]成之國民義務勞動服務[illegible]用之由其主管機關刊發

某某縣國民義務勞動
服務團關防

二　國民義務勞動服務團[illegible]分六[illegible]

一　國民義務勞動服務[illegible]體[illegible]依本辦法之[illegible]

84公分

[illegible]

卅三年八月十八日[illegible]令公佈

第九條　本辦法自公布日施行

第八條　[illegible]人[illegible]有關[illegible]之各[illegible]會[illegible]

第七條　[illegible]人[illegible]之[illegible]有[illegible]

[illegible]

第六條　[illegible]

[illegible]

[illegible]

第五條　[illegible]

2.8公分 × 2.8公分

某某縣國民義務勞動服務團第　總隊之章

2.6公分 × 2.6公分

某某縣國民義務勞動服務團第　總隊第　大隊之章

2.4公分 × 2.4公分

某某縣國民義務勞動服務團第　總隊第　大隊第　中隊之章

2.2公分 × 2.2公分

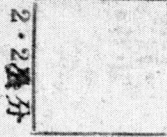

某某縣國民義務勞動服務團第　總隊第　大隊第　中隊第　小隊之章

註：一、縣總隊編製者文內總隊名稱可省略

二、機關學校隊章仿此

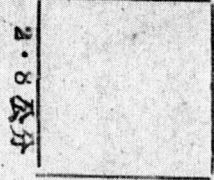

(一) 團旗式

說明：

1，旗面採國旗青白紅三色以紅布爲地橫長八十公分直長七十公分右邊直綴長五十七公分寬十公分之白布使右邊與旗邊齊上距旗邊八公分內製黑布○○縣（市）國民義務勞動服務團左邊七十公分之正方形中綴白布圓圈半徑長十六公分內鑲青布協作共享四字

2，旗桿全長（包括矛鐏）二百公分木質紅漆圓周大十二公分上冠銅矛下套銅鐏各長十八公分

(二) 總(大)(中)隊旗式

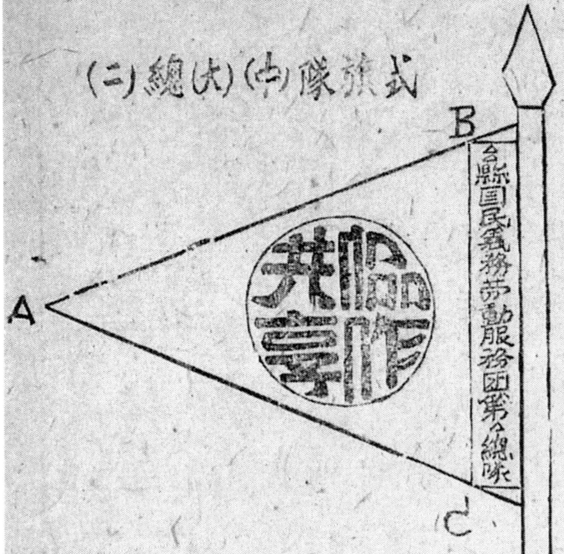

說明：

1，旗面爲等腰三角形二等邊長110公分底邊長85公分紅布爲地以底邊銜旗桿沿底邊直綴長75公分寬8公分之白布內製黑布○○縣國民義務勞動服務團第○總隊以旗桿左邊ABC三角形三中線之交點爲圓心綴白布圓圈半徑長15公分內鑲青布協作共享四字

2，旗桿：與團旗同

附註：大隊中隊隊旗式樣顏色質料與總隊旗同其大小按11與10及9之比例逐級減小以示區別

中央一般法規摘要簡表　三十三年七月至九月

法規名稱	頒發機關	頒發日期	修正日期	備考
民國三十三年同盟勝利公債條例	國民政府	七月五日		參閱國府公報渝字第六九〇號
強迫入學條例	國民政府		七月十八日	參閱國府公報渝字第六九三號
保障人民身體自由辦法	國民政府	七日十五日		同右
國民參政會組織條例	國民政府		九月十六日	參閱國府公報渝字第七一一號
戰時各機關年度工作編審辦法	國民政府		九月二十二日	參閱國府公報渝字第七一二號
戰時公教人員子女就學中等學校補助辦法	行政院	七月五日		九月七日由部以人字第七二七六一號代電飭屬知照
敵人罪行調查辦法	行政院	七月二十九日		八月十一日由部以總字第七一七〇一號訓令飭屬知照
中央公務員醫藥生育補助辦法補充規定	行政院	八月二十五日		九月十八日由部以人字第七三三六一號訓令飭屬知照
省縣公職候選人考試法施行細則	考試院		九月十五日	參閱國府公報渝字第七一一號
省縣公職候選人檢覈辦法	考試院		九月十五日	同右

命令

國民政府令

社會部參事李俊龍呈請辭職李俊龍准免本職此令　三十三年七月三十一日

行政院呈據社會部部長谷正綱呈請任命李卓之為社會部勞動局科長龔奎榮彭雲湘為社會部勞動局視導應照准此令　三十三年八月四日

行政院呈據社會部部長谷正綱呈請派張學渠一員以社會部勞動局科長試用應照准此令　三十三年八月四日

行政院呈據社會部部長谷正綱呈請任命王錫鈞為社會部勞動局科長應照准此令　三十三年八月二十二日

社會部令

公令布

茲制定本部員工出差旅費支報規則公佈之此令　社法字第七〇一〇〇號　三十三年七月四日

茲將社會部直轄兒童保育機關給與童嬰辦法修正為社會部直轄育嬰育幼機關領養童嬰辦法公佈之此令　社發字第七〇六〇二號　三十三年七月三日

茲將陪都育幼院收容兒童辦法修正為社會部陪都育幼院收容兒童辦法公佈之此令　社法字第七〇八六八號　三十三年七月二十二日

茲制定縣（市）合作金庫章程準則公佈之此令（會同財政部公佈）　社法字第七〇九七四號　三十三年七月二十六日

茲制定合作事業工作競賽辦法公布之此令

社法字第七一三二三號　三十三年八月一日

茲制定技師公會組織須知公布之此令

社法字第七一三六八號　三十三年八月三日

茲制定體育會組織辦法公布之此令（會同教育部公布）

社法字第七一六一〇號　三十三年八月九日

茲制定國民義務勞動團旗幟頒製辦法公布之此令

社法字第七一九一〇號　三十三年八月十八日

前農商部民國十六年二月六日公布之商業公會規則著即廢止此令

社法字第七二〇二三號　三十三年八月十九日

茲制定甄別合作社辦法公布之此令

社法字第七二九八四號　三十三年九月九日

民國二十六年四月八日前實業部公佈之甄別合作社辦法著即廢止

社法字第七二九八五號　三十三年九月九日

茲制定社會部督導推行國民義務勞動辦法公布之此令

社法字第七三七六〇號　三十三年九月二十六日

任免令

茲委任李弘試署本部勞動局科員此令

人字第七〇三二一號　三十三年七月十一日

茲委任賓以文為本部勞動局科員此令

人字第七〇三二三號　三十三年七月十一日

代理本部合作事業管理局辦事員林信之另有任用應予免職此令

人字第七〇三二五號　三十三年七月十一日

茲派邸奎第為本部陪都育幼院院長此令

茲派章柳泉為本部北碚兒童福利實驗區主任此令

人字第七〇四三九號　三十三年七月十三日

本部統計處指導員楊恩祿呈請辭職應予照准此令

人字第七〇四四〇號　三十三年七月十三日

茲派王　儀代理本部科員此令

人字第七〇四八三號　三十三年七月十四日

茲派黎横棠為本部調查員此令

茲派章作龍為本部統計處指導員此令

人字第七〇五六二號　三十三年七月十七日

茲委任冉　信為本部勞動局科員此令

人字第七〇五八七號　三十三年七月十七日

本部視導兼社會工作人員訓練班教育長郝耆谷呈辭兼職應予照准此令

茲派本部視導范　任兼任社會工作人員訓練班教育長此令

人字第七〇六〇〇號　三十三年七月十七日

茲派劉福知代理本部科員此令

人字第七〇六八一號　三十三年七月十九日

茲委任任靜山為本部合作事業管理局科員此令

人字第七〇八一九號　三十三年七月二十二日

茲委任石凡試署本部勞動局科員此令

人字第七〇八二一號　三十三年七月二十二日

茲委任趙錫麟為本部合作事業管理局科員此令

人字第七〇八二三號　三十三年七月二十二日

茲委任胡伯篪試署本部勞動局科員此令

[illegible]人字第七〇八二四號 三十三年七月二十二日

茲委任徐建勛為本部勞動局科員此令

人字第七〇八二七號 三十三年七月二十二日

茲委任劉古台為本部合作事業管理局科員此令

人字第七〇八二九號 三十三年七月二十二日

本部調查員唐仲駿呈請辭職應予照准此令

人字第七〇八五七號 三十三年七月二十二日

茲委任梁錦忠試署本部勞動局科員此令

人字第七〇九六二號 三十三年七月二十六日

茲委任梁輔臣為本部勞動局科員此令

人字第七〇九六四號 三十三年七月二十六日

茲委任鄭壽昌試署本部勞動局科員此令

人字第七〇九六五號 三十三年七月二十八日

茲委任王康為本部勞動局科員此令

人字第七〇九六八號 三十三年七月二十八日

茲委任李良儀試署本部勞動局科員此令

人字第七〇九七〇號 三十三年七月二十六日

茲委任吳泗海為本部勞動局科員此令

人字第七〇九七二號 三十三年七月二十六日

本部科員田建鳴呈請辭職應予照准此令

人字第七一一一八號 三十三年七月二十八日

茲派賀文清代理本部合作事業管理局辦事員此令

人字第七一一六二號 三十三年七月二十九日

茲派張靄敦辭代理本部合作事業管理局科員此令

人字第七一五三號 三十三年七月二十九日

茲派胡頤翰、錢曼之爲本部直轄社會服務處生活服務組組長此令
人字第七一五四〇號 三十三年八月七日

茲派鄒永明代理本部勞動局科員此令
人字第七一六一七號 三十三年八月九日

茲派路從正代理本部合作事業管理局科員此令
人字第七一六一九號 三十三年八月九日

茲派徐德瑞代理本部勞動局科員此令
人字第七一六二二號 三十三年八月九日

本部勞動局科員李雪端另有任用應免本職此令
人字第七一六二四號 三十三年八月九日

茲派李雪端代理本部勞動局視導除呈薦外此令
人字第七一六二五號 三十三年八月九日

本部指導員戎善戰呈請辭職應予照准此令
人字第七一七八三號 三十三年八月十五日

代理本部科員徐圖英另有任用應予免職此令
人字第七一七八四號 三十三年八月十五日

茲派張華澤代理本部合作事業管理局輔導員此令
人字第七一七八六號 三十三年八月十五日

本部勞動局科員王志燦呈請辭職應予照准此令
人字第七一七八八號 三十三年八月十五日

茲委任官畢俊爲本部勞動局科員此令
人字第七一七九〇號 三十三年八月十五日

兹委任周文濂為本部科員此令
人字第七一七九一號　三十三年八月十五日

兹委任吳瑞芳為本部科員此令
人字第七一七九二號　三十三年八月十五日

兹委任李惠倫為本部科員此令
人字第七一七九三號　三十三年八月十五日

兹委任劉世棻為本部科員此令
人字第七一七九四號　三十三年八月十五日

兹委任郭士沅為本部勞動局科員此令
人字第七一七九五號　三十三年八月十五日

兹委任羅聰寅為本部科員此令
人字第七一七九七號　三十三年八月十五日

兹派靳國平代理本部科員此令
人字第七一七九九號　三十三年八月十五日

本部科員陳書煌着即免職此令
人字第七一八一九號　三十三年八月十六日

兹派陳煌堃為本部調查員此令

兹派任　和為本部調查員此令

兹派潘佛涵為本部調查員此令
人字第七一九一八號　三十三年八月十七日

社會部工作人員訓練班教務組組長劉重奐呈請辭職應予照准此令
人字第七一九七八號　三十三年八月十九日

代理本部科員耿家舒另有任用應予免職此令

人字第七二〇三二號　三十三年八月十九日

本部科員宋寶君呈請辭職應予照准此令

人字第七二〇三三號　三十三年八月十九日

社會工作員訓練班訓育幹事宋寶君呈請辭職應予照准此令

人字第七二〇三四號　三十三年八月十九日

茲派王鐵年代理本部勞動局科員此令

人字第七二一四〇號　三十三年八月二十三日

茲派毛叔清爲本部調查員此令

人字第七二一四三號　三十三年八月二十三日

茲派薛　趙爲本部指導員此令

茲派張世玉爲本部統計處指導員此令

人字第七二一四四號　三十三年八月二十三日

本部辦事員邱緒貢擅離職守着即撤職此令

人字第七二二二八號　三十三年八月二十五日

茲派龔業光爲本部瀘縣育幼院院長此令

人字第七二三一八號　卅三年八月廿六日

茲委任方毓英爲本部科員此令

人字第七二三七八號　卅三年八月廿九日

張書文　協理

茲派周德明爲本部重慶市工人福利社業務組組長此令

張於弛　總務組組長

人字第七二六五五號　卅三年九月五日

本部科員曾　懇呈請辭職應予照准此令

人字第七二七四六號　卅三年九月六日

代理本部勞動局科員涂道章另有任用應予免職此令
人字第七二七四七號　卅三年九月六日

茲委任程和森萬華棠顧菊英為本部科員此令
人字第七二六七八號　卅三年九月八日

茲委任李華湘為本部勞動局科員此令
人字第七二八六八號　卅三年九月八日

茲派蕭登節朱志亮張聖特李秀玲趙正光謝旭久吳先梅代理本部合作事業管理局辦事員此令
人字第七二八八四號　卅三年九月八日

茲委任章懷傑試署本部勞動局科員此令
人字第七二九八二號　卅三年九月九日

本部指導員黎澤永另有任用應予免職此令
人字第七三〇〇三號　卅三年九月九日

茲派黎澤永代理本部科員此令
人字第七三〇〇四號　卅三年九月九日

茲派戴劍紅代理本部科員此令
人字第七三〇〇五號　卅三年九月九日

本部專員劉業景着毋庸兼代科長此令
人字第七三〇〇六號　卅三年九月九日

社會工作人員訓練班總務組組長孟爾臧另有任用應予免職此令
人字第七三〇〇七號　卅三年九月九日

茲派孟爾臧代理本部科長除呈薦外此令
人字第七三〇〇八號　卅三年九月九日

本部內江社會服務處主任江孝桂另有任用應免本職此令
人字第七三〇一三號　卅三年九月九日

本部直轄社會服務處協理張維另有任用應免本職此令

人字第七三〇一四號　卅三年九月九日

茲派張維為本部內江社會服務處主任此令

人字第七三〇一五號　卅三年九月九日

茲委任許中健為本部勞動局科員此令

人字第七三〇一七號　卅三年九月九日

茲委任鄭則龍為本部勞動局科員此令

人字第七三〇一九號　卅三年九月九日

兼社會工作人員訓練班訓育組組長崔建勳另有任用應免兼職此令

人字第七三〇七六號　卅三年九月十一日

茲派崔建勳兼任社會工作人員訓練班教務組組長此令

人字第七三〇七七號　三十三年九月十一日

茲委任胡　韶為本部科員此令

人字第七三〇九七號　卅三年九月十一日

茲委任王兆泰為本部勞動局科員此令

人字第七三一〇〇號　卅三年九月十一日

茲派王振九為本部閬州社會服務處主任此令

人字第七三二六五號　卅三年九月十五日

茲委任楊振鄴試署本部勞動局科員此令

人字第七三二七一號　卅三年九月十五日

茲派羅燦林代理本部勞動局科員此令

人字第七三二九一號　卅三年九月十五日

茲派符滌泉代理本部薦任科員除呈薦外此令

人字第七三三一四號　卅三年九月十六日

茲派金法棣代理本部科員此令　人字第七三三一五號　卅三年九月十六日

本部合作事業管理局全國合作人員訓練所副所長胡士琪另有任用應免本職此令　人字第七三三一七號　卅三年九月十六日

茲派秦亦文為本部合作事業管理局全國合作人員訓練所副所長此令　人字第七三三一八號　卅三年九月十六日

本部調查員楊剛適假不歸應予免職此令　人字第七三三一九號　卅三年九月十六日

茲派鄒壽椿錢鎔為本部統計處調查員此令　人字第七三三二一號　卅三年九月十六日

本部勞動局科員許中健呈請辭職應予照准此令　人字第七三三六三號　卅三年九月十八日

茲委任王光灃試署本部勞動局科員此令　人字第七三四〇五號　卅三年九月十九日

茲委任陳濟平試署本部勞動局科員此令　人字第七三四〇七號　卅三年九月十九日

茲委任黃燕節為本部科員此令　人字第七三四〇九號　卅三年九月十九日

茲委任余仁侃為本部科員此令　人字第七三四一〇號　卅三年九月十九日

茲委任方靜清為本部科員此令　人字第七三四一一號　卅三年九月十九日

本部調查員楊瀾濤呈請辭職應予照准此令　人字第七三五六五號　卅三年九月廿二日

茲派孫功煦代理本部科員此令

人字第七三五六六號　卅三年九月廿二日

社會工作人員訓練班訓育幹事鈕長震呈請辭職應予照准此令

人字第七三五八七號　卅三年九月廿三日

茲派劉振鐙爲社會工作人員訓練班總務組組長此令

人字第七三七一〇號　卅三年九月廿六日

茲派蔡澤甫爲本部重慶第二育幼院總務組組長此令

人字第七三七七五號　卅三年九月廿七日

本部指導員會維張另有任用應予免職此令

人字第七三八三七號　卅三年九月廿八日

茲委任敖大綸試署本部勞動局科員此令

人字第七三九三八號　卅三年九月卅日

附載　社會部最近聘派人員姓名一覽　（卅三年七月至九月）

派任　本部考績委員會秘書劉宣農

本部社會福利司工礦檢查室副主任李晏平

組織訓練司第五科副科長劉暢

總務司第四科副科長顧餞升

茲派[illegible]司第四科[illegible]

組織調[illegible]

本部[illegible]

派任　本部[illegible]

附載　上[illegible]人員[illegible]（卅三年七月至九月）

茲委任[illegible]　人字第七三九三八號　卅三年九月卅日

茲委任[illegible]　人字第七三八三七號　卅三年九月廿八日

本部[illegible]　人字第七三[illegible]號　卅三年九月廿七日

茲調[illegible]　人字第七三七一〇號　[illegible]令　卅三年九月廿六日

茲派[illegible]社會工[illegible]　人字第七三八七號　[illegible]令　卅三年九月廿三日

社會工作人員訓[illegible]令

茲派[illegible]代[illegible]本部[illegible]　人字第[illegible]三六六號　卅三年九月廿二日

公牘

總務類

社會部訓令　人字第七〇〇二二號　三十三年七月三日

令本部各附屬機關

案奉

行政院本年六月二十二日義玖字第一四〇九二號訓令內開：

「查現代戰爭，乃人力物力之總決賽，我國自抗戰以還，因若干重要都市之淪陷，及國際路線之阻塞，工商各業多被摧殘，物資供應漸感不足，其能七載撐持；抗戰歷久不疲者，全賴我國民忍艱耐苦之優良德性。而戰爭愈久，消耗愈增，欲使供應無缺，固倘開源；尤賴節流。政府對於戒絕奢侈，倡行節約，迭經通令誥訓，並頒佈節約運動大綱及戰時取締奢侈行爲辦法等法規，以資遵循。凡我各級從政人員應即以身作則，樹立楷模，收領導督促之功效，規戒勸勉之效，務期蔚爲風氣，養成儉德，使人力物力時間無絲毫浪費，庶幾力量集中，國力增進，抗建大業，實深利賴。除分令外，合行令仰遵照，幷轉飭所屬一體遵照此令。」

等因；奉此，除分令外，合行令仰遵照，幷轉飭所屬遵照此令。

社會部訓令　會一字第七〇七七五號　三十三年七月二十一日

令各省市社會處局及設社會科之民政廳

查政府各機關經費之保管，應由代理公庫之銀行，或郵政機關辦理，不得自行辦理。本部此次召開之社會行政檢討會議，關於確定幷寬籌社會事業經費案內第十一項，復有「各省市社會事業經費，應存入國家銀行」之決議。嗣後，各省市社會行政機關，對於該項經費務必恪遵規定，依法辦理，除分令外，合行令仰該處廳局遵照辦理爲要。此令。

社會部訓令　社會一字第七〇七七號　三十三年七月二十八日

令本部各附屬機關

案奉

行政院本年七月六日義伍字第一五一五三號訓令開：

「查食米係政府配給之實物，與貨物性質不同，所用單據不能視同貨物收據，經予免貼印花在案。戰時公務員役生活補助費，係公務員役生活上必需之費用，並非正式薪給報酬，且有免繳所得稅之規定，應即比照食米報銷清冊免予貼用印花。除分別函令外，合行令仰知照，并轉飭所屬一體知照此令」。

等因，奉此，除分行外合行令仰知照，此令。

社會部訓令　設考字第七一三五一號　三十三年八月二日

令本部各附屬機關

案奉

行政院三十三年七月十三日義壹字第一五六五四號訓令開：

「查各機關主管長官，對於所屬機關及人員有指揮監督之責任，在各機關組織法中，多以明文規定。機關內應注重研究考核及業務上之聯繫。在黨政軍機關人員小組會議，與公私生活行為輔導辦法中亦已具體訂明，各機關主管長官，對於上述研究考核工作，暨對附屬單位之監督，以及各單位間之聯絡輔導等事項，均應認真辦理，力求實效，務期加強，領導振刷政風。其辦理情形，並應於各該機關工作季報內詳列具報。除分令外，合行令仰遵照，並飭屬遵照此令。」

等因：奉此，除分令外，合行令仰遵照此令。

社會部訓令　總一字第七一四五〇號　三十三年八月四日

令本部各附屬機關

案奉

行政院三十三年七月二十四日義捌字第一六二一六號訓令內開：

「奉 國民政府本年七月十五日渝文字第三九三號訓令開：『據本府文官處簽呈稱：「准國防最高委員會秘書廳三十三年六月二十二日國紀字第四六四六三號公函，為委員長交議保障人民身體自由辦法，已奉國防最高委員會第一三八次常會決議：「辦法修正通過送國民政府通令施行」。請查照轉陳令行等由。理合簽請鑒核」等情。查人民身體自由應受法律保障，凡有檢查審判職權之機關，非依據普通或特別法令，（如刑法、強制執行法，戰時軍律陸海空軍刑法，懲治漢奸盜匪貪污煙毒治罪，防害國家總動員法令等）。不得逮捕拘禁處罰或審問人民，其有受私人囑託，擅行逮捕者，更屬非法行為，亦應嚴予糾懲。以重人權，而維法治，除飭復並分行外，合行抄發原辦法令仰遵照并轉飭遵照此令』。等因，奉此，除分令外合行抄發原辦法令仰遵照并轉飭所屬一體遵照此令」。

等因；奉此，除分令外，合行抄發原辦法令仰遵照，并飭屬遵照此令。

附抄發保障人民身體自由辦法一份（略）

社會部訓令 人字第七一七一〇號 三十三年八月十二日

令本部各附屬機關

案奉

行政院三十三年八月一日義捌字第一六五七一號訓令內開：

「案奉 國民政府本年七月十二日渝文字第三八四號訓令內開：『據本府文官處簽呈稱：「准國防最高委員會秘書廳三十三年七月六日國紀字第四六八三七號函開：奉交中央執行委員會本年七月一日渝（三三）機字第一一四二號公函開：准中央監察委員會函，為本會第五屆第十二次全體會議通過：「澈底肅清貪污，澄清吏治，以轉移社會風氣案」。並決定辦法兩項：（一）發動全體監察員，（黨員監察網）對於黨員有貪污行為者，即行設法調查，提出事實，向所屬黨部檢舉，該管黨部應即審查予以黨紀處分，並送當地法定審判機關，依法辦理。使貪污之徒，無所遁跡。（二）對於公務人員之貪污者，由監察院及其所屬機關，暨全國檢察官厲行積極性之檢舉，過去之因被害人告發監察機關，或檢察機關始予受理者，應即改進，並由各級機關之主管人員，對於所屬職員嚴加注意，各機關主管人員，並應以身作則紀錄在案。除已由本會第一項通飭各級黨部切實遵照辦理外，關於辦法第二項，應請轉行政府循此原則，切實施行，特錄案函達查照辦理見復等由。茲經報告本會第一一五九次常會在案，除函復外，相應函達即希查照辦理轉行監察院爲荷，等因；據陳奉批送國民政府通飭遵照。相應函請查照，轉陳通飭遵照」。等由；理合簽請鑒核」等情，據此，應即照辦。除飭復並派令外，合行令仰遵照」，並轉飭遵照。等因；奉此，除呈復外，合亟令仰遵照，幷轉飭所屬一體遵照」。

等因；奉此，除分令外，合行令仰遵照。此令。

社會部訓令

總四字第七一九〇六號　三十三年八月十日

令本部各附屬機關

查本部附屬各機關，對於公有財產之管理，依法辦理按時表報送者固多，其未照規定登記報表不全，或不按時表報者亦復不少，以致稽核頗多困難。茲爲改進各附屬機關財產管理，及便利考核起見，特定辦法如後：（一）各附屬機關公有財產，應派專人負責管理。（二）各機關財產分類編細帳，應分門別類，（器具、服裝、械彈、舟車、牲畜、圖書，房屋、場圃）。統限自成立之日起，於本年十月底以前登記完成。（三）各機關財產增減表，應於每月十日前，將月份造報財產目錄，應於翌年三月底以前造報其以前未報者，應即補報。（四）各機關財產帳表，於交代時應專案移交，如不完備以交代不清論。除分令並隨時派員分赴各機關考察指導調閱帳表，合亟令仰該處院所切實遵照辦理，是爲至要，此令。

社會部訓令

總一字第七二五五五號　三十三年九月二日

令本部各附屬機關

案奉

行政院三十三年八月十五日義捌字第一七三五八號訓令開：

「奉　國民政府本年七月三十一日渝文字第四五一號訓令開：『據該院三十三年六月二十八日義捌字第一四五八〇號呈稱：「全國行政會議本院長交議；實申法治精神以利憲政實施案，經決議通過，送請行政院轉呈國民政府通令切實遵行。」理合繕同原案呈請鑒核通令遵行」等情。並於原案內列舉辦法七項：（一）訓政時期約法爲當前之根本大法，凡所規定各級政府機關及人員，必須恪守遵行。（二）切實執行懲治貪污暫行條例。（三）切實執行公務員懲戒法公務員服務法，及其他關於公務人員操守之法令。（四）各級政府機關及人員，對於司法機關行使職權，應盡力予以協助，不得託故規避，更不得藉詞干涉。（五）各級政府機關及人員，對於人民依法提起訴願，應予以各種便利並切實遵照。（六）各級政府制定之法規與命令，不得與中央法令之條文及精神相違背（七）各級政府人員，應將各項法令適時研究澈底明瞭，如有意見可呈請上級政府核辦，不得任意變更，或不依照執行」。查上列各項辦法，實屬行法治與定憲政基礎之必要措施，所屬應即分令各級主管轉飭所屬切實遵行，並嚴加考核，藉以宏揚法治之精神，除指令分行外合行連同原案全文令仰該院遵照，并轉飭所屬一體遵照。」等因；奉此，除分令外，合行抄發原案令仰遵照并轉飭所屬一體遵照」。

等因，附抄發重申法治精神以樹憲政實施案一份，奉此，除分令外合行抄發原件令仰遵照，並飭屬遵照，此令。

附抄發重申法治精神以樹憲政實施案一份（略）

組織訓練類

社會部咨　組三字第七〇三三號　三十三年七月十一日

案查前准交通部三十三年二月五日公運業字第一八八〇號公函，關於該公路總局所轄各路局各省公路運輸局，及重慶市公共汽車管理處等，似不應加入汽車商業同業公會一案。經呈奉 行政院本年六月十九日義肆字第一三六九三號指令開：「呈件均悉，案經咨准司法院本年六月六日院字第二六九〇號咨開：『經本院統一解釋法令會議議決，交通部公路總局所轄各路運輸局各省公路運輸局及重慶市公共汽車管理處，係經營以汽車為工具之運送業，不得謂非公營商業之行號，此項商號既非關係國防之公營事業，又非法令規定之國營專營事業，依商業同業公會法第十二條第一項規定，自應為汽車商業同業公會會員。相應咨復貴院查照飭知。』等由，准此，核無不合，仰即知照。」等因；奉此。自應遵辦，除函復并分令各省市社會行政主管機關外，相應咨請查照飭知為荷，此咨

各省市政府

社會部咨　組四字第七〇四九一號　三十三年七月十四日

案准

貴省政府三十三年六月八日民肆字第一三六三號咨，[illegible]核復[illegible]是否屬於人民團體及人民團體之定義[illegible]各疑義等由，

准此。查慈善事業組織中社團之監督指揮，應以非常時期人民團體組織法及社會救濟法，爲依據。財團則以民法，人事及社會救濟法爲依據。凡人民團體必由一定人數之發起，依民主集權制之組織原則，職員必由會員選舉產生。至以營利爲目的之社團，應依公司法辦理，不視爲人民團體，准咨前由，相應咨請

查照爲荷。此咨

廣西省政府

社會部
農林部 咨　組一字第七二〇二三號　三十三年八月十九日

查各省之林業公會，係根據前農商部民國六年十二月六日頒布之林業公會規則組織，旨在推進林業上曾發生不少良好效果，但該規則內容，與非常時期人民團體組織法頗有抵觸之處，前經呈奉

行政院三十三年七月十一日義三字第一四〇六七號指令准予廢止，在案。查林業公會係以經營林業之農民，而現時會員尚未普遍，無另訂強制組織會員之辦法，惟各省如認爲營林業之農民，爲共同之保林利益，覺有組織之必要時，得依照現行農會法規，及非常時期人民團體組織法規組織社會團體，定名爲林業協會。至原有之林業公會，應一律改稱爲林業協會，除將原頒林業公會規則另令廢止，并分咨外，相應咨請

查照，并轉飭遵照爲荷。此咨

各省市政府

社會部公函　組四字第七一三六九號　三十三年八月三日

關於會商擬具技師公會組織辦法草案一案，茲奉　行政院三十三年七月十一日義玖字第一五四七六號令開：「技師公會組織辦法草案，經交審查後，提出本院第六六七次會議決議照審查意見修正通過，除分行外合行抄發審查紀錄令仰知照此令。」等因；奉此，自應遵照，除公布施行，並呈復外，相應檢送原組織辦法，函請查照爲荷。此致

內政部　財政部　經濟部　交通部　農林部

附技師公會組織須知一份（見法規欄）

註：本案已電飭各省市處局及設社會科之民政廳

社會部代電　組三字第七〇九七七號　三十三年七月二十六日

各省（市）社政機關：查本部前以社組字第六六〇一號令，所頒之人民團體組織改選改組整理總報告表，其填報須知兩項，第三款中段上「個人會員制，應填無公會組織之公司行號數」等字樣。經查與原總報告表之規定略有抵觸，應即刪去。特電仰遵照，并轉飭遵照為要。社會部組三。

社會部代電　組四字第七一四〇〇號　三十三年八月三日

湖北省政府公鑒：函湖北省衛字第四九五號代電敬悉。查醫師法，業經頒布施行，醫師公會及中醫師公會之組織，均應依法辦理，該法第五章第二十八條規定醫師公會，限於市縣公會，自不得以鄉鎮為組織區域。特電復請查照。社會部來江印。

社會部代電　組一字第七一四〇九號　三十三年八月三日

湖北省政府公鑒：三十三年六月九日省[illegible]字第一一九五九號佳代電暨悉。關於縣市人民團體，對於區署及鄉鎮公所互相用函，區署對區內人民團體一律用令，尚無不合，應准照辦。特電復請查照轉知為荷。社會部組一來江印。

社會部代電　組一字第七一四二〇號　三十三年八月三日

湖南省民政廳：三十三年五月二十九日未民收四字第二五零三三號民龍代電悉。凡未經法令規章明定限制兼任者：均可當選為兩個團體以上之職員，特電仰轉飭知照。社會部組一來江印。

教育部
社會部代電　組四字第七一六〇二號　三十三年八月九日

各省（市）教育廳（局）社會處局民政廳：查原有之體育會組織條例，業經中央明令廢止。茲制定體育會組織辦法，隨電附發，仰即遵照，并轉飭遵照。教育部社會部組四字來佳印，附體育會組織辦法一份。（辦法見法規欄）

社會部代電　組五字第七一八七七號　三十三年八月十七日

貴陽貴州省政府公鑒：巳梗甲社二訓字第二五九三號代電敬悉。查人民團體評部訓練班，照規定應由政府設立，所用印信自以鈐記為宜。致該項鈐記尺寸及頒發機關，經商准中國國民黨中央執行委員會訓練委員會函復：，可由貴省政府商同省黨部比照其他特班慣例辦理。准電前由，相應復請查照飭知為荷。社會部組三未化。

社會部代電　組四字第七二〇八一號　三十三年八月二十五日

各省（市）社會處局民政廳：查新聞記者法施行細則業經公佈，此後新聞記者公會組織，自應依照新聞記者法，暨新聞記者法施行細則辦理。原有之新聞記者公會組織暫行要點，應即廢止，仰即知照，社會部組四字未養印。

社會部代電　組二字第七二五四六號　三十三年九月二日

農林部公鑒：三十三年六月十九日章丁漁字第九七六一號公函敬悉。查漁會法規定漁業人，應組織漁會，至漁貨保販賣漁類之行店，並非漁業人。依司法院三字第六一六三號法令解釋，可依法組織商業同業公會。相應電復查照，為荷。社會部組二申冬印。

社會部代電　組一字第七二六一四號　三十三年九月四日

各省市社會處局及設社會科之民政廳：案准貴州省府三十三年七月十一日甲社二組字第二九三二號杏。以據岑鞏縣府呈，為鄉農會會員不繳納會費應如何處理，祈核示一案，特請核復等由。除以關於農會會員不繳會費處理辦法，可援用非常時期職業團體會員強制入會與限制退會辦法第三第五兩條之規定，由各縣農會限期勸令繳納，倘逾期仍不遵繳者，得以警告，如警告無效時，得由各該農會呈請主管官署，除暫停其依章程上規定應享受之權利外並限制其不得享受農貸倉之權利或不准享受合作社及享受農會舉辦事業之利益等語電復外，合行電仰轉飭遵照。社會部組一印。

社會部代電　組三字第七二七三三號　三十三年九月六日

合川縣政府社組甲一五一四號東江電悉。查核示如次：（一）、某甲現任商會理事或理事長者如甚期屆滿，依法改選時不得連任，其會員代表已當選者無不合。（二）、某甲既係現任商會理事長或理監事，則雖被推為某分會會員之代表，倘其被選為理監事，仍應受不得連任之限制，認為無效。特電仰知照。社會部組三未魚印。

社會部代電　組一字第七三〇八八號　三十三年九月十一日

各省市社會行政機關各有關機關學術團體、本部外派指導員：案奉行政院三十三年八月十八日義玖字第一七五九五號訓令內開：「加強農會基層組織及業務辦法，業經本院制定明令公佈，應即通飭施行，除呈報暨函並分令外，合行抄發原辦法，令仰知照，並轉飭所屬一體知照」。等因，附抄發辦法一份；奉此，除分電外，合行抄同原附件電仰知照，并飭所屬遵照隨時予以有效之協助為要，附抄發加強農會基層組織及業務辦法一份，社會部組一真印。（辦法見法規欄）

社會部訓令　組六字第七一〇九三號　三十三年七月二十八

令各省市社會處局及縣社會科之民政廳

查邇來各地流行各種「獎儲」，（如幸運獎勵儲蓄會等），核其內容毫無實際意義，且跡近騙財，亟應查禁，以肅社會風紀，合行令仰遵照飭商同當地有關機關隨時查禁，為要，此令。

社會部訓令　組四字第七一四八〇號　三十三年八月五日

令各省市社會處局及縣社會科之民政廳

關于各地各種訓練班畢業學員，不得組織同學會一案，經函准中央訓練委員會函復：「准貴部本年七月三日組四字第七〇〇五九號函，爲各地各種訓練班結業學員組織活動一案，囑查照前組四字第六七四六五號函核復，並將各省地方行政幹部訓練團受訓人員結業後聯絡指導暫行辦法要點，抄送參考等由；准此。查總裁原令係對中央訓練團黨政訓練班而言，各地訓練機關結業學員，自亦應一律遵照，不得有同學會，或其他政治性質之組織，其已有上述組織者，并應予以撤銷，准函前由，相應檢同各省地方行政幹部訓練團受訓人員結業後聯絡指導暫行辦法要點一份，復請查照」。等由，自應照辦，除分令外，合行令仰遵照，此令。

社會部訓令　組五字第七二二二〇號　三十三年八月二十五日

令各省社會處及縣社會科之民政廳

查縣（市）級人民團體幹部訓練班訓練課程，經於三十二年八月十四日以組五字第五一三九三號令頒要點通行飭遵在案。茲爲增進人民團體幹部，對於有關憲政及地方自治之常識起見，嗣後各級人民團體幹部訓練，除仍遵前令所定課程實施外，應於原定普通課程內加授憲政要義（包括地方自治）四小時，除分令外，合行令仰遵照，并轉飭所屬遵照爲要。此令。

社會部訓令　組六字第七二四四二號　三十三年八月三十日

令各省市社會處局及設社會科之民政廳

案奉

行政院三十三年八月十七日義人字第一七四八六號訓令內開：

「准國民政府文官處三十三年八月三日渝文字第四九五九號公函開：『准中央執行委員會秘書處渝（三十三機字第一三零八二號公函開。查「七七」紀念日前經中央常會決議：在抗戰期間，「七七」由各地黨政軍警各機關團體學校分別舉會紀念，並由各地高級黨部召開聯合紀念大會，追悼陣亡將士及出征軍士家屬與榮譽軍人，全國一律懸旗不放在案。茲查此項紀念日名稱，各地所用頗不一致，應予劃一規定，以後一律稱爲：「抗戰×週年紀念」，除分行外，相應函達查照轉陳，并分轉各機關知照等由；准此，除轉陳並分函外，相應函達查照并轉飭知照』。等由，准此，合行令仰遵照，并轉飭所屬一體遵照此令」。

等因；奉此，自應遵照，除分行外，合行令仰知照，并飭屬一體知照爲要此令。

社會部訓令　組二字第七二四四三號　三十三年八月三十日

令各省市社會處局及設社會科之民政廳

案奉

行政院本年八月十二日義玖字第一七一七二五號訓令開：

「奉　國民政府本年七月二十五日渝文字四二四號訓令開：『據該院三十三年七月十二日義玖字第一五五零七號呈稱，查非常時期農工商團體維持現狀暫行辦法，前經呈奉鈞府明令公布施行，嗣據經濟部以其非常時期農工商團體維持現狀暫行辦法推行無甚窒碍，業經呈准該案飭部公布施行在案，惟自暫行以來，戰區各人民團體變動甚大，其能維持現狀，繼續活動與中央保持接觸者，殊不多見，且關於戰地人民團體組訓工作，非常時期人民團體組織綱領中業予規定此項維持現狀辦法及其補充辦法，已不適用，除由部將該項充辦法廢止外，所有非常時期農工商團體維持現狀暫行辦法，理合呈請鑒核明令廢止。等情；據此，應照准，除將二十年四月二十三日公布施行之非常時期農工商團體維持現狀暫行辦法明令廢止，並分行外合行令仰知照，并轉飭所屬一體知照」。等因；奉此，除分令外，合行令仰知照，并轉飭所屬一體知照此令」。

等因，奉此，除分行外合行令仰知照，并轉飭所屬一體知照。此令。

社會部訓令

組四字第七二五五三號　三十三年九月二日

令直轄社會團體

為加強各直轄社會團體工作起見，經會商各目的事業主管部會署擬訂三十三年度指示各直轄社會團體中心工作要點一份，隨令附發，仰即遵照辦理具報，以憑考核，此令。

計抄發三十三年度指示各直轄社會團體中心工作要點一份

三十三年度各部會指示各直轄社會團體中心工作要點

團體類別	指示機關	工作要點	備註
國際文化團體	外交部	一、宣傳我國外交政策研究戰後世界和平方案	
		二、經常聯合舉行國際問題座談會	
		三、聯絡各友邦人士舉行聯誼會	
國外[illegible]團體	[illegible]會部	四、響應各有關國際宣傳之社會活動如盟軍之友活動等	
		五、搜集各國有關社會政策各種資料譯印參考	
		六、健全組織擴大徵求中外會員	
自然科學團體	教育部	一、舉行各種科學化運動普及科學智識	
	[illegible]會部	二、研究各種科學技術促進國防建設	
		三、舉行各種科學展覽會	
		四、舉行各種通俗科學演講	

工程團體

水利委員會
一、研究國父實業計劃有關部份

社會部
二、研究戰後各種工程復員計劃
三、協助政府實施國防建設
四、研究並推進工程標準工作
五、發展廣西水利及西北十年萬井計劃已屆勘探有實施方案之工作
六、協助政府舉辦各種工程以實現增產運動

法政團體

內政部
一、協助政府推行北方自治準備實施憲政工作

財政部
二、研究戰後復興城市問題

糧食部
三、研究並宣揚我國國策及戰後國際和平問題

外交部
四、出版有關政治法律書刊

社會部
五、確立中央人事制度之研究
六、各種公營事業性質互異應分別訂立單行之人事制度
七、籌募公債之推進及新債之發行
八、如何推行公庫制度
九、工商農礦等業經濟狀況之分析
十、目前專賣制度政策及其改善方法
十一、國民經濟所得之調查
十二、各地特產之調查
十三、主要物品價格之統計
十四、川鹽成本昂貴戰事平定後難與海鹽競爭恐受淘汰應如何改良製法以期減輕成本永保生存
十五、會計爲財務行政主要工作應廣爲宣傳以轉移一般輕視會計風氣
十六、戰後地稅人員考選技術問題
十七、戰時土地政策

十八、縣與縣間省與省間田賦負担調整問題
十九、宣傳糧食政策及法令
二十、研究糧食增產問題及方法
廿一、推行糧食節約運動

醫藥體育衛生團體　衛生署　廿一、研究戰後中國製藥工業建設方案並與國際藥學團體促進聯繫
廿二、調查中醫中藥現狀俾供政府參攷調查要目應包括中醫師從業人
社會部　二十、數中醫團體單位及分佈狀況國產藥物運銷情形全國醫療藥品器
十九、材料製造廠生產能力及製造方法等
十三、獎勵會員參加政府衛生醫療及軍醫機關工作協助促進衛生事業之發展
十四、訓練高級中醫及中醫人才提高中醫師及中藥從業人員素質
十五、研究社會衛生教育學校衛生教育推行方案
十六、擴大推行衛生運動及編印書刊
十七、研究我國都市及鄉村衛生工程建築標準及工作實施方案
十八、研究戰後衛生建設問題
十五、積極推行民族健康運動

教育文化團體　社會部　一、舉行各種藝術會教育
內政部　二、積極推行國字運動
教育部　三、國劇舉辦定期通俗講演
四、整理展覽文物
五、推行新生活及國民精神總動員運動改良社會風尚

經濟建設團體　經濟部　一、研究戰後工商礦業復員問題國際貿易及商約訂定問題
內政部　二、協助平抑物價穩定金融
財政部　三、研究戰後金融復員問題

社會部

四、最近各國農業狀况之研究——注重英美蘇三國

五、戰後國際經濟政策之展望

六、世界貨幣問題之研究

七、國際投資問題之研究

八、國際資源分配問題

九、國際貿易問題——自由抑統制

十、戰後我國出口物資增產之研究

十一、戰後社會救濟問題

十二、戰後中國經濟建設之研究

十三、專賣物品關於運輸及銷售方面之合作方法

十四、研究如何解決目前紡織工業之困難及如何增加生產問題

十五、研究如何建設戰後中國之紡織工業

十六、研究如何增加後方各省棉花產量以應戰時需要

十七、研究戰後如何恢復各省棉花生產以解決紡織原料問題

十八、實施縣市鄉鎮公營事業之重要

十九、改進租佃制度問題

二十、收復地區田賦整理問題

廿一、如何促進農地生產

廿二、如何建立土地稅制度

廿三、戰後田賦復員問題

廿四、田賦征實對於農民負担之研究

廿五、推行鄉村合作事業

廿六、研究戰後改進鄉村住宅及環境衛生問題

廿七、研究造林宣傳造林運動森林之保護及服務林業諮詢苗木及林木病蟲防害等工作

邊務團體	教育部 蒙藏委員會 社會部	一、調查各邊疆民族之風俗習慣及文化現狀提供政府參考 二、協助政府實施邊民組訓與福利工作 三、宣傳中央德意溝通中央與邊疆文化 四、研究邊疆少數民族各種問題 五、研究並協助政府開發邊疆資源及文化教育事業
宗教慈善團體	內政部 振濟委員會 社會部	一、遵照救濟辦理法各種救濟工作 二、協助政府督導各地寺廟興辦公益慈善事業並舉辦財產登記與管理 三、搜集並研究各地宗教古蹟文物 四、計劃戰後復員救濟工作 五、發動社會力量擴展救濟事業
藝術及抗戰救國團體	內政部 軍政部 教育部 社會部	一、協助政府辦理徵募慰勞宣傳等工作 二、研究我國戲劇音樂之改進問題 三、編審有關輔導民俗劇本及圖書 四、鼓舞民情加強軍民合作
公益及其他團體	內政部 僑委會 社會部	一、舉辦各種職業介紹與各種社會福利工作 二、提倡節約生產消費 三、舉辦財產登記與管理 四、研究戰後南洋華僑復員方案 五、倡導華僑投資國內生產事業 六、參加各種社會活動溝通國內外情況

七、加緊會員間連繫以期僑胞通力合作

八、實行新生活使一切行動合於規律

社會部訓令

組四字第七三二九號　三十三年九月十四日

令各省市社會處局及設社會科之民政廳

案奉

行政院本年八月二十九日義玖字第一八三八三號訓令內開：「查醫師法，業經公布，其內容包括中醫師在內，並經明文規定，得另組中醫師公會，此後中醫師公會之組織，自應以前法為依據，原有之中醫公會組織規則已不適用，應予廢止，除分行外，合行令仰知照，並轉飭所屬一體知照。」等因；奉此。除分行外，合行令仰知照。此令。

社會部訓令

組一字第七二四九四號　三十三年九月二十日

令各省市社會處局及設社會科之民政廳

中華海員工會特派員辦事處及鹽業工會籌備委員會

查各地各業工人之散布情形，及其已組織或尚未加入組織之人數，亟應加以精確之調查與統計，藉作施政參攷。茲特制定是項調查表，除分行外，合行檢發該項調查表式，令仰轉飭於文到十日內切實查明依式填報轉部，各縣市區域內，如有尚未組織團體之各業工人，仍應由各該縣市政府分別查報，併仰遵照此令。

附工人人數調查表式（一）（二）各一份

（三）一份

各業工人人數調查表（一）

省 市 縣 市

1.工會完全名稱 …… 省 市 …… 縣 市 各業工人聯合會

2.成立時期：民國 …… 年 …… 月　3.總登記時期：民國三十 …… 年 …… 月

4.各業工人人數：

本會所有會員業別	現有會員人數			估計全縣（市）尚未入會工人人數		
	男	女	共計	男	女	共計
1.						
2.						
3.						
4.						
5.						
6.						
7.						
8.						
9.						
10.						
總計						

民國三十 …… 年 …… 月 …… 日　填表人 ……

注意：此項調查之目的，在明瞭各業工人確實數目別無其他用意，對於未入會工人之數目須切實估計，不可任意填列，尤不可不[illegible]

表77

省……縣市……產職業工人人數調查表（二）

（業　別）

1.工會完全名稱：……………………………………………………

2.成立時期：民國……………年……………月

3.總登記時期：民國三十……年……月

5.現有會員共……………人其中男……………女人……………人，

6.估計全……………本……………業尚未入會工人約共……………人，

（縣市）　（產職）

其中男……………人，女……………人

民國三十……年……月……日填表人……………

注意：此項調查之目的在明瞭各業工人確實數目別無其他用意對於未入會工人之數目須切實估計不可任意塡列尤不可不塡。

……………………工人人數調查表

（區域）　（縣市）

1，工會完全名稱

2，成立時期：民國……………………年……………………月

3，總登記時期：民國三十……………………年……………………月

4，會轄區域…………………………………………………………（全國某省某市，或某某等幾省市）

5，現有會員共……………………人其中男……………………人，女……………………人，

6，估計全……………………（區　域）本業尚未入會工人約共……………………人，

其中男……………………人，女……………………人

民國三十……………………年……………………月……………………日填表人

註意：此項調查之目的在明瞭各業工人確實數目別無其他用意對於未入會工人之數目須切實估計不可任意填列尤不可不填。

社會部指令

組四字第七〇九〇號 三十三年七月十四日

令貴州省社會處

呈一件爲內政部所頒之各地方慈善團體立案辦法是否尚能適用，祈釋示由。

呈悉。查慈善團體組織之社會之監督指揮，應以非常時期人民團體組織法，及社會救濟法爲依據，財團則以民法法人章及社會救濟法爲依據，原有內政部頒行各地方慈善團體立案辦法自不適用。至純以營利爲目的之社團，應依公司辦理，不視爲人民團體。仰即知照，並轉飭知照爲要。此令。

社會部指令

組二字第七二八九三號 三十三年九月八日

令湖南省民政廳

三十三年七月十七日電呈一件，據衡陽市政府呈請該市人民團體產業整理暫行法，請鑒核等情轉請核示由。

呈件均悉。查主管官署，得檢查人民團體之財產。法有明文規定，其有特殊情形者，可依法以命令行之，無另定辦法之必要，仰即轉飭知照。此令。

社會福利類

社會部咨

福六字第七二三〇二號 三十三年八月二十六日

查本部前爲加強人力動員，增加工業生產起見，經擬具普設工廠托兒所辦法。呈奉行政院本年陸月十三日義玖字第八一四三號指令核准，並於同年七月三日以福六字第七〇〇三九八號咨請 貴府部查照辦理。關於原辦法第四項「不以營利爲目的之公營工廠所設之托兒所，其經費得請政府酌予補助。」其補助標準及數額，亦經本部呈請行政院核示各在案。茲奉行政院本年八月一日義高字第一六五八一號指令內開：「呈悉。查公營工廠營業基金，係由政府撥發，凡一切有利生產之設備自可就事業基金預算內核實列支，民營工廠設立托兒所經費，可於職工福利金或管理費項下動支，毋庸另予補助，該部前擬設立工廠托兒所辦法第二條條文，應改爲「工廠托兒所經費，得由職工福利金項內動用，或在管理費項下列支。」原辦法第四條條文應予删去。仰即知照，并轉行知照此令。」等因；奉此，除分咨外，相應咨請查照，并轉飭遵照爲荷。此咨

經濟部

各省市政府

社會部公函　福三字第七〇七〇五號　三十三年七月十九日

准

貴會本年六月三日永雲組內字第一三八號函，略以據華安縣執行委員會呈復該會社會服務處新生活商店組織暨辦理情形，轉囑查照等由。查社會服務處，所辦事業，不得招商辦理及集股經營，業經行政院於本年二月十一日以義玖字第二八八六號令通飭遵行有案。該店既屬集股營業，自不應作爲處辦事業，以符院令。至其發動該社會服務處之款項，則可作爲捐款，除令福建省社會處轉飭遵照外，相應復請查照爲荷。此致

中國國民黨福建省執行委員會

社會部公函　福三字第七三一一四號　三十三年九月十八日

查每屆暑期，各大學區考生雲集，食宿飲息諸感不便，致生常因以致疾，學業健康均受影響，各校留校學生雖間有自動組織服務處社，以爲考生服務者，然爲人力財力所限收效未宏，貴部在各大學區，設有青年館，或青年服務社，平日工作努力頗著成績，嗣後此項考生服務工作，擬請轉知各該館社事前妥籌，及時舉辦，務期考生得減除旅居生活之困苦，相應函達，即請查照辦理見復，爲荷。此致

三民主義青年團中央團部

社會部公函　福三字第七三二九四號　三十三年九月十五日

查社會服務設施，爲社會福利新事業。年來因社會之需要，各地多有舉辦，爲配合事業之發展，對於經辦經管人員業務知識之灌輸，與專業人材之訓練儲備，自屬當前之急務。本部社工人員訓練班，雖曾按期設置社會服務組織，惟求普遍

推廣，常有待全國各地協力進行，擬請貴省政府飭發舉辦幹部訓練時，酌列有關社會服務課程，俾利服務事業之發展，除分函外，相應函請查照爲荷。此致

各省政府

社會部代電　福五字第七〇〇二四號　三十三年七月三日

福建省社會處，雲辰有處社丙永，四五二六八號代電悉，查各省市縣地方救濟事業基金管理辦法，旨在獨立保管，專備專用，以免紛歧，與整理自治財政綱要第十三條之規定並無抵觸。該項救濟事業基金管理辦法，自應繼續施行，仰即知照，社會部福五江印。

社會部代電　福二字第七一三三一號　三十三年八月一日

安徽省政府公鑒：案查前准貴省政府社辰有電囑復知農工福利社及其所舉辦之食堂，可否免納地方各項稅捐一案，業經函請財政部查照核辦，並經以巳灰電復各在案。茲准財政部三十三年七月五日渝直營字第七二三九二號公函節開：「查各地工農福利社所辦之食堂公寓如以改善工農生活增進工農福利爲本旨，並不對外營業經所在地主管機關登記，並呈請征收機關查明屬實者，准予免課營業稅及營業牌照稅筵席稅等，用示政府輔助社會福利事業之至意。但如係對外營業，仍應照章繳納各項稅捐，以符規定。准咨前由，除令行貴州及安徽稅務管理局遵照外，相應復請查照轉知爲荷」等由；准此相應電請查照爲荷。社會部福二夫東。

社會部代電　福三字第七二五三五號　三十三年九月一日

各省市社會處局及設社會科之民政廳蘭州市政府及本部各直屬社會服務處：查本部三十年九月二十五日頒行之「社會部社會服務處暫行公有事業會計制度」，業經函准國民政府主計處三十二年八月四日渝會字第四審二號函復：修正爲「社會部所屬各社會服務處公有事業會計制度」。茲特檢發一冊電仰知照，並轉發直屬社會服務處遵照實施，如有關事實需要增減變更情形，並仰轉飭申述理由報部核奪，社會部福三未申東印。

社會部代電　福二字第七二九二七號　三十三年九月八日

陝西省政府公鑒：三十三年午迴府社三福字第一二九號代電敬悉。查該公司職工不足百人，仍應依法提撥職工福利金，並組織職工福利委員會，辦理職工福利事業。至職工福利社，在職工不足二百人，並無其他廠礦可以聯合設立時，得暫緩設立。相應復請照查爲荷。社會福二申齊印。

社會部代電　福三字第七三一二一號　三十三年九月十八日

陝西省社會處覽。三十三年七月福三社字第三三一四號代電，暨附表均悉。准予備查，惟該縣黨部社會服務處所辦紡織工廠，兒童手工廠，及農產副業試驗場，仍應依照社會服務設施綱要第十八條之規定，分別依法呈請各該事業主管機關核准備案，仰即轉知爲要，社會部福三申叉印。

社會部訓令　福二字第七〇五四八號　三十三年七月十五日

令各省市社會處局及設社會科之民政廳

查前實業部會同內政部於廿九年三月十八日公布之勞工衛生委員會規程，因情勢變遷已難適用。業經本部會同衛生署，并呈　奉行政院三十三年六月二十四日義陸字第一四二三五號指令准予廢止在案。除分令外合行，令仰知照此令。

社會部訓令　福二字第七〇七七一號　三十三年七月二十一日

令各省市社會處局及設科之民政廳

案查農民福利社圖記式樣，業經本部於本年五月三日，以福二字第六六五三七令頒遵照在案。茲以該項圖記文字與縣農會圖記不同，應將全文改爲：「某縣農會農民福利社圖記，」以資劃一。除分行外，合行令仰知照，并轉飭知照。此令

社會部訓令　福六字第七〇九一〇號　三十三年七月二十五日

令各省市社會處局及設社會科之民政廳

查本部本年度社會行政檢討會議，關於推行兒童福利事業一案，決議五項，經核尚屬可行，其中（三）（四）（五）。

各項，應由各省市社政機關遵辦，除分令外，合行抄發原決議案（三）（四）（五）各項，令仰遵照切實辦理具報為要。此令。

計抄發本部社會行政檢討會議推展兒童福利專業案決議（三）（四）（五）各項

摘抄推展兒童福利事業案決議

（三）各省市育嬰育幼設施概況調查，應加速完成報部彙核。

（四）各省市應在重要城市，分別創設示範機構，由部酌予補助。

（五）為加強保護童嬰運動之實施，各地社政機關，應切實辦理下列各事項：

1. 嚴厲禁止墮胎，溺嬰及遺棄等違法行為，并商請司法機關，依照刑法切實檢察。

2. 普遍宣傳墮胎溺嬰及遺棄等惡習，係屬違背人道，於犯法紀之行為，藉以加強社會制裁。

3. 普設育嬰育幼及托兒等機構，并督飭警察人員檢送棄嬰及流浪兒童妥為收養。

社會部訓令

福二字第七〇九一一號　三十三年七月二十五日

令各省市社會處局及設社會科之民政廳

查關於工會辦理福利事業，業經本部列入勞工福利事業計劃要點，於三十二年十一月十八日以福二字第五六三四二號代電飭遵照辦理在案。本部本年度社會行政檢討會議；討論策動國營事業機構，及各職業工會辦理勞工福利事業案。關於職業工會部份之決議，規劃周詳，自應切實施行，除分令外，合行抄發原決議案之（乙）令仰遵照辦理具報，為要。此令。

附抄發社會行政檢討會議策動國營事業機構及各職業工會辦理勞工福利事業案之（乙）

社會行政檢討會議決議策動國營事業機構及各職業工會辦理勞工福利事業案之（乙）

乙、關於職業工會者；

（一）各地社政機關，應督飭各職業工會，遵行非常時期職業團體會員強制入會與限制退會辦法及工會法第二十四條；關於工會經費之規定，以充裕其經費。

（二）各地社政機關，應督飭各職業工會，遵行職工福利金條例，及其有關法規，提撥福利金舉辦福利社，并先由示範工會實施以為倡導。

（三）各地職業工會，辦理福利事業，倘感經費困難時，社政機關得酌予補助，或轉請社會部補助。

（四）各地社政機關，應督飭各職業工會，將設立福利社情形及福利社工作計劃，經臨費概算，連同各項章則報核，并彙報社會部備查。

（五）各職業工會，辦理福利事業成績卓著者，應由社政機關查明，呈由社會部頒給獎狀或獎助金。

（六）各地社政機關，應於省會所在地，創設工人福利社一所，以資示範，其所需經費，除自籌一部外，并應發動社會力量籌集之。

（七）各職業工會，辦理福利事業之人員，應由各地社政機關予以短期訓練。

（八）凡未經社政機關核准，擅行接受外人捐款舉辦勞工福利事業者，無論其為團體或個人，各地社政機關應特予注意嚴加取締。

（九）各級社政機關，應於每年五一勞動節，擴大宣傳勞工福利之意義及職工福利法規要點。

社會部訓令

福五字第七二六八二號　三十三年九月五日

令各省市社會處局及設社會科之民政廳

查本部本年度社會行政檢討會議，關於確定並寬籌社會事業經費案決議：（三）各省（市）縣（市）救濟設施經費，應依法列入省（市）縣（市）級預算，其核列標準1.依照救濟設施收容名額核列經費。2.工作人員待遇，比照公務員待遇。3.其辦理留養救濟者，受救濟人食米，應由公糧支給或比照監犯食糧發給，或動用地方積穀，由部呈請行政院通飭遵照等語紀錄在案。茲經呈奉行政院三十三年八月十五日義嘉字一七三四八號指令內開：「呈悉。原擬經費預算核列標準第三項下半段「或動用地方積谷」一節，查地方積谷，係防災歉及備荒賑之用，不能充留養救濟者之口糧，應予刪除，其餘尚屬可行，准予照辦，惟本年度業已過半，應自三十四年度起，就核定各省縣市預算數額，察量實際需要，並參照上項標準酌列經費，除通飭各省市政府遵照外，仰即知照」。等因；奉此，合行令仰切實遵照辦理為要」。此令。

社會部訓令

福二字第七二八九八號　三十三年九月八日

令各省市社會局及設社會科之民政廳

案查各省市推進勞工福利事業計劃要點，前經本部訂定於三十二年十一月十八日以福工字第五六三四二號代電通飭遵辦行在案。茲以工會法業經修正公布，原法第十七條順序已易為第二十四條，該項計劃要點乙項三款所稱：「工會法第十七條」應改為第二十四條，又同款內縣市總工會暫行縣市總工會經費徵募辦法一句，因該項辦法業由本部明令廢止，工會法施行細則亦經公布，其中第二十條關於縣市總工會經費之徵收已有明文規定，應即改為縣市總工會實行工會法施行細則第二十之規定，除分令外，合行令仰遵照修正為要。此令。

社會部訓令

福五字第七二九九一號　三十三年九月九日

令各省社會處局及設社會科之民政廳

查關於全國行政會議收復地區宜立即振貸並收容救濟一案，經奉行政院通飭有關部會及各省市政府參酌辦理在案。茲查原案丁項招撫流亡工作，該處（局）（廳）自應及時籌備，督同當地救濟機關團體，協力籌劃推進，用宏實效，其有應行注意事項，茲再予指示如次：

一、切實健全各省市救濟協會組織，使當地救濟團體機關皆能接受其領導，並集中人力財力着手調查設計，以救濟協會為承辦招撫流亡工作之基礎。

二、將來辦理時力有未逮，可請中央或省市政府及善後救濟機關助補經費或實物。

三、將來可利用戰後祝捷熱烈興情發動捐募。

四、屆時商請暫行停止娛樂筵席附加捐若干日，移充救濟經費。

五、將來可利用會館及同業公會之財力人力，救助其同鄉同行。

以上各項，除分令外合行令仰遵照參酌地方情形，預為籌劃為要此令。

社會部訓令

福三字第七三二九五號　三十三年九月十五日

令各省市社會處局及設社會科之民政廳

查各省市縣政府暨各級黨部所辦社會服務處，年來業務多能逐漸充實，力求進步。唯少數處所內容，仍嫌空虛，且有假社會服務之名，為逃避捐稅或囤積居奇之實者，似此良莠混淆，影響事業前途，至深且鉅。各級社會行政主管機關，亟應加强其業務上之指導，切實整飭，事業前途，實深利賴。除分令外，合行令仰遵照，並轉飭遵照為要此令。

社會部指令　福三字第七〇九六〇號　三十三年七月廿六日

令陝西省社會處

本年六月社三福字第二百六十七號已報代電一件，為私人擬請舉辦社會服務事業，應如何處理，請核示由。

代電悉。核與規定不合，未便照准，仰即知照，并轉飭知照。此令。

合作事業類

社會部咨　合四字第七一〇六二號　三十三年七月二十七日

查合作組織，為法定之國民經濟基層機構，年來經中央及地方之倡導推進，已普遍展開。各級農會，爲惟一合法之農民團體，凡屬農民均應強制加入不容自外。茲據報中國農民銀行，擬發動組織之農場運銷、畜牧、各種經營會及改良會，暨作為農貸之對象，厥係法定組織，未普及前一時適應需要之工具，均屬於法無据。茲經本部先後與財政部農林部及四聯總處會商決定：凡關農業貸款，除政府機關及依法成立之公司外，概應以合作社及農會為對象，前項已組成之經營改良等會，應分別改組為合作社，或改隸為各級農會之專業組織，其詳細辦法正商訂中，未組成者，應即停止進行，相應咨請

查照，并轉飭知照為荷。此咨

各省市政府

社會部咨　合四字第七二〇九〇號　三十三年八月二十二日

案准審計部本年七月二十日審函字第三二一號公函，以中中交農四行局，補助各省市農村合作指導事業之加息，嗣後應依法編製會計報告，並須於事前事後交駐審人員，或送審計機關審核，請轉函各省市政府照辦，等由；准此。除函復外，相應抄附原函咨請

查照，轉飭遵照為荷，此咨

各省（市）政府

附抄審計部原函乙件

抄審計部審函字第三二一一號函一件

案據廣東省審計處三十三年四月廿七日昌二審字第一〇二九號呈稱：「案查前據本處派駐建設廳審計員沈鴻慈呈報合作事業管理處擅向廣東省銀行訂立透支五萬元合約以農貸增息收入爲担保及付款時又不依法編製傳票送審且屬自收自支未通知就地審計人員監視辦理於法不合抄同該透支合約呈請核示前來當以查各機關處理款務之一切費用應依核定經費預算之數額向庫請領支用該合管處擅自借款竟以卅一年度農貸增息爲保證於法似有未合究竟本案實情如何請查明見復以憑辦理等詞函請建設廳查復在案旋准建廳函復略以本案經飭據合管處呈復略稱本處三十一年度新增事業經費依照行政院頒佈增加各省合作行政經費辦法以一部份由本省農貸增息項下撥支三十一年度開始之時所有本處各種經費均未奉核而動支農貸增息預算亦未核定內外勤員工將近三百人無法維持生活全部事業勢將停頓爲保全事實起見不得不設法救濟曾經面陳鈞座欽准以三十一年度農貸增息收入爲担保向廣東省銀行訂立透支五萬元之合約籌資週轉該項合約成立後本處仍極力撙節運用苟非預算所有必要立即支付之經費決不任意透支迨三月中旬本處一二三月份事業費十五萬餘元劃時撥到當即將透支數全部歸還此爲辦理本案經過情形謹請察核等情查本案可否准該處具呈並檢同合約繕請核示前來經予轉呈省政府察核備案茲據遵將本案辦理經過情形呈復核屬實情相應函復查照理等由當以該處三十一年度新增事業經費預算既未奉核定依照預算法令及行政院頒行三一年度適用之追加預算處理大綱第一條之規定就法律上言該處自不能於預算未核定前先行舉辦事業及支出費用故事實上縱十有如該處所稱內外勤員工將近三百人無法維持生活全部事業勢將停頓之情形該處應自負其責復查農貸增息收入係指定用途之特種基金除依照規定該基金之法令或契約外不得支用豈何能由該處指爲向銀行透借款項之担保現該處雖經將透支款歸還案成過去惟該處辦理本案究與計政法令不合仍請轉飭嗣後切實注意以維法令關重計政等詞函請建設廳查照轉令派駐合作事業管理處就地審計員知照各在案現據該員呈稱查該項農貸增息係奉經濟部訓令辦理本省三十年度七月起實行現查該處另戶存儲業經通知依照公庫法規定該項特種基金之一切收支仍應先送就地審計人員核簽方得收付現准建廳復以該項農貸增息收入現准各省函復前來尚無送審計人員核簽之先例附送廣西等四省合作處函件囑爲查照等由查本案前奉令飭照特種基金處理依照廣東省增收農貸增息辦法亦訂定照特種基金處理惟查該項辦法案經廢止依照社會部訂定之中中交農四行補助各省農村合作指導事業加息動支辦法似尚無明白規定而各省來函亦云未送審計機關審核應如何辦理理合檢同原件及抄白文件簽請察核示遵等情計抄呈省府轄建合業字第七三三二三號代電社會部合四字第二二〇四三號訓令省府調建合業字第五七六四八號訓令及廣西等四省合作處箋函各一件據此查各機關之收支憑證應送駐審人員核簽非經核簽不得收付款項又各種傳票非經主辦事前審計人員簽名蓋章不生效力爲審計法及會計法所規定該處以廣西等四省均無送就地審計人員核簽之先例爲對抗法律之圖

[illegible]以[illegible]未[illegible]應如何辦理[illegible]備[illegible]轉飭[illegible]機關之[illegible]

人員核簽各種傳票[illegible]主辦[illegible]前[illegible]計人[illegible]審計[illegible]及會計法所明定[illegible]四行局補助各省農村合作[illegible]事業加

以[illegible]支[illegible]合作[illegible]處[illegible]依法[illegible]振濟[illegible]息[illegible]

[illegible]並[illegible]指定用途[illegible]核定[illegible]分配應[illegible]會計[illegible]事前事後交財務人員或送審計機關審核[illegible]復知照外，相應函請查

[illegible]函各省政府[illegible]辦[illegible]法令[illegible]荷 三十三年九月十一日

社會部咨 合四字第七二六六一號 三十三年九月五日

審[illegible]，[illegible]照為荷。此咨

[illegible]各省縣（市）合作金庫章程準則，業經本部會同財政部訂定公布，除分別函咨外，相應抄附上項章程準則咨請

查照轉飭知照為荷。此咨

[illegible]

各省政府

[illegible]附縣（市）合作金庫章程準則一份（見法規欄）

[illegible]

社會部咨 合四字第七二六六三號 三十三年九月五日

[illegible]

[illegible]合作社[illegible]銷[illegible]稅[illegible]推廣[illegible]省政府咨，並據湖南[illegible]廣東[illegible]省建設廳，及雲南甘肅江西等省合作事

業管理處[illegible]先後[illegible]到部，經一再電商財政部去後，茲准財政部本年八月五日渝[illegible]所字第一〇九三〇三號代電內開：

[illegible]合作社[illegible]

[illegible]社[illegible]定[illegible]並不[illegible]外[illegible]，准免[illegible]所得稅，否則仍應依法照征，以重國課，准電前由

[illegible]相應電復查照[illegible]知照為荷！合[illegible]（卅三）[illegible]〇八六二[illegible]

[illegible]

等由；准此，除分咨外，相應咨請

查照并轉知遵照為荷！此咨

各省市政府 合二字[illegible]七三六[illegible] 三十三年九月二十五日

[illegible]

社會部咨 合四字第七二六六四號 三十三年九月五日

查[illegible]縣（市）[illegible]合作金庫[illegible]股單位理監事選舉辦法，已由本部訂定，除分咨外，相應檢同上項辦法咨請

查照，並轉飭知照爲荷。此咨

各省政府

附縣（市）合作金庫各認股單位理監事選舉辦法一份（見法規欄）

社會部咨　合二字第七三六五四號　三十三年九月二十五日

事由：[illegible]案准

貴省政府本年八月二十九日省合指（卅三）字第〇八六二號咨：略以據貴陽市政府呈爲合作社徵免所利得稅案，除所得稅依法應予免徵，已飭該府轉飭各社將會計報告賬簿等件，呈繳該府彙送稅局查明免征外，關於過份利得稅之繳納，實有未能依現行稅法繳納之種種困難，囑查照轉商財政部核免等由，准此。查合作社應否繳納過份利得稅，前據中國工業合作協會前請解釋到部，經呈奉

行政院本年十一月廿日義伍字第四五三號指令略開：「查過份利得稅法，對於合作社並無免稅明文規定，且中國工業合作會，其社員並非其生產品之消費者，係將產品轉售他人，故就其本身而言，亦具有營利性質，不應免徵利得稅。年來合作社成立甚多，若予工合以免稅待遇，則其餘合作社亦可援例，請求免稅，國庫稅收損失甚大。且政府對依法成立合作社，經主管稅收機關審查合於免稅規定者，已豁免征所得稅，即寓有獎勵合作事業之意，故其負担已較一般商業爲輕，不應再免過份利得稅，以符公平之旨。再過份利得稅，以有無過份利得爲課稅標準，無過份利得，或過份利得不及納稅標準者照依法自可免稅，而工業資本營業週轉次數，較商業爲低，利得額當不甚大，其納稅甚輕，亦無不便之處」。等因，并經令中國工業合作協會知照各在案，准咨前由，相應咨復查照，并轉飭知照爲荷。此咨

貴州省政府

社會部訓令　合二字第七三〇四三號　三十三年九月十一日

令各省市合作主管機關

查合作組織之健全與否，對於國家社會經濟建設關係至鉅，本部有見於此，前經依據十二中全會加強管制物價方案緊要措施案，擬具合作事業部份實施程序及期限，送請國家總動員會議核議，並定於本年內，將已設各合作社舉辦總檢查，以憑判別各級合作社之健全程度限期分別檢查完畢，並特參照前實業部公布之甄別合作社辦法酌加修訂，通於三十三年九月

……日以社法字第七一一九八四號令公佈施行，並將前實業部原辦法予以廢止，除分令外，合行檢發甄別合作社辦法○份，令仰遵照辦理具報為要，此令。

附檢發甄別合作社辦法○份（見法規欄）

社會部指令

合二字第七一一○九二號　三十三年八月二十二日

令湖北省社會處

三十三年七月十一日施處社三字第二二二五九號真代電一件，爲縣合作社聯合社可否在外縣設立辦事處，請核示由。

真代電悉。查合作社可否在其業務區域外設立辦事處一節，前准廣西省政府咨請解釋到部，經以查合作社在其業務區域外設立辦事處，於法尚無不合，惟上海市政府為監督管理各地合作社在滬所設辦事處起見，曾經擬定辦法九條，咨請前實業部備案在卷。該項辦法尚稱妥適，應准比照援用。惟目前各省縣，多有合作社物品供銷機構之設立，以統籌當地合作物資之供銷事業，[illegible]起見，茲特規定外地合作社設置辦事處限制辦法兩項：（一）當地有合作社物品供銷機關，或合作社聯合社者，外地合作社為推廣業務起見，應洽請當地供銷機關或聯合社代辦，當地供銷機關，或聯合社不得拒絕。（二）當地無合作社物品供銷機關或合作社聯合社者，外地合作社得在當地設置辦事處銷售貨品，但應比照上海市政府咨准前實業部備案之「各地合作社在上海市設立辦事處辦法」辦理之等語，咨復並通咨各省市政府查照各在案。茲據前情，特抄發各地合作社在上海市設立辦事處辦法，仰即知照，此令。

附抄發各地合作社在上海市設立辦事處辦法一份

各地合作社在上海市設立辦事處辦法

——二十六年三月四日上海市政府咨准前實業部備案——

一、各地合作社在本市設立辦事處申請備案時應呈繳左列證明文件

1. 所在地主管機關登記之證明文件
2. 所在地主管機關核准在本市設立辦事處之證明文件

二、各地合作社在本市設立辦事處應先申請本市社會局備案

三、備案呈繳應載明下列事項並分別列表說明

1. 辦事處之名稱地址及負責人姓名年齡籍貫職務住址
2. 該辦事處之上級合作社（即總社或原立之合作社）所在地社員人數負責人姓名年齡籍貫職務住址及資本數額營業類別及範圍

四、此項申請備案應備具呈文及本辦法第三條規定附件各兩份

五、社會局對於各地合作社申請設立辦事處經查核認為不妨礙本市合作社之業務時始得核准其設立

六、社會局對於各地合作社在本市成立之辦事處得隨時派員查核其業務及賬冊並令其按月呈報業務狀況

七、已准在本市設立辦事處之各地合作社應每年度終了時將該年度內產品運本市之數量連同冊呈繳該社所在地主管機關審核備案後由辦事處呈轉社會局查核辦事處如於年度終了後經三個月仍未將前項表冊呈局除因特別情形呈准展期外社會局得撤銷其備案

八、社會局對於各地合作社在本市成立之辦事處認為有抵觸現行法令之行為或妨礙本市合作事業之發展時得撤銷其備案或予以取締

九、本辦法自呈奉市政府轉咨實業部備案後施行

人力動員類

社會部咨　勞字第七一四八四號　三十三年八月五日

案准

貴府三十三年六月一日社三管字第〇二一一九號咨，為據贛籌賑處呈請核示：難民已依非常時期難民服役計劃綱要第三條之規定服墾荒工役，可否免服墾荒以外之築路，治水，軍事工作，自衛工程等其他工役一案，屬解釋見復等由，查非常時期難民服役計劃綱要，純為以工代賑，寓有救濟之意，且該計劃綱要第六七八三條對難民待遇或工資等項，均有規定，顯與普通僱傭工人相同，依照現行國民義務勞動法，確無免除義務勞動，該處難民如確擔任築路，治水，軍事工作，（如運輸掩埋等）則可依照國民義務勞動法第十九條第三項之規定得免除其同年內之義務勞動，准咨前由，相應復請

查照轉飭遵照為荷。此咨

江西省政府

社會部咨　勞字第七一九三一號　三十三年八月十八日

茲制定國民義務勞動服務團隊印信，旗幟頒製辦法，除公布外，相應檢同上項辦法各一份，咨請

貴府查照通飭所屬一體遵照施行。此咨

各省市政府

附國民義務勞動服務團隊印信旗幟頒製辦法一份（見法規欄）

社會部咨　勞字第七二二五一號　三十三年八月二十五日

案准

貴府三十三年六月二十日社[illegible]三巳字第四五六七號咨，轉送蘭州製呢工人調查登記表及工人總名冊請查照備查，並囑將非常時期廠礦工人受雇解雇限制辦法第五條規定各節詳加核復等由。查所送表冊審核尚無不合，除予登記存查外，關于非常時期廠礦工人受雇解雇限制辦法第五條規定：「主管官署接到廠礦工人登記表冊，經審核合格後，應即分別填發會制登記證」。此處所謂「審查」，其對象係指所填之調查登記表冊，及應附各件審核，其內容有無不符規定及錯誤情事。如在時上或空間上認為可能，而事實上又確屬必要，得派實地之調查，而後再為精當之審核，凡此皆屬辦理技術問題，自可由各閱審查發證機關權衡處理。至由縣府轉報之各廠礦工人調查登記表冊，為審查方便，並期其確實起見，可由縣府初審，應仍依照規定，由省（市）主管官署最後決定，填發會制登記證。准函前由，相應復請

查照飭辦為荷。此咨

甘肅省政府

社會部咨　勞字第七二五〇五號　三十三年九月一日

案奉

行政院三十三年八月七日義玖一六七〇六號訓令開：

「公務員義務勞動實施辦法，業經本院制定公布，應通飭施行，除呈報並分令外，合行抄發該辦法，令仰知照，並轉飭所屬一體知照此令」。

等因；奉此。除分咨外，相應檢同上項辦法一份，咨請

查照轉飭所屬一體遵照實施爲荷，此咨
各省市政府
重慶市政府
附公務員義務勞動實施辦法一份（見法規欄）

社會部咨　勞字第七三七五九號　三十三年九月二十六日

查社會部督導推行國民義務勞動辦法，業經呈奉行政院三十三年九月八日義字第一九一五一號指令核准備案，並經本部公布施行在案，現本部巡迴督導員即將分赴各地工作，相應檢同該項辦法咨請
貴省市政府查照轉飭所屬一體遵照爲荷。此咨
各省市政府
附檢送社會部推行國民義務勞動辦法一份（見法規欄）

社會部咨　勞字第七三八四五號　三十三年九月二十八日

案准財政部本年八月渝鹽庫字第七三六九六號公函；以迭據各區鹽務機關，呈以地方政府對於所在地，鹽工常有征雇工役，以致影響生產，援用國民義務勞動法第十九條二款之規定，請核予豁免鹽工人義務勞動事由到部。查依國民義務勞動法第十九條二款，所指從事國防工業者，依該法施行細則第十三條規定係以兵工軍用被服，動力工業，冶鍊工業等技術員工爲限。關于鹽工請求免除一節，依法未便照辦。惟爲顧全鹽產起見，准依國民義務勞動法第十四條及該法施行細則第九條前款二項：「職業中斷足以影響公共福利之事項」，或同條後款三項「因職業或其他正當事故暫離住所或居所未歸時」之規定，覓人代替勞工，如無法覓人代爲勞動，則依國民義務勞動法施行細則第十條後款之規定：繳納當地當時同等之工價，呈請主管機關雇人代替。各地徵工，如係依照軍事征用法辦理者，依國民義務勞動法第二十六條「兵役法及軍事徵用法之實施不因本法而受影響」之規定，不能適用前項辦法，除函復並分咨外，相應咨請
貴府查照轉飭所屬一體遵照辦理爲荷。此咨
各省市政府

社會部
內政部公函　　勞字第七一四二二號　　三十三年八月三日

查本部等前為發揮義務勞力，從事鄉鎮造產起見，曾經會同擬訂「推行國民義務勞動配合鄉鎮造產實施細則」五項，呈請

行政院鑒核備案，並分函

貴省政府查照辦理在案。茲奉

行政院三十三年六月三十日義玖字第一三八六〇號指令開：

「呈件均悉，原簡則應改稱辦法，各條文字亦已酌予修正，准予備案除分令外，仰即知照此令。」

等因，附抄發「推行國民義務勞動配合鄉鎮造產實施辦法」一份；奉此。除分行外，相應抄同原辦法函請查照辦理，並希

見復爲荷，此致

各省政府

附抄送「推行國民義務勞動配合鄉鎮造產實施辦法」一份（見法規欄）

社會部公函　　勞字第七二一〇一號　　三十三年八月二十二日

查非常時期廠礦工人受雇解雇限制辦法，自三十二年四月八日由行政院公布施行後，旋經本部於三十二年六月九日以勞字第五〇五七八號公函請查照辦理見復在案。歷時年餘，各主管機關飭屬切實遵辦者固多，而並未呈送工人調查登記表册過部者，亦復不少。影響勞動管制業務，實非淺鮮。邇來各國營廠礦，常有自動遣散大批員工，而並未呈經核准之情事發生，對於社會安寧及生產秩序，影響殊大，亟應嚴加糾正，以維法令，相應函請貴部會署查照轉飭所屬今後凡關各廠礦解雇工人情事，均須按照「非常時期廠礦工人受雇解雇限制辦法」之規定，事前分別呈報主管機關，暨本部核准。以免糾紛，而利管制爲荷。此致

中央各部會署

社會部代電　　勞字第七〇二九一號　　三十年七月十日

各省政府鈞鑒：茲根據國民義務勞動法第十五條：「每年義務勞動完竣，應由縣市政府給予服務證明書載明姓名、年齡、籍貫[illegible]

社會部公報 [illegible]

住址及工作地點日期」之規定，製定服務式樣一種，相應檢同該項式樣及說明，電請查照，轉飭遵照辦理為荷。社會部勞
轉午蒸印，附證明書式樣及說明一份。

說明

一、質料：概用堅韌紙張印製

二、大小：如圖式規定

三、填法：1. 出生年月：在民國元年以前出生者填「民前幾年」民國元年以後出生者將民字下括號內之「前」字劃去只填「民幾年」

2. 籍貫：填服務者之本籍

3. 住址或在在機關（學校）公教人員或在校學生於機關或學校服務團服務者填所在機關學校各種[illegible]其他服務團服務者填服務者現居住之鄉（鎮）保甲名稱

附證書式樣

社會部公函 [illegible]字第七二二〇一號 三十三年八月二十二日

附抄發「[illegible]行政院[illegible]辦法」一份（見法規欄）

各省政府

見復等由，准此，[illegible]

[illegible]一份：奉此，除分行外，[illegible]

[illegible]

內政部公函 [illegible]字第[illegible]一四二三二號 三十三年八月三日

[illegible]

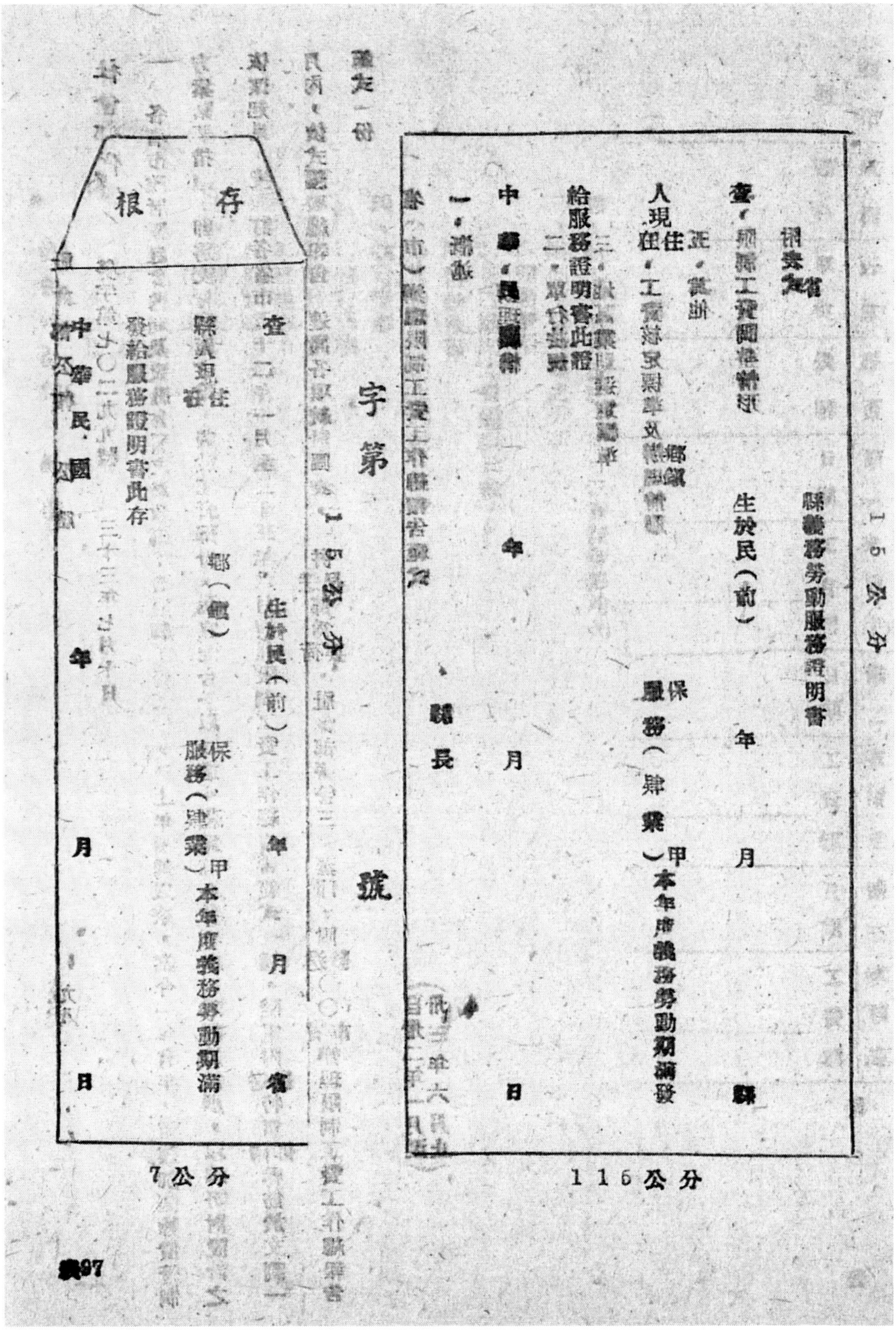

縣義務勞動服務證明書

查　　生於民(前)　　年　　月

縣　　鄉(鎮)　　保　　甲

現住　　服務(肆業)　　本年度義務勞動期滿發

給服務證明書此證

中華民國　　年　　月　　日

縣長

116公分

存根

字第　　號

查　　生於民(前)　　年　　月　　日

縣　　鄉(鎮)　　保　　甲

現住　　服務(肆業)　　本年度義務勞動期滿

發給服務證明書此存

中華民國　　年　　月　　日

7公分

表97

社會部代電　勞字第七〇二九九號　三十三年七月十日

各省市政府暨社會處局及設社會科之民政廳：查限制工資工作，自上年辦理以來，迄今一年有半，値玆加強物價管制方案緊要措施，卽將交付實施之際，關於工資部份，亟宜配合予以改進。玆爲綜合各省市辦理經過情形，以爲研討設計之依據起見，爰製訂各省市三十二年一月至三十三年六月辦理限制工資工作總報告範式一種，隨電附發送，特電仰請轉飭於文到一月內，依式編製總報告　連同各項統計圖表，一併呈送部爲荷要，社會部勞管三午蒸印，附發送○○省市辦理限制工資工作總報告範式一份

省（市）辦理限制工資工作總報告範式

（自卅二年一月起至卅三年六月止）

一、概述

一、辦理機構

二、單行法規

三、地區業別選定標準

四、工資核定標準及辦理情形

五、其他

二、限制工資調整情形

附表式

縣市別	業別區分	計算單位	是否供膳	第一次核定		第二次核定		第三次核定		備考
				日期	工資額	日期	工資額	日期	工資額	

註：如工資不只核定三次可依實際情形增列

三、限制工資變動之分析

1，變動情形

2，地區業別工資變動比較

3，變動原因

4，與物價變動之比較

四、執行情形

1，執行機構

2，執行方法

3，有無黑市

4，違法事件及處理經過

五、工作檢討

1，有何優點

2，有何缺點

3，有何困難

4，改進意見

社會部訓令 勞字第七二二四九號 三十三年八月廿五日

令各省市社會處局及設社會科之民政廳

准

國家總動員會議三十三年五月廿九日動人三十（三）字第二三六號公函開：「查改進戰時管制工資工作一案，前經擬訂草案分送查照，并於本月十二日約集各有關機關開會商討，當經議決：「修正通過由國家總動員會議函各有關機關採擇施行」等語，紀錄在卷，相應檢附戰時管制工資工作改進要點一份。函請查照採擇施行，并轉飭所屬知照，以利管制為荷」等由，附戰時管制工資工作改進要點一份，准此，查原要點所列各項，關係重要，當經查參各地實際情形酌加解釋補充，除函復國家總動員會議外，合行檢發戰時管制工資工作改進要點及補充意見一份，令仰該處切實遵辦具報為要此令。

部

附發戰時管制工資工作改進要點及補充意見一份

戰時管制工資工作改進要點及本部補充意見

一、管制工資，須透過有關職業團體，始能收穫相當之效。故對全國各地職業團體之組織，務須迅速使其普遍健全。

補充意見：本項在加强工人團體[illegible]施辦法，已有詳細規定，并迭經提示實施要點通飭遵行，應即切實辦理。

二、職業分類與工作等級，應有明確劃分，以為釐定各種工作重要性之基礎，而為規定工資之根據。

補充意見：本項在加强管制物價方案實施辦法第十三項，已有規定關於職業分類，係屬全國普遍性之工作，本部前曾從事職業分類之訂定，刻正由各有關團體會同研究補充，一俟編竣，即可分發各省市參考。至工作等級，對產業工人工資關係重大，應用各級主管官署依據當地各業情形及工作繁簡，技術優劣等項條件，詳細劃分，報部備核。

三、各業之工作標準，應有一定，使同一地區，同一性質，同一等級，同一工作之工人，其報酬力求劃一。超標準者，予以獎勵，不及者予以懲罰。

補充意見：本項在限制工資實施辦法第十六、十四兩項，原經詳細規定，關於同一地區，同一等級性質之工資，各地前已劃一。至工作成績標準，應予工作等級同時厘定，少數省市，雖有工[illegible]之規定，其成績標準應顧相類似，惟具體章則之製訂均付闕如，應即迅速訂定報部備核。

四、鄰近區域之工資，應有相當聯繫，以共同穩定工資。

補充意見：本項在實施辦法第廿四項已有規定，各地亦間有依照實行者，關於工作之聯繫，約可分二兩種，在地區方面；一、各省對於所屬縣市應行聯繫之地區，似可加以規定，對於各重要據點，及省與省間之聯繫尤不可忽略。二、在工作分面，有關工資之資料，團應訂期交換，對工資調整之時期與方式，亦應設法使其暫趨一致，俾獲相互參證之效，[illegible]現象乃可避免。

五、各地主管工資機關，應視勞工人數之盈虛與其工作之多寡予以調整配合，並與鄰近各區採取，盈虛互濟之聯繫辦法。

補充意見：本項專關勞力供給，各地主管官署，應依據實際需要妥籌分配。勞力不必需之各業工人，應依人力節制辦法之規定，使其轉業。對於廠礦工人，則限制其受雇解雇，俾能盈虛互濟，而達增加生產之旨。

六、主管官署制定執行管制工作人員獎懲辦法，切實施行，務期賞罰分明，辦[illegible]清，懲罰不妨從嚴，以儆效尤。

補充意見：各級執行人員，間因物價不斷上漲，工資管制困難，不無影響其工作之情緒與效能，應即會飭體念艱難，奮發努力，如有因循敷衍，懈怠職守者，即予從嚴懲處，以儆效尤。

七、工資與物價連環，應同時調整，以免互相刺激牽制之弊。

補充意見：本項業經選電飭遵，應即切實辦理。

八、詳查社會生活實際狀況，並比照限制物價標準，訂定合理合法之工資。

補充意見：本項專關安定工人生活，增進生產效能，除各級主管官署，應切實遵辦[illegible]

九、協助執行管制政策之職業團體負責人員，應於工資核後，負責轉促全體會員切實遵行，就其成績分別獎懲。

補充意見：「本項在加強工商團體管制實施辦法」，及「非常時期工會管制暫行辦法」內有規定，如調節各團體糾紛事，並督促各公會辦會員訓練，以培養工會幹部，充實基層組織及增進其對於當前限制工資政策，及本身權利義務之認識，並嚴格考核，公會團體負責人，[illegible]指導不[illegible]，得予撤換或變更其職務之規定，均在加重團體負責人之責任，并參照「加強工商團體管制實施辦法」，及「非常時期工會管制暫行辦法」之規定，切實辦理。

十二、[illegible]

十、嚴禁雇主逾限雇工人，違者應與逾限索價受同等處罰。

補充意見：本項在限制工資辦法第十七項已有規定，應切實遵辦。

十一、發動社會有力人士倡導進行管制工資，及物價等法令，以三民主義青年團各地分支團部，為協助管制之中心機構，[illegible]

（該團三十二年全國代表大會，曾通過檢舉貪污舞弊，取締囤積居奇，以轉移社會風氣，嚴肅戰時生活案，內列五項辦法，呈請加以補充迅速實施）。

補充意見：本項各級主管官署，應與當地三民主義青年團分支團，會同商酌擬訂辦法，迅付實施。

十二、執行基層幹部，如警察團隊，應即提高水準，充實人員，嚴格執行管制職務。

以上屬於原要點規定各項，應即切實遵辦外，茲復補充數點，併希注意改進。

一、各省市對於限制工資實施辦法規定各項，其有尚未實施者，應即迅付實施。

二、管制工資工作，應以工商業發達或工廠礦場集中之地區，着重辦理。其已在城區辦理者，并應逐漸推及鄉鎮。

三、產業工人工資限制之範圍，應力求推廣。

四、各省市得於重要地區，舉辦勞力供應站，編組各業工人依照限價普遍供應各方之需要。

社會部訓令

勞字第七二三六八號　三十三年八月二十八日

令各省市社會處局及設社會科之民政廳

查人力登記，在吾國係屬初創，過去各機關廠礦，對於登記手續多未諳悉，以致此項業務，未能普遍展開。茲為使各機關及廠礦明瞭人力登記手續，以利業務之推進起見，經彙集有關人力登記主要法規暨各項調查登記表冊，編訂（人力登記須知」一種，合行檢發該項須知一份，令仰轉飭所屬依照本年度社會行政檢討會議決議案（十九）加強各省（市）縣（市）人力動員工作案實施要點辦理，為要。此令。

附發「人力登記須知」一份

（一）技術員工登記

技術員工之登記除照戰時全國技術員工管制條例辦理外，所有登記表冊之填造及彙報，應注意左列事項：

一、全國各機關各公營民營廠礦工商場廠各專科以上學校或高級職業學校或訓練班所現有合於戰時全國技術員工管制條例第二條各款規定之一而有確實證明文件之技術員工應由各單位予以登記，填具技術員工調查登記表三份，填報單位負責主管官署各存一份餘一份連同簡歷冊彙送社會部勞動局核發管制登記證并應各粘附二寸半身照片或右手食指指模一張，備發管制登記證之用。

二、所填報之技術員工如係歸僑應在調查登記表備註欄內註明何時歸國及歸國前僑居之地所。

三、所填報之技術員工由於該員工經驗特長其學校畢業科系名稱畢業年限職務經歷欄內應詳細填註。

四、各填報單位對其所屬技術員工經第一次填報後如有新到職者，仍須依照第一項規定辦理填報。

五、各填報單位應行呈報之主管官署如後：

（一）中央各部會署直轄各機關學校及附設之農礦工商事業應經由各該主管機關彙送社會部勞動局

（二）各省（市）政府直轄各機關學校及所屬公私農礦工商事業由各省（市）政府彙轉社會部勞動局

（三）各縣（市）直轄各機關學校及所屬公私農礦工商場廠應由各縣（市）政府呈省政府彙轉社會部勞動局

六、對現職非因職失業閒散或未開業之戰區及回國僑胞技術員工應由所在地主管官署公告分期舉行登記並依照第一項規定辦理

七、技術員工管制登記證經呈奉行政院核准酌收證書費暫定每張一元五角由各填報單位如數繳價領取。

八、凡經領取登記證之技術員工如有更動應由各填報單位每隔三個月向主管官署填報技術員工動態報告表（附式三）一次，於每年一、七兩月彙報社會部勞動局備查。

九、技術員工調查登記表及動態報告表概由各填報單位依照規定格式自行翻印備用。

（二）廠礦工人登記

廠礦工人之登記，除照非常時期廠礦工人受僱解僱限制辦法辦理外，其呈報調查表冊暨發管制登記證應注意左列事項：

一、各廠礦應將該廠礦全部工人每人填造調查登記表及工人名冊各四份（中央各部會署及各省市直轄之廠礦填三份）並粘附各該工人最近二寸半身照片及左手食指指模五張（登記表上各粘貼一張另附一張為管制登記證之用）除各廠礦自存一份備查外以三份呈報主管官署備核

二、各廠礦呈報之主管官署茲分別規定如左

1，中央各部會署直轄之廠礦應分報主管部及社會部

2，各省（市）所屬公私廠礦應報由各省（市）政府轉報社會部

3，各縣（市）所屬公私廠礦應報由各該縣（市）政府轉報之

三、廠礦工人調查登記表冊及工人動態報告表由廠礦依式自行印製
四、各縣（市）政府接到各廠礦工人登記表冊後除存一份外應即彙轉省政府，
五、各廠礦工人調查登記表冊經審查合格後應分別填發管制登記證
六、前項管制登記證除中央各部會署之廠礦由社會部製發酌收成本費外餘均由各廠礦所在地省（市）政府製發並將登記證字號連同各廠礦工人調查登記表冊彙報社會部備查
七、各省（市）政府製發登記證字號應冠以各該省（市）簡稱及廠礦字樣例如四川省為川廠字（或川礦字）第〇〇〇一號
八、各廠礦對工人之解雇或辭職均應填具廠礦工人動態報告表連同管制登記證及調查登記表呈報所在地主管官署履行轉移登記並雇用新工人時應依照第一項規定辦理

（三）機關公役登記

機關公役登記，除依照機關公役雇額及登記辦法辦理外，應注意左列事項：

一、凡無免役或緩役證之適齡壯丁，各機關不得雇用，如曾在其他機關充任公役者應有解雇證明文件，否則不予雇用，其役中籤之公役，應立即解雇。
二、各機關現有及新雇用公役均應取得切實擔保，並隨時考察，其思想行動。
三、不論現有公役及新雇公役，各雇用機關應一律飭其填具公役登記表（附式一二）二份粘貼本人二寸半身相片或指模，一份由本機關存查，一份送社會部勞動局審查。
四、各機關公役送審時須按照規定附送該機關職員編制人數
五、各機關職員編制如有變更公役人數亦應同時予以調整
六、經審查合格或不合格之公役由社會部分函發平價米機關及審計機關。

社會部訓令

勞字第七三一四四號　三十三年九月十三日

令各省社會處及設社會科之民政廳

關于擬訂各廠礦申請開工停工報告表，及規定各機關開辦廠礦招雇工人應有手續一案，經呈奉行政院本年八月一日義致字第一六五七四號指令核准通飭遵行在案。查各廠礦開工停工之申報，係爲明瞭各廠礦勞力供需

情形，以爲調整人力之依據，招雇手續，則爲補充，「非常時期廠礦工人要雇解雇限制辦法」之未詳，均爲勞動管制必要措施。茲經奉飭遵行，合行重申本案要義，并檢發各廠礦申請開工停工報告表，一百五十份及各機關團體廠礦招雇工人手續一份，合仰轉飭所屬切實遵照並轉飭所在地同業公會及職業公會遵照辦理具報爲要。

附檢發各廠礦申請開工停工報告表一百五十份及各機關團體廠礦招雇工人應有手續一份。

各機關團體廠鑛招雇工人應有手續

三十三年八月一日行政院指令核准通行

一、各機關團體廠礦招雇工人時須向當地社政機關辦理登記以便查考。

二、各機關團體廠礦招雇工人辦理登記時須將下列各點切實註明：

1，招雇宗旨

2，招雇種類

3，被招雇者之性別年齡

4，招雇名額

5，被招雇者應備之文件

6，工作所在地

7，被招雇者之待遇

8，招雇機關團體或廠礦

9，招雇時間

三、所招雇之工人如係因軍事或行政機關之特殊需要得商請各該當地社政機關予以協助辦理

四、各機關團體廠礦招雇工人如未完備上項登記手續得以有效方式勸其補辦或竟停止其招雇

四、[illegible]

十一、[illegible]

5.[illegible]

6.[illegible]

7.[illegible]

8.[illegible]

4.[illegible]

3.[illegible]

2.[illegible]

1.[illegible]

十二、[illegible]

一、[illegible]

[illegible]工人[illegible]手續

三十三年八月一日行政院會議通過施行

[illegible]

[illegible]

[illegible]

[illegible]

行政院三十三年八月一日勞玖字第一六五七四號指令核准施行

申請開工停工報告表

年　月　日

廠礦名稱	負責人姓名
廠礦地址	公營或私營
	登記執照字號
資本來源及數額	經營種類及生產運銷情形
組織概況	設備概況
開工緣由及日期	停工原因及日期
	部分或全部開工(停工)
開工時所有員工	停工時所有員工
種類 數額 來源	種類 數額 處置辦法
一般職員	
技術人員	
技術工人	
普通工人	
有無困難	生產及人力需要之預計
備註	

附記

一、各廠礦應於開工或停工二個月前向所在地社政主管機關領取此表填報送社會部勞動局必要時可以電報報告

二、填送之表經社會部勞動局核定後除通知各該廠礦所在地社政主管機關外並通飭各該廠礦遵照

三、表內各項必須詳實填報

四、填報本表時必須毛筆正楷並求敘述簡明

附錄

社會部核准備案之直轄社會團體一覽表

三十三年七月至九月

1. 核准組織之直轄社會團體

團體名稱	核准日期	主要負責人	會員數	備註
中國信鴿會	七月八日	黃琛		
中國工業會計學會	七月八日	趙棣華		
國際扶輪社中國社	七月八日	王正廷		該社早已成立此次舉行總登記經核准備案
基督復臨安息日會中華總會	七月八日	羅威		（同右）
中國拉丁美洲文化經濟協會	七月十二日	周啓剛		
中國農場經營學會	七月二十日	趙葆全		
中華補習教育促進會	七月二十八日	趙子洵		
中華音樂教育社	八月四日	顧毓秀		
中國地方自治學會	八月七日	李宗黃		
國際宗教聯合研究會	八月二十九日	周熙衡		
經濟研究社	九月一日	陳津徽		
中國建設學社	九月二日	王家楨		
中國科學研究勵進會	九月十三日	馬大猷		
中國昆蟲學會	九月二十五日	鄒樹文		
中國進出口貿易協會	九月二十七日	鄒琳		

2. 核准改選之直轄社會團體

團體名稱	核准日期	主要負責人	會員數	備註

中國童子軍教育學會	八月十三日	吳兆棠	
中國教育電影協會	九月八日	潘公展	
中國衛生教育社	九月十二日	陳果夫	三五四三
中國造船工程學會	九月十四日	宋建勛	
中國經濟問題研究社	九月二十日	向景生	
中山學社	九月二十二日	梁寒操	

3,核准改組之直轄團體

團體名稱	核准日期	主要負責人	會員數	備註
中華農學會	七月四日	鄒秉文		
中國留美青年學會	七月二十八日	趙[illegible]		
中國畜牧獸醫學會	九月五日	陳長之		
中國會計學社	九月十五日	閻亦有		
中國養雞學術研究會	九月二十日	殷瑞芝		

社會部核准備案人民團體動態統計表

三十三年七月至九月

團體類別	組織			改選			改組			整理		
	團體數	會員數	團體會員數	團體數	會員數	團體會員數	團體數	會員數	團體會員數	團體數	會員數	團體會員數
總計	1059	179,568	1204	180	32,149	472	125	29,170	132	26	1,398	21
職業團體	956	160,895	853	162	28,382	472	122	28,829	132	25	1,004	21
農會	508	136,171	629	32	14,955	126	59	25,469	59	—	—	—
漁會	—	—	—	—	—	—	—	—	—	—	—	—
工會	90	9,035	48	44	7,631	59	7	912	—	1	102	—
工商業團體	203	7,432	110	78	4,771	287	52	2,100	73	24	902	21
自由職業團體	155	8,857	66	8	1,025	—	4	348	—	—	—	—
社會團體	103	18,673	351	18	3,767	—	3	341	—	1	394	—

說明：1，資料來源：根據本部統計處七月份至九月份人民團體動態統計彙編

2，上表所列「會員」除工商業團體爲公司行號外，餘均爲個人

捐資興辦社會福利事業受獎人簡表

三十三年七月至九月

姓名	性別	年齡	籍貫	略歷	捐資數額	興辦事業	褒獎方法	給予機關	備註
楊林氏	女		湖南武崗		水田二十畝估值四萬元以上	捐助湖南武崗縣救濟院作爲基金	給予銀盾獎章一枚	社會部	呈奉行政院義玖字第一五二七六號指令核准
趙松泉	男	二九	陝西大荔	陝省第八行政區專署經建委員	田地一百畝〇六分七厘估價四萬八千五百一十六元五角	捐助陝省第八行政區救濟經費	給予銀盾獎章一枚	社會部	呈奉行政院義玖字第一七一九一號指令核准
王黃翠竹	女	五四	湖南武崗	王瑋卿之妻	捐田兩次一次六十餘畝一次三十畝共值十三萬餘元	捐助縣救濟院及縣黨部社會服務處	給予「熱心公益」匾額一方	國民政府	國民政府渝文字第一一三七號指令照准
李文達	男		貴州平越		國幣一萬元	捐作該縣救濟院幼育所基金	給予二等獎狀一紙	貴州省政府	

社會部公報 第十五期

中華民國三十三年十月出版

編輯兼發行者 社會部總務司

訂購辦法

期限	册數	價目	郵費
三月	一	五元	三角
半年	二	一〇元	六角
全年	四	二〇元	一元二角

附註：本報掛號及寄往國外郵費照加

社會部設立

社會服務處

重慶　貴陽　蘭州　內江　遵義

現有業務

宗旨——發揚服務精神　改善社會生活　促進社會事業　溝通社會文化

生活服務——社會食堂　代運行李　社會公寓　理髮室　淋浴室　旅居嚮導

人事服務——升學輔導　寄物存放　公用電話　職業介紹　信件留轉　法律顧問　代售郵票　衛生顧問　代收電報　人事諮詢　讀寫書信

文化服務——圖書館　書報供應　社交會堂　娛樂室　學術講演會　兒童樂園　座談會　體育場　民衆學校　診療所

經濟服務——小本貸款

處址：

重慶社會服務處　重慶南路口　都郵街　海棠溪（分處）

貴陽社會服務處　貴陽大西門

蘭州社會服務處　蘭州勵志路西花園

內江社會服務處　內江交通路

遵義社會服務處　遵義老城

社會部總務司　編

社會部公報

第十六期

重慶：中華民國社會部總務司，民國三十三年（1944）鉛印本

中華郵政登記認為第一類新聞紙類

中華民國三十三年十月至十二月　第十六期

社會部公報

社會部總務司編印

國父遺像

革命尚未成功

同志仍須努力

國父遺囑

余致力國民革命，凡四十年，其目的在求中國之自由平等，積四十年之經驗，深知欲達到此目的，必須喚起民衆，及聯合世界上以平等待我之民族，共同奮鬥！現在革命尚未成功，凡我同志，務須依照余所著：建國方略，建國大綱，三民主義，及第一次全國代表大會宣言，繼續努力，以求貫澈！最近主張開國民會議，及廢除不平等條約，尤須於最短期間，促其實現！是所至囑●

社會部公報 第十六期目錄

社會部訓令四件

社會部指令二件

社會福利類

社會部呈一件

社會部咨一件

法規

組織訓練

教育會法

三十三年十月三十一日國民政府修正公布

第一章　總則

第一條　教育會以研究教育事業發展地方教育并協助政府推行教育政令為宗旨

第二條　教育會為法人

第三條　教育會之主管官署在中央為社會部在地方為省市縣社會行政主管機關教育部或各省市縣教育行政主管機關為其目的事業主管官署

第四條　教育會之任務如左

一　關於地方教育之研究設計及建議改進事項

二　關於增進人民生活上知識之指導事項

三　關於地方教育之調查統計及編纂事項

四　舉辦各種教育研究會及學術講演會

五　舉辦各種教育事項但須經主管教育行政機關之核准

六　關於一般教育事項得建議於教育行政機關

七　處理各主管官署委辦或諮詢事項

八　辦理其他合於教育會宗旨之事項

第五條　教育會不得為營利事業

第六條　教育會分鄉鎮教育會市區教育會縣教育會市教育會及省教育會

下級教育會應受上級教育會之指導

第七條　有左列情形之一時教育部社會部得會同召集全國省市教會聯合會議

一　教育部或社會部認為必要時

二　經七省市以上教育會之提議時

前項聯合會議之代表人數由教育社會兩部會同定之

第二章　設立

第八條　同一區域內每級教育會以一個為限

第九條　各級教育會之區域依其現有之行政區域但鄉鎮教育會或市區教育會遇有特別事由時經當地主管官署會商目的事業主管官署核准得不依現有之行政區域設立之

教育會區域依其現有之行政區域者冠以該區域之名稱其不依現有之區域者得另冠名稱呈請當地主管官署核定之

第十條　鄉鎮教育會或市區教育會之設立應有該區域內具有會員資格者二十人以上之發起縣市以上教育會之設立應有直接下級教育會過半數之成立

第十一條　教育會之組織應由發起人向當地主管官署申請許可經許可後該主管官署應即派員指導

第十二條　教育會經許可組織後應即推定籌備員組織籌備會呈報當地主管官署備案并分呈目的事業主管官署

第十三條　教育會章程應載明左列事項

一　名稱

二　宗旨

三　區域

四　會址

五　任務或事業

六　組織

七 會員入會出會及除名
八 會員之選任解任及其權利與義務
九 職員名額權限任期及其選任解任
十 會議
十一 會費之數額
十二 經費及會計
十三 章程之修改

第十四條 教育會於召開成立大會前應將籌備經過連同章程草案呈報主管官署并請派員監選

第十五條 教育會組織完成時應於十日內造具會員名冊職員略歷冊連同章程各一份呈請當地主管官署立案并應分呈目的事業主管官署備案

第十六條 教育會經核准立案後應由當地主管官署頒發立案證書及圖記

第三章 會員

第十七條 凡中華民國人民住居該區域內年滿二十歲具有左列資格之一者得加入鄉鎮教育會或市區教育會爲會員
一 現任公立或已立案之學校教職員或社會教育機關職員但職員以中等以上學校畢業者爲限
二 曾在公立或已立案之大學或獨立學院教育科系或師範學院畢業者
三 曾在師範專科學校或師範學校畢業者
四 曾在公立或已立案之專科以上學校畢業並從事教育事業一年以上者
五 曾在公立或已立案之學校或社會教育機關服務三年以上者
六 對於教育確有研究並有關於教育著作者

第十八條 有左列情事之一者不得爲教育會會員
一 背叛中華民國者
二 褫奪公權者
三 禁治產者

第十九條 上級教育會以其下級教育會爲會員

下級教育會爲上級教育之會員時各得派代表出席

前項代表之名額鄉鎭教育會或市區教育會二人縣教育會或市教育會一人各由會員大會選擧之任期二年期滿應卽依法改選連選得連任

第四章　職員

第二十條　鄉鎭教育會或市區教育會設理事三人至五人候補理事一人或二人監事一人候補監事一人由會員大會就會員選擧之理事得互選一人爲常務理事

第二十一條　縣市教育會設理事五人至九人候補理事一人監事一人至三人候補監事一人由會員大會選擧之並得由理事會選一人至三人爲常務理事

前項常務理事爲三人時得互選一人爲理事長監事爲三人時得互選一人爲常務監事

第二十二條　省教育會或院轄市教育會設理事九人至二十五人候補理事三人至七人監事三人至七人候補監事一人或二人由會員大會選擧之

前項理事會選三人至五人爲常務理事必要時常務理事得互選一人爲理事長監事得互選一人爲常務監事

第二十三條　上級教育會職員之候選人不限於下級教育會出席之代表

第二十四條　上下級教育會職員不得互相兼任

第二十五條　各級教育會職員之候選人以其所屬鄉鎭教育會或市區教育會會員爲限

第二十六條　教育會選擧之職員爲無給職

第二十七條　教育會職員任期二年期滿應卽依法改選連選得連任

第二十八條　教育會職員改選完成外應於十日內造具職員略歷連同會員增減名册呈報當地各主管官署備案各該主管官署應將改選總報告表分別逐級轉報社會部及教育部備案其整理與改組時同

第二十九條　教育會選擧之職員因有不得已之事由得經會員大會議決准其辭職其因職務上違背法令營私舞弊或有其他重大之不正當行爲得經會員大會議決其退職或由主管官署將其解職

第五章　會議

第三十條　教育會會員大會分定期會議及臨時會議兩種由常務理事或理事長召集之

前項定期會議每年一次

第三十一條　教育會會員大會之決議以會員過半數之出席出席會員過半數之同意行之

第三十二條　左列各款事項之決議以會員過半數之出席出席會員三分之二以上之同意行之

一　修改章程

二　會員除名

三　職員退職

第三十三條　教育會理事會議縣市以下教育會每月一次省市教育會每兩月一次由常務理事或理事長召集之必要時得開臨時會議監事會議縣市教育會每兩月一次省市教育會每四月一次由常務監事召集之必要時得開臨時會議

第六章　經費

第三十四條　教育會經費分左列兩種

一　會員入會費及常年費

二　事業費

前項事業費經會員大會或代表大會議決得依法募集之必要時亦得由中央或地方政府補助之

第三十五條　各級教育會收支應於每年度終了時呈報當地主管官署核銷並通告各會員

第七章　解散及清算

第三十六條　教育會違反法令妨害公益怠忽任務時主管官署得分別施行左列之處分

一　警告

二　撤銷其決議

三　整理

四　解散

教育會經解散後應即重行組織

下級主管官署為第一項第三款或第四款之處分時應經上級主管官署之核准

第三十七條　教育會解散時其財產應由當地主管官署指派人員清算其清算人有代表教育會執行清算一切事務之權

第八章　附則

第三十八條　本法自公布日施行

律師公會章程訂立辦法

三十三年十二月十九日社會部司法行政部會同公布

第一章　總綱

第一條　各地律師公會章程之訂立除法令別有規定外依本辦法之規定

第二條　律師公會定名爲某某律師公會

第三條　律師公會會員除遵守律師法外並應遵守律師公會章程

第四條　律師公會會址設於某某地方法院所在地

第二章　任務

第五條　律師公會之任務如左

一　關於平民法律扶助之實施事項

二　關於法令修改或司法事務之建議事項

三　關於法律教育之提倡事項

四　關於法學研究及刊物出版事項

五　關於會員品德之砥礪與風紀之整飭事項

六　關於會員共同利益之維護增進事項

七　關於行政及司法機關委辦或諮詢事項

八　關於律師公會章程所規定之其他事項

第三章　會員入會及退會

第六條　凡律師呈准某某地方法院登錄者得入會爲律師公會會員

第七條　會員入會應履行左列手續

一　塡具入會聲請書并附二寸半身相片二張

二　交驗律師證書及呈准某某地方法院登錄證件

三　繳納入會費若干元

第八條　會員入會後由律師公會發給入會證書并登記於會員名簿

第九條　會員如經法院註銷登錄者應令其退會

第十條　會員經請懲戒其情節重大者得經會員大會或理監事聯席會之決議令其暫時退會但應經某某地方法院首席檢查官之核准「并呈報某某縣（市）政府（院轄市為社會局）備案

依前項規定暫時退會之會員如未受懲戒處分或受除名以外之懲戒處分者回復為律師公會會員但受停止執行職務之處分者於期滿後始得回復

第四章　會員權利及義務

第十一條　會員有發言權表決權選舉權及被選舉權

第十二條　會員應按月納經常費若干元

第十三條　會員應輪流辦理平民法律扶助事宜

第十四條　會員事務所遷移應即報告律師公會

第五章　職員及選舉

第十五條　律師公會置職員如左

一　理事三人至二十一人執行該會一切會務并互選常務理事一人至五人輪流處理日常事務對外代表該會（如常務理事僅設一人本款改為理事若干人執行該會一切會務并互選常務理事一人處理日常事務對外代表該會）

二　候補理事一人至十人於理事缺額時依次遞補之

（如候補理事僅設一人本款改為「候補理事一人遇有理事缺額時遞補之」又候補理事名額不得超過理事名額三分之一）

三　監事一人至七人監察該會一切會務并互選常務監事一人至三人輪流處理日常監察事務

（如監事僅設一人本款改為「監事一人監察該會一切會務處理日常監察事務」又監事名額不得超過理事名額三分之一）

四　候補監事一人至三人於監事缺額時依次遞補之

（如候補監事僅設一人者應改為「候補監事一人遇有監事缺額時遞補之」又候補監事名額不得超過監事名額三分之一但僅設監事三人者仍得設候補監事一人）

第十六條　理事監事均由會員大會就會員中選舉之概為無給職

第十七條　理事監事之選舉採記名連選法以得票較多者為當選票數相同者以抽籤定之候補理事監事以得票得次多數者當選票數相同者亦以抽籤定之

第十八條　常務理事應將該會每月款項收支情形連同有關單據簿冊提出理事會報告後送交監事審核

第十九條　理事及監事有廢弛職務或違反律師法或律師公會章程規定之情事者得由監事會或會員五分之一以上之連署提交會員大會議決罷免之

第二十條　律師公會置事務員若干人至若干人由理事會雇用受理事之指揮監督辦理文書紀錄會計庶務及其他事務

前項事務員於辦理監事會事務時應受監事之指揮監督

第六章　會議

第二十一條　律師公會會議分左列四種

一　會員大會　每年舉行一次由理事會召開之在開會二星期前登報通告並專函各會員如理事監事聯席會議認為必要或經會員十分之一以上之書面請求並記名提議事項及理由者應召開臨時會員大會在開會一星期前登報通告並專函各會員

二　理事會　每月舉行一次由常務理事召開之並通知監事列席如經理事三分之一提議應召開臨時會

三　監事會　每月舉行一次由常務監事召開之如經監事三分之一提議應召開臨時會

四　理監事聯席會議於常務理事監事認為必要時會同召開之

第二十二條　會員大會須有三分之一以上會員出席方得開會如出席會員不足法定人數再行召集時其連續缺席者應於會員總數內扣除計算之

第二十三條　理事會監事會及理監事聯席會議須有二分之一以上之理事監事出席方得開會候補理事監事均得列席遇有理事監事缺席時得分別臨時補充決議但不得超過缺席人數二分之一

第二十四條　會員大會主席由出席會員互推理事會主席由常務理事互推監事會主席由常務監事互推理監事聯席會議主席由常務理事監事互推

（如常務理事監事僅設一人本條改為「會員大會主席由出席會員互推理事會主席由常務理事担任監事會主席由常務監事担任監事會主席由常務理事監事互推」）

第二十五條　會議事件以出席過半數之同意決定之可否同數時取決于主席

第二十六條　會議事件與理事監事或一員有關係者應停止其表決權但得陳述事實或意見

第二十七條　律師公會各種會議均須在會期一星期前呈報某某縣（市）政府（院轄市為社會局）及某某地方法院首席檢察官

第七章　酬金

第二十八條　會員受當事人之委託辦理訴訟案件其收受酬金辦法分左列兩種由當事人自擇以契約定之

（甲）分收酬金

一　討論案情每小時不得逾若干元

二　到法院抄閱文件或接見監禁人或羈押人每次不得逾若干元

三　節錄文稿或造具清冊每百字不得逾若干角

四　撰擬函件每件不得逾若干元

五　出具專供委託人參考之意見書及其他文件每件不得逾若干元

六　民事出庭費每次不得逾若干元

七　刑事出庭費每次不得逾若干元

八　撰擬民事第一審書狀每件不得逾若干元但聲請書僅得收五分之一

九　撰擬刑事第一審書狀每件不得逾若干元但聲請書僅得收五分之一

十　撰擬民事第二審書狀每件不得逾若干元但聲請書僅得收五分之一

十一　撰擬刑事第二審書狀每件不得逾若干元但聲請書僅收五分之一

十二　撰擬民事第三審書狀每件不得逾若干元但聲請書僅收五分之一

十三　撰擬刑事第三審書狀每件不得逾若干元但聲請書僅收五分之一

十四　處理和息事項每案不得逾若干元

十五　辦理民事執行事件每案不得逾若干元

十六　調查證據每件不得逾若干元

十七　赴某某地方法院管轄境外辦理第一第二第六第七第十六各款事項者除依各該款收取酬金外每日所收日費不得逾若干元

（乙）總收酬金

一　辦理民事案件第一第二兩審收受酬金總額每審不得逾若干元第三審收受酬金總額不得逾若干元如訴訟標的金額或價額在若干萬元以上者其酬金得增加之但第一第二兩審每審仍不得逾訴訟標的金額或價額百分之二第三審仍不得逾百分之一

二　辦理刑事案件第一第二兩審收受酬金總額每審不得逾若干元第三審收受酬金總額不得逾若干元如案情重大或因委託人有特別身份地位者其酬金得增加之但每審仍不得逾若干元

第二十九條　辦理非訟事件之酬金準用辦理民事案件總收酬金之規定

第三十條　會員辦理平民法律扶助事宜及各級法院指定辯護之案件均不得收受酬金

第八章　風紀

第三十一條　會員辦理當事人委託之事件應嚴守秘密

第三十二條　會員辦理當事人委託之事件應迅速進行不得拖延

第三十三條　會員對於當事人委託代領代收之款項物件應隨時移交

第三十四條　會員不得阻止當事人之和息

第三十五條　會員不得為誇大性質之宣傳

第三十六條　會員不得刊登含有恐嚇或妨害他人名譽信用等性質之廣告

第三十七條　會員到庭應穿制服

第三十八條　會員在庭發言應起立

第三十九條　會員出庭辯論不得言語詼諧舉動輕慢

第四十條　會員出庭辯論不得涉及無關本案之事項

第四十一條　會員撰擬書狀自留稿存查并備同式繕本送交委託之當事人

第四十二條　會員聲明契約遺囑及其他文件應自留稿存查

第四十三條　會員對於前二條各種文件須簽名蓋章添註塗改騎縫並應蓋章

第九章 附則

第四十四條 會員違反律師公會章程之規定情節輕微者得經會員大會或理監事聯席會議之決議命其注意情節重大者公會應負責檢舉

第四十五條 律師公會章程如有未盡事宜得由會員大會修改之

第四十六條 律師公會章程呈經某某地方法院某某縣市政府備案施行並逐級轉報主管部備案

第四十七條 本辦法自公布之日施行

人民團體職員選舉通則增加第七條條文

三十三年十一月三十日社會部修正

第七條 人民團體職員被撤職者除褫奪公權之判決外自撤職之日起於法定任期相等之時間內不得再被選舉

附註：原通則第七條應改為第八條下以依次更改之

社會部瀘縣育幼院收容兒童辦法修正第九條條文

三十三年十月六日社會部修正公布

第九條 兒童因重病或其他不可抗之變故以致死亡者由院料理善後通知親屬或監護人并報部轉知軍政部榮譽軍人總管理處

社會福利

傭工介紹所規則

三十三年十一月二十四日社會部公布

第一條 社會部為提高傭工介紹效能健全傭工介紹組織增進傭工福利起見特制定傭工介紹所規則（以下簡稱本規則）

第二條 凡以介紹男女傭工為業務者概稱傭工介紹所除法令另有規定外悉依本規則之規定辦理

前項傭工介紹所應受主管官署之指導監督

第三條 本規則所稱主管官署在縣市為縣市政府在院轄市為社會局

第四條 傭工介紹所設立時應具傭工介紹所開業申請書經主管官署核准發給許可證始得經營傭工介紹業務

凡在本規則公佈以前開設傭工介紹所應於本規則公佈後兩個月內向主管官署補行申請登記發給許可證逾期不

傭工介紹所須備傭工名冊記載傭工之姓名年齡籍貫特長及經歷等事項

第五條 傭工介紹所須規定每日之治業時間

主管官署於接到申請書後應迅速審核公佈屬於縣市政府者應呈報各該省社會處備案屬於院轄市社會局者應轉報社會部備案

第六條 凡具有左列資格之一者得申請設立傭工介紹所

一 有動產或不動產價值在五萬元以上而有志從事職業介紹工作者

二 繼續辦理職業介紹業務滿一年以上著有信用者

三 在初中以上學校畢業具有職業介紹能力者

四 平素熱心社會公益事業有事實足資證明者

第七條 有左列情形之一者不得經營傭工介紹業務

一 褫奪公權者

二 受破產宣告而未復權者

三 禁治產者

四 吸用鴉片或其他代用品者

第八條 凡介紹傭工僱主得先試用三日經雙方同意定工後傭工介紹所收取介紹費其數額由當地主管官署斟酌當地情形核定之但不得違反下列原則

一 傭工介紹所收取介紹費其數額不得超過傭工第一個月工資之半數

二 介紹費由僱傭雙方平均負担以一次為限

第九條 傭工介紹所除收取前條規定之介紹費外不得收受類似報酬之餽送

第十條 傭工介紹所於介紹傭工得僱後如傭工有盜竊行為致僱主因而蒙受損失時傭工介紹所應負查尋或賠償之責

第十一條 凡無妥保及因劣跡退工之傭工不得為之介紹

第十二條 傭工介紹所歇業時應於七日前呈報主管官署並將許可證呈繳註銷遷移住址時應即日呈報備查

第十三條 凡繼續辦理傭工介紹工作滿二年以上著有成績者得由主管官署呈請社會部予以獎勵或由主管官署直接獎勵之

第十四條 本規則自公佈之日施行

合作事業

中心國民學校協助辦理鄉（鎮）保合作社社員訓練辦法

三十三年十一月七日社會部教育部會同公布

（一）為普遍增進各縣鄉（鎮）保合作社（以下簡稱鄉（鎮）保社）社員合作知識並積極推進國民合作教育起見訂定本辦法

（二）中心國民學校協助辦理鄉（鎮）保社社員訓練事宜除適用教育部頒佈之中等以下學校協助推行地方自治及領導舉辦社會服務事業辦法外悉依照本辦法之規定

（三）縣合作指導機構於每年年度開始前應商同各該縣教育主管單位擬定鄉（鎮）保社社員訓練計劃分飭各校遵辦並呈報省主管機關轉教育社會部查核

（四）各縣縣政府在各中心國民學校辦理合作社社員訓練以前應調訓各校校長教師每校至少二人授以合作課程期限一個月其教材由中央及省合作主管機關供給之

（五）中心國民學校為協助辦理鄉（鎮）保合作社社員訓練應設置專班每班設主任及副主任各一人由各校校長及合作課程教師分別担之

（六）中心國民學校舉辦社員訓練時儘先抽調鄉（鎮）合作社及附近各保合作社社員再依次訓練其他各保合作社社員

（七）中心國民學校合作講習班每日授課兩節每節四十五分每期講習六十節其授課時間之分配由學校酌量決定之每年以辦理兩班為原則

（八）中心國民學校合作講習班每次訓練社員人數參照學校容積及當地社員總數統籌支配之

（九）中心國民學校合作講習班之課程除三民主義及國民常識普通科目外關於合作部份之科目得分為合作概要社務要義業務要義及合作法規等四種講習之

（十）中心國民學校辦理社員訓練應儘量採取勞動服務社員自給及壁報壁畫等方法以引發學生興趣並節省訓練經費

（十一）中心國民學校合作講習班之經費除由有關方面酌予補助外悉由當地各合作社分担之

（十二）中心國民學校合作講習班對受訓期滿考查成績及格之社員應發給證明書

（十三）中心國民學校合作講習班主任副主任及教師對受訓畢業之社員有隨時指導合作社社務及業務之責任

（十四）中心國民學校於每期合作講習班結束後應將訓練社員人數造册呈報縣政府查核縣政府對辦理合作講習著有成績之校長教師並應予以獎勵

（十五）各縣政府應於每年度終了後兩個月內將各中心國民學校協助訓練合作社社員人數列表分報合作及教育主管機關備案

（十六）鄉（鎮）保社應隨時協助學校經營生產事業或義務勞動以增加收益改善教師生活

（十七）鄉（鎮）保社得受學校之委託代辦文具供應廉價物品及其他一切有關學校福利之業務

（十八）鄉（鎮）保社理事會與中心國民學校校務會議商討社員訓練事宜得舉行聯席會議

（十九）各省合作及教育主管機關爲實施本辦法得會訂定施行細則分呈社會部教育部備案

（二十）本辦法自社會部教育部會同公佈之日起施行

人力動員

衛生人員動員實施辦法

三十三年十二月二十八日行政院核准修正

第一條　衛生人員動員實施事宜除法律別有規定外依本辦法行之

第二條　衛生人員動員事宜由軍政部衛生署教育部會商辦理之並由社會部負總合聯繫之責

第三條　本辦法所稱衛生人員包括如左

（一）現行開業之醫師牙醫師藥劑師藥劑生護士產生十以及曾從事或修習有關衛生醫事業務之人員

（二）閑散或改業之醫師牙醫師藥劑師藥劑生護士助產士

（三）公私立醫藥牙護助產院校新畢業學生

第四條　第三條第三款所稱之畢業學生其分配比例如左

醫藥牙護畢業生留原校服務者至多不得超過百分之二十餘額由軍政部按百分之四十五衛生署按百分之三十五分配之

助產畢業生留原校服務者至少不得超過百分之二十餘額概由衛生署徵用

前兩項習校服務之畢業生以應徵論

第五條　第三條第一二兩款之衛生人員其分配比例由徵用機關另定之但屬於軍事徵用者不得少於前兩款之衛生人員全數百分之十五

第六條　第四條分配比例之畢業學生由學校以抽籤或指定方法決定之

第七條　依前條方法決定後學校應造具名冊（附式一）於學生結業前兩個月分送社會部軍政部衛生署教育部各一份其分送軍政部衛生署之名冊並須附畢業生最近二寸半身相片各一張以備貼用

第八條　第三條第一款開業之衛生人員在實施動員時期繳銷開業執照者原地主管官署得於本辦法繼續有效期間不再發開業執照

第九條　現職衛生人員遇國防醫藥事業有需要時亦得依照本辦法之規定徵用之

第十條　衛生人員動員之實施由軍政部衛生署分別填發三聯式衛生人員動員證明書（式另定）除以一聯送社會部備查外一聯由省市政府或學校轉交受動員之人員持往指定機關報到

第十一條　開業改業及閑散之衛生人員年在五十歲以上或有痼疾不堪任事者得免動員

第十二條　受動員之衛生人員如逾期不向指定機關報到者除按照妨害國家總動員懲罰暫行條例懲罰外並依左列各款之一處理之

（一）撤銷執業證照勒令停業

（二）取銷畢業資格

第十三條　各機關團體等不得錄用已受動員之衛生人員違者按照妨害國家總動員懲罰條例辦理

第十四條　受動員之衛生人員其服務年限爲一年必要時得延長之但屬於軍醫學校及軍醫訓練班（及其性質相同者）畢業者其服務年限依陸海空軍官佐服務年限者之規定

第十五條　受動員之衛生人員服務年限以報到服務之日起算服務期內有請假者應扣除計算

第十六條　受動員之衛生人員服務期滿由所在服務機關填具工作考績表（附式二）送軍政部衛生署教育部審查後給予服務期滿證明書並通知社會部及原籍或寄籍之縣市政府查照

服務期滿或在服務期間因病請予退職者應分別呈候教育部軍政部衛生署核准後方得離職並報告社會部

第十七條　受動員之衛生人員在服務期間怠工者視其情節之輕重予以適當懲處或延長其服務年限半年至一年潛逃者除

法令別有處分外依第十二條規定懲處之

第十八條　受動員之衛生人員於服務期滿領有證明書後仍願繼續服務者即轉為現職人員嗣後之請假退職悉照現職人員辦理

第十九條　受動員之衛生人員其任用與待遇同於現職人員

第二十條　受動員之衛生人員自所在地服務機關旅費由徵用機關酌核發給

第二十一條　服務期滿准予辭退時其回籍之旅費由所在服務之機關酌予發給

第二十二條　本辦法自公布日施行

（附表一）名冊

（校名）科三十　年　月第　屆畢業學生名冊　校長　校址

學生姓名	性別	年齡	籍貫	現在所在地詳細地址	決定歸何機關服務或留校服務	備攷
						可填學生自願服務地點

（附表二）衛生人員應征工作成績表

姓名		性別		年齡		籍貫		職
畢業學校						畢業年月	年　月
三十　年　月　日報到服務		扣除請假日期至三十　年　月　日服務期滿一年					
請事假病假	日共計　天						
工作							
操行							
獎懲							

（機關名稱）　（主管長官簽名蓋章）

中華民國　年　月　日

（附）中央一般法規簡表

法規名稱	頒發機關	頒發日期	修正日期	備註
知識青年志願從軍優待辦法	國民政府	十一月十四日		參閱國府公報渝字第七二七號
戰時公務員因公傷病核發醫藥費辦法	國民政府	十一月廿五日		參閱國府公報渝字第七三一號
省參議會組織條例	國民政府	十二月五日		參閱國府公報渝字第七三三號
省參議員選舉條例	國民政府	十二月五日		參閱國府公報渝字第七三三號
中央黨政軍機關業務檢討會議與工作總度考核辦法第五項修正文及報告表式	國民政府		十二月十五日	卅二年十二月五日國防最高委員會修正第五項參閱國府公報渝字第七三六號
修正及制定各機關組織法規內有關主計部份條文四項辦法	行政院		十一月十一日	參閱國府公報渝字第七二七號
雇員支薪考成規則	考試院		十月二日	修正第五條第六條參閱國民政府公報渝字第七一五號
公務員任用法施行細則	考試院		十月二十日	修正第廿條第二項參閱國民政府公報渝字第七二〇號
公務員學術文考課規則	考試院	十一月廿四日		參閱國府公報渝字第七三一號

命令

國民政府令

任命許克黃為社會部勞動局視導。此令。
三十三年十月十八日

任命蔡詰生為社會部勞動局視導。此令。
三十三年十月廿四日

派范 任權理社會部視導職務。此令。
三十三年十一月八日

李幹軍着以社會部參事試用。此令。
三十三年十一月十七日

行政院呈，據社會部部長谷正綱呈，為社會部勞動局視導王永鈞呈請辭職，請免本職，應照准。此令。
三十三年十一月八日

行政院呈，據社會部部長谷正綱呈，請任命吳曙曦為社會部科員，應照准。此令。
三十三年十一月二十三日

任命楊 放為社會部秘書。此令。
三十三年十二月二十日

社會部令

公布令

茲修正社會部瀘縣陪都育幼院收容兒童辦法第九條條文，公布之。此令。
社法字第七四二二三號
三十三年十月六日

茲制定傭工介紹所規則，公布之。此令。
社法字第七四九二〇號
三十三年十月二十四日

茲制定中心國民學校協助辦理鄉（鎮）保合作社社員訓練辦法，公布之。此令。

社法字第七五五四九號　三十三年十一月七日

茲將民國十七年五月二十三日內政部公佈之各地方救濟院規則，廢止之。此令。

社法字第七五七〇三號　三十三年十一月九日

茲制定律師公會章程訂立辦法，公布之。此令。

社字第七七四五四號　三十三年十一月十九日

任免令

本部科員蕭傚鹿，呈請辭職，應予照准。此令。

人字第七四〇二三號　三十三年十月二日

本部科員匡　權，呈請辭職，應予照准。此令。

人字第七四〇二五號　三十三年十月二日

茲委任唐國祥為本部科員。此令。

人字第七四〇四七號　三十三年十月三日

本部勞動局科員賀兆森呈請辭職，應予照准。此令。

人字第七四〇四八號　三十三年十月三日

本部調查員羅　恆逾假不歸，應予免職。此令。

人字第七四〇六九號　三十三年十月三日

茲派陳堯昶為本部指導員，此令。

人字第七四〇八四號　三十三年十月四日

本部代理科員陳堯昶另有任用，應予免職。此令。

人字第七四〇八五號　三十三年十月四日

本部指導員劉之棠呈請辭職，應予照准。此令。

人字第七四一六八號　三十三年十月五日

茲委任陳則釗為本部科員，此令。

人字第七四三三一號　三十三年十月九日

茲委任宋世標為本部科員，此令。
人字第七四三三七號　三十三年十月十一日

茲委任陳德三試署本部勞動局科員。此令。
人字第七四三四〇號　三十三年十月十一日

茲派程伯勳代理本部勞動局科員。此令。
人字第七四五四一號　三十三年十月十六日

本部調查員樓世軍呈請辭職，應予照准。此令
人字第七四五七七號　三十三年十月十六日

茲派李國安代理本部科員。此令。
人字第七四六五二號。　三十三年十月十七日

茲派李希賢代理本部合作事業管理局科員。此令。
人字第七四七三五號　三十三年十月十九日

茲派周光鼎代理本部勞動局科員。此令。
人字第七四七三七號　三十三年十月十九日

本部指導員王雲龍呈請辭職，應照准。此令。
人字第七四七五四號　三十三年十月十九日

茲委任曾希平為本勞動局科員。此令。
人字第七四七五五號　三十三年十月十九日

本部科員胡健民呈請辭職，應予照准。此令。
人字第七四八三〇號　三十三年十月二十日

茲派陸維銓為本部重慶工人福利社主任醫師。此令。
人字第七四九二三號　三十三年十月二十四日

本部指導員蕭敬文呈請辭職，應予照准。此令。
人字第七四九一五號　三十三年十月二十四日

本部勞動局科員冉　佶呈請辭職，應予照准。此令。
三十三年十月二十五日

人字第七五〇〇四號　三十三年十月二十五日

茲派易　斅代理本部合作事業管理局科員。此令。

人字第七五〇〇五號　三十三年十月二十五日

茲派冀希平代理本部荐任科員，除呈荐外。此令。

人字第七五二二七號　三十三年十月三十日

茲派金廣堯代理本部科員。此令。

人字第七五二二八號　三十三年十月三十日

本部合作事業管理局代理辦事員吳光梅另有任用，應予免職。此令。

人字第七五二二九號　三十三年十月三十日

本部內江社會服務處業務組組長吳德林呈請辭職，應予照准。此令。

人字第七五二三一號　三十三年十月三十日

茲派唐　蓴代理本部科員。此令。

人字第七五三五三號　三十三年十一月一日

本部計劃委員程朱溪着毋庸兼任陪都空襲服務總隊部總幹事。此令。

茲派閔劍梅兼任陪都空襲服務總隊部總幹事。此令。

茲派許蔚川爲陪都空襲服務總隊部督慰組組長。此令。

茲派楊道樞爲陪都空襲服務總隊部組訓組組長。此令。

茲派丁宇文爲陪都空襲服務總隊部總務組組長。此令。

本部專員宋訓信着毋庸兼任陪都空襲服務總隊部組訓組組長。此令。

人字第七五三八六號　三十三年十一月一日

本部專員鄒膺昌請辭陪都空襲服務總隊部總務組組長兼職，應予照准。此令。

兼任陪都空襲服務總隊部副總幹事閔劍梅另有任用，應免兼職。此令。

人字第七五四五六號　三十三年十一月三日

代理本部遵義社會服務處總務組組長胡頌翰呈請辭職，應予照准。此令。

茲派姚勳霖代理本部遵義社會服務處總務組組長。此令。

茲委任雷　雄爲本部勞動局科員。此令。
人字第七五五四號
三十三年十一月七日

茲派周敦祜爲本部遺縣育幼院教導組組長。此令。
人字第七五五七號
三十三年十一月七日

茲派張友欽爲本部湘縣育幼院保育組組長。此令。

茲派張思驪爲本部溫縣育幼院衛生組組長。此令。
人字第七五五九號
三十三年十一月七日

茲派陳允祥爲本部重慶職業介紹所業務組組長。此令。
人字第七五五八一號
三十三年十一月七日

茲派徐德瑞爲本部勞動局科員。此令
人字第七五六六五號
三十三年十一月八日

茲委任陳會吾爲本部科員。此令。
人字第七五六六七號
三十三年十一月八日

茲派耿泰鑫、俞增華爲本部統計處調查員。此令。
人字第七五六六八號
三十三年十一月八日

茲派戴乃群爲本部統計處指導員。此令。
人字第七五六七七號
三十三年十一月八日

茲派沙　鷗、蔣志誠、陳焜堃、任　和爲本部調査員。此令。
人字第七五六七八號
三十三年十一月八日

茲派陶祖祿代理本部合作事業管理局科員。此令。
人字第七六〇四一號
三十三年十一月十七日

茲委任陳道良爲本部科員。此令。
人字第七六〇五〇號
三十三年十一月十七日

本部合作事業管理局科員徐正綸另有任用，應予免職。此令。
人字第七六〇五一號
三十三年十一月十七日

代理本部合作事業管理局科員陳奇鑑另有任用，應予免職。此令。
人字第七六〇五四號　三十三年十一月十七日

中華海員會特派員辦事處設計委員劉豁公另有任用，應免本職。此令。
人字第七六一九〇號　三十三年十一月二十日

茲派冷雋兼任中華海員工會特派員辦事處設計委員。此令。
人字第七六一九一號　三十三年十一月二十日

本部統計處調查員何惠君、汪　鄂應予免職。此令。
人字第七六二一八號　三十三年十一月二十一日

茲派馬先茂代理本部合作事業管理局辦事員。此令。
人字第七六二一九號　三十三年十一月二十一日

本部統計處調查員楊天爵、王世才應予免職。此令。
人字第七六二二一號　三十三年十一月二十一日

茲委任吳南愷為本部科員。此令。
人字第七六二二二號　三十三年十一月二十一日

茲派袁延琏代理本部勞動局科員。此令。
人字第七六二八二號　三十三年十一月二十二日

茲派王慶瑞代理本部勞動局科員。此令。
人字第七六二八七號　三十三年十一月二十二日

茲委任黃克寶為本部科員。此令。
人字第七六四七〇號　三十三年十一月二十五日

茲委任白先猷為本部科員。此令。
人字第七六四八二號　三十三年十一月二十五日

茲派楊劍峯為本部調查員。此令。
人字第七六四八六號　三十三年十一月二十五日

茲委任鍾坤榮為本部合作事業管理局科員。此令。

人字第七六四八七號　三十三年十一月二十五日

茲委任王鐵生為本部勞動局科員。此令。

人字第七六四八九號　三十三年十一月二十五日

代理本部合作事業管理局科員鄭永恭呈請辭職，應予照准。此令。

人字第七六五〇三號　三十三年十一月廿五日

本部調查員劉匡一呈請辭職，應予照准。此令。

人字第七六六〇二號　三十三年十一月廿九日

中華海員工會特派員辦事處設計委員陳叔揚呈請辭職，應予照准。此令。

人字第七六六〇四號　三十三年十一月二十九日

本部合作事業管理局辦事員王來薰另有任用，應予免職。此令。

人字第七六六〇五號　三十三年十一月二十九日

代理本部合作事業管理局科員劉繼寬另有任用，應予免職。此令。

人字第七六六〇六號　三十三年十一月二十九日

代理本部合作事業管理局辦事員張紀時、蒲登騤、朱志亮、趙正光另有任用，應予免職。此令。

人字第七六七七六號　三十三年十二月二日

茲委任徐宏吾為本部合作事業管理局科員。此令。

人字第七六八六二號　三十三年十二月六日

茲派林信之代理本部合作事業管理局辦事員。此令。

人字第七六八六四號　三十三年十二月六日

中華海員工會特派員辦事處設計委員程壯着毋庸兼任中文祕書。此令。

人字第七六八六六號　三十三年十二月六日

茲派中華海員工會特派員辦事處設計委員冷雋兼任該會中文祕書。此令。

人字第七六八六七號　三十三年十二月六日

本部陪都育幼院教導組組長陳爾舫呈請辭職，應予照准。此令。

人字第七六八六九號　三十三年十二月六日

茲委任溫光乘爲本部科員。此令。 人字第七六八〇號 三十三年十二月六日

茲委任郎永明爲本部勞動局科員。 人字第七六八七二號 三十三年十二月六日

本部科員靳國文逾假不歸，應予免職。此令。 人字第七七〇三四號 三十三年十二月八日

茲派嚴去非代理本部勞動局科員。此令。 人字第七七〇三六號 三十三年十二月八日

茲委任王棣村爲本部合作事業管理局辦事員。此令。 人字第七七一八二號 三十三年十二月十二日

茲委任王　儀爲本部科員。此令。 人字第七七一八四號 三十三年十二月十二日

茲派馮森峯代理本部蘭州社會服務處職業介紹組組長。此令。 人字第七七一八六號 三十三年十二月十二日

本部勞動局科員伍國華呈請辭職，應予照准。此令。 人字第七七三四五號 三十三年十二月十五日

茲派傅　琪代理本部科員。此令。 人字第七七七〇三號 三十三年十二月十五日

茲派蘇紹眉爲本部調查員。此令。 人字第七七七〇三號 三十三年十二月二十五日

茲派陳正高代理本部合作事業管理局科員。此令。 人字第七七七五一號 三十三年十二月二十七日

茲委任葉永清爲本部科員。此令。 人字第七七七五三號 三十三年十二月二十七日

茲委任李志康爲本部勞動局科員。此令。

茲派張紹三代理本部合作事業管理局科員。此令。 人字第七七八六七號 三十三年十二月二十九日

本部統計處指導員張世玉另有任用，應予免職。此令。 人字第七七八六九號 三十三年十二月二十九日

茲派柯槐青爲本部統計處指導員。此令。 人字第七七八七一號 三十三年十二月二十九日

中華海員工會特派員辦事處設計委員李劍白另有任用，應免本職。此令。 人字第七七八七二號 三十三年十二月二十九日

茲派李雨田爲中華海員工會特派員辦事處設計委員。此令。 人字第七七八七四號 三十三年十二月二十九日

茲派余文郁爲本部調查員。此令。 人字第七七八七五號 三十三年十二月二十九日

茲派陳　榮、王東壽、易佑書、甘與丹、孫德梅代理本部合作事業管理局辦事員。此令。 人字第七七八七六號 三十三年十二月二十九日

茲派柯顯瓊代理本部合作事業管理局科員。此令。 人字第七七九三○號 三十三年十二月二十九日

茲派陳孚雄代理本部勞動局科員。此令。 人字第七七九六八號 三十三年十二月三十日

本部勞動局科員余鑑瑞另有任用，應予免職。此令。 人字第七七九九○號 三十三年十二月三十日

本部科員趙澤壽另有任用，應予免職。此令。 人字第七七九七三號 三十三年十二月三十日

本部勞動局科員柯谷鳴工作不力，應予免職。此令。 人字第七七九七六號 三十三年十二月三十日

人字第七七九七八號 三十三年十二月三十日

茲委任韋[illegible]為本部勞動局科員。此令。

人字第七七九八〇號

三十三年十二月三十日

茲派方金鏞為本部重慶社會服務處副主任。此令。

茲派謝叔程為本部內江社會服務處副主任。此令。

茲派張其清為本部[illegible]社會服務處副主任。此令。

茲派吳世恕為本部遵義社會服務處副主任。此令。

茲派陳雁峯為本部蘭州社會服務處副主任。此令。

茲派張書文為本部重慶市工人福利社副主任。此令。

茲派趙文璞為本部桂林社會服務處副主任。此令。

人字第七八〇二七號

三十三年十二月三十日

公牘

總務類

社會部訓令 人字第七五〇一四號 三十三年十月二十五日

令各省社會處及設社會科之民政廳

本部為明瞭各縣市社會科長情形起見，特製就調查表格式頒發填用。除分令外，合行檢發上項表式，令仰遵照，於文到一個月內，將所屬各縣市現任社會科長調查表依式填送來部，以備查考。嗣後如有異動，併即隨時呈報為要。此令。

附社會科長調查表式一份

省 縣市社會科長調查表

姓名		別號		性別	
籍貫	省 縣市	出生年月		年 月 日	
黨籍		黨證字號			
團籍		團證字號			
薪給	元	到差年月		年 月 日	
學歷					
經歷					
曾否參加中訓團受訓（註明班別期別）					
永久住址		現在住址			
備考					

民國三十 年 月 日 填表人 蓋章

社會部訓令

人字第七七〇八二號 三十三年十二月九日

令本部各附屬機關

案奉

行政院三十三年十二月二十一日義公字第二四四〇五號訓令開：

「奉 國民政府本年七月二十七日渝文字第四四一號訓令開：『據本府文官處簽呈稱：「准國防最高委員會秘書廳三十三年七月十九日國紀字第四五六五六號函開：『准司法行政部本年二月十四日公總字第三六〇號、五月六日公總字第一一一一號暨六月三日公總字第一三七八號函，為公務員住在任所，必須扶養父母配偶子女以外之眷屬等，應否准領食米，請轉陳核示，等由到處，經先後陳奉批交法制財政兩專門委員會審查去後，茲據報告略稱：查我國習慣，親屬範圍較廣，公務員戰時生活補助辦法第四條第二項稱「及其住在任所之眷屬人數……核實配發」一語，原非從嚴規定，而含有准於凡依民法負有扶養之義務者，准其核實配發食米之意。因此，凡公務員之親屬，確在任所同居，合乎民法第一一一四條之規定，而其總數不超過戰時生活補助辦法所限定之食米數額時，即應准予一例核實配發等語，提奉 國防最高委員會第一百四十次常務會議決議，照審查意見通過。除分函外，相應函達，即希查照辦理，並分令遵照。』等由，理合簽請鑒核。」等情，應即照辦。除飭復并分行外，合行令仰遵照，並分別轉飭遵照』等因，除分令外，合行令仰遵照，並轉飭遵照此令」。

等因；奉此，除分令外，合行令仰遵照。此令。

附抄民法第一一一四條條文一紙

三十三年十二月二十五日

第五章 扶養

第一一一四條 左列親屬互負扶養之義務

一、直系血親相互間

二、夫妻之一方與他方之父母同居者其相互間

三、兄弟姊妹相互間

四、家長家屬相互間

組織訓練類

社會部咨 組三字第七五六五三號 三十三年十一月八日

案據四川省社會處三十三年八月社一字第五四一三號未馬代電稱：以直屬中央之職業團體，如第二區製糖工業同業公會等，應否參加事務所在縣市參議員之選舉，法無明文規定，特電請示等情，據此。查依工業同業公會法第六條組織之工業同業公會，既參加事務所所在地商會為會員，其權利義務，自應與其他同業公會視同一律，有參加當地參議員之選舉權，但其代表如非該縣市公民經試驗或檢覈及格者，無被選舉權。除代電飭知四川省社會處外，相應咨請查照並通飭施行為荷。此咨

內政部

社會部咨 組四字第七六四七五號 三十三年十一月二十五日

（案准[illegible]）

貴省政府三十三年十一月一日甲社二組字第四六〇九號咨，略以據貴陽市政府呈，以社會團體理監事任期，擬一定為二年一案，囑查核見復等由；查社會團體為人民志願之結合，與職業團體之強制組織性質不同。各社會團體之職員，任期原無明文規定，自可各依其團體之性質與需要，於章程中訂定之。准咨前由，相應復請查照為荷。此咨

貴州省政府

社會部代電 組六字第七五二一二號 三十三年十月二十八日

（為推進智識青年從軍運動指示工作要點電仰遵照由）

各省市社會處局及設社會科之民政廳：智識青年從軍運動，亟應積極推進，熱烈響應主席之號召，特指示工作要點如下：（一）召集人民團體負責人宣示是項運動之意義及有關法令。（二）各人民團體召集會員，或代表大會，發動會員踴躍從軍，並擇辦家屬安置，歡送，慰問等事宜。（三）工商自由職業團體同業公會，對於失業而及戰區內遷難民，儘量設法鼓勵從軍。（四）指導當地慰勞機構及有關團體，辦理從軍青年食宿，招待，醫藥，娛樂，家屬安置等生活方面之服務，並於入營時及受訓期間，辦理歡送，慰勞工作。除通飭遵照外，特電仰切實遵辦具報為要。社會部組六酉感印。

社會部代電　組一字第七六〇八五號　三十三年十一月十八日

（據電爲擬規定本省各縣鄉鎮公所之副鄉鎮長一律兼任各該鄉農會書記一案電復遵照由）

湖北省社會處：三十三年十月三日施處社二字第二三〇九〇號代電悉。查農業團體書記遴選辦法第五十條規定「書記須以曾經特種訓練合格之人員爲限」，該項副鄉鎮長，如已受過特種訓練，自可指派兼任農會書記，否則不得派兼，特電復仰遵照。社會部組一戌巧印。

社會部代電　組一字第七六一〇一號　三十三年十一月十八日

（[illegible]費用請解釋農會法條文公費含義等情電仰知照由）

陝西省社會處：三十三年十月社二組字第四五二八號代電悉。凡公職人員因其身份，得按定額支給之交際交通等費用，謂之公費，對公務上直接需要，而須特別支用之費用，謂公費，特電仰知照。社會部組一戌巧印。

社會部代電　組二字第七六六三四號　三十三年十一月三十日

（爲修正人民團體職員選舉通則電請查照并轉飭知照由）

各省市政府：查本部三十一年六月十三日公布之「人民團體職員選舉通則」，對於曾任人民團體職員，而因事撤職者，有無再被選舉權一點，未經規定。茲爲貫徹撤職處分之效用，計經將該通則，加以修正，除分電外，相應檢同該通則，電請查照并轉飭知照。社會部二戌（亥）東。

附人民團體職員選舉通則一份（增加條文見注規欄）

社會部代電　組一字第七六七五四號　三十三年十二月一日

（准電據陝西省農會呈報該會成立大會第三次會議決議案請核示一案囑查核等由復請飭遵由）

陝西省政府公鑒：三十三年十月府社二組字第一八六一號代電暨附件敬悉。查農會法僅規定「上下級農會職員，不得互相兼任」，并未限制上下級農會職員不得雙方當選，凡下級農會職員，被選爲上級農會職員時，自可斟酌實際需要任其辭去一方，其遺缺則以其候補者依次遞補，特電復請查照。轉飭遵照爲荷。社會部組一亥東印。

社會部代電　組一字第七六九五二號　三十三年十二月七日

（據電請核示農會法中所稱自耕農及半自耕農涵義又獵人是否可沿漁業照例組織獵會一案電仰遵照由）

四川省社會處：三十三年戌東社視字第六五九一號電悉。查農會法中，所稱之自耕農，係指純粹耕作已有田土之農民而言，半自耕農，係指除耕作已有田土外，尚佃耕一部份他人所有田土之農民而言。又查獵人，通常多有其他恆業，不必許其單組團體，如一地有專能此項工作，而無他業之人，在三十人以上者，可許其組織職業工會，特電仰一併遵照。社會部組一亥陽印。

社會部代電　組一字第七六九七八號　三十三年十二月七日

（據電呈武昌縣墾局墾民兵鄉農會應否享有一般會員之權利請核示一案電仰遵照由）

甘肅省社會處：三十三年十月二十八日社二組三十三函字第四四七三號代電悉。查墾民兵既係一種從事耕墾之人民，自可參加農會組織，并享受一般會員之權利，特電仰遵照。社會部組一亥陽印。

社會部訓令　組二字第七五一三八號　三十三年十二月十二日

令各省市社會處局及設社會科之民政廳
本部直轄機關及團體

案准

行政院本年十一月十四日義玖字第二一七二七號訓令開：「奉　國民政府本年十月六日渝方字五九六號訓令開：「查民國十九年六月六日本府頒佈之工會法施行法，現經明令廢止，及所通行飭知，除分行外，合行令仰知照并轉飭知照」，等因奉此，除分令外，合行令仰知照并轉飭所屬一體知照此令」。

等因，奉此。除分令外，合行令仰知照并轉飭知照。此令。

社會部訓令　組一字第七五六五一號　三十三年十二月八日

令各省市社會處局及設社會科之民政廳

查各地農會組織普徧發達，而業務[illegible]普遍開展，為期發揮農會效用，奠立農村建設基礎起見，亟應商請有關機關，

社會部公署、省公署機

積極推進農會目的事業，以資救濟，茲規定進行要點如次：

一、各省市社政機關及縣市政府，應約集農會目的事業主管官署，及其他有關機關團體學校，舉行農會工作會報。

二、農會工作會報，除研討如何推進農會一般工作及業務外，並應以如何實施「加強農會基層組織及業務辦法」，為主要事項。

三、農會工作會報簡則，應約集有關機關先行擬訂，并訂頒一般縣市農會工作會報準則，其內容均可參酌甘肅省農會工作簡則辦理，并應報部備查。

除分令外，合行抄發甘肅省農會工作會報簡則一份，令仰遵照迅辦具報為要。此令。

附甘肅省農會工作會報簡則一份

(附)甘肅省農會工作會報簡則

(一)本省為求農會工作密切聯繫，配合農業金融及農業技術等機關加強推進起見，特訂定本簡則。

(二)會報出席人員依左列之規定：

一、甘肅省黨部。
二、甘肅省建設廳。
三、甘肅省社會處。
四、合作事業管理處。
五、農民銀行。
六、農業改進所。
七、農業學校。
八、西北技藝專科學校。
九、花紗布管制局。
十、甘肅省農會。
十一、省會所在地縣市政府。
十二、田糧處。

十三、羊毛改進處。
十四、水利林牧公司。
十五、獸疫防治處。
十六、民政廳。
十七、教育廳。
十八、其他有關農會工作機關。

(三)會報應商討之事項如左：

一、關於農會工作進行之設計事項。
二、關於有關機關對農會工作進行聯繫事項。
三、關於農會工作之配合事項。
四、關於農會工作之推進事項。
五、關於農會法第四條所規定各項工作之協助及指導事項。
六、其他有關農會事項。

(四)會報以每月舉行一次為原則，由甘肅省社會處召集，並以社會處長為主席，必要時得舉行臨時會報。會報紀錄應於一星期內，由主席負責整理，除分送各參加機關一份外，並應分呈社會，農林兩部查核。

(五)會報決定事項，如按其性質通知各有關機關辦理，如須聯合舉辦時，其所需經費，斟酌分攤，如對上級有所建議或請示時，應按其性質，由參加機關專案呈請辦理。

(六)會報不設機關，不對外行文，不列經費。

(七)本簡則由甘肅省政府核定施行，並分咨社會，農林兩部備案修正時間。

社會部訓令

組六字第七六三〇八號　三十三年十一月二十二日

令各省市社會處及設局社會科科民政廳

案據全國慰勞抗戰將士委員會總會，三十三年十一月二日慰總(卅三)發武字第七〇四三號呈稱：[illegible]

「查本會為加強各省市勞慰將士及服務新兵運動，以期適應將士及新兵之各項需要起見，謹擬具本會加強各省市分會工作辦法要點一份，除分電各省市慰勞分會切實辦理外，理合備文賚呈鑒核備查，井乞　通飭各省社會行政機關督導推行，以利工作，無任感禱」。等情，附加强各省市分會工作辦法要點一份，經核當屬可行，除指揮外，合行抄發原辦法要點，令仰遵照飭屬辦理爲要。

此令。

三十三年十一月二十二日

附抄發全國慰勞總會加强各省市分會工作辦法要點一份。

全國慰勞總會加强各省市分會工作辦法要點

甲、距戰區較遠之後方各省市分會，以下列各項爲經常中心工作：

一、慰勞及服務新兵；

1. 募集慰勞品（適合實際需要者）贈送新兵。
2. 舉行新兵歡送會，以種種活潑生動之方式，鼓勵壯丁從軍情緒。
3. 徵求當地熱心人士組成服務隊，經常爲新兵服務，（如代寫書信、醫藥、救護、洗補衣服，代辦委託事項）。
4. 舉行其他適合新兵實際需要之服務事項。

二、慰勞及服務抗戰軍人家屬，（包括榮軍家屬及抗戰殉職遺族）

1. 調查當地抗屬及製發抗屬榮譽證。
2. 發動當地醫藥界，對貧苦抗屬義診贈藥。
3. 發動當地律師，爲抗屬義務辦理訴訟案件。
4. 抗屬之定期慰勞與災難救助。
5. 輔助抗戰軍人子女就學，並代向學校申請免費事宜。
6. 徵募書籍文具贈送入學抗屬子女。
7. 勸設抗屬子女識字班或補習夜校。
8. 辦理貧苦死亡抗屬，徵募棺木及埋葬事宜。
9. 發動爲抗屬寫書信事宜。
10. 協助政府辦理優待抗屬事宜。
11. 介紹抗屬職業事宜。

12其他有關抗屬服務及抗屬福利事項之推進。

乙、距戰區鄰近及戰區各省市分會，除斟酌情形辦理慰勞及服務新兵與抗屬工作外，並以下列各項為經常中心工作：

一、慰勞與服務過境及駐防部隊；

1.募集慰勞品贈送（如食品包括菜蔬及用品等。

2.協助軍民合作事宜。

3.舉辦各種服務事項（如醫藥救護等）。

4.代辦部隊或戰士委托事項。

二、慰勞與服務過境及常駐榮譽軍人；

1.募集慰勞品贈送。

2.辦理過境榮譽軍人招待事宜。

3.斟酌情形，設置榮軍臨時招待處所。

4.適增榮軍醫藥服務事宜。

5.舉辦其他適合榮軍實際需要之服務事項，俾使榮軍在精神上得到安慰及身上減輕痛苦。

丙、本會臨時通函辦理之工作，以及全國慰勞軍獻金運動之推行。

丁、附則：各省市分會，對於各項工作，須斟酌實際需要，分先後緩急次第舉辦，並須邀請當地有關機關團體，共策進行。

社會部訓令　組四字第七七七二二號　三十三年十二月二十六日

令各省市社會處局及設社會科之民政廳

案　奉

行政院本年十一月九日義玖字第二三四八九號訓令開：

「奉　國民政府本年十月三十一日渝文字六四〇號訓令開：「查教育會法現經修正明令公布，並函通飭施行，除分行外，合行抄發該法，令仰知照，并轉飭所屬一體知照，」等因，奉此，除分令外，合行抄發該法，令仰知照，并轉飭所屬一體知照，此令。」

等因，奉此。除分令外，合行檢發該法，令仰知照，并轉飭所屬知照。此令。

附抄發修正教育會法一份（見法規欄）

社會部指令　組四字第七五五〇五號　三十三年十一月七日

令隆昌縣中醫師公會

呈乙件：為呈請核示醫師公會會員領有中醫證書與未領醫師證書者，組織公會與競選參議員，有無區別由。

呈悉。查醫師法之規定：中醫師應具有前法第一或第三條之資格，領有衛生署發給之證書，並向所在地縣市政府請領開業執照，加入當地醫師公會為會員。其未領有證書之醫師，自不能為醫師公會之發起人，亦不得為該會之組成份子。惟在醫師考試未實行及醫師證照未普遍舉辦以前，凡具有前法檢覈資格之一者，仍可為該會之發起人，或組成份子。醫師律師參加縣參議員選舉，自應依照參議員選舉條例第十一條之規定辦理，自由職業團體分配有參議員名額一名以上時，適用同法第十三條第六款之規定，惟職業團體參議員名額不足分配時，始適用第十條後半段之規定，合各單位職團會員名額比例定初選人名額，但應以會員最少之職團，亦得有初選人二名為標準，仰即知照。此令。

社會部指令　組三字第七六九二七號　三十三年十二月七日

令重慶市社會局

三十三年十一月八日社三商字第四六九二號呈一件：為商業同業公會法第二十一條第二款之規定，請予釋疑由。

呈悉。查常務理監事及理事長，係由理監事會選出，亦係分別向理監事會負責，故其辭去常務理監事，或理事長，而保有理監事職務時，可毋庸經會員大會議決。據呈前情，合行令仰知照此令。

社會福利類

二

社會部呈　福六字第七七七五二號　三十三年十二月二十七日

（為令擬具湖北省難童就業疏散辦法案呈復鑒核轉飭遵照由）

案奉

鈞院三十三年十一月十四日仁壽字第二〇七〇六號訓令，以選准湖北省政府電，請撥發各難童教養院所經費三十二年度三百萬元，三十三年度三百五十萬元，經核准三十二年度追加二百三十萬元，三十三年度准增列一百六十九萬元外，關於該省難童如何就業疏散，仍有訂定辦法之必要，飭會同振濟委員會擬具詳細辦法呈核。等因。奉此。正遵辦間，復奉鈞院本年六月七日義嘉字第一二七二五號訓令，以湖北省收容難童達一千餘名，所需經費為數極鉅，亟有疏散之必要，飭迅即遵照前令擬具辦法呈核，等因；遵經擬具處理辦法四項如左：

（一）該省收容之難童，其扶養義務人具有扶養能力時，應由各院負責查明限令領回。

（二）該省留養之難童，如有人願收養為子女者，擬飭依照社會救濟法第二十一條及參照本部直轄育嬰育幼機關領養童嬰辦法之規定核予給領，其年齡已在十四歲以上者，擬飭暫照難童習藝辦法之規定辦理，並應呈報本部備查。

（三）奮寬籌保育經費以宏救濟，前奉鈞院三十二年一月七日仁玖字第四四一號訓令附動十中全會決議案原則辦法表暨決定辦法四項：「一、就現有設施妥為整理，其組織趨於健全，內容切於充實。二、就已核定之經費，妥為統籌分配。三、就原有之人產，切實整理以增加其收益。四、推動各級社會人士，踴躍捐助，以預鉅資」。等因，當經本部於上年三月十五日以福六字第四二七三三號訓令通飭各省市社政機關遵照辦理各在案。現該省難童教養院經費既感困難，擬飭遵照前項規定辦理。

（四）該省難童教養院，擬飭依照社會救濟法之規定一律改稱育幼院，以符法制。

奉令前因，理合擬具處理辦法，並檢附本部直轄育嬰育幼機關領養童嬰辦法一份，呈請鑒核，俾飭遵照實為公便。

謹呈

行政院

附呈本部直轄育嬰育幼機關領養童嬰辦法一份（略）

註：本案奉行政院三十四年一月十五日平壹字第八九三號指令：「呈件均悉。核屬可行，准予照辦。除分令外，仰即知照」。

內政部
社會部　谷正綱　福五字第七五七〇二號　三十三年十一月九日

查社會救濟法施行細則，救濟院規程，管理私立救濟設施規則，業經擬訂並呈奉行政院核准公布通飭施行。所有本內政部民國十七年五月二十三日公布之各地方救濟院規則，應即失效，除會令廢止，並分咨外，相應咨請

查照轉飭知照為荷。此咨

各省市政府

社會部代電

福五字第七四八六字號　卅三年十月廿一日

（據會理縣社會救濟事業協會電請轉咨減免各慈善團體土地賦稅一案電轉飭照由）

西康省民政廳：據會理縣社會救濟事業協會會字第一號未寒代電，請轉咨財政糧食兩部，依照減免土地賦稅法，減免全國各慈善團體土地賦稅，以宏救濟效率等情。查此案前准重慶市政府以同由函囑核辦過部，經呈奉行政院指示辦法二項如下：（一）慈善團體自身用地准予依法免稅，（二）慈善團體有收益之產業，以減稅為原則。但應由社會財政兩部地政署暨重慶市政府會同擬訂慈善團體管理與攷核辦法呈院核定，再按戰時征收土地稅條例第廿九條規定分別辦理。除慈善團體之管理辦訂「管理私立救濟設施規則」由院令公布外，關於攷核部份，現正遵令會擬辦法，一俟呈院核定，再行飭知。據電前情，合行電仰轉飭知照。社會部福五酉馬印。

社會部代電

福二字第七八〇四〇號　三十三年十二月三十日

（總電請解釋創立多年之礦場其資本總額因隨物價增高福利金如何提撥乞示遵等情電仰知照由）

福建省社會處：三十三年八月其未艷處社丙永字第七九二二七號代電悉。查工廠礦場或其他企業組織，在職工福利金條例施行前創立，或中途另增資本者，得不適用該條例第二條第一項第一款，就資本總額提撥福利金之規定；但其創立或中途增加資本在該條例施行以後者，應適用之。原條文所稱創立，係指工廠礦場或其他企業組織而言，仰即知照。社會部福二亥陷印。

社會部訓令

福三字第七四三〇九號　三十三年十月七日

令各省市社會處局及設社會科之民政廳
　本部直屬社會服務處

查第一次全國社會行政會議關於「請規定通俗宣傳為各地社會服務處主要業務之一」一案，議決通俗宣傳辦法四點如后：

一、通俗宣傳列為社會服務主要業務之一，并予按期考績之對象。

二、社會服務處所設書報室內，應儘量傳購通俗書刊圖表，分別陳列，以供民眾閱覽。

三、社會服務處，應儘量利用房屋，供給縣市宣傳隊作通俗宣傳之用，并與縣市黨部取得聯繫。

四、其餘關於通俗宣傳各事項，可參照中宣傳部製定之各省市縣黨部三十一年度推進通俗宣傳實施綱要辦理。

以上四點，經核尚屬可行，除分令外，合行抄發各省市縣黨部三十一年度推進通俗宣傳實施綱要一份，令仰遵照并轉飭遵照為要。此令。

附抄發各省市縣黨部三十一年度推進通俗宣傳施綱要（略）

社會部訓令

總一字第七四九二號　三十三年十月廿四日

令各省市社會處局及設社會科之民政廳
本部各附屬機關

本部為提高傭工介紹效能，增進傭工福利起見，特制定傭工介紹所規則。除明令公布並分行外，合行抄發上項規則，令仰知照并飭屬知照。此令。

附抄發傭工介紹所規則一份（見法規欄）

社會部訓令

福五字第七六三二三號　三十三年十一月二十三日

令各省市社會處局及設社會科之民政廳
本部直屬各救濟機關

案奉

行政院三十三年九月五日義玖字第一八八七二號訓令開：

「查社會救濟法施行細則，救濟院規程，管理私立救濟設施規則，業經由院制定公布，應即通飭施行，除呈報備案暨分令外，合行抄發各該法令仰知照並轉飭所屬一體知照。此令。」

等因，附抄發各該件；奉此。查以上三種法規對於推進救濟事業管理救濟設施關係至鉅，亟應切實進行。茲特依照社會救濟法施行細則第二條，管理私立救濟設施規則第廿六條之規定，分別製定受救濟人申請書，私立救濟設施呈請立案書表，暨立案證書格式，附令頒發，並指示注意事項如次：

一、各省市社會行政機關，對於原有救濟設施之名稱，應依法整理，以資劃一，並限期辦理立案手續，督促擴充救濟業務，改善救養方法。

二、各省（市）縣（市）尚無救濟院所者，應視實際需要及經濟狀況，分別籌設，由該處局科呈報本部備案。此項院所之籌設，應發動社會力量協助辦理，期得迅速完成。

三、各救濟設施之工作計劃，經費預算，工作報告，收支計算，應依社會救濟法施行細則第七條及管理私立救濟設施

第九條之規定，按期呈報，並考核其人事，調查其財產，嚴密視察分別獎懲。

以上各項，除分令外，合行抄發社會救濟法施行細則，救濟院規程及管理私立救濟設施規則，受救濟人申請書，私立救濟設施呈請立案調查表，立案證書等件，令仰遵照，並轉飭所屬一體遵照，於本年內將遵辦情形具報備核。又救濟院規程第九條規定之救濟院基金管理委員會組織規則，及第十九條規定之傭養育嬰，及逾齡兒童出所辦法，俟另令頒發，合併飭知。此令。

一、計抄發社會救濟法施行細則救濟院規程管理私立救濟設施規則（見本部公報第十五期法規欄）及受救濟人申請書私立救濟設施立案呈請書表立案證書各一份（附）

受救濟人申請書

請受救濟人	
姓名	
性別	
年齡	
籍貫	
住址 現在	
住址 永久	
簡歷	
家庭狀況	
請求原因	
請求目的	
申請人	
姓名	
性別	
年齡	
籍貫	
職業	
住址 現在	
住址 永久	
與請受救濟人之關係	
申請人簽名蓋章	
中華民國　年　月　日　具	
批示	
調查意見	

（請受救濟人自行申請者申請人各欄無庸塡寫仍須簽名蓋章）

私立救濟設施呈請立案書表

呈請立案之私立救濟設施除依式備文並填報各種表冊外應將有關組織管理及各項實施之規則與房屋平面圖連同資產證件一併呈報所有各項規章等應具備三份依法呈由主管官署存轉

（呈請立案書式）

事由：為擬立 依法備具各種表册證件呈請立案

竊查 等擬設 辦理 事業前呈奉

鈞 許可，設立 現已 完竣組織成立理合依法備具各種圖表章連同資產證件呈請

鑒核准予立案並發給證書以利進行實為公便

謹呈

計呈賚概況表三份

董事略歷表三份

職員一覽表三份

資產目錄表三份

組織章程三份

其他有關規章各三份

房屋平面圖三份

資產證件 件

呈請人 （簽名蓋章）

中華民國 年 月 日

概況表（私立救濟設施立案表册之一）

救濟設施名稱	
設立地點	
院所房屋	
經費概況	
救濟設施種類及收容人數	
行政組織	
設備概況	
備註	

說明

一、救濟設施名稱應塡寫全銜不可省略

二、院所房屋係指院所本身所用之房屋而言應註明面積及房屋種類與間數（如工場一宿舍二飯廳一）

三、經費概況除分別註明來源及數量外並應註明孳息及每年支出預算數

四、救濟實施種類及收容人數應分項詳細塡載（如安老所二十人育嬰所二十人共四十人）

董事略歷表（私立救濟設施立案表之二）

職別	姓名	別號	性別	年齡	籍貫	略歷	住所或通訊處	備註

職員一覽表（私立救濟設施立案表冊之三）

職務	姓名	別號	性別	年齡	籍貫	略歷	月支薪俸	備註

資產目錄表（私立救濟設施立案表冊之四）

種類	數量	來源	所在地	估值	每年孳息	備註

全部財產折合國幣總數——元

每年孳息折合國幣總數——元

←50公分→

←40公分→

立案證書存根

茲據（私立救濟設施名稱）董事長（董事長姓名）
呈請立案經審查結果尚無不合除准予立案並發給
第　　號證書外存根備查
中華民國　　年　　月　　日

立案證書第　　　號

印

黨旗

總理遺像

國旗

立案證書

茲據（私立救濟設施名稱）董事長
（董事長姓名）依法呈請立案經審
查結果尚無不合應准立案此證

（主管官署長官
署名並蓋章）

中華民國　　年　　月　　日

印

請合函明。

合作事業類

社會部 教育部咨 總一第七五五五一號 三十三年十一月七日

查本部等為增進合作社社員合作智識，推進國民合作教育起見，特制定中心國民學校協助辦理鄉（鎮）保合作社社員訓練辦法，除會銜公布並分行外，相應抄送上項辦法一份，咨請查照，並轉飭所屬遵照辦理為荷。此咨

各省市政府

附送中心國民學校協助辦理鄉（鎮）保合作社員訓練辦法一份（見法規欄）

社會部代咨 合四字第七五六八九號（三十三年十一月八日二十六日

重慶市政府

准廣西省政府本年九月二十三日建合字第一二一二號公函開：

「案據田東縣政府本年八月廿日建合字第五八五號代電，以准該縣鹽務支局本年六月運（三三）字第六四號江代電，以奉鹽務總局電，略以合作社承銷食鹽業務，按原報社員人數核定其承銷月額一案，關於合作社業務區域以內，所有非社員及其他流動商人，辦理食鹽公店，是否合法，請核示等情。查鹽專賣暫行條例第二九條：「食鹽之配銷，以按人口計算為原則，必要時得由政府限定憑證計口授鹽」。及財政部公佈之銷鹽規則第九條：「各區鹽專賣機關，對於各地承銷鹽之合作社，或商人家數，得視各地之需要及銷量，並就管理上之便利規定之」。第十條「依法組織之合作社或商人，申請承辦銷鹽業務，而遇所請之營業區域內承銷家數足額，或應限制時，該管鹽專賣機關，准先予登記，遇有缺額時，依次遞補」。第十三條「承銷鹽之合作社，應以各社之業務區域為範圍，并應於社內另設專部理辦之」。暨新縣制各級合作社組織大綱規定：「每戶須有一戶主加入村街合作社為社員」等條文之規定，是各合作社承銷之鹽額，當以其業務區域內之人口為根據。但同一業務區域，或同一業務區域內，可否同時設立數家公賣店，如可設立，其區域如何劃分，鹽額如何配銷，法無明文規定，究應如何辦理，除指復外，相應函請 查照見復，以便飭遵」、等由；准此。查合作社之銷鹽業務，依照法令之規定，在供給社員之需要，如在合作社業務區域內之戶，業已全部加入合作社為社員，自承銷其業務區域內之全部額鹽，如尚有未加入合作社之戶口，而無其他商人開設之食鹽公賣店，依照消費

合作推進辦法之規定，可先徵求為預備社員，而供給其所需鹽額。至在同一業務區域內，倘於合作社外，倘有他食鹽公賣店，則該店應承銷之鹽額，自應除合作社承銷者外，由該管鹽專賣機關核定之。准函前由，除咨復外，相應咨請查照，為荷。此咨

財政部

社會部咨　合二字第七六〇二五號（三十三年十二月十六日）

案奉

貴市政府三十三年十月二十五日市秘壹字第一〇八九號咨：略以據社會局呈請核示沙坪壩消費合作社，辦理社員委託買賣委託業務，應否再為特種營業登記一案，囑查照見復等由，附抄送消費合作社兼營公用業務辦法一份；准此。查依法登記之合作社經營業務，依照合作社法施行細則第十條，合作社業務不受任何規定之限制之規定。該沙坪壩消費合作社，辦理社員委託買賣委託業務，既純以社員為售貨對象，與普通委託拍賣商行性質迥異，自無再為特種營業登記之必要。至來咨所送重慶市消費合作社兼營公用業務辦法，經核尚合，應予備查。准咨前由，相應咨復查照並轉飭知照為荷。此咨

重慶市政府

社會部代電　合四字第七七五三六號（三十三年十二月二十六日）

（准電以合作社承銷食鹽月額應否將合作社社員眷屬所需鹽數併計算在內囑解釋一案電復查照由）

財政部公鑒：本年十二月渝鹽銷字第一一六號支代電敬悉。查鄉鎮保社之社員，依縣各級合作社組織大綱之規定，為一戶之戶長，其承銷食鹽之額鹽，自應包括社員及其家屬之需要。至關於各機關法團之消費合作社，依本部公布之消費合作推進辦法第三條，及三十一年一月呈奉行政院核准修正陪都及遷建區各機關消費合作社推進辦法第七第十一條，與三十年三月二十五日呈奉行政院核定之陪都及遷建區普設消費合作社代銷平價物資辦法第三第四第五條之規定，合作社對其社員日用必需品之供應，均包括社員及其眷屬。在非戰時期，且曾奉　委座令：各機關與住戶，所需日用必需品應普設消費合作社負責供應，機關合作社承銷食鹽，自亦應包括社員及其眷屬之需要，但中央公教人員，現已經決定每人每月發給食鹽四斤，則中央各機關消費合作社承銷食鹽，自應減去此項已發之鹽額。准電前由，相應電復查照，為荷。社會部合四印。

社會部訓令　合二字第七五九六二號　三十三年十一月四日

令各省市合作主管機關

據雲南省合作事業管理處本年九月十六日合一字第二〇〇九號呈，略以據雲南省合作社物品供銷處呈請核示合作社物品供銷處，應否免納營業稅一案，轉請解釋等情，據此，茲准本年十月二十七日財政部渝營字第七六六四六號公函略開：「查合作社物品供銷處，如純由政府或各級合作社出資經營，并無商股參加，且依法經營業務及經所在地主管機關登記，并呈請征收機關查明屬實者，准予免課營業稅，准咨前由，除令飭雲南稅務管理局查明核辦外，相應函請查照轉飭為荷。」等由，准此，除指令并分行外，合行令仰知照并轉飭知照。此令。

社會部指令　合二字第七四六七四號　三十三年十月十七日

令貴州省合作事業管理處

三十三年九月七日合指三十字第〇九〇四號呈乙件：為准貴州鹽務管理局電，以合作社承銷食鹽應加入鹽業銷商辦事處一案，請核示由。

呈悉。查合作社經營食鹽消費業務，依照合作社法施行細則第十條之規定：合作社業務不受任何行規之限制，自無庸加入鹽業銷商辦事處，又銷鹽規則第四條，雖規定合作社經營食鹽消費業務者，稱為食鹽公賣店，祇可辦承銷手續及經營業務，與其他銷鹽商人兼相異之處，但對於合作社之本質並無影響，仍可不必加入鹽業銷商辦事處，仰即知照。此令。

社會部指令　合二字第七六六六九號　三十三年十一月三十日

令陝西省合作事業管理處

三十三年十月二十七日社管字第二八五九號呈一件：為奉發甄別合作社辦法復請核示由。

呈悉。查依照甄別合作社辦法第六項規定：所甄別不及格各社，經整理或改組後再甄結果，自應報部備查，仰即知照。此令。

仰令。

人力動員類

社會部咨　勞字第七四四〇三號　三十三年十月十一日

案準

行政院卅三年九月十九日義玖字第一九九〇八號訓令開：「教職員學生義務勞動實施辦法，業經本院制定公布，應即通飭施行」。等因；相應檢同該項辦法一份，咨請查照，轉飭所屬一體遵照爲荷。此咨

各省市政府

附教職員學生義務勞動實施辦法一份（見十五期公報法規欄）

社會部代電　勞字第七五二二五號　三十三年十月三十日

（爲縣市勞動服務團服務規則應由各省市自擬送部備案電請查照由）

各省政府鑒：據淮江西省政府電詢國民義務勞動服務團服務規則，是否由部訂發，等由到部。查此項規則，應由各省市斟酌地方情形，自行擬定送部備案。除電復外，相應電請查照爲荷。社會部酉陷義之印。

社會部代電　勞字第七六五〇九號　三十三年十一月二十五日

（據電請示本年度各縣市推行義務勞動經費未及列入預算籌措爲難可否將所繳納僱人代役之工價撥充該項經費一案電仰知照由）

浙江省社會處：酉西儉家電悉。國民義務勞動法第十四條暨施行細則第十條規定：所繳納之工價，係供僱人代役之用，如有餘款，自可撥充推行義務勞動經費，仰即知照。社會部勞義二戌敬印。

社會部令　勞字第七五〇七四號　三十三年十月二十六日

令四川陝西甘肅雲南貴州省社會處
　重慶市社會局

查自最近戰事發生以來，各鄰近戰區，被迫停工或向內地遷移廠礦之多數技術員工失業情形，亟待明瞭。茲依照戰時

全國技術員工管制條例第九條之規定，擇定川陝甘黔滇渝等省市，舉辦失業技術員工調查登記，以便統籌救濟，除行分外，合行檢發技術員工調查登記表或暨人力登記須知各一，令仰迅即就地公告實施，填具技術員工調查登記表第一五欄，按月彙報本部勞動員核辦，仍將辦理情形先行具報為要。此令。

附技術員工調查登記表式一份人力登記須知一份（見十五期公報）

附錄

社會部核准備案之直轄社會團體一覽表

三十三年十月至十二月

一、核准組織之直轄社會團體

團體名稱	核准日期	主要負責人	會員數	備註
中國滑翔學會	十一月一日	蘇紹誠		
中國文化經濟建設協會	十一月二日	江旭莊		
民族素質改進會	十一月五日	張君俊		
中國社會建設協會	十一月五日	丁文安		
中國社會建設研究會	[illegible]	柯象峯		
地方建設研究會	十一月二十九日	鄭彥棻		
閩台建設協進會	十二月十六日	王泉笙		
現在中國建設學會	十二月十八日	劉炳藜		
北方實業協進會	十二月十九日	劉[illegible]		
中國兒童健康協會	十二月二十一日	熊[illegible]		
南洋經濟協進會	十二月二十一日	周啓剛		

二、核准改選之直轄社會團體

團體名稱	核准日期	主要負責人	會員數	備註
中國運輸學會	十月	金士宣		

中國農業推廣協會	十月	毛雝		
中國科學社	十一月三日	任鴻雋		
華僑勵志會	十一月	林慶年		
中國合作學社	十二月	陳果夫		
中國邊疆問題研究會	十二月二十五日	朱元懋		
中法比瑞文化協會	十二月二十九日	毛慶祥		
中法比瑞同學會	十二月二十九日	毛慶祥		

三、核准改組之直轄社會團體

團體名稱	核准期日	主要負責人	會員數	備註
中國農學會	十月	鄒秉文		
中韓文化協會	十一月	孫科		
中國國際聯盟同志會	十一月五日	朱家驊		
中華學藝社	十二月	何炳松		

社會部核准備案人民團體動態統計表 三十三年十月至十二月

團體類別	組織			改選			改組			整理		
	團體數	會員數	團體會員數	團體數	會員數	團體會員數	團體數	會員數	團體會員數	團體數	會員數	團體會員數
總計	914	233,032	986	177	31,014	178	219	49,143	207	24	3,977	117
職業團體	897	218,239	793	159	25,651	164	211	77,427	193	21	3,643	117
農會	520	195,207	493	60	9,115	25	104	70,910	23	4	1,438	117
漁會	1	562	—	1	650	—	1	85	—	1	215	—
工會	55	7,419	79	39	18,340	29	1	58	—	1	412	—
工商業團體	62	2,134	57	81	4,930	75	89	6,734	101	14	1,328	—
自由職業團體	214	12,811	164	13	967	—	12	639	59	1	33	—
社會團體	122	15,792	193	18	5372	14	29	1,716	14	3	281	—

說明 1. 資料來源：根據本部統計處十月份至十二月份人民團體動態統計彙編

2. 上表所列「會員」除工商業團體為公司行號外，餘均為個人

捐資興辦社會福利事業受獎人請表

姓名	性別	年齡	籍貫	略歷	捐資數額	興辦事業	褒獎方法	給予機關	備註
王玉崗	男	三七	四川大邑	西康省立救濟院籌備委員	二十萬元	捐助該省救濟院建築費	匾額題字一方	國民政府	呈奉國民政府渝文字第一二七二號指令准予頒給
唐維賢	男	三八	四川長寧	長寧縣銅鑼鄉鄉長	三萬一千伍百元	社會福利	銀質獎章一枚	社會部	呈奉行政院義玖字第二五〇四三號指令核准
魏澄波	男	四一	四川合江	合江縣慈幼工廠廠長	三十萬元	捐助合江慈幼教養工廠基金	匾額題字一份	國民政府	呈奉國民政府渝文字第一五二一號指令准予頒給

社會部公報 第十六期

中華民國三十三年十二月出版

編輯兼發行者 社會部總務司

訂購辦法

期限	冊數	價目	郵費
三月	一	五元	三角
半年	二	一〇元	六角
全年	四	二〇元	一元二角

附註：本報掛號及寄往國外郵費照加

社會部設立

社會服務處

重慶　貴陽　蘭州　內江　遵義

現有業務

宗旨——發揚服務精神　改善社會生活　促進社會事業　溝通社會文化

生活服務——社會食堂　社會公寓　理髮室　淋浴室　旅居嚮導　代運行李

人事服務——升學輔導　職業介紹　法律顧問　衛生顧問　人事諮詢　寄物存放　傳件留轉　代售郵票　代收電報　讀寫書信　公用電話

文化服務——圖書館　社交會堂　學術講演會　坐談會　民衆學校　書報供應　娛樂室　兒童樂園　體育場　診療所

經濟服務——小本貸款

處址：

重慶社會服務處　重慶兩路口　都郵街　海棠溪（分處）

貴陽社會服務處　貴陽大西門

蘭州社會服務處　蘭州勵志路西花園

內江社會服務處　內江交通路

遵義社會服務處　遵義老城

社會部總務司　編

社會部公報

第十七期

重慶：中華民國社會部總務司，民國三十四年（1945）鉛印本

中華郵政登記認爲第一類新聞紙類

中華民國三十四年一月至三月　第十七期

社會部公報

社會部總務司編印

國父遺像

革命尚未成功

同志仍須努力

國父遺囑

余致力國民革命，凡四十年，其目的在求中國之自由平等，積四十年之經驗，深知欲達到此目的，必須喚起民衆，及聯合世界上以平等待我之民族，共同奮鬥！現在革命尚未成功，凡我同志，務須依照余所著：建國方略，建國大綱，三民主義，及第一次全國代表大會宣言，繼續努力，以求貫澈！最近主張開國民會議，及廢除不平等條約，尤須於最短期間，促其實現！是所至囑。

社會部公報　第十七期目錄

法規附方案

一般行政

組織訓練

社會福利

合作事業

人力動員

組織訓練類

社會部咨一件 …… 三七

組四字第一〇五四九八號 咨 貴州省政府 准咨以學生可否參加人民團體組織當選爲理監事囑查核咨復查照由

組三字第一〇三三七三號 公函 軍事委員會戰時運輸管理局 爲咨准組織中華民國汽車商業同業公會聯合會一案函請查照由

社會部代電五件 …… 三九

組一字第一〇一二〇四號 電 各省社會處及設社會科之民政廳 爲令飭勸各級農會運銷農貸機關請求貸款並應將歷年度農會貸款詳情查明列表彙報電仰遵照辦理由

組一字第一〇一七七六號 電 各省市社會處局及設社會科之民政廳 爲訂定卅四年度各種職業團體中心工作電仰飭遵由

社組字第一〇二八四五號 電 各省市社會處局及設社會科之民政廳 爲規定本年組訓重要工作電飭督促辦理具報由

組三字第一〇二〇九七號 電 四川省社會處 據請示鹽業工會有無參加議員選舉權一案電復遵照由

組一字第一〇二四二八號 電 各省市社會處局及設社會科之民政廳 茲規定職業團體強制入會數字彙報時期并制定彙報表式一種電仰遵照由

社會部訓令九件 …… 四一

組三字第一〇〇六四三號 令 各省市社會處局及設社會科之民政廳各省商會聯合會及院轄市商會 爲關於中華民國商聯會出席代表產生辦法三項業經呈奉核准令仰遵照由

組二字第一〇〇八五二號 令 中華民國商聯會籌備會各省市社會處局及設社會科之民政廳 爲訂定本年度示範工會實施要點令仰遵照辦理由

組五字第一〇一二五一號 令 各省市社會處局及設社會科之民政廳 爲指示本年度職業團體幹部及會員訓練要點令仰遵照並轉飭遵照由

組六字第一〇一三九六號 令 各省市社會處局及設社會科之民政廳各省直轄機關及社運機構各直屬團體 准國際捐贈財物接收監理委員會函送職工國際捐贈財物接收處理辦法一案令仰遵照由

組六字第一〇一五〇六號　令　各省市社會處局及設社會科之民政廳　爲優待征屬業務改由兵役部主管一案令仰遵照由

組四字第一〇一八八三號　令　各省社會處及設社會科之民政廳　據中華基督教會全國總會呈爲地方政府時有將會與外籍教會視同一例請分函糾正一案令仰遵照由

組六字第一〇二二二三號　令　各省市社會處及設社會科之民政廳　爲奉令[illegible]育士兵注意壯丁生活及推行軍民合作等三義一案令仰遵照由

組六字第一〇二六三二號　令　各省市社會處局及設社會科之民政廳　抄發發動社會力量工作要點令仰遵照飭遵由

組二字第一〇二六九七號　令　各省市社會處局及設社會科之民政廳　爲訂定本年工會工作應行注意事項令仰轉飭遵照辦理由

社會部指令二件……四七

組三字第一〇〇五〇〇號　令　重慶市社會局　據呈請核示同業公會會員應否加入商會爲非公會會員一案令仰知照飭遵由

組三字第一〇一七五七號　令　令甘肅省社會處　據呈轉正寧縣山河鎮國藥商業同業公會會員應否加入雜貨商業同業公會請核示一案令仰飭遵由

社會福利類

社會部咨一件……四八

福二字第一〇一二〇一號　咨　四川省政府　准咨爲據合川縣政府轉呈該縣勞工福利委員會設立勞工福利社各會議紀錄及組織章程職員名册等件轉囑查核見復等由復請查照並轉飭遵照由

社會部代電一件……四九

福五字第一〇一六三三號　電　河南省政府　准電以公私立救濟組織不滿三個之縣市應否組設社會救濟事業協會又何者爲類似社會救濟之組織囑查照見復一案復請查照由

社會部訓令六件……五〇

福二字第一〇〇二八四號　令　各省市社會處局及設社會科之民政廳　奉行政院交下國民參政會第三屆第三次大會建議救濟煤礦童工一案抄發國防最高委員會秘書廳原函並檢發原建議案飭即辦理等因抄發原附件令仰遵照辦理具報由

合作事業類

人力動員類

社會部公報第十七期

法　規　附方案

一般行政

社會部勞動局組織條例第八條及第十二條文

三十四年二月十五日國民政府修正公佈

第八條　勞動局設視導十人至二十人承局長之命視察並指導各地方推行人力動員事務之工作

第十二條　勞動局局長副局長處長及秘書一人簡派六人簡任其餘秘書科長視導荐任科員委任

特種考試社會工作人員考試規則

三十四年元月八日考試院公布

第一條　社會工作人員之考試除法令別有規定外依本規則行之

第二條　社會工作人員之考試分左列二級

一　甲級社會工作人員

二　乙級社會工作人員

第三條　特種考試社會工作人員考試其應考資格依附表甲之規定

第四條　社會工作人員考試得分初試及再試

第五條　初試分筆試及體格檢驗必要時並得舉行口試

第六條　筆試科目依附表乙之規定必要時得呈准考試院增減或變更之

第七條　初試及格予以訓練期滿舉行再試再試不及格得補行訓練但以一次爲限

訓練辦法由社會部訂定報由考選委員會轉呈考試院備案

第八條　再試科目就訓練科目考試之

第九條　社會工作人員考試及格者甲級以高級委任職或其相當職務任用乙級以低級委任職或其相當職務任用

第十條　本規則自公布日施行

（附表甲）特種考試社會工作人員應考資格表

級別	款別	資格
甲級社會工作人員	一	公立或經立案或承認之國內外專科以上學校畢業
	二	特有證書者
	三	經甲類高等檢定考試及格者
	四	有社會學專門著作經審查合格者
	五	曾任社會行政機關委任官或與委任官相當職務三年以上有證明文件者
乙級社會工作人員	一	公立或經立案之私立高級中學或其他同等學校畢業
	二	特有證書者
	三	經甲類普通檢定考試及格者
	四	曾任社會行政機關服務三年以上有證明文件者
	五	有甲級社會工作人員考試應考資格者

（附表乙）特種考試社會工作人員考試科目表

級別	考試科目
甲級社會工作人員	一、國父遺教（建國方略建國大綱三民主義） 二、國文（論文及公文） 三、本國歷史及地理 四、憲法（憲法未公布前改中華民國訓政時期約法） 十、勞動問題 十一、合工原理及合作事業 十二、會計學 十三、外國文（英法德俄日任選一種） 十四、人民團體法規 十五、勞動法規 十六、民法
乙級社會工作人員	一、國父遺教（三民主義及建國方略） 二、國文（論文及公文） 三、本國歷史及地理 四、社會學概要 五、法學通論 六、經濟學概要

五、社會學　　十七、行政法

六、經濟學　　十八、社會行政

七、社會心理學　　以上十八科目一至六為必試科目七至十

八、社會調查　　八於公告時指定其中二科目試之

九、社會政策

戰時國際捐贈財物接收處理辦法

三十四年二月十九日行政院令行

第一條　戰時國際團體或個人捐贈我國政府或民間團體之財物除法律另有規定外依本辦法處理之

第二條　為統一接收管理國際團體或個人捐贈之財物並答謝起見設置國際捐贈財物接收監理委員會隸屬於行政院其組織規程另定之

第三條　國際捐贈財物指明捐贈某一機關團體者應由各該機關團體於接收後一月內將情由種類數量等報告主管官署轉知接收監理委員會答謝其未指明捐贈某一機關團體者款項應由財政部接收轉知接收監理委員會物品應由接收監理委員會接收統由接收監理委員會答謝按其性質分配交由各機關收用

國際委託個人接收並指定捐贈為公益用之財物亦適用上項規定辦理

第四條　凡政府機關人民團體申請國際團體或個人捐贈財物者其計畫內容及宣傳文件須報經主管機關核轉接收監理委員會備查

第五條　主管機關對於所屬機關或事業團體接收之國際捐贈財物行使左列各項職權

（一）關於捐贈財物支配使用之監督事項

（二）關於捐贈財物所辦事業之考核事項

（三）關於捐贈財物收支之稽核事項

（四）其他有關事項

接收監理委員會對於上列各項亦得調查其狀況並向主管機關建議其管理改進意見

第六條　本辦法自公布之日施行

組織訓練

人民團體會員訓練辦法第十六條條文

三十四年二月八日社會部令修正公布

第十六條 受訓會員如成績優異得予以名譽或實物獎勵如不遵規約或拒不受訓得分別情節予以警告或停止會員應享受權利之處分

註：原第十六七八條遞次改爲第十七八九條

社會福利

救濟院基金管理委員會組織規程

三十四年元月八日社會部公佈

第一條 本規程依照救濟院規程第九條之規定訂定之

第二條 凡公立私立救濟院或各所保有地方款產或募有基金者除法令則有規定外均應依照本規程組織基金管理委員會

第三條 公立救濟院（所）基金管理委員會委員除以救濟院（所）長爲當然委員外並由主管官署就左列人員聘任之

甲、省市縣黨部委員

乙、民意機關代表

丙、省市縣政府主管社會行政及財務行政人員

丁、當地熱心救濟事業公正人士

第四條 私立救濟院（所）基金管理委員會委員由各該院（所）董事會就左列人員聘任之並呈報主管官署備案

甲、董事會代表

乙、原捐助人代表

丙、當地熱心救濟事業公正人士

第五條　基金管理委員會委員以五人至九人爲限，設常務委員三人，並由常務委員互推一人爲主席

第六條　基金管理委員會之職掌如左：

甲、救濟基金之增籌事項

乙、救濟基金之保管事項

丙、租穀孳息之收付事項

丁、預算決算之審查稽核事項

第七條　救濟院（所）基金孳息收入應存入當地國家銀行或地方銀行或郵政機關代爲保管，其無上項金融機關者得由基金管理委員會之決議存入當地殷實商號

第八條　救濟院（所）基金孳息之支用應照各該院實施之預算或核定計劃數目爲之，其有特殊情形須變通辦理者應經基金管理委員會之通過並呈報主管官署備核

第九條　基金管理委員會每三個月開會一次，由常務委員召集之，必要時得開臨時會議

第十條　基金管理委員會職員以調用爲原則

第十一條　基金管理委員會會址設於各該院所內

第十二條　本規程自公布日施行

一　社會部重慶育嬰院組織規程

三十四年一月十三日社會部公布

第一條　社會部爲收養三足歲以下孤苦無依嬰兒，特設重慶育嬰院（以下簡稱本院）

第二條　本院設院長一人，綜理院務，由社會部派充之

第三條　本院暫設下列各室：

一、總務組

二、保健組

三、會計室

第四條　人事室

第四條 總務組掌左列事項

一 關於公文之撰擬繕寫收發保管及印信典守事項

二 關於公產公物之保管事項

三 關於經費出納事項

四 關於編輯調查及統計事項

五 關於嬰兒入院出院註冊登記事項

六 關於庶務及不屬於保健組事項

第五條 保健組掌左列事項

一 關於嬰兒日常生活設施經理事項

二 關於嬰兒疾病預防及治療事項

三 關於嬰兒健康檢查及缺點矯正事項

四 關於嬰兒健康比賽事項

五 關於保嬰人員輔導事項

六 關於藥品器械之保管事項

七 關於嬰兒家屬通訊及接見事項

八 其他有關保健事項

第六條 本院各組設組長一人承院長之命掌理各該組事項

第七條 本院視收容人數之多寡設置醫師護士長護士保育員保姆事務員各若干人其名額及薪給依社會部直轄兒童福利機關人員及待遇配置通則之規定

第八條 本院各組組長由院長提請社會部核派其他人員由院長遴選派充并呈社會部備案

第九條 本院會計室設會計員會計助理員各一人統計員一人辦理會計歲計統計事項依主計人員任用條例任用之

第十條 本院人事室設人事管理員一人辦理人事管理事項依人事管理條例第八條之規定任免之

合作事業

國民學校員工消費合作社推進辦法

三十四年二月三日教育部社會部會同公布

第一條　教育部社會部為推進全國各縣市國民學校員工消費合作社之組織以調節消費增進員工福利起見特訂定本辦法

第二條　各縣市國民學校員工組織消費合作社除依照合作社法及其施行細則之規定外均須依照本辦法及國民學校員工消費合作社章程準則辦理之

前項國民學校員工消費合作社章程準則另訂之

第三條　國民學校員工消費合作社每一鄉鎮以組織一社為限必要時得於適當地區設立分社

第四條　國民學校員工消費合作社社員以現任教職員工及與學校有關學生合於合作社法所規定之社員資格者為限但在校學生其有未合社員資格者亦得加入為預備社員以資實驗

第五條　國民學校員工消費合作社之業務如左

一　供銷業務　辦理食糧食品燃料花紗布疋日用品書報文具簿本紙張等消費業務

二　生產業務　辦理碾米磨麵農作飼養園藝縫紉編織印刷等生產業務

三　公用業務　辦理公共食堂公共宿舍公共浴室公共俱樂部公共住宅等公用業務

四　信用業務　辦理小額存款短期放款定期儲蓄臨時收付等信用業務

第六條　國民學校員工消費合作社得就附近荒山公地依法申請開墾從事生產

第七條　國民學校員工消費合作社得就業務需要向合作金融機關舉借貸款或申請鄉鎮國民教育研究會轉呈縣市國民教育研究會籌助基金

第八條　國民學校員工消費合作社須一律加入該縣市合作社聯合社如各該學校員工合作社共同組織縣市國民學校員工消費合作社聯合社時其聯合社仍應加入該縣市合作社聯合社為社員社

第九條　縣市國民學校員工消費合作社聯合社之業務要項如左

一　依照社員社之業務需要經營各種用品之採購與批發

二　根據社員社之業務報告經營不適於社員社單獨經營之業務

三　其他聯合社應經營之業務

第十條　各縣市合作主管機關對於各該縣市國民學校員工消費合作社之組織，鄉（鎮）合作指導員負有[illegible]於監督考核事項

第十一條　各縣市國民學校員工消費合作社由各該縣市國民教育研究會為輔導之責其主要任務如下

一　設區之劃分與組織

二　基金之籌集與分配

三　社務之規劃與輔導

四　業務之扶助與推進

五　各項調查與報告

第十二條　本辦法經教育部社會部公布後施行之

國民學校員工消費合作社章程準則

三十四年二月三日教育部社會部會銜公布

本章程於民國　　年　　月　　日　經社員大會通過

第一章　總綱

第一條　本社定名為有限責任　　縣市　　鄉（鎮）國民學校員工消費合作社

第二條　本社以經辦日用必需品供社員之需要為目的

第三條　本社為有限責任組織各社員以其所認社股金額負其責任

第四條　本社以本鄉（鎮）所轄區域為業務區域

第五條　本社社址設於　　內

第六條　本社應公告之事由本社揭示處公佈之

第二章　社員

第七條　本社社員以現任本鄉（鎮）國民學校教職員工友與在學生合於合作社法所規定之社員資格者為限惟一人不得同時加入兩種其他業務性質相同之合作社

第八條　前項在校學生其有未合社員資格者得加入本社為預備社員

第九條　本社社員入社應先填具志願書經理事會之同意並報告社員大會方得為正式社員

第十條　本社社員有左列情事之一者為出社

一　喪失中華民國國籍者

二　解除本鄉（鎮）區國民學校現任職務者

三　死亡

四　自請退社

五　除名

第十一條　本社社員因故申請退社應於年度終了時為之但應於三個月前向理事會提出請求書經理事會核准

第十二條　本社社員有左列情事之一者得經社務會議出席理監事四分之三以上決議予以除名並報告社員大會以書面通知被除名之社員

一　不遵照本社章則與社員大會決議履行其義務者

二　有妨害本社社務與業務行為者

三　有犯罪或不名譽之行為者

第十三條　出社社員得請求退還其已繳社股金額之一部或全部前項股款之退還於業務年度終了結算後決定之

第三章　社股

第十四條　本社社股金額每股國幣十元社員每人至少須認一股入社後得隨時添認社股但至多不得超過本社社股總額百分之二十

第十五條　本社社員所認社股金額限一次繳足

第十六條　本社社員不得以其對於本社或本社其他社員之債權抵充其所認本社之社股金額亦不得以其所繳社股金額抵充

對於本社或本社其他社員之債務

第十七條 本社社員非經本社同意不得出讓其所有之社股或以其所有社股相抵債務

第十八條 凡受讓或繼承本社社股者應受讓或繼承該讓與者或繼承者之權利及義務受讓或繼承者爲非本社社員時應適用本社章程第七條及第八條之規定

第四章 組織及會議

第十九條 本社設社員大會理事會監事會及社務會

第二十條 社員大會爲本社之最高權力機關執行左列職權

一 通過社員之入社及出社

二 選舉及罷免理事及監事

三 訂定或修正各種章則

四 規劃社務及業務

五 處理社員及理監事建議事項

六 通過預算及決算

七 審核並接受社務業務及會計報告

第二十一條 本社之社員大會分定期與臨時兩種定期社員大會於年度業務終了後一個月內召開之臨時大會由理事會或監事會隨時決定之或經社員四分之一以上之社員以書面要求請理事會召集之

前項書面請求提出後十日內理事會不予召集時社員得呈報主管機關自行召集之

第二十二條 本社社員大會以理事會主席爲主席理事會主席缺席時以監事會主席爲主席社員自行召集社員大會時臨時公推社員一人爲主席

第二十三條 本社社員大會應有全體社員過半數之出席始得開會出席社員過半數之同意始得決議但罷免理事或監事須有全體社員過半數之同意始得決議

第二十四條 本社社員大會開會時每一社員僅有一表決權社員因故不能出席時得以書面委託本社其他社員爲代表但每一社員不得同時代表五個以上之社員[illegible]一人不得

第二十五條 本社社員大會開會時須作成會議錄載明開會日期開會地點社員總數出席社員數及會議始末紀錄完成後由主席

署名蓋章交理事會存查

第二十六條 本社社員大會遇有兩次以上時理事會得以書面載明應議事項請求全體社員於一星期內通訊表決之但此期限不得少于十日

第二十七條 理事會設理事 人執行本社社業務監事會設監事 人監察本社社業務均由社員大會就全體社員中選任之

前項理事之任期為二年每年改選半數監事之任期為一年均得連選連任

第二十八條 理事會監事會各設主席一人由理事監事分別推選之理事主席綜理社務代表本社監事主席負責監督本社一切事務

第二十九條 監事如有違法或失職情事得由社員大會全體社員過半數以上之決議解除其職務

第三十條 理監事非有正當事由不得辭職理事監事因辭職或其他事由缺額時得召集臨時社員大會舉行補缺選舉補缺選舉產生之理監事以前任者之任期為任期

第三十一條 理事會監事會之辦事細則另訂之

第三十二條 理事會及監事會議均須出席理監事過半數以上始得開會出席人數半數以上之同意始得決議

第三十三條 理事會得設文書及司庫掌理文件及財產事項由理事互推之

第三十四條 本社設經理一人（得增設副經理）會計一人由理事會任用之技術員業務員及事務員各若干人由經理提請理事會任用之受經理之指揮進行各司之業務理事得兼任經理副經理或經理以下其他職員

第三十五條 本社理事及監事均係義務職但必要時之公務費用得經理事會之同意支付之惟理事兼任經理或副經理以下其他職務時得酌支薪給

第三十六條 本社社務會議由全體理監事組成以理事會主席為召集人主席於開會時互選之

第三十七條 本社社務會議每兩月召集一次

社務會議開會時經理副經理技術員事務員均須列席陳述意見

第三十八條 本社出席縣（市）聯合社之代表除理事會主席及監事會主席為當然代表外其他應由社員大會選出之

第三十九條 本社於必要時得設置分社分社設社長一人由理事會就社員中選任之

前項分社得設會計員事務員由社長遴員請理事會任用之

第五章 業務

第四十條　本社業務暫以經營社員生活必需品為範圍辦理以下各種消費業務

一

二

三

第四十一條　本社遇必要時得擴充業務範圍兼營「生產」「公用」「信用」等各項業務

第四十二條　本社擴充業務時得分設各部門設置各部門業務主任分別經營各項特種業務

第四十三條　本社各設置各業務部門得分別設置特種基金由參加特種業務之社員認繳之

第四十四條　本社各業務部門之業務計劃及各項章則由理事會另定之

第四十五條　本社各業務部門之會計事務應予獨立

第六章　結算

第四十六條　本社以國曆一月一日至十二月三十一日為一業務年度業務年度終了時由理事會造成業務報告書財產目錄資產負債表損益計算表及盈餘分配案於社員大會開會前十日送經監事會審核並連同監事會監事審核報告書提向社員大會報告

第四十七條　本社業務年度終了結算後各項業務部門所有純淨盈餘應即撥充本社總盈餘除彌補有虧損之業務部門之損失及支付股息至多年利百分之十外應按照下列規定辦理之

一　以百分之十五作公積金儲存合作金融機關或縣聯合社但亦得應用生息此項公積金及其利息除彌補損失外不得動用

二　以百分之五作公益金作為辦理本社社員福利事業之用

三　以百分之十作理事經理副經理其他職員之酬勞金其分配辦法由理事會定之

四　以百分之七十作社員分配金應先按照各有純淨盈餘業務部門之純淨盈餘總額比例分給再行按照各社員對各該部門之交易總額比例分給

第四十八條　本社結算後有虧損失以公積金股金依次抵補之

第七章　解散

第四十九條　本社解散時清算人由社員大會就全體社員選充之

前項清算人應按照合作社法之規定清算本社債權與債務

第五十條　本社清算後如有資產餘額時由清算人擬定分配案交社員大會決定之

第五十一條　本規程經社員大會通過後呈准主管機關登記後施行

縣（市）合作金庫設計委員會組織規程準則

三十四年二月十七日社會部公佈

第一條　本規程依本庫章程第三十三條之規定訂定之

第二條　本金庫設計委員會（以下簡稱本會）為本金庫之建議及諮詢機關

第三條　本會置委員九人至十五人除本金庫理事長及經理為當然委員外由本金庫理事會就縣（市）合作財政農林建設及其他有關各機關長官或其代表縣（市）銀行縣聯社縣（市）範圍合作社及合作社聯合理事主席或經理隔縣（市）合作社團理監事聘任之

第四條　本會每二個月（或三個月）開會一次由本金庫理事長召集之必要時得召開臨時會

第五條　本會設計事項如左：

（一）本金庫營業方針及計劃

（二）本金庫業務推進方法

（三）本金庫資金調劑方法

（四）縣（市）各級合作社輔導方法

（五）本金庫理事會其他交議設計事項

第六條　本會委員為義務職必要時得支車馬費

第七條　本規程經本金庫理事會通過呈請縣（市）政府備案後施行

戰時廠礦失業工人救濟辦法

三十三年十二月八日行政院核准（補登）

一、本辦法所稱失業工人指職由廠礦因業務上之重大理由或因不可抗力以致停工減工而解雇者

二　廠礦解雇工人時應先呈報主管官署并應發給一個月至三個月之工資（包括戰時一切津貼計算）為遣散費如預有較優契約規定者從其契約

前項遣散費之金額應就近商請當地政府決定之

三　廠礦遣散工人時應分別將技術半技術無技術工人名單略歷報告當地政府

四　當地政府對于失業之技術工人應設法或諮各有關機關設法予以轉發配發在未轉配發前分別其情形特殊困難者得予以失業救濟金救濟金額由社會部視當地生活狀況分別規定核發

前項所稱特殊困難指其本身患病受傷或家屬在三人以上生活不能維持者

五　當地政府對於解雇之半技無技工人應會同當地政府有關機關團體（包括會館同鄉會等）予以轉發配發之輔導其籍隸後方省區者得輔助其還鄉在未轉發配發還鄉前其情形特殊者得予以失業救濟金救濟金額由當地政府召集有關機關團體會商決定之

六　技術工會救濟經費由社會部專案呈請撥發半技無技工人之救濟經費由當地政府配地籌集必要時得由上級政府酌予補助

七　本辦法自公佈日施行

利用義務勞動興辦水利實施辦法

三十四年三月一日行政院核准

第一條　利用國民義務勞動興辦水利事項依本辦法之規定

第二條　利用義務勞動興辦水利事項由縣政府會同縣勞動服務團統籌辦理其服務地點以服務者本鄉鎮為限其會兩縣以上之工程由省主管機關統籌辦理彙報中央主管機關備案其關兩省以上者由各省會商辦法報由社會部水利委員會會同行之

第三條　利用義務勞動興辦水利應以鑿井挖塘以及其他簡易引水溉田事項為限但必要時得舉辦浚河築堰開渠修築堤壩等項工程之土方及其他簡易工作

第四條　社會部或省（市）縣（市）級社會行政機構審核義務勞動計劃或訂定單行法規涉及水利事項時應會商水利委員會或地方水利機關辦理

第五條　水利委員會審核各省（市）縣（市）水利計劃或訂定單行法規涉及義務勞動事項時應會商社會部或省（市）縣（市）社會行政主管機關辦理

第六條　利用義務勞動興辦水利事宜關於技術指導事宜由水利主管機關負責辦理關於勞力供應事宜由社會行政主管機關負責辦理

第七條　利用義務勞動所需工具由服務者自備

第八條　利用義務勞動興辦水利服務者超過服役之期限時應由業務有關機關依僱傭契約發給工資

第九條　凡興辦水利之地區如超過服務者住在地五公里以外時應由業務有關機關發給膳宿各費

第十條　各級政府實施義務勞動興辦水利列為考績之一

第十一條　本辦法自公布日施行

(附)中央一般法規簡表

三十四年一月至三月

法規名稱	頒發機關	頒發日期	修正日期	備註
善後救濟總署組織法	國民政府	一月廿一日		參閱國民政府公報渝字第七四七號
市參議會組織條例	國民政府	一月三十日		參閱國民政府公報渝字第七四九號
市參議員選舉條例	國民政府	一月三十日		參閱國民政府公報渝字第七四九號
各機關慶有聘用派用人員整理辦法	考試院	一月廿六日		參閱國民政府公報渝字第七四九號
取締違反限價議價條例	國民政府	二月十五日		參閱國民政府公報渝字第七五四號
強迫入學條例第三條第四條第五條及第八條修正條文	國民政府		二月十七日	參閱國民政府公報渝字第七五五號
機關結束費發給辦法	國民政府	二月廿二日		參閱國民政府公報渝字第七五六號
公務員內外調任條例	國民政府	三月十九日		參閱國民政府公報渝字第七六三號

命令

國民政府令

任免令

行政院呈，據社會部部長谷正綱呈，請任命陳瑞麟、張學渠爲社會部勞動局科長，應照准，此令。

三十四年一月二十三日

行政院呈，據社會部部長谷正綱呈，請任命張逸想爲社會部勞動局科長，應照准。此令。

三十四年二月十日

行政院呈，據社會部部長谷正綱呈，請任命沈鼎爲社會部視導，符滌泉爲社會部科員，應照准。此令。

行政院呈，據社會部部長谷正綱呈，請將宋有爲一員以社會部科長試用，應照准。此令。

三十四年三月十二日

社會部總務司司長陳　言呈請辭職，陳　言准免本職。此令。

三十四年三月十九日

社會部秘書黃夢飛另有任用，黃夢飛應免本職。此令。

任命黃夢飛爲社會部參事。此令。

三十四年三月二十七日

社會部令

公布令

茲制定救濟院基金管理委員會組織規程，公佈之。此令。

社法字第一〇〇二六二號　三十四年一月十日

茲制定社會部重慶育嬰院組織規程，公佈之。此令。

社法字第一〇〇四二四號　三十四年一月十日

茲制定國民學校員工消費合作社推進辦法及國民學校員工消費合作社管理規則，公佈之。此令。

社法字第一〇〇七四二號　三十四年一月廿日

茲修正人民團體會員訓練辦法第十六條條文，並廢第十六、十七、十八條遞次改為第十七、十八、十九條公佈。此令

社法字第一〇一四八六號　三十四年二月八日

茲制定縣（市）合作金庫設計委員會組織規程準則，公佈之。此令。

社法字第一〇一七八四號　三十四年二月十七日

任免令

茲委任金淦棣為本部科員。此令。

人字第一〇〇一〇六號　三十四年一月五日

茲派馮漢祇為本部重慶社會服務處生活服務組組長此令

茲派張之青為本部重慶社會服務處文化服務組組長此令

人字第一〇〇一一九號　三十四年一月五日

代理本部重慶實驗救濟院殘疾所主任郁祖慶呈請辭職應予照准此令

人字第一〇〇一二一號　三十四年一月五日

茲派吳迪為中華海員工會特派員辦事處設計委員此令

人字第一〇〇一二二號　三十四年一月五日

茲委任陳宗文為本部合作事業管理局科員此令

人字第一〇〇二四六號　三十四年一月八日

本部勞動局科員胡繼翰呈請辭職應予照准此令

人字第一〇〇二四七號　三十四年一月八日

茲委任程伯勳試署本部勞動局科員此令

人字第一〇〇四一九號　三十四年一月十二日

本部指導員馮夢萍另有任用，應予免職。此令。
人字第一〇[illegible]號
三十四年一月十二日

派馮夢萍代理本部科員。此令。
人字第一〇二六四號
三十四年一月十二日

茲派本部指導員賀朝紱另有任用，應予免職。此令。
人字第一〇[illegible]四二號
三十四年一月十二日

茲派朱文[illegible]，[illegible]員。此令。
人字第一〇五[illegible]四號
三十四年一月十六日

[illegible]賀朝紱代理本部科員。此令。
人字第一〇[illegible]五號
三十四年一月十六日

茲委代理本部[illegible]科員[illegible]紹三呈請辭職，應予照准。此令。
人字第一〇[illegible]號
三十四年一月十六日

茲委代理本部科長[illegible]澤永呈請辭職，應予照准。此令。
人字第一〇[illegible]二六號
三十四年一月十六日

茲委本部勞動局科[illegible]呈請辭職，應予照准。此令。
人字第一〇四六號
三十四年一月十八日

茲委[illegible]代理本部勞動局科員，此令。
人字第一〇[illegible]六號
三十四年一月十八日

茲派本部總務司[illegible]呈請辭職，應予照准。除呈報外，此令。
人字第一〇八五一號
三十四年一月二十四日

茲委[illegible]代本部總務司司長，除請[illegible]外，此令。
人字第一〇九[illegible]一號
三十四年一月二十六日

茲委本部[illegible]呈請辭職，應予照准。此令。
人字第一〇九四二號
三十四年一月二十六日

茲委本部[illegible]安[illegible]所主任[illegible]請辭職，應予照准。此令。
人字第一〇九四四號
三十四年一月二十六日

茲委代理本部[illegible]
人字第一〇〇九六號
三十四年一月二十六日

茲委任李希賢為本部合作事業管理局科員此令
人字第一〇〇九四八號　三十四年一月二十六日

茲委任聶仲卓為本部勞動局科員此令
人字第一〇〇九四九號　三十四年一月二十六日

茲委任靳國本為本部科員此令
人字第一〇〇九五一號　三十四年一月二十六日

茲派陳業林代理本部合作事業管理局辦事員此令
人字第一〇〇九五二號　三十四年一月二十六日

茲委任俞廣堯為本部科員此令
人字第一〇〇九五四號　三十四年一月二十六日

茲委任王慶瑞為本部勞動局科員。此令。
人字第一〇一一四六號　三十四年二月一日

茲委任胡一民為本部科員。此令。
人字第一〇一一四八號　三十四年二月一日

茲委任曾廣顯為本部科員。此令。
人字第一〇一一四九號　三十四年二月一日

本部工礦檢查員傅作民逾假未歸，應予免職。此令。
人字第一〇一一五〇號　三十四年二月一日

茲派祝克全、詹禹疇為本部統計處調查員。此令。
茲派朱文翰、沈賢夫、潘佛涵、吳儒林為本部調查員。此令。
人字第一〇一二六四號　三十四年二月三日

代理本部道義社會服務處職業介紹組組長職，著即免職。此令。
人字第一〇一二六五號　三十四年二月三日

茲派汪光榮為本部指導員。此令。

號派唐雅雲、黃　慧爲本部統計處指導員。此令。

人字第一〇一二六六號　三十四年二月三日

本部簡任祕書黃夢飛另有任用應免本職。除呈報外。此令。

人字第一〇一二九一號　三十四年二月三日

茲派黃夢飛代理本部參事。除請簡外。此令。

人字第一〇一二九二號。　三十四年二月三日

本部簡任視導鈕長耀呈請辭職，應予照准。除呈報外。此令。

人字第一〇一四一四號　三十四年二月八日

茲派張洪君代理本部簡任視導。除請簡外。此令。

人字第一〇一四一五號　三十四年二月八日

本部科員吳茲瑜呈請辭職。應予照准。此令。

人字第一〇一四二四號　三十四年二月八日

茲派鍾光煜代理本部合作事業管理局辦事員。此令

人字第一〇一四二五號　三十四年二月八日

本部合作事業管理局科員劉右台另有任用，應予免職。此令。

人字第一〇一四二八號　三十四年二月八日

茲委任彭文學爲本部合作事業管理局辦事員。此令。

人字第一〇一五一一號　三十四年二月八日

本部試用科員王仁涂呈請辭職，應予照准。此令

人字第一〇一五三二號　三十四年二月九日

本部合作事業管理局視察歐陽雁應予免職。此令。

人字第一〇一五六九號　三十四年二月二十日

茲派吳　傑代理本部祕書，除請簡外。此令。

人字第一〇一七三一號　三十四年二月十六日

茲委任周光鼎爲本部勞動局科員。此令。　三十四年二月十六日

人字第一○一八三○號　三十四年二月廿日

本部合作事業管理局辦事員陳□榮、易佑青、甘明月、徐秀珍另有任用，應予免職。此令。

人字第一○一八三一號　三十四年　月二十日

茲委任陳宇雄爲本部勞動局科員。此令。

人字第一○一八三四號　三十四年二月二十日

茲派李有雄爲本部重慶社會服務處人事服務組組長。此令。

人字第一○一八六五號　三十四年二月二十日

茲派蕭遒代理本部科員。此令。

人字第一○一九六二號　三十四年二月二十三日

茲派袁夢雲代理本部遵義社會服務處職業介紹組組長。此令。

人字第一○二○○四號　三十四年二月二十四日

本部准予試用科員雷霞另有任用，應予免職。此令。

人字第一○二○三七號　三十四年二月二十六日

茲派雷霞爲本部指導員。此令。

人字第一○二○三八號　三十四年二月二十六日

茲派吳慶鶴代理本部勞動局科員。此令。

人字第一○二一五○號　三十四年二月二十七日

本部勞動局科員洪逸民另有任用，應予免職。此令。

人字第一○二一五三號　三十四年二月二十七日

本部專員兼重慶社會服務處主任王克呈辭去兼職，應予照准。此令。

人字第一○二一九七號　三十四年三月一日

本部社會行政計劃委員會兼任社會福利司第三科科長周泰京着毋庸兼任科長職務。此令。

人字第一○二一九八號　三十四年三月一日

本部[illegible]另有任用，應免本職。此令。

人字第一〇二一九號　　三十四年三月二十二日

茲派王　克代理本部科長，[illegible]。此令。

人字第一〇二二〇號　　三十四年三月二十二日

茲派胡良[illegible]本部重慶社會服務處主任。此令。

人字第一〇二二一號　　三十四年三月二十二日

茲委任[illegible]慶麥為本部勞動局科員。此令。

人字第一〇二[illegible]八五號　　三十四年三月二十二日

茲派[illegible]秀代理本部合作事業管理局辦事員。此令。

人字第一〇二三六〇號　　三十四年三月二十二日

茲派汪克[illegible]為本部北[illegible]兒[illegible]福利實驗區保育組組長。此令。

茲派邵鶴鳴為本部北碚兒童福利實驗區業務組組長。此令。

茲派[illegible]仲銘為本部北碚兒童福利實驗區北碚兒童所保育股股長。此令。

茲派本部北碚兒童福利實驗區醫師蔡中杰兼任該區兒童所健康股股長。此令。

人字第一〇二三六四號　　三十四年三月二日

茲派梁[illegible]明為本部統計處指導員。此令。

人字第一〇[illegible]四五五號　　三十四年三月六日

本部統計處指導員吳震英另有任用，應免本職。此令。

人字第一〇[illegible]四五六號　　三十四年三月六日

茲派[illegible]惠顯代理本部內江社會服務處總幹事。此令。

人字第一〇二四六二號　　三十四年三月六日

茲派[illegible]紹南為本部遂寧社會服務處文化服務組組長。此令。

茲派牛[illegible]　人字第一〇二五四二號　　三十四年三月八日

茲派林仕鵬為本部指導員。此令。

社會部部長 谷[illegible]綱

人字第一〇二五四九號　三十四年三月八日

茲派牛步貴為本部重慶職業介紹所總務組組長。此令。

人字第一〇二五七三號　三十四年三月九日

本部指導員王長庚另有任用，應予免職。此令。

人字第一〇二五七五號　三十四年三月九日

茲委任孫功煦為本部科員。此令。

人字第一〇二六一四號　三十四年三月九日

茲委任闞琰為本部勞動局科員。此令。

人字第一〇二六二二號　三十四年三月十日

茲派陳霞影代理本部北碚兒童福利實驗區托兒所所長。此令。

人字第一〇二六二七號　三十四年三月十日

茲派馮崇德代理本部勞動局科員。此令。

人字第一〇二六三四號　三十四年三月十日

本部內江社會服務處業務組組長莊志誠呈請辭職，應予照准。此令。

人字第一〇二六五三號　三十四年三月十二日

茲派萬以咸代理本部科員。此令。

人字第一〇二六六二號　三十四年三月十二日

本部指導員聞曼平呈請辭職，應予照准。此令。

人字第一〇二六六三號　三十四年三月十二日

本部蘭州社會服務處副主任陳雁峯呈請辭職，應予照准。此令。

人字第一〇二六八三號　三十四年三月十二日

茲派本部重慶習藝所所長王培源兼任本部殘疾教養所所長。此令。

人字第一〇二六八九號　三十四年三月十二日

本部統計處調查員舒雲龍呈請辭職，應予照准。此令。

茲派隋景林代理本部科員。此令。

人字第一〇二七五一號　三十四年三月十四日

茲派程勉齋代理本部祕書，除呈荐外。此令。

人字第一〇二七五二號　三十四年三月十四日

茲派陳祖堯代理本部祕書，除呈荐外。此令。

人字第一〇二七五三號　三十四年三月十四日

本部合作事業管理局科員楊宇咸呈請辭職，應予照准。此令。

人字第一〇二八七七號　三十四年三月十五日

茲派本部視導張鍍君兼任本部設計考核委員會工作競賽組組長。此令。

人字第一〇三〇一二號　三十四年三月十七日

本部科員方山農另有任用應免本職。此令。

人字第一〇三〇二〇號　三十四年三月十七日

茲派方山農為本部城固育幼院籌備主任。此令。

人字第一〇三〇二一號　三十四年三月十七日

茲派王雨傳代理本部視導，除呈荐外。此令。

人字第一〇三〇六二號　三十四年三月二十日

茲派徐嗣英代理本部科員。此令。

人字第一〇三一七一號　三十四年三月二十一日

本部錄事何九成、王培壽擅離職守應予撤職。此令。

人字第一〇三二九〇號　三十四年三月二十三日

本部科員陳合吾擅離職守應予撤職。此令。

人字第一〇三二九一號　三十四年三月二十三日

本部直屬社會服務處副主任方金鏞另有任用，應免本職。此令。

本部重慶社會服務處總幹組組長李十賢另有任用，應免本職。此令。
人字第一〇三三七五號　三十四年三月二十六日

茲派陸堯圭代理本部勞動局科員。此令。
人字第一〇三四〇六號　三十四年三月二十七日

本部重慶育嬰所長高鐵英呈請辭職，應照准。此令。
人字第一〇三四四三號　三十四年三月二十七日

附載

社會部最近聘派人員姓名一覽（三十四年一月至三月）

聘任

本部社會行政計劃委員
胡國亭　陳言　組長耀　竇培恩（專任），

本部勞工政策研究委員會委員
朱學範　史太璞　謝岑　楊萃一　諸葛一　劉世超
凌純聲　張君俊

本部農民政策研究委員會委員
張鐘梓　趙連芳

本部社會安全政策研究委員會委員
陳達　劉鴻生　方顯廷　龍冠生　謝小岑　雷海峯　潘光旦　孫本文　吳澤霖　柯象峯　言心哲　吳景超　翟菊農
章元善　黃炎　[illegible]　蕭孝嶸　邵世泰　羅北辰　王志莘　李安宅　蔣旨昂　黃文山　鄭堯材　于斌　周一夔
徐思平　范定九　陳凌雲　鄭震雲　陳鐵生　熊芷　馬宗談　薛作霖　艾偉　周之廉　章柳泉　陳劍翛　胡定安
俞松筠　張肇閣　楊銳靈　鄭芸　陳漢平　柳克述　張鐵融　吳紹初　潘仰山　潘序倫　章益劍　馬雄冠　蘇汝鈞
袁國棟　張劍鳴　薛明劍　谷春帆　鄭劍修　陳禮江

派任

本部組織訓練司第二科副科長李中英

本部社會福利司第三科副科長田久安

社會部令　[illegible]　三十[illegible]

[illegible]

社會部令　渝一字第一〇〇四三三號　三十四年[illegible]

[illegible]

查各（省市）[illegible]……[illegible]

用，并[illegible]一[illegible]……[illegible]

事行[illegible]三十[illegible]一[illegible]十八[illegible]……[illegible]

查人民團體會員[illegible]第十六條[illegible]……[illegible]

社會部咨　渝一字第一〇一四八八號　三十四年二月八日

[illegible]

公牘

咨

公牘

總務類

社會部咨　總一字第一〇一四八八號　三十四年二月八日

查人民團體會員訓練辦法第十六條條文，業經本部修正。盡原第十六十七十八條，遞次改爲第十七十八十九條，並呈奉行政院三十四年一月十八日平玖字第一二五〇號指令核准備案在案。除公佈並分行外，相應抄送上項修正條文，咨請查照，并轉飭所屬一體遵照爲荷。此咨

各省（市）政府

附送修正人民團體會員訓練辦法第十六條條文一份（見法規欄）

社會部訓令　總一字第一〇〇四二五號　三十四年一月十三日

令本部各附屬機關

查本部重慶育嬰院組織規程業經制定，除公佈施行並分行外，合行抄發原件，令仰知照，並飭屬知照。此令。

附抄發社會部重慶育嬰院組織規程一份（見法規欄）

社會部訓令　總四字第一〇〇六八〇號　三十四年一月十九日

令本部各附屬機關

准財政部本年一月十一日庫渝字第一二八八號公函開：

「查本部前准江西省政府三十三年四月二十七日賦糧科（田）字第九八二號咨，以據各縣呈請解釋清查國有財產疑義

：（一）國有土地，是否包括一切公有土地或純屬國有者。（二）國立及省立學校管有之土地與建築物或租用及借用之民地公地，是否國有。（三）中央或省縣各機關及公營機關佔用之民房（祠宇孔子廟等）、公地及無主之民房民地，可否作為國有。（四）縣府公署及廟城隍廟等建築物，是否為國有。（五）飛機場及軍事機關佔用之民房或公地，是否作為國有等五點。轉囑核復一案。以事關法令解釋，經轉請司法院解釋去後。茲准司法院三十三年十二月六日院字第二七九四號函復開：「查經本院統一解釋法令會議議決：清查國有財產暫行辦法第二條規定：凡屬國家財政系統內，中央及省（市）各機關所有之不動產及動產，均為國有財產。財政部所發國有土地及國有土地附著物調查表，如係為清查國有財產而發，應依同條定其範圍，縣有或省轄市有之財產，雖係公有，亦不包括在國有之內。各機關學校或飛機場管有租用或佔用之房屋土地，屬于縣有、省轄市有或人民私有者，均非國有財產。縣府公署係公有者，屬于縣有。寺廟適用監督寺廟條例之規定者，其財產為寺廟所有，亦皆非國有財產。孔廟財產保管規則第二條甲乙兩款之孔廟財產及先哲先烈祠廟財產保管規則第四條一二兩款之先哲先烈祠廟財產，均為國有財產。土地未經人民依法取得所有權，或其所有權已消滅而未撥歸縣有或省轄市有，亦為國有財產。」相應函復查照轉知」等由，除函復江西省政府並分行外，相應函請查照，轉飭所屬一體知照為荷」。等由，准此，除分令外，合行令仰知照。此令。

社會部訓令　人字第一〇一六八五號　三十四年二月十四日

令本部各附屬機關

案准考試院考選委員會本年一月十九日渝會任字第四〇二號公函開：

「查本會為釐訂社會工作人員考試法規，俾利推行起見，前經擬訂特種考試社會工作人員考試規則草案，呈請考試院鑒核公布施行在案。茲奉本年元月八日秘文字第八號指令內開：『呈件均悉。該項考試規則，業經酌予修訂，以院令公布施行矣。茲抄發該項規則，仰即知照，并分行有關機關令照此令。』等因；附發特種考試社會工作人員考試規則一份下會，奉此。除分函外，相應抄同原規則一份隨函送達，即希查照依法舉行考試，并轉令所屬機關知照為荷。」

等由，附送特種考試社會工作人員考試規則一份；准此，除分行外，合行抄發原件，令仰知照。此令。

計抄發附特種考試社會工作人員考試規則一份（見法規欄）（二十二日）

社會部訓令　會一字第一〇三二〇號　三十四年三月二十二日

令本部合作事業管理局
　　各社會服務處
　　重慶習藝所
　　重慶市工人福利社
　　重慶實驗救濟院

案奉

行政院三十四年三月十五日嘉丙字第五三〇六號訓令開：

「准國防最高委員會秘書廳本年二月二十二日國紀字第五二一三二號函略開：「案交下監察院本年二月十六日呈稱：「據本院監察委員吳瀚濤田炯錦等本年二月七日呈稱：「查近年來各公營事業基金，幾佔國庫歲出總額三分之一，其經營如何，與國防經濟建設關係至鉅，當此整理時期，實有賴於財務監督之加強，爰就所見縷陳如左：（一）執行審計制度原為審計法所規定近年審計部推行各公營事業機關之駐審亦屬政府核定之中心工作，惟各公營事業機關，每憚於實地監督之嚴密，藉詞阻礙，致鮮成效，此其有待於整理者一。（二）戰時營業預算編審辦法頒行已久，而各公營事業機關多未遵照辦理，即編有預算者，亦常視為具文，遇有不當之開支，多以特種基金為尾閭。駐在審計人員，僅偶有發現，固可糾正，其匿不送審者，則無從查究，此其有待於整理者二。（三）各公營事業機關之會計報告，多未能依限編造，其已編送者又多不完備，致使審計機關稽核決算發生困難，該部雖與黨政工作考核委員會密切聯繫，嚴加催促，而各機關因循成習，仍鮮效果，此其有待於整理者三。綜合上述情形，各公營事業機關玩忽法令，弊端百出，委員等職責所在，未敢緘默，擬請鈞院轉陳中央嚴令各公營事業機關：（一）對於審計機關之就地審計應一律遵行，如有拒絕（二）對於營業或事業預算，應依限編送。（三）對於會計報告及結算決算，應如期編送，以上三項，主管人員如有延玩忽，即行依法懲處，是否有當，理合呈請鑒核施行。」等情。查原建議各點，關係於審計職權之行使及國家財務之監督者甚巨，似應予以改善，理合據情呈請鑒核施行，並請令飭遵辦。」等由，並奉批：由「交行政院」相應函請查照辦理見復為荷。」等由，除分行外合行令仰切實遵照辦理，此令」。等因；奉此，除分令外，合行令仰遵照，並轉飭遵照。此令。

組織訓練類

社會部咨　組四字第一〇三四九八號　三十四年三月二十八日

案准

貴府三十四年二月二十四日乙社組字第〇二五五號咨，略以據貴陽市政府呈請釋示學生可否參加人民團體組織當選爲理監事一案，囑查核見覆等由，准此。查已成年學生，得各以其身份資格，參加人民團體組織，當可當選爲職員。准咨前由，相應復請查照爲荷。此咨

貴州省政府

社會部公函　組三字第一〇三二七三號　三十四年三月二十三日

案准

貴局本年二月二十六日運字第四一二〇一號函，以據重慶市汽車商業同業公會呈請發起組織中華民國汽車商業同業公會聯合會，轉請查核等由；准此。查本案曾據該會呈興前情，並檢具寶鷄等地汽車公會同意文件到部，當經准予組織，並派員指導，除分咨交通、經濟兩部查照，并分令各省市社會行政主管機關知照外，相應檢具經本部核准備案各地汽車公會一覽表一份，函請

查照爲荷此致

軍事委員會戰時運輸管理局

附表一份

社會部核准備案各地汽車公會一覽表。

名稱	會員人數	負責人	備攷
重慶市汽車商業同業公會	92	黃傳京	
瀘縣 ,, ,,	30	廉文閣	
成都市 ,, ,,	75	鄧家聲	
貴陽市 ,, ,,	146	顏澤溥	
衡陽市 ,, ,,	43	徐健卿	
邵陽縣 ,, ,,	40	陳雨初	
泰和縣 ,, ,,	22	沈汝明	
會昌縣筠嶺鎮 ,, ,,	29	朱科陶	
平遠縣 ,, ,,	38	饒菊逸,	
韶關市 ,, ,,	75	許沛民	
興寧縣 ,, ,,	150	張杜鵑	
梅縣 ,, ,,	8	李燕果	
柳江縣 ,, ,,	230	關仲芬	
桂林市 ,, ,,	29	王逸翔	
貴縣 ,, ,,	27	盧爲規	
鬱林縣 ,, ,,	39	陳善甫	
永安縣 ,, ,,	11	林安允	
西京市 ,, ,,	20	張佐庭	
寶雞縣 ,, ,,	45	馬仙洲	
蘭州市 ,, ,,	15	樓兆念	

社會部代電　組一字第一〇一二〇四號　三十四年二月一日

（爲令策動各級農會逕向農貸機關洽求貸款并應將歷年度農會貸款詳情查明列表彙報電仰遵照辦理由）

各省社會處及設社會科之民政廳：查鄉或市區農會，為農貸及土地金融貸款之對象，「加強農會基層組織及業務辦法」第三條已有明文規定。又查三十三年度陝西省棉田區各鄉農會負責轉放農貸數字，已在一萬萬五千萬元以上。茲值三十四年度伊始，亟應策動各級農會，尤事統籌分別逕向農貸機關請求貸款，并取得轉放機關。惟須慎重注意轉放手續，尤須杜絕包辦舞弊等情事，務使真正農民獲得政府實惠，以轉變社會觀感，提高農會地位。又歷年度農會所獲貸款數目，種類，用途，受惠農民田畝數字，及貸款農會所屬縣份，與名稱等項，併應詳細說明，分別列表彙報，特電仰遵照辦理爲要。社會部組一丑東印。

社會部代電　組一字第一〇一七七六號　三十四年二月十二日

（茲訂定三十四年度各種職業團體中心工作電仰飭遵由）

各省市社會處局及設社會科之民政廳：茲規定三十四年度各種職業團體中心工作項目如下：（一）加強基層組織，農會應着重鄉區農會及小組之組織。工會應健全分會支部小組之組織，商會應着重同業公會之組織。（二）厲行強制入會，凡合於會員資格者，應一律入會。（三）加強幹部會員之訓練。（四）甄拔優秀幹部。除分令外，特電仰轉飭切實遵照，并限本年年底擇優彙報爲要。社會組一丑條印。

社會部代電　社組字第一〇一八四五號　三十四年二月二十日

（令規定本年組訓重要工作電飭督促辦理具報由）

各省市社會處局及設社會科之民政廳：本年度組訓重要工作茲規定如次：（一）縣以下各職業團體應於年內全部完成組訓，并將組訓成數字先行分別彙報備查。（二）工商團體管制，本年應繼續實施按期考核。（三）社會運動，應注重慰勞及軍人服務有關部份，已另案飭遵，仰即督促切實辦理具報。社會部組丑寄印。

社會部代電　組二字第一〇二〇九七號　三十四年二月二十六日

（據請示鹽業工會有無參加議員選舉權一案電復遵照由）

四川省社會處賈處長伸翔：社一字第〇二八五號子齊代電悉。鹽業公會組織區域，在一縣市以內者，得參加各該縣市職業團體選舉，跨越縣市者，不得參加，仰卽遵照。社會部組二丑印。

社會部代電　組一字第一〇二四二八號　卅四年三月六日

（茲規定職業團體强制入會數字彙報時期幷制定彙報表式一種電仰遵照由）

各省市社會處局及設社會科之民政廳：查過去職業團體强制入會數字，報告時期既不一致，報告表式又不統一，以致數字計算，難求正確，考核亦甚困難。茲特重新規定彙報表式一種，隨文頒發，幷應每半年彙報一次，除分令外，仰卽切實遵照爲要。附職業團體强制入會數字彙報表式一份。社會部組　寅魚印。

省職業團體强制入會數字彙報表

年一至六月（或七至十二月）

縣市名稱	團體名稱	原有會員數	强制入會數	退會會員數	現有會員數	備註

附註

1. 本表寬市尺五寸五分長市尺七寸五分不得增長或減短
2. 農工商團體應分別列表
3. 團體名稱欄內應將各個團體分別寫明不得儱統混列

社會部訓令　組三字第一〇〇六四三號　三十四年一月十八日

各省市社會處局及設社會科之民政廳

令各省商聯會及院轄市商會

中華民國商聯會籌備會

查中華民國商會聯合會，前經本部呈奉

行政院核准，並由本部派員指導組織在案。旋據該會呈以經約集在渝之各省商聯會及院轄市商會負責人開會推定籌備員，並決定會所暫設於重慶市商會內，籌備會業於三十三年六月六日成立，積極籌組，請鑒核等情；查該會爲全國工業團體之最高組織，中外觀瞻所繫，自當依據法令，切實籌組。惟目前戰局擴大，情勢特殊，代表之產生，大會召集，諸多困難，爲顧及時地條件，促使全國商聯會組織之健全，經擬具辦法三項如左：

一　後方（包括戰區）各省商聯會及院轄市商會，出席全國商會聯合會代表，均應依修正商會法第十一條之規定就理監事舉派之，惟多不得逾五人。此項代表，因事不能主席會員大會時，依商法第十三條第三項之規定：得以書面委托他會員代表代理之，如委託非會員代表代理以缺席論。

二　淪陷區各省市已有商聯會或市商會組織者，其組織雖仍存在，但以淪陷已久，人事異動頗大，難以依法產生代表，應由各該團體，商承各該省市政府於會員代表中推選加倍人數報部遴定。

三　省商聯會及院轄商會倘無組織之省市，由各該省市政府於工商業團體（在省爲縣市商會在院市爲同業公會）遴選代表列席會議。

並經由本部會同經濟部呈奉

行政院三十三年十二月二十六日義陸字第二六七四〇號指令開：

「呈悉。准予備案。除令知經濟部外，仰即知照此令。」

等因，奉此。除分函有關省市政府、黨部外，仰即遵照。此令。

社會部[illegible]

社會部訓令 組二字第一〇〇八五二號 三十四年一月二十四日

令各省市社會處局及設社會科之民政廳

查示範工會自推行以來，其能依照「示範工會實施辦法」認眞辦理，完成任務，發生示範作用者固多，然間有未明示範意義，在選報時，不予詳加致察，選報以後，對其工作之輔導與監督，復多疏忽，以致未能達到預期之目的。茲爲力求改進，俾使名實相符起見，特訂定本年度示範工會實施要點如次：

一、實施示範之工會，由各省市社會行政機關本寧缺毋濫之原則，就各縣市重要工會嚴加考核選擇。凡前經指定或核准之示範工會，如成績優良者，仍得繼續選報，否則報予撤銷。

二、各省市社會行政機關選報示範工會時，應連同該會會務概況及三十四年度工作計劃，實施進度表，一併報部備核。凡經核准之示範工會，應每半年編造工作報告，呈轉本部備查。

三、實施示範之工會，應由該管社會行政機關指定專人，就「示範工會實施辦法」規定之各項重要工作，切實負責指導辦理。其有本部指導人員駐在者，並由本部指導人員會同輔導。

四、示範工會之工作，應由該管社會行政機關及本部所派指導人員嚴予考核，其成績優良者，得報請本部於年終核發獎金，遇有臨時舉辦事業，並得擬具計劃及預算，呈轉本部酌予補助。

除分令外，合行令仰遵照辦理爲要。此令。

社會部訓令 組五字第一〇一二五一號 三十四年二月二日

令各省市社會處局及設社會科之民政廳

查本年度職業團體幹部及會員之訓練，茲經根據先後所頒法令，針對時勢要求，決定要點如次：

（一）遵照行政院三十三年六月二十二日令頒統一民眾訓練辦法，與本部三十三年十一月二十四日組五字第七六三七七號農工礦黨政訓練綱令，切實配合當地黨政軍及教育等有關機關協同辦理訓練，集中人力，以使訓練一元化。
（二）幹部訓練，著重拔選優秀人才，培植職業團體中堅份子，担負團體職務，並加强其政治認識，對書記人選，尤宜自本屆團體優秀幹部中慎重選擇，嚴加訓練。
（三）會員訓練，應分期分區辦理，集中課堂訓練為主要方式，以民權訓練為重心，將應訓未訓人數，於本年內播數訓完，同時，運用各種訓練方式，啓迪新知，演習四權之行使，使全體會員經常受訓。
（四）切實注意優秀幹部之選拔與登記，相機培植其地位。
（五）酌量當地情形，組織巡迴訓練輔導團隊實地工作，以加强訓練效能。
（六）嚴格審核廢員，務使受訓人員加重負責，並嚴格取締冒名頂替受訓等流弊之發生。
除分令外，合行令仰該處局遵辦，並轉飭所屬遵照辦理為要。此令。

社會部訓令 組六字第一〇[illegible]九六號 三十四年二月七日

令各省市社會處及設社會科之民政廳
令各直轄機關及社運機構各會團體

[illegible]

頃准國際捐贈救濟物資接收監理委員會本年一月三日國字第八號公函開：「查本會於三十三年十一月二十三日正式成立開始辦公，前經函達查照在案。今後所有國際捐贈財物之接收處理，應依照戰時國際捐贈財物接收處理辦法辦理。除分函外，相應抄同有關辦法函請查照並轉飭所屬機關團體遵照為荷。」等由，附戰時國際捐贈財物接收處理辦法一份，准此，除分行外，合行抄同原辦法令仰遵照並飭屬遵照此令。

附抄發戰時國際捐贈財物接收處理辦法一份（見法規欄）

社會部訓令 組六字第一〇二五〇六號 三十四年二月八日

令各省市社會處局及設社會科之民政廳

案[illegible]

行政院三十四年一月二十七日平貳字第一九〇五號訓令內開：

「查優待出征抗敵軍人家屬業務，中央由軍政部主管，并由內政部社會部中央宣傳部及其他有關各部會協辦。本院於三十二年八月十二日以仁貳字第一八一八八號訓令規定飭知在案，茲兵役部成立，是項業務劃歸兵役部掌管，應改由該部主管，軍政部列為協辦，除分行軍政內政社會各部暨各省市政府外，合行令仰遵照，並轉飭所屬一體遵照此令」。

等因：奉此，除分令外，合行令仰遵照，并轉飭所屬一體遵照。此令。

社會部訓令

組四字第一〇一八八三號　三十四年二月二十日

令各省社會處及設社會科之民政廳

據中華基督教會全國總會呈，以該會係國人組織之宗教團體，該會各地分支會，時有與外籍教會視同一例者，應請轉飭更正一案。查該會組織，經呈准本部備案有案，該會各地分支會自應視同地方性團體，自應依法逕向當地主管機關申請立案。茲据前情，除指復轉飭遵辦外，合行令仰知照。此令。

社會部訓令

組六字第一〇二二二三號　三十四年三月一日

令各省市社會處（局）及設社會科之民政廳

案奉

行政院本年二月十六日平貳字第三三三七五號訓令內開：

『案奉　國民政府本年一月三十日渝文字第四七號訓令內開：『抗戰七年，我數百萬忠勇國軍，與敵寇作殊死之決鬥，犧牲流血捍衛國土，而全國青年子弟，亦能爭先効命，踴躍從軍，補充前線，戮力疆場，使全國人心士氣之昂揚，用以保衛國家，式遏寇虐，今日敵寇已勢窮力竭，雖欲垂死之掙扎，已無法挽救其慘敗之命運。我中華民族有史以來空前之神聖戰爭，即將獲得最後之勝利，奠定國家億萬年自由獨立之基礎，此皆我全國民衆敵愾同仇，前方將士，奮勇殺敵，所獲之偉大成果，其勛勞業績，將永垂史冊，昭耀古今。本席與全國將士誼切同袍，親如骨肉，愛護唯恐不至，保育唯恐不週，眷念其衛國之勛勞，彌願食國家之重報。故恆以「軍事第一」，「軍人第一」之要義，昭告我全國將領，全國國民，深望能共喻斯旨，視士兵如子弟，饑寒疾病，調護扶持，痛癢相關，休戚與共，使其征輸勞役，忘道路之疲、雨雪風霜之多□。□開少數帶兵官長，不知愛惜士兵，常驅以過度之勞力，漠視其切身之疾苦，甚至濫施體罰，剋扣糧餉，疾病不加顧卹，死亡委之溝壑，尤其地方兵役機關，與新兵輸送編練人員，對征集入營之壯丁，往往藉口防止逃亡，苛刻虐待，役使如牛馬，防範如盜賊，沿途慘斃，志士寒心，而地方行政機關與基層組織，負有領導民衆之責者，亦往往囿於積習，不知尊敬軍人，協助軍隊，視衛國之戰士，有如路人，使其不能獲得精神慰藉之安慰，以致演成種種違越法紀之行動。凡此觀念之錯誤，行為之失當，如不嚴加糾正，曾不足以恢宏士氣，振作軍心。當此國家民族危急存亡之最後階段，全國上下，必須深明「軍人第一」之真義，各本天良，為國軍服務之天職，特揭三義昭告有司。一、各級將領，應以士兵之教育為第一要務，餉糈必須如期發放，給養必須按量分配，服裝必須隨時補充，疾病必須悉心療治，不得強迫士兵，以作時非分之勞役，不得傷害士兵自尊自重之人格，必先求士兵體力心理之健全，然後訓育管教。二、關於征集之壯丁，無論地方機關與補充訓練機構，對其食住衛育，均應關切，使生活如在家庭，身心獲得安慰，然後能曉以從軍報國之大義。三、各地方行政與自治機構，必須積極發動民衆服務軍隊，如規定補給實物之供應，徵募服勞運動之推行，軍民合作站之設置，各種戰時工作團隊之組織與活動，均應參其最大與善之努力，以適應軍事之需要，充分表現軍民合作之精神，首須從人民愛兵，然後方克使軍隊為人民敬□。以上三義，為現代國家，現代國民，必須具備之常識，各級文武官吏，允應革命主義之薰陶，受國家教育之培養，負抗戰建國之大任，如尚不能身體力行，不徒有忝職守，抑亦為國家民族之罪人，其敢故違，功令□□陰違者，一經查覺，務必繩以軍律，不稍寬假，用特剴切曉喻，仰即宣告所屬一體凜遵毋忽。此令」等因；奉此，除分行外，合行令仰遵照，並轉飭所屬一體凜遵毋違為要。此告」。等因；奉此，除分令外，合行令仰遵照，並轉飭所屬一體凜遵毋忽，為要。此令。

社會部訓令

組六字第一〇二六三一號　　三十四年三月十日

令各省市社會處局及設社會科之民政廳

案准

中國國民黨中央執行委員會組織部三十四年二月二十一日組書字第一三二號公函開：「查本黨組織與幹部之現狀剖析與改進一案，其關於黨與民衆脫節一項，本部曾擬具發動社會力量工作要點草案一種，并經邀集有關部處會商決定，由各地方黨部會同當地教育社會機關，及有關民衆團體斟酌地方情形悉力推行在案，除呈復及分行外，相應檢同該項要點函達即希查照轉飭所屬各地社會機關團體協助進行並見復爲荷。

等由，准此，自應分飭遵行，除函復外，合行抄發原附該項要點一份，令仰遵照並飭屬一體遵照推行爲要。此令。

附發動社會力量工作要點一份

發動社會力量工作要點

一、茲爲發動社會力量，側重農村建設運動，針對民衆之貧病愚弱，統籌救治方法，特訂定本要點。

二、各級地方黨部，對於有關文化經濟衛生等各項運動，應指導所屬人民團體中之黨員，按團體性質選擇其簡易，而有實效者一二項，發動所有團體推行，或聯合其他團體通力推行。

三、縣市黨部主辦下列四項業務，務使每個黨員至少參加一項俾使深入鄉村廣泛推行；

（1）指導黨員發動或參加各種體育團體，如中華體育協進會之分支會等，於各鄉鎮中普遍提倡各種體育活動，促進一般國民之組織能力，並養成其服從領袖通力合作勇猛精進等美德。

（2）指導黨員發起或參加鄉鎮合作社之組織，並督促其努力服務貢獻能力，務使農村之生產增加，農民之消費便利。

（3）指導黨員參加教育會之組織，儘量徵求中小學教職員入黨，並以剷除文盲灌輸民衆必要之知識，爲黨員之中心工作。

（4）會商有關機關，組織民族健康運動委員會一類之機構，策動地方力量設立醫院或診療所，延致醫藥人才，舉辦助產防疫及施診施藥等救濟工作，並隨時關注及督勵。

四、實施本要點各項業務之優劣，應爲考核各該黨部或黨員工作之最要依據。

社會部訓令

組二字第一〇二六九七號　三十四年三月十二日

令各省市社會處局及設社會科之民政廳

查各省市現有各業工會組織之殘缺[illegible]、工作復多廢弛，影響政令推行頗巨，亟應加以整飭，茲特訂本年度工會工作應行注意事項如次：

（一）依法調整現有工會組織：查工會法已於三十二年十一月二十日經國民政府修正公布在案，凡工會組織與修正工會法有未合者，應即分別調整或改組，如工會會員應爲從事本業工人，非工人應即退會，工會職員，應由會員中選任，其未具有會員資格者，應即改選。又如修正工會法規定發起人數較舊法爲少，前因不足法定人數而解散之團體，或併入各業工人聯合會者，應即恢復或分立。

（二）健全分會支部小組組織——工會基層組織甚爲重要，應即根據工會法施行細則之規定，酌設分會支部及小組，以求組織嚴密，使上下意旨溝通，運用靈活，而貫澈工會使命。

（三）切實監督工會財務——工會法第六章各條對於工會經費規定綦詳，務應監督所屬工會切實依法辦理，不得任意攤派會費，所有帳目並應公開審查。

（四）提倡各業工會聯合辦公——各地工會經費有限，自建會所不免困難，或致常有因會址難覓，而影響會務進行，嗣後應提倡各業工會聯合辦公，藉資節省而便聯系。

（五）充實福利設施——工會負有增進工人利益，改善工人生活之使命。關於福利事業之設施，至爲重要，各工會應根據職工福利金條例等規定，就其會費收入中提撥福利金，並組織福利委員會，成立福利社，並酌實際需要與經濟狀況，切實舉辦。如因人力財力有限，不妨聯合其他工會共同辦理。

以上各項，除分令外，合行令仰轉飭遵照辦理爲要。此令。

社會部指令

組三字第一〇〇〇五〇號　三十四年一月四日

令重慶市社會局

三十三年十二月十三日社二商字第四六三七號呈一件：爲商業同業公會會員，是否可加入商會爲非公會會員一案，請予核示由。

呈悉：查該公司既經營兩類以上業務，自應依商業同業公會法第十二條第一項之規定，分別加入各該業同業公會爲會員，其兼營代理房地產業務部份，亦應加入商會爲非公會會員。仰即知照，並轉飭知照爲要。此令。

附重慶市社會局原呈一件

爲同業公會會員是否可以加入市商會爲非公會會員一案請解釋釐核示遵由

案據本市市商會十一月四日呈稱：「案查本會前准[illegible]盛企業股份有限公司函請登記入會，經核其所營業務除國外貿易等項，應分別加入各該輸出業及工商業同業公會，嘗於九月十三日通知去訖，頃據該公司復稱，其所營業務中之有公會組織者，自應遵照入會，惟尚經營代理房地產買賣，并無公會組織，覆請查核辦理等由。查代理房地產買賣，本會尚無公會組織，似應加入本會爲非公會會員。惟該公司既加入公會爲會員，又爲本會會員，取得兩種不同身份，是否可行之處理合備文呈請鑒核示遵」，等情前來。查商業同業公會法第十二條，與工業同業公會法第十一條，對於兼營兩類以上之工商業，經規定應分別加入各該工商業同業公會，自無疑義，惟兼營業務繁多之公司行號或工廠，除依照上開法令分別入會外，如其兼營業務中尚有未單獨組織同業公會者，是否仍應加入商會，而爲公會會員，本市尚無前例可循，事關法令解釋，未敢擅專，除分呈經濟部外，理合據情呈請鑒核迅賜解釋俾有遵循

謹呈

社會部

社會部指令　組三字第一〇一七五七號　三十四年二月十七日

令甘肅省社會處

三十三年十一月二十五日社三組（一）十三　戌字第四八四六號呈爲據正寧縣政府電轉山河鎮國藥商業同業公會會員應否加入雜貨商業同業公會一案轉請核示由

呈悉。查商業同業公會法第二條：「凡重要商業之公司行號，在同一區域內有同業三家以上時，應依本法組織商業同業公會。」國藥業爲重要商業，該鎮既有國藥商四家，仍應依法組會。至於職員人數，則減至理事三人，監事一人亦無不可。又查前據呈送該縣組織總報告表填明有山河鎮商會，此次該縣府代電，又係據縣商會呈稱所轄有鎮商會等，則該公會不得屬縣商會，該鎮商會一應報表，並應即呈報候核。如鎮商會已不存在，則該業應即全縣合組，待以鎮名組公會，合併令仰飭遵爲要。此令。

社會福利類

社會部咨　組二字第一〇一二〇一號　三十四年二月一日

案准

貴省府三十三年十二月十三日社二字第八七一六號咨，以據合川縣政府轉呈該縣勞工福利委員會，設立勞工福利社各會議紀錄及組織章程職員名册等件，轉囑查核見復等由；准此。茲核復如左：

一 查工會福利金來源，依職工福利金條例第三條之規定；應就其會費收入總額提撥百分之三十，如感不足，可依工會法第二十四條之規定呈請主管官署核准徵收特別基金或臨時募集金。茲該社開辦費按每股二百元向會員募集股金，並規定就每年盈餘提出百分之六十作為紅利，均屬於法不合，應請轉飭仍依職工福利金條例及工會法有關各項規定辦理。

二 該福利委員會及福利社，係由合川縣各業工會聯合組設，應分列敘稱四川省合川縣各業工會聯合福利委員會及四川省合川縣各業工會合辦福利社。又所附福利社組織章程諸多未合。茲檢附職工福利委員會組織簡章準則及職工福利社章程準則，請飭參照分列另擬組織簡章及章程遞報查核。

三 查工人福利社設立暫行辦法，業經本部明令廢止，另頒有職工福利社設立辦法，原附福利社組織章程第一條，仍援引工人福利社設立暫行辦法，核有未合，請轉飭注意，並檢附職工福利法規一份，請轉發參攷。

四 職業介紹部份第二條所稱：「工作地點，須限定城區附近以內。」範圍過狹，有失普遍介紹之意義，原句應删。

准咨前由，相應檢附職工福利法規，職工福利社章程準則，職工福利委員會組織簡章準則各一份，咨復

查照，並轉飭遵照為荷。此致

四川省政府

附職工福利法規及職工福利社章程準則暨職工福利委員會組織簡章準則各一份（略）

社會部代電

福五字第一〇一六二二號三十四年二月十日

河南省政府：三十三年元月歌丙乙張字第四號代電敬悉。查公私立救濟組織，其單位不滿三個之縣市，自可毋庸組設社會救濟事業協會，惟仍需斟酌前案附送之工作計劃，對於已有慈善團體救濟設施之縣類分工等，妥為指導監督。再類似社會救濟之組織，依各省市縣社會救濟事業協會組織規則第三條後半段解釋如下：「該條所稱類似社會救濟之組織，包括各地善堂施醫濟貧恤孤養老育幼及其他慈善公益性質之設施。」准電前由，相應復請查照為荷。社會部福五丑蒸印。

社會部訓令　福二字第一〇〇二八四號　三十四年一月九日

令各省市社會處局及設社會科之民政廳

案奉

行政院交下國民參政會第三屆第三次大會建議救濟煤礦工一案，抄發國防最高委員會祕書廳原函並檢發原建議案各一份，飭即辦理等因；奉此，查原建議辦法第一項由政府協助礦業經營者，改善礦工生活一節，應飭各礦於實施職工福利金條例及法規推行職工福利時，特別注重礦工福利，第二項關於禁止十四歲以下之兒童在礦場工作，並將現有十四歲以下之兒童救出送入各兒童救濟組織教養一節，應分別令飭各礦場切實取締，並依社會救濟法第一條之規定，將來滿十二歲在礦場工作之兒童救出，由社會救濟設施加以收容，奉交前因，除簽復並分　函令外，合行抄發國防最高委員會，祕書廳原函及原建議案各一份，令仰遵照辦理具報為要。此令。

附抄發國防最高委員會祕書廳原函及國民參政會原建議案各一份（略）

社會部訓令　福五字第一〇一九五五號　三十四年二月二十二日

令各省市社會處局及設社會科之民政廳

查前據各省市呈請解釋地方救濟事業基金管理辦法疑義一案，經呈奉　行政院三十三年十二月十六日義嘉字第二六〇五九號指令開：

「呈悉。查縣市公有款產，依照辦理自治財政綱要規定，自應統一管理。茲為副人民捐獻之本意起見，准自三十四年度起，凡經捐獻者，指定用途，得就其性質將指定用途之捐贈予以專儲專用。其餘應仍統一管理，俾事實法令得以兼籌並顧。除通飭各省市政府外，仰即遵照此令。」

等因；奉此。除分令各省市社會行政機關外，合行令仰遵照並轉飭遵照辦理造册層報為要。此令。

社會部訓令　福五字第一〇二八八六號　三十四年三月十五日

令各省市社會處局及設社會科之民政廳

查婦女救濟事業，各地向有濟良所、恤嫠所、全節堂等設施。攷其內容，則觀念發諸慈善，方法多屬消極，自不能適應今日社會之要求。自社會救濟法公佈後，一本責任救濟之精神，努力社會安全體制之建立，原法第三十一條列有「為收容曾從事不正當業務，或受虐待之婦女，得設置婦女教養所，授以相當之智識及技能，並矯正其不良習慣」，對於婦女救濟事業，已有明白具體之規定，良以婦女同胞為環境所迫，陷於不幸不良不安之生活者，所在多有，允宜亟為救濟，積極訓導，俾化無用為有用，變消費為生產，各省市社會行政機關，應就事實需要，切實籌辦，除分令外，合行令仰遵照辦理具報為要。此令。

社會部訓令

福六字第一〇二九五三號　三十四年三月十六日

令各省市社會處局及設社會科之民政廳

查各地馬戲班雜耍場所，往往使兒童作殘酷表演，供人娛樂觀賞，不僅有違人道，並觸犯刑法第二八六條：「對於未滿十六歲之男女，施以凌虐或以他法致妨害其身體之自然發育者，處五年以下有期徒刑拘役或五百元以下罰金。意圖營利而犯前項之罪者，處五年以上有期徒刑，得併科一千元以下罰金，」之規定。茲為保障兒童幸福維護法律人道起見，上項行為亟應查予查禁，除分令外，合行令仰切實遵照，并飭屬遵照辦理為要！此令。

社會部訓令

福二字第一〇三五三八號　三十四年三月三十日

令各省市社會處局及設社會科之民政廳

查關於推進農民福利事業一案，前經本部訂頒農民福利社設置辦法，並訂定推行程序，通飭各省市社會行政機關遵照辦理在案。現農民福利事業，尚未能普遍發展，自應賡續加強，以期宏收實效。茲特將本年度應行辦理事項規定如左：

一　配合農會組織，發動社會力量，督導各級農會，普設農民福利社。

二　各級農會設立農民福利社情形，連同章程隨時呈由社會行政機關，核轉本部備查。

三　農民福利社所需經臨費，應由主辦農會遵照農民福利社設置辦法之規定自行籌措，倘辦理具有成績，而經費確感困難時，由省市社會行政機關酌加補助，其特別優良者，并得轉呈本部酌加補助。

四　已成立農民福利社，應飭再求改進充實。

五　農民福利社辦理成績卓著者，應由社會行政機關查明呈由本部頒給獎狀。

以上各點，除分別咨令外，合行令仰切實遵照辦理具報為要。此令。

社會部訓令

福二字第一〇三五七四號　三十四年三月三十日

令各省市社會處局及設社會科之民政廳

查關於推進工廠礦場及其他企業組織，暨工會職工或工人福利事業一案，前經本部訂定推進計劃要點，並檢發調查表式，通令各省市社會行政機關，依照職工福利金條例等法規切實辦理具報在案。截至三十三年度終了時止，綜核各省市辦理情形，尚不無成效，自應賡續加强實施，以廣推行。茲特將前頒各省市推進勞工福利事業計劃要點，酌加修正如左：

甲　關於工廠礦場及其他企業組織者

一　將本省市所有職工五十人以上之公營民營工廠礦場及其他企業組織，三十四年度，辦理職工福利事業情形加以調查。調查結果，統限於三十四年十月底以前呈報到部。

二　繼續督導以上各廠礦場及其他企業組織，進行辦理左列各項；

1，遵照職工福利金條例第二條之規定，提撥福利金。

2，遵照職工福利委員會組織規程，組織職工福利委員會。

3，遵照職工福利社設立辦法，設立職工福利社，並應儘先辦理下列業務：（子）食堂，（丑）宿舍，（寅）補習班及子弟學校，（卯）診療所，（辰）消費合作社。

4，已遵照法令辦理職工福利者，應飭再求改進充實。

5，職工福利委員會及職工福利社成立時，應將委員會組織簡章及福利社章程，隨時呈由社會行政機關核轉本部備查。

6，辦理職工福利成績卓著者，應由社會行政機關查明呈由本部頒給獎狀。

乙　關於工會者

一　督導所有職業工會及市縣總工會，一律遵照工會法第二十四條及職工福利金條例第三條之規定，提撥福利金並遵照職工福利社設立辦法設立福利社。

二　各職業工會及市縣總工會福利社已開辦並具成績。而經費確感困難時，得由省市社會行政機關酌加補助，特別優良者，並得轉呈本部酌加獎助。

三　各職業工會及市縣總工會，設立福利社情形，連同章程隨時呈由社會行政機關核轉本部備查。

四　已遵照法令辦理工人福利者，應飭再求改進充實。
五　辦理工人福利成績卓著者，應由社會行政機關查明，呈由本部頒給獎狀。
以上各點，除分令並通咨各省市政府外，合行檢發工廠礦場及其他企業組織，三十四年度辦理職工福利事業概況調查表式，令仰切實遵照辦理具報為要。此令。
附發工廠礦場及其他企業組織三十四年度辦理職工福利事業概況調查表式一份

工廠礦場及其他企業組織三十四年度辦理職工福利事業概況調查表

名稱：		所在地：	
創立：　年　月　日	公營或民營：		資本數額：　元
業務：			
職工人數：	1,職員：　人 2,工人：　人	合計：	人
全數職工每月薪津總額：	1,職員：　元 2,工人：　元	合計：	元
現有職工福利事業之設施	1，設施之種類：一，食堂二，宿舍與家屬住宅，三，補習學校或補習班，四，職工子弟學校，五，醫院或診療所六，消費合作社，七，托兒所，八，圖書室，九，俱樂部，十，浴室，十一，理髮室，十二，洗衣補衣室，十三，體育場，十四，詢問代筆室，十五，其他		
	2，主辦福利事業之機構名稱：		
	3，經辦福利事業之員工人數：一，職員　人 二，工人　人	合計：	人
	4，民國三十三年度用於福利設施之經費：一，數額： 二，來源：		元
備攷			

中華民國　　年　　月　　日填表者　　簽名蓋章

說明：1，主辦福利事業機構如職工福利委員會職工福利社，總務課惠工課福利股等類似之組織單位是
2，設施之種類各項中有何種設施即在該項左首之數字上方作",,△,,符號以示標記
3，此表務用毛筆翔實填寫
4，此表用紙縱三十五公分橫二十五公分

合作事業類

社會部咨　　合四字第一〇一八二六號　　三十四年二月十九日

查縣（市）合作金庫登記證及報告表格式，經由本部會同財政部規定，除分咨外相應檢同上項格式咨請查照，轉飭知照爲荷。

此咨

各省政府

附縣（市）合作金庫登記證及報告表格式一份

縣（市）合作金庫登記證及登記報告表格式　　三十四年一月十日社會部、財政部會同規定

合作金庫登記證存根
同報告表
登記證核發日期	登記證核發人	蓋章

厘公200，高厘公128寬

縣（市）政府合作金庫登記證　　字第　　號

　　字第　　號

茲據〇〇省〇〇縣（市）合作金庫呈以依法組織申請登記給證等情經轉報中央合作金庫核轉社會部財政部核准備案合行發給登記證收執此證

計開

庫名	省　縣（市）合作金庫		
成立會日期		庫址	
股本總額			
業務			
理事長		經理	

右給〇〇省〇〇縣合作金庫

縣（市）長

中華民國　　年　　月　　日

厘公200高厘公151寬

字第　　號

省　　縣（市）合作金庫成立登記報告表（報財政部用）

同左表

寬120公分高200公厘

字第　　號

省　　縣（市）合作金庫成立登記報告表（報社會部用）

同右表

寬120公分高200公厘

字第　　號

省　　縣（市）合作金庫成立登記報告表（報中央合作金庫用）

庫名			
庫址			
創立會日期			
股東單位數		合作社股東數	
股本	章程所定股本總額		
	每股金額		
	認購數額	合作社認購數額	
	已繳數額	合作社已繳數額	
	繳納方法		
代理處	自設代理處		
	委託代理處		

理事姓名	理事長		
監事姓名	主席		
經理			
呈繳文件	章程　件	股東及股本清冊　人　件	
	理監事及經理清冊　件	驗資證明書　件	
	創立會決議錄　件	營業計劃概算　件	

第一頁

寬120公分高400公厘

社會部咨　合四字第一〇二一三號　三十四年二月二十七日

各省政府

查縣（市）合作金庫章程準則，規定縣（市）合作金庫，得設置設計委員會。茲經訂該委員會組織規程準則一種，於本年二月十七日公佈施行。除分咨外，相應檢附上項準則，咨請查照，并轉飭知照爲荷。此咨

附送縣（市）合作金庫設計委員會組織規程準則一份（見法規欄）

社會部代電　合二字第一〇二四二〇號　三十四年三月三日

（據電請核示不以營利爲目的之機關法團可否加入縣聯社爲社員一案電復知照由）

浙江省建設廳：寅馬電悉。不以營利爲目的之機關法團，不得加入縣聯社爲社員，但該機關或法團，如已有專營社之組織，仰以其單位社之資格加入縣聯社爲社員。特復。社會部合二寅江印。

教育社會部訓令　合二字第一〇〇七四三號　三十四年一月二十日

令各省市教育廳局
各省市合作主管合作機關

查國民學校教員福利事業，應行舉辦者，約有節約儲蓄，團體保險，合作事業，圖書供應，康樂活動等五項，其關於合作事業一項，業經制定「國民學校員工消費合作社推進辦法」，及「國民學校員工消費合作社章程準則」，除會銜公佈外，合行檢發該項辦法及準則各一份，令仰遵照辦理，並仰轉飭所屬一體遵照辦理。爲要。此令。

計發國民學校員工消費合作社推進辦法、章程準則各一份（見法規欄）

社會部訓令　合二字第一〇一八二四號　三十四年二月十九日

案據湖北省政府社會處三十三年十一月二十八日代電，略以奉省政府交下長陽縣政府請示合作社如何繳納利得稅一案，請核示等情，當經本部轉咨財政部核復去後。茲准三十四年一月二十六日渝直所字第一三六號咨復略開：「一、查合作團之

設立，原以調劑民生，並為社員服務為主旨，合作社法既規定提百分之二十為公積金，如各合作社悉依法辦理無營利情事，則核算非常時期過分利得稅時，上項公積金准予減除後再行課征。至合作社辦理食鹽配銷部分，應單獨申報，以憑審核，而定征免。如合作社均照食鹽配銷業務實施要點辦理，復無圖利情事，其公積金亦准減除百分之五十後計算」。等由；准此，除指令暨分行外，合行令仰知照并轉飭所屬知照。此令。

人力動員類

社會部咨　勞字第一〇〇一八八號　三十四年一月六日

案奉

行政院上年十二月八日建審五字第一〇九二號訓令開：

「據國家總動員會議案呈，准社會部三十三年十月十七日勞字第七四六七五號函送戰時廠礦失業工人救濟辦法一份，囑提會公決等由。經提本會議第六十一次常務委員會議，決議：該辦法第二條末句「如預有契約規定者從其契約」，修正為「如原有較優契約規定者從其契約」，餘照原案通過等語，紀錄在卷，檢同原辦法，請鑒核等情，核屬可行，合行令仰遵照」。

等因；奉此，相應檢附戰時廠礦失業工人救濟辦法一份，咨請

查照辦理為荷。此致

各省市政府

附戰時廠礦失業工人救濟辦法一份（見法規欄）

社會部公函　勞字第一〇一二三八號　三十四年二月二日

茲依據國民義務勞動法實施細則第十條第三項之規定，製定國民義務勞動代雇勞役金三聯收據格式一種，隨函檢附，敬希

查照，轉飭所屬遵照辦理為荷。此致

各省（市）政府

附國民義務勞動代雇勞役金三聯收據格式一紙

國民義務勞動代僱勞役金收據

第一聯存根

字　號

繳款人姓名	不能應徵申請代僱服務理由	勞役日數	金額	備攷

右款已如數收訖

某某縣（市）國民義務勞動服務團團長

（或機關學校）

收款人

中華民國　年　月　日

此聯存查

國民義務勞動代僱勞役金

第二聯報核

字　號

繳款人姓名	不能應徵申請代僱服務理由	勞役日數	金額	備攷

右款已如數收訖謹呈

某某省（市）政府

某某縣（市）國民義務勞動服務團團長

（或機關學校）

收款人

中華民國　年　月　日

此聯報核

國民義務勞動代僱勞役金收據

第三聯收據

字　號

繳款人姓名	不能應徵申請代僱服務理由	勞役日數	金額	備攷

右款已如數收訖此致

（或機關學校）

某某縣（市）國民義務勞動服務團團長

收款人

中華民國　年　月　日

此聯交繳款人

（一）國民義務勞動代僱勞役金收據寬九公分長二十公分由國民義務勞動服務團依式撰發

（二）收據年月日欄及騎縫處均加蓋國民義務勞動服務團印信並依次編號

（三）金額欄以元為單位用中國字大寫如「伍佰元」「壹仟元」是

（四）服務團團長及收款人均須署名蓋章

行政院水利委員會、社會部會函

勞字第一〇三二九五號　三十四年三月廿三日

查本部等前爲發揮義務勞力興利水利起見，曾經會同擬訂「利用義務勞動興辦水利配合實施辦法」一種，呈奉行政院三十三年十一月十五日義玖字第二三八八八號指令，以原辦法名稱及條文經酌加修正准予備案，抄發利用義務勞動興辦水利實施辦法到部。經查修正辦法第三條條文，有涉及農林部業務範圍，復會同呈請修正。茲奉行政院三十四年三月一日不玖字第四一六六號指令開：

「呈悉。准予備案，除分外令仰即知照此令。」

等因，奉此。除分行外，相應抄同原辦法函請查照，通令所屬一體遵照辦理并希見復爲荷

此致

各省市政府

附利用義務勞動興辦水利實施辦法一份（見法規欄）

社會部電

勞字第一〇〇七二四號　三十四年一月二十日

（爲辦理義務勞動人員可否視同已服務案由）

福建省政府：宏社克永寢電敬悉。依照勞動服務團組織規程編成之團隊，其負直接指揮調度之總隊長及大小隊長辦理義務勞動，可視同已服務，其他各級辦理人員，仍須依法參加業餘勞動或僱人代役。社會部勞義二庚印。

社會部代電

勞字第一〇三二二三八號　三十四年三月二十二日

（據崇慶縣府呈請核示黨團部署銀行法院及縣臨參會等機關是否應組勞動服務隊囑查照釋示案電請查照由）

四川省政府公鑒：子有民五字第一七二六號代電敬悉。各級民意機關社會代表及職員，依公務員義務勞動實施辦法之規定辦理，非社會代表與各級黨部團部工作人員，均就原有職業或居住保甲參加服務，准電前由，相應復請查照轉飭辦理爲荷。社會部勞「義寅養」印。

社會部核准備案之人民團體動態統計

三十四年一月至三月

團體類別	組織 團體數	組織 會員數	組織 團體會員數	改選 團體數	改選 會員數	改選 團體會員數	改組 團體數	改組 會員數	改組 團體會員數	整理 團體數	整理 會員數	整理 團體會員數
總計	823	187,011	515	262	37,720	392	194	61,405	195	21	9,967	
職業團體	705	125,394	421	236	18,051	890	187	60,278	195	20	9,920	
農會	351	104,600	234	19	3,933	81	31	50,496	20	13	8,682	
漁會	2	206		1	168							
工會	40	3,912	8	9	9,18	52	8	1,400		2	700	
工商業團體	16[illegible]	5,697	175	197	11,618	230	134	6,973	127	5	538	
自由職業團體	148	10,979	4	10	1,414	27	14	1,409	48			
社會團體	118	11,017	94	26	19,669	2	7	1,210		1	47	
文化〃〃	11	691		4	225							
宗教〃〃	12	[illegible],145		5	13,438		3	368				
慈善〃〃	2	2,46										
公益〃〃	17	2,975	94	11	5166	2	2	770				
體育衛生團體	8	181										
兵役協會	48	2,477					2	72				
婦女會	23	2,786		5	770					1	47	
其他社會團體	2	116		1	70							

說明：1，資料來源：根據本部統計處一月份至三月份人民團體動態統計表編
2，上表所列「會員」除工商業團體為公司行號外，餘均為個人

社會部公報

第十七期

中華民國三十四年三月出版

編輯兼發行者　社會部總務司

訂購辦法

期限	冊數	價目	郵費
三月	一	五元	三角
半年	二	一〇元	六角
全年	四	二〇元	一元二角

附註：本報掛號及寄往國外郵費照加

社會部設立

社會服務處

重慶　貴陽　蘭州　內江　遵義

現有業務

宗旨——發揚服務精神　改善社會生活　促進社會事業　溝通社會文化

生活服務——社會食堂　代運行李　社會公寓　理髮室　淋浴室　旅居嚮導

人事服務——升學輔導　零物存放　公用電話　職業介紹　信件留轉　法律顧問　代售郵票　衛生顧問　代收電報　人事諮詢　讀寫書信

文化服務——圖書館　書報供應　社交會堂　娛樂室　學術講演會　兒童樂園　座談會　體育場　民衆學校　診療所

經濟服務——小本貸款

處址：

重慶社會服務處　重慶兩路口　都郵街　海棠溪（分處）

貴陽社會服務處　貴陽大西門

蘭州社會服務處　蘭州勵志路西花園

內江社會服務處　內江交通路

遵義社會服務處　遵義老城